ŒUVRES DE SPINOZA

III

Du même auteur
dans la même collection

ŒUVRES I : *Court traité. Traité de la réforme de l'entendement. Les Principes de la philosophie de Descartes. Appendice contenant les Pensées métaphysiques.*
ŒUVRES II : *Traité théologico-politique.*
ŒUVRES III : *Éthique.*
ŒUVRES IV : *Traité politique. Lettres.*
Traité de la réforme de l'entendement (édition bilingue).

SPINOZA

ŒUVRES

III

ÉTHIQUE

DÉMONTRÉE SUIVANT L'ORDRE GÉOMÉTRIQUE ET DIVISÉE EN CINQ PARTIES

Traduction et notes
par
Charles Appuhn

GF Flammarion

ISBN : 978-2-0807-0057-5

NOTICE
SUR
L'ÉTHIQUE

Dès l'année 1661, pendant son séjour à Rijnsburg [1], Spinoza entreprit d'exposer sa doctrine sur Dieu selon la méthode des géomètres. Un passage d'une lettre adressée à Oldenburg [2] en fait foi, et l'*Appendice I* du *Court Traité*, dont la composition est à peu près du même temps, nous permet de juger de ce que furent ses premiers essais en ce genre [3].

Ce mode d'exposition est aussi, rappelons-le, celui des *Principes de la Philosophie de Descartes* [4], et Descartes lui-même en avait usé dans les *Réponses aux deuxièmes objections* (*Raisons*, etc.).

Pour des raisons qui apparaissent clairement à tous les

1. Rijnsburg est un village situé à quelques kilomètres en aval de Leyde sur le vieux Rhin. Spinoza s'y établit au commencement de 1660 et y résida jusqu'au mois d'avril 1663; il y fit un nouveau et court séjour l'hiver suivant, comme le montre un passage de la lettre écrite à Balling en juillet 1664 (*Lettre* 17). Rijnsburg servait de lieu de réunion aux Collégiants, parmi lesquels Spinoza comptait tant d'amis; par là s'explique le choix qu'il fit de cette résidence et aussi, vraisemblablement, la résolution qu'il prit de l'abandonner — il y recevait trop de visites. La maison habitée par Spinoza à Rijnsburg existe encore et est connue dans le pays sous le nom de *Spinoza-huis*. Une société qui a pour secrétaire le Dr W. Meijer (auteur d'importants travaux sur Spinoza) a rendu aux deux chambres occupées par le philosophe l'aspect qu'elles pouvaient avoir de son temps, et y a réuni, outre divers objets intéressant sa mémoire, les livres que nous savons qu'il possédait (voir l'*Inventaire de sa bibliothèque*, publié par van Rooijen, ou mieux Freudenthal : *Die Lebensgeschichte Spinozas*, p. 160.)

2. *Lettre* 2. N. B. : je cite toujours les lettres d'après l'édition van Vloten et Land, la Haye, 1882 (2e éd., 1895).

3. Voir cet *Appendice* dans le Ier volume de cette traduction, page 159; voir aussi la *Notice* relative au *Court Traité* (même vol., p. 21) et les notes explicatives (p. 415). — N. B. : pour les renvois que j'aurai à faire dorénavant à ce volume, je me contenterai de l'indication : vol. I.

4. Vol. I, p. 238.

lecteurs attentifs du traité de *la Réforme de l'Entendement* [1] et de l'*Éthique* elle-même, l'ordre géométrique, c'est-à-dire synthétique, ne pouvait manquer d'être tenu par Spinoza pour l'ordre juste et nécessaire, une fois sa pensée arrivée à la pleine possession d'elle-même [2]. A la vérité, il a rendu possibles ainsi bien des méprises.

Le lecteur qui sans préparation ouvre l'*Éthique* à la première page et se trouve en présence des définitions de la substance, de l'attribut, du mode, puis des axiomes, dont le véritable sens lui échappe, se juge fort loin de toute réalité. Les mots qu'il lit n'éveillent aucune image et presque aucune pensée dans son esprit; les démonstrations qui suivent, sans qu'il croie possible de les réfuter, ne le touchent guère : Spinoza n'a-t-il point d'avance défini Dieu et l'existence de façon que l'existence de Dieu fût logiquement nécessaire et que toute autre fût impossible ? Est-ce par de tels raisonnements sur des notions abstraites, qu'on s'est données comme on a voulu, qu'on rendra compte des choses qui nous importent réellement et qu'on apaisera l'inquiétude de l'âme ? L'entreprise paraît insensée; beaucoup sont rebutés dès les premières pages et ferment le livre, leur mépris du philosophe et de la philosophie se traduit par quelque parole d'apparence modeste comme celle-ci : je n'y comprends rien; c'est trop aride; j'admire les spéculations abstraites, mais la capacité me manque pour m'y adonner. Ceux même qui poursuivent et achèvent la lecture, s'ils rendent meilleure justice à l'auteur, méconnaissent souvent la part, très grande cependant, faite par lui à l'expérience [3] et ne sentent qu'après une longue étude la merveilleuse intensité de vie non pas turbulente et égoïste, mais large, profonde et sereine qui est dans son livre [4].

1. Vol. I, p. 180.
2. Lire, à ce sujet, la *Préface* composée par Louis Meyer des *Principes de la Philosophie de Descartes*, vol. I, p. 230.
3. Je me permets de reproduire à la suite de cette notice un passage d'une courte note sur l'*Éthique* contenue dans le volume que j'ai publié sur Spinoza dans la collection intitulée *Christianisme et Philosophie* (Paris, Delpeuch, 1927).
4. L'intelligence, on l'observera, ne suffit pas ici : suivant Renan *(Discours prononcé à la Haye en 1877)*, Spinoza est un idéaliste étranger à l'idée de la vie et au sentiment de la réalité. Cf. H. Heine : « A la lecture de Spinoza on est saisi du même sentiment qu'à l'aspect de la grande nature dans son plus vivant repos : une forêt de pensées, hautes comme le ciel, dont la cime ondoyante se couvre de fleurs, tandis qu'elles poussent dans la terre éternelle des racines inébranlables. »

Une introduction dans laquelle Spinoza eût indiqué son dessein et justifié, par l'analyse approfondie des idées les plus communes, l'emploi qu'il fait des notions jugées abstraites par le lecteur non prévenu, une explication préalable des axiomes, par exemple de l'axiome 6 : *une idée vraie doit s'accorder avec l'objet dont elle est l'idée* [1], sans empêcher toute erreur d'interprétation, eussent incontestablement rendu plus aisée la lecture de l'*Éthique* et l'influence de Spinoza eût pu s'exercer plus tôt dans un cercle plus étendu [2].

Tout persuadé que je suis de sa bienfaisance, je me demande s'il faut beaucoup regretter que cette introduction et cette explication n'aient pas été jointes à l'*Éthique* par son auteur. Le traité de *la Réforme de l'Entendement* et les *Lettres* fournissent, je crois, aux personnes vraiment curieuses de sa pensée les éclaircissement désirables, et il n'a pas écrit, cela est certain, pour ceux qui plaignent leur peine.

Les lignes par lesquelles se termine l'*Éthique* pourraient, en changeant quelques mots, servir d'avertissement au lecteur : « Si la voie que j'ai montré qui y conduit [au vrai « contentement], paraît être extrêmement ardue, encore y « peut-on entrer. Et cela certes doit être ardu qui est « trouvé si rarement. Comment serait-il possible, si le « salut était sous la main et si l'on y pouvait parvenir « sans grand-peine, qu'il fût négligé par presque tous ? « Mais tout ce qui est beau est difficile autant que rare. »

Pendant le séjour à Rijnsburg fut rédigée dans sa pre-

1. Au sujet de l'idée vraie, voir traité de *la Réforme de l'Entendement*, § 41 (vol. I, p. 203), et la note explicative à ce passage; voir aussi *Éthique*, II, prop. 34 et 43 (avec le scolie).

2. C'est à travers les penseurs allemands du XVIIIe siècle, ou au moins de sa dernière moitié, que le spinozisme a été vu pendant presque tout le XIXe siècle : Lessing et Jacobi, Herder, Gœthe, ont fait assurément beaucoup pour sa popularité, et l'on peut dire que par eux il est devenu notoirement une des grandes époques de l'histoire générale de l'esprit (voir, sur ce point, Delbos : *le Problème moral dans la philosophie de Spinoza*, et un article de M. Andler dans la *Revue de Métaphysique et de Morale*, 1895). Il ne faut pas oublier cependant que l'*Éthique* a eu des lecteurs et des admirateurs fervents dans les Pays-Bas et même en France dès le XVIIe siècle et pendant une partie au moins du XVIIIe siècle. L'histoire du spinozisme en France, en particulier, n'a pas encore été écrite et rien ne prouve qu'elle ne vaille pas la peine de l'être. (L'étude, intéressante d'ailleurs, de M. Paul Janet dans *les Maîtres de la Pensée Moderne*, Paris, 1887, est par trop insuffisante et incomplète.) Il faut souhaiter que la publication récente, par M. Colonna d'Istria, de la traduction de l'*Éthique*, restée si longtemps manuscrite, du comte de Boulainvilliers, attire de ce côté l'attention de quelque historien des idées.

mière forme, et communiquée à quelques amis, la première partie de l'*Éthique*. Nous avons à ce sujet le témoignage de Simon De Vries [1], qui était comme l'âme du petit groupe recevant de Spinoza sa nourriture spirituelle et pour lequel avait déjà été composé le *Court Traité* [2]. Les disciples du maître se réunissaient pour étudier en commun sa doctrine. L'un d'eux lisait le texte envoyé de Rijnsburg et le commentait de son mieux; les points embarrassants étaient examinés en commun, et, si quelque difficulté trop grande se présentait, on en prenait note et on demandait par écrit des éclaircissements à l'auteur. C'est ainsi que, dans la lettre [3] d'où nous extrayons ce renseignement, Simon De Vries signale comme embarrassante la troisième définition [4] et prie Spinoza de lui expliquer le troisième scolie de la proposition 8. Le texte cité est d'ailleurs celui du scolie de la proposition 10 dans la rédaction définitive, et nous pouvons par là nous faire quelque idée des remaniements que Spinoza jugea nécessaires par la suite.

Il est fait mention de l'*Éthique* dans une lettre adressée par Spinoza à Guillaume de Blyenbergh [5] le 13 mars 1665 [6] : « J'entends, dit l'auteur, par un homme juste celui qui « désire d'une façon constante que chacun possède ce qui « lui appartient en propre, et je démontre dans mon « *Éthique* (non encore éditée) que ce désir chez les hommes « pieux tire nécessairement son origine de la connaissance « claire qu'ils ont, tant d'eux-mêmes que de Dieu. » La composition de l'ouvrage est, on le voit, déjà très avancée à cette date, car la théorie à laquelle il est fait allusion se trouve exposée dans les propositions 36 et 37 de la quatrième partie.

1. Simon Joosten De Vries, riche commerçant d'Amsterdam, un peu plus jeune que Spinoza, fut peut-être le plus dévoué de tous ses amis. C'est lui qui, d'après Colerus, voulut faire présent au philosophe d'une somme de 2 000 florins, que celui-ci n'accepta point. Plus tard, sentant sa fin prochaine (il est mort en septembre 1667 d'après Meinsma : *Spinoza en zijn Kring*, p. 265), il voulut léguer toute sa fortune à Spinoza, qui refusa encore; il dut se contenter d'insérer dans son testament une clause par laquelle il obligeait son frère et héritier naturel, Isaac De Vries, à servir une rente à Spinoza. Isaac De Vries voulait que cette rente fût de 500 florins. Spinoza ne consentit à en recevoir que 300. — Voir Colerus, *Vie de Spinoza*, dans Freudenthal, *Die Lebensgeschichte Spinozas*, p. 62.

2. Voir, à ce sujet, vol. I, p. 25.

3. *Lettre* 8, datée du 24 février 1663.

4. C'est celle de la substance, à laquelle était jointe primitivement celle de l'attribut.

5. Sur Blyenbergh, voir vol. I, p. 175.

6. *Lettre* 23.

Il faut observer, toutefois, que l'ordonnance en est différente de celle que nous connaissons : la quatrième partie est réunie à la troisième, comme le montre un passage d'une autre lettre écrite au mois de juin de la même année 1665 [1]. Spinoza s'y exprime en ces terme : « Pour ce qui « concerne la troisième partie de notre philosophie, je vous « enverrai prochainement un fragment, soit à vous-même « si vous voulez en être le traducteur, soit à notre ami De « Vries. Bien que j'eusse résolu de ne rien communiquer « avant d'avoir terminé ce travail, comme il se trouve « prendre plus de temps que je ne pensais, je ne veux pas « vous faire attendre et je vous enverrai les 80 premières « propositions à peu près. »

La troisième partie de l'*Éthique* comprend dans son état actuel 59 propositions. En rapprochant le passage qui vient d'être cité de l'allusion contenue dans la lettre à Blyenbergh, on voit que la quatrième partie, en raison sans doute du développement donné à la pensée de Spinoza sur les rapports des hommes entre eux et la constitution de la cité, a dû être postérieurement à 1665 détachée de la troisième. On s'explique par là que, vers la fin de la deuxième, Spinoza annonce comme devant être exposé dans la partie suivante ce qui l'est seulement dans la quatrième. Ce passage aurait dû être modifié et ne l'a pas été.

1. *Lettre* 28. D'après l'édition van Vloten et Land, le destinataire serait un certain Bresser, auquel il faudrait également attribuer la composition de la petite poésie latine mise en épigraphe à la première édition des *Principes de la Philosophie de Descartes* (voir vol. I, p. 227). Meinsma (*op. cit.*, p. 210) a montré que Bresser était un personnage imaginaire et que le véritable auteur de la poésie latine était Johannes Bouwmeester, l'un des membres du groupe auquel appartenait S. De Vries. Meinsma ne considère cependant pas la lettre 28 comme adressée à Bouwmeester (*op. cit.*, p. 246, note). D'après lui, le véritable destinataire serait probablement Adrien Koerbagh, et Freudenthal (*Spinoza, sein Leben und seine Lehre*, vol. I, p. 140) se montre disposé à accepter cette hypothèse. Adrien Koerbagh joignait à un esprit hardi un caractère sans modération; il ne se contentait pas, comme les autres amis ou disciples de Spinoza, de travailler à son propre affranchissement, il attaquait le dogme assez violemment dans ses écrits (en particulier dans l'ouvrage resté inachevé qu'il intitula *Een Ligt schynend ein duystere Plaatsen*, « une lumière brillant dans des lieux ténébreux ») et par toute sa manière de vivre se signalait dangereusement à l'attention de l'autorité religieuse. Son frère Johannes Koerbagh et lui-même furent poursuivis en justice, emprisonnés et eurent une fin des plus malheureuses (voir Meinsma, *op. cit.*, chap. x). Il n'est pas douteux que le zèle antireligieux des frères Koerbagh ait contribué à discréditer Spinoza et été pour quelque chose dans la réputation d'impiété qui lui fut faite; d'autre part, le procès intenté à ces amis compromettants lui donna de nouvelles raisons de conformer sa conduite à sa devise : *Caute*.

Pour des raisons sur lesquelles on trouvera plus de détails dans une autre *Notice* [1], le travail qui avait occupé Spinoza à peu près exclusivement, semble-t-il, depuis la publication des *Principes de la Philosophie de Descartes* (1663), et qu'il croyait sans doute devoir terminer rapidement, fut abandonné peu après la lettre dont nous avons reproduit un fragment ci-dessus.

Au lieu de terminer l'*Éthique*, il composa et fit paraître le *Traité Théologico-Politique*. S'il était resté le même homme en effet, les circonstances avaient changé : Spinoza ne pouvait rester indifférent à la lutte soutenue de son temps pour la liberté contre les abus de la force, et l'intolérance des églises calvinistes en Hollande lui donnait d'assez pressants motifs de joindre ses efforts à ceux des hommes qui dans leurs écrits soutenaient le principe de la laïcité de l'État : son ami, Louis Meyer [2], Lambert van Velthuysen [3], Pierre et Jean de La Court [4], Jean De Witt [5], neveu du grand pensionnaire. Depuis 1663, Spinoza, il faut l'observer, résidait principalement à Voorburg, dans le voisinage immédiat de la Haye; sans que ses relations avec ses amis d'Amsterdam eussent cessé ou changé de caractère, il avait fait connaissance avec des personnages d'autre sorte, étroitement mêlés aux luttes politiques, avec le grand pensionnaire lui-même, et l'on conçoit très bien qu'il ait eu le désir de servir à sa manière, en philosophe et en homme connaissant la Bible mieux que personne en son temps, la cause républicaine, déjà fort menacée par les intrigues du parti orangiste et ultra-calviniste.

Le *Traité Théologico-Politique* parut en 1670, et sans

1. Dans la *Notice* sur le *Traité Théologico-Politique*.
2. Sur Louis Meyer, voir vol. I, p. 221.
3. Lambert van Velthuysen, à la fois théologien et philosophe, avait, dès 1655 et 1656, publié en hollandais un ouvrage où il établissait que la théorie de Copernic sur le mouvement de la terre et la philosophie de Descartes ne contredisaient pas à la parole de Dieu. Il se prononça pour la liberté religieuse dans son *Munus pastorale*. Plus tard il combattit vivement le spinozisme.
4. Pierre de La Court (Pieter van den Hove) était un ami du grand pensionnaire Jean De Witt, qui fut même un peu son collaborateur pour la composition de l'ouvrage intitulé : *Interest van Holland* (1662 et 1669). C'est, d'après Leibniz, le même Pierre de La Court qui, sous le pseudonyme de Lucius Antistius Constans, publia en 1665 un petit livre intitulé *De jure Ecclesiasticorum* (ce livre a été attribué faussement à Spinoza lui-même; Colerus le croit de Louis Meyer). Jean de La Court est l'auteur de deux ouvrages intitulés *Politieke Discoursen* et *Politieke Weegschal (Balance politique)*.
5. Ce Jean De Witt composa un livre appelé *Publik Gebedt (Prière publique)*.

doute Spinoza se remit presque aussitôt à la composition de l'*Éthique*, où des remaniements importants étaient devenus nécessaires. L'étude théorique des passions remplit désormais la troisième partie à elle seule [1]; la morale proprement dite de Spinoza, c'est-à-dire l'application à la conduite de la vie de la connaissance *rationnelle* [2], forme le contenu de la quatrième, et sans doute les conséquences politiques et sociales de ce qu'on peut appeler l'utilitarisme spinoziste furent aperçues par l'auteur plus clairement et exposées plus complètement qu'elles n'auraient pu l'être avant la composition du *Traité Théologico-Politique;* le livre bénéficia aussi, cela va sans dire, des lectures faites par l'auteur dans l'intervalle, en particulier de celle de Hobbes et des réflexions auxquelles elle donna lieu. Enfin fut écrite, ou au moins récrite [3], la cinquième partie, c'est-à-dire la théorie de la liberté, l'exposition des moyens par lesquels il est possible à l'homme de s'affranchir de toute détermination extérieure et de faire son salut, c'est-à-dire de trouver la joie dans l'amour intellectuel de soi-même et de Dieu (à ce degré c'est tout un).

1. D'après Freudenthal (*Spinoza, sein Leben und seine Lehre*, p. 151), l'*Éthique* suivant le plan primitif se serait composée de trois parties seulement : *Théorie de Dieu* (première partie actuelle); *Théorie de l'âme* (deuxième partie), *Éthique proprement dite* (les trois dernières parties). On pourrait aussi bien, remarquons-le, rattacher la théorie des passions (troisième partie actuelle) à la psychologie qu'à l'éthique proprement dite. Je croirais plutôt, quant à moi, que la cinquième partie a toujours été dans la pensée de Spinoza distincte de la quatrième; déjà dans le *Court Traité* les six derniers chapitres forment une section à part et les mots *altera pars Ethices*, dont il se sert dans la préface de la cinquième partie, montrent qu'il distingue nettement entre la conduite *raisonnable* de la vie, alors qu'on n'est pas encore affranchi, et l'usage de l'entendement qui conduit à la liberté. J'inclinerai donc à penser que l'*Éthique* primitive, telle que Spinoza la concevait en 1665, comprenait *quatre* parties : les deux premières étant à peu près les mêmes que dans la rédaction définitive, la troisième contenant à la fois la théorie des passions, probablement moins développée primitivement, et l'essentiel de ce qui forme actuellement la quatrième partie; la dernière enfin — peut-être seulement esquissée en 1665 — devait correspondre à la cinquième de l'*Éthique* définitive.

2. Nous faisons observer que la connaissance rationnelle *(ratio)* n'est nullement pour Spinoza la plus haute sorte de connaissance; voir *Éthique*, II, prop. 40, scolie 2, et la note explicative, où l'on trouvera les références les plus importantes.

3. La cinquième partie de l'*Éthique* faisait certainement partie du plan primitif; j'irais jusqu'à dire que tout l'ouvrage a été composé pour établir que *la Béatitude n'est pas le prix de la vertu* (*Éthique*, V, prop. 42 et dernière), mais la pensée de Spinoza s'était à la fois précisée et fortifiée pendant les années écoulées de 1661 à 1670, et je pense qu'en 1665 il ne devait pas encore avoir mis sous forme géométrique la théorie de la liberté.

Dès la fin de 1674 et en 1675, nous voyons par la correspondance de Spinoza que la nouvelle rédaction de l'*Éthique* est terminée [1] et que des copies du manuscrit original sont entre les mains non seulement de ses premiers amis, mais de jeunes gens récemment entrés en relation avec lui, tels que Tschirnhaus et Schuller [2]. En dépit des attaques violentes dirigées contre le *Traité Théologico-Politique*, des condamnations prononcées par tous les synodes des Pays-Bas, des mesures prises pour empêcher la publication d'un nouvel et plus dangereux ouvrage du même auteur [3], Spinoza s'était même décidé à faire paraître l'*Éthique*, comme le montre une phrase d'une lettre [4] à lui écrite par Oldenburg, le 22 juillet 1675 : « Ayant compris par votre « réponse en date du 5 juillet que vous aviez résolu de « donner au public votre traité en cinq parties... ». A cette lettre Spinoza répond quelque temps après [5]:

« Votre lettre m'est parvenue au moment où je partais « pour Amsterdam [6] afin de faire imprimer le livre dont « je vous avais parlé. Tandis que je m'en occupe, le bruit « s'est répandu partout qu'un livre de moi sur Dieu est « sous presse, et que je m'efforce d'y montrer qu'il n'y a

1. Spinoza aurait probablement retouché le texte en maint passage s'il avait pu en surveiller lui-même l'impression; les divers manuscrits qui ont servi à la publication tant du texte latin que de la traduction hollandaise (voir plus loin) n'étaient pas parfaitement identiques et aucun d'eux n'était irréprochable, autant qu'on en peut juger.

2. *Lettres* 57, 58, 59, 60, 63, 64, 65, 66. Tschirnhaus est assez connu comme amateur de science et de philosophie pour qu'il soit inutile de rien dire ici de lui. Quant à Schuller, né en 1651 à Wesel, bien qu'il eût étudié et exerçât même la médecine (voir note, p. 13), il s'occupait surtout d'alchimie, comme le montre sa correspondance avec Leibniz. Sans grande culture (on en peut juger par son latin) et d'esprit assez médiocre, il avait de la curiosité à l'endroit de la philosophie et sut gagner la confiance de Spinoza, qu'il mit en rapport avec Tschirnhaus et Leibniz. Il prit une certaine part, qu'on a parfois exagérée, à la publication des *Œuvres posthumes*. Au nombre des personnes qui eussent voulu avoir communication de l'*Éthique* manuscrite, on sait qu'il faut compter Leibniz; mais Spinoza, un peu méfiant, ne voulut pas que Tschirnhaus la lui donnât à lire; lui-même cependant, lors de la visite mémorable que lui fit Leibniz, lui montra son manuscrit et lui en lut plusieurs passages.

3. Voir les décisions prises par les synodes et les conseils presbytéraux dans Freudenthal, *Die Lebensgeschichte Spinozas* (pp. 147, 150, 151); voir aussi, dans le même ouvrage (p. 200), un fragment de la lettre adressée par Th. Rizekins, professeur à l'Université de Leyde, à un magistrat de Dordrecht pour empêcher la publication de l'*Éthique*.

4. *Lettre* 62.

5. *Lettre* 68.

6. Spinoza résidait alors à la Haye, dans la maison de van der Spyck, où il est mort.

« point de Dieu, et ce bruit a trouvé accueil auprès d'un « très grand nombre de personnes. Quelques théologiens « (les mêmes peut-être qui en sont les premiers auteurs) « ont saisi cette occasion de déposer une plainte contre « moi auprès du prince [1] et des magistrats; d'imbéciles « cartésiens, en outre, qui passaient pour m'être favorables, « ne cessent, afin de se laver du soupçon, de dire en tout « lieu tout le mal possible de mes opinions et de mes « écrits [2]. L'ayant appris de personnes dignes de foi qui me « prévenaient en même temps des manœuvres insidieuses « des théologiens contre moi, j'ai résolu de surseoir à la « publication que je préparais, jusqu'à ce que la situation « fût plus claire, mais elle semble empirer tous les jours, « et je suis incertain de ce que je ferai. » En fin de compte l'ouvrage resta inédit jusqu'après la mort de Spinoza, survenue le 21 février 1677 [3]. On ne peut être surpris qu'affaibli comme il l'était par la maladie, en butte aux attaques d'un parti nombreux et devenu tout-puissant par la révolution de 1672, Spinoza ait préféré renoncer à la publication de l'*Éthique* de son vivant. Il était permis à ce sage, qui avait déjà entrepris d'autres travaux, le *Traité politique* en particulier, de vouloir jouir d'un peu de tranquillité dans la dernière année de sa vie, et le désir d'accroître le bruit fait autour de son nom ne pouvait certes trouver place dans son âme pure. Il se contenta de prendre des dispositions pour qu'après sa mort ses manuscrits fussent remis aux mains de son ami et éditeur Jan Rieuwertsz [4].

On est un peu choqué d'abord de voir que les amis de Spinoza songèrent à vendre ces manuscrits, que même

1. Le prince d'Orange; il est utile d'observer que le gouvernement républicain avait été renversé, Jean De Witt massacré, et le stathoudérat rétabli en 1672.

2. Cf. Lucas, *la Vie de M. Benoit de Spinoza*, dans Freudenthal, *Die Lebensgeschichte Spinozas*, p. 13.

3. Telle est la date exacte d'après les documents officiels et aussi d'après Schuller, qui, appelé comme médecin, fut seul présent à la mort de Spinoza. Colerus, dans son récit, indique le 23 et commet d'autres inexactitudes plus graves. D'après lui, c'est Louis Meyer qui aurait assisté Spinoza à ses derniers instants, et il se serait rendu, à cette occasion, coupable d'un vol. M. W. Meijer (*Navorscher*, octobre 1897) a rétabli la vérité. Voir, outre son étude sur ce point, les lettres écrites par Schuller dans L. Stein, *Leibniz und Spinoza* (le livre de Freudenthal, *Die Lebensgeschichte Spinozas*, reproduit les fragments intéressants de ces lettres). Sur les autres légendes mensongères relatives à la mort de Spinoza, voir Freudenthal, *Spinoza, sein Leben und seine Lehre* (p. 305).

4. Sur Rieuwertsz, voir vol. I, p. 13.

des pourparlers furent engagés avec Leibniz à cet effet [1]; pour ne pas juger ce projet de vente avec une sévérité imméritée, il faut observer [2] que plusieurs copies avaient été prises de ces manuscrits, en particulier de l'*Éthique;* la cession de l'original n'eût donc pas empêché la publication, elle eût même pu la faciliter, car Spinoza était mort dans une extrême pauvreté, ses héritiers naturels avaient renoncé à sa succession, et l'on avait craint un moment que la vente du peu d'objets laissés par lui ne suffît pas à payer son inhumation; l'argent produit par la vente des manuscrits eût probablement servi à faire les frais de l'impression des *Œuvres posthumes;* enfin, il était permis de croire que Leibniz, plus capable que personne de juger de l'importance des papiers laissés par Spinoza, les eût précieusement conservés et finalement laissés à quelque bibliothèque où la postérité les eût retrouvés.

Quoi qu'il en soit, on ne donna point suite au projet de vente, et, grâce à un généreux anonyme d'Amsterdam qui procura l'argent nécessaire, la publication des *Œuvres posthumes* [3] eut lieu dès le mois de novembre 1677. Presque en même temps parut une traduction hollandaise due à Glazemaker, et qui a été consultée avec fruit par les éditeurs et traducteurs récents de Spinoza et surtout par Gebhardt; faite non sur le texte déjà imprimé, mais sur un texte manuscrit qui en diffère parfois, elle donne des indications précieuses pour un assez grand nombre de passages.

EXTRAIT D'UNE NOTE SUR L'*Éthique* (*voir page* 6, *note* 4).

Loin de nous la prétention de résumer en quelques lignes ce grand ouvrage. A titre d'indication, toutefois, nous croyons devoir faire observer qu'en dépit de l'ordre suivi par Spinoza dans son exposition, son point de départ véritable n'est pas une théorie ou une idée de la substance puisée dans Descartes ou dans quelque autre auteur. Comme nous

1. Schuller, qui était en correspondance avec Leibniz, servit d'intermédiaire. Voir Stein, *op. cit.*, p. 286; Freudenthal, *Die Lebensgeschichte Spinozas*, p. 302.
2. Voir les remarques judicieuses faites à ce sujet par Freudenthal, *Spinoza, sein Leben und seine Lehre* (p. 307).
3. Pour le contenu de cette édition, voir vol. I, p. 167, note 1. J'ai eu l'occasion de dire ailleurs que la préface est de Jarig Jelles, en collaboration peut-être avec Louis Meyer.

avons essayé de le dire dans notre introduction, il s'appuie à l'origine sur une certaine expérience de la vie : il a conscience de ses affections, et sait aussi, par l'observation, qu'il a un corps et dans quelles conditions la vie du corps se poursuit (voir les postulats qui suivent la prop. 13 de la partie II). Mais si c'est là une espèce de connaissance, c'est une connaissance extrêmement incomplète et douloureuse parce qu'elle est incomplète; avoir conscience, en effet, c'est, pour l'homme, sinon toujours souffrir, au moins *pâtir*, être contraint, mené, souvent accablé. Quel moyen de s'affranchir est à la disposition du philosophe ? Sa tâche est de se faire de son être propre, des accidents dont sa vie se compose, une idée comparable à celle qu'un mathématicien a d'une figure qu'il sait construire et des propriétés de cette figure. A la *passion* alors succédera l'*action*, à une nécessité extérieure et contraignante, une nécessité conforme à sa volonté devenue raison. Mais pour atteindre ce but, une connaissance adéquate des rapports qu'il soutient avec l'univers lui est indispensable, d'où la nécessité de concevoir d'abord cet univers dans son unité substantielle et dans la multiplicité de ses modes. L'*Éthique*, en un mot, prétend nous élever de la conscience à la connaissance de nous-mêmes, connaissance qui enveloppe celle de Dieu; c'est pourquoi, dans une exposition synthétique, il faut d'abord parler de Dieu.

AVERTISSEMENT

PREMIÈRE ÉDITION

Sauf en quelques passages, j'ai suivi pour la traduction qu'on trouvera dans ce volume le texte qu'ont établi van Vloten et Land pour leur édition des œuvres complètes de Spinoza (*Benedicti de Spinoza Opera quotquot reperta sunt*, 2 vol., la Haye, 1882-1883; 2e éd., 3 vol., 1895). On observera toutefois que, l'*Éthique* ayant été réimprimée à part en 1905, j'ai dû tout naturellement me servir de ce nouveau tirage, plus correct que les précédents (que celui de 1895 surtout). J'ai seulement fait subir au texte de 1905 un petit nombre de modifications légères, que j'ai généralement signalées par un astérisque (*), en donnant au bas de la page la leçon de l'édition de la Haye. Pour faire ces corrections, j'ai consulté, outre Léopold, *Ad. Spinozae Opera Posthuma*, la Haye, 1902, les traductions allemandes de Stern et de Baentsch (Leipzig, 1905) et la traduction hollandaise de W. Meijer (2e tirage, Amsterdam, 1905).

Autant qu'il m'a été possible, j'ai cherché pour chaque mot latin *significatif* le terme français qui m'a paru correspondre le mieux ou le moins mal, et je me suis astreint à l'employer partout où Spinoza usait du même mot. Je ne me dissimule pas que cette manière de faire, la seule rigoureuse, a d'assez graves inconvénients : le lecteur trouvera çà et là des mots français pris dans un sens peu conforme à l'usage, surtout à l'usage actuel, et, s'il passe trop rapidement, il risque de mal comprendre. J'ai essayé de diminuer ce danger par les explications qu'on trouvera dans mes notes à la fin du volume. Il m'a fallu aussi tirer de l'oubli quelques mots de l'ancien langage, tels qu'*appéter assentir*. Enfin, outre la lourdeur de mes phrases, suivant d'aussi près que possible l'original latin, on peut me reprocher d'user parfois de tours vieillis; j'avoue l'avoir fait sans scrupule quand ma traduction m'a paru y gagner en exactitude. Je m'excuse ici de n'avoir pas su mieux concilier le devoir d'être fidèle avec celui d'épargner au lecteur toute peine inutile; on le reconnaîtra, toutefois, une façon d'écrire, qui serait maladroite et ridiculement affectée si j'exprimais ma pensée personnelle, a droit à quelque indulgence dans la traduction d'un auteur vieux de plus de deux siècles et qui use lui-même d'un style latin fort, précis, d'une réelle beauté parfois dans sa sévérité, mais s'astreignant volontairement à de constantes répétitions de mots, sans prétention aucune à la légèreté, ne reculant pas devant l'emploi du vocabulaire scolastique et détournant parfois de leur sens habituel les mots de la langue commune.

DEUXIÈME ÉDITION

J'ai eu sous les yeux, pour cette seconde édition, la belle édition de Spinoza publiée à Heibelderg par Gebhardt, qui a su tirer parti mieux qu'on ne l'avait fait avant lui de l'ancienne traduction hollandaise due à Glazemaker. J'ai accepté les leçons données par lui comme les seules bonnes toutes les fois que ses raisons m'ont paru convaincantes, c'est-à-dire presque toujours. Naturellement j'ai dû modifier ma traduction en conséquence et j'ai cherché en même temps à faire disparaître les inadvertances, les obscurités et les erreurs contenues dans la première édition. Si imparfait que soit encore mon travail, il l'est, je crois, un peu moins sous cette forme nouvelle qu'il ne l'était primitivement.

ÉTHIQUE

DÉMONTRÉE SUIVANT L'ORDRE
GÉOMÉTRIQUE
ET
DIVISÉE EN CINQ PARTIES
OÙ IL EST TRAITÉ

I. — De Dieu.
II. — De la Nature et de l'Origine de l'Ame.
III. — De l'Origine et de la Nature des Affections.
IV. — De la Servitude de l'Homme ou des Forces des Affections.
V. — De la Puissance de l'Entendement ou de la Liberté de l'Homme.

PREMIÈRE PARTIE

DE DIEU

DÉFINITIONS

I. J'entends par cause de soi ce dont l'essence enveloppe l'existence ; autrement dit, ce dont la nature ne peut être conçue sinon comme existante.

II. Cette chose est dite finie en son genre, qui peut être limitée par une autre de même nature. Par exemple un corps est dit fini, parce que nous en concevons toujours un autre plus grand. De même une pensée est limitée par une autre pensée. Mais un corps n'est pas limité par une pensée, ni une pensée par un corps.

III. J'entends par substance ce qui est en soi et est conçu par soi : c'est-à-dire ce dont le concept n'a pas besoin du concept d'une autre chose, duquel il doive être formé.

IV. J'entends par attribut ce que l'entendement perçoit d'une substance comme constituant son essence.

V. J'entends par mode les affections d'une substance, autrement dit ce qui est dans une autre chose, par le moyen de laquelle il est aussi conçu.

VI. J'entends par Dieu un être absolument infini, c'est-à-dire une substance constituée par une infinité d'attributs dont chacun exprime une essence éternelle et infinie.

Explication

Je dis absolument infini et non infini en son genre ; car de ce qui est infini seulement dans son genre, nous pouvons nier une infinité d'attributs ; pour ce qui au contraire est absolument infini, tout ce qui exprime une essence et n'enveloppe aucune négation appartient à son essence.

VII. Cette chose est dite * libre qui existe par la seule

* Je traduis *dicitur* au lieu de *dicetur*.

nécessité de sa nature et est déterminée par soi seule à agir : cette chose est dite nécessaire ou plutôt contrainte qui est déterminée par une autre à exister et à produire quelque effet dans une condition certaine et déterminée.

VIII. J'entends par éternité l'existence elle-même en tant qu'elle est conçue comme suivant nécessairement de la seule définition d'une chose éternelle.

Explication

Une telle existence, en effet, est conçue comme une vérité éternelle, de même que l'essence de la chose, et, pour cette raison, ne peut être expliquée par la durée ou le temps, alors même que la durée est conçue comme n'ayant ni commencement ni fin.

AXIOMES

I. Tout ce qui est, est ou bien en soi, ou bien en autre chose.

II. Ce qui ne peut être conçu par le moyen d'une autre chose, doit être conçu par soi.

III. D'une cause déterminée que l'on suppose donnée, suit nécessairement un effet, et au contraire si nulle cause déterminée n'est donnée, il est impossible qu'un effet suive.

IV. La connaissance de l'effet dépend de la connaissance de la cause et l'enveloppe.

V. Les choses qui n'ont rien de commun l'une avec l'autre ne se peuvent non plus connaître l'une par l'autre ; autrement dit, le concept de l'une n'enveloppe pas le concept de l'autre.

VI. Une idée vraie doit s'accorder avec l'objet dont elle est l'idée.

VII. Toute chose qui peut être conçue comme non existante, son essence n'enveloppe pas l'existence.

PROPOSITION I

Une substance est antérieure en nature à ses affections.

Démonstration

Cela est évident par les *Définitions* 3 et 5.

PROPOSITION II

Deux substances ayant des attributs différents n'ont rien de commun entre elles.

Démonstration

Cela est évident par la *Définition* 3. Chacune, en effet, doit exister en elle-même et doit être conçue par elle-même, autrement dit le concept de l'une n'enveloppe pas le concept de l'autre.

PROPOSITION III

Si des choses n'ont rien de commun entre elles, l'une d'elles ne peut être cause de l'autre.

Démonstration

Si elles n'ont rien de commun entre elles, elles ne peuvent donc (*Axiome* 5) se connaître l'une par l'autre, et ainsi (*Axiome* 4) l'une ne peut être cause de l'autre.

C. Q. F. D.

PROPOSITION IV

Deux ou plusieurs choses distinctes se distinguent entre elles ou bien par la diversité des attributs des substances, ou bien par la diversité des affections des substances.

Démonstration

Tout ce qui est, est en soi ou en autre chose (*Axiome* 1), c'est-à-dire (*Définitions* 3 *et* 5) que rien n'est donné hors de l'entendement, sinon les substances et leurs affections. Rien donc n'est donné hors de l'entendement par quoi plusieurs choses puissent se distinguer, sinon les substances ou, ce qui (*Définition* 4) revient au même, leurs attributs, et leurs affections.

C. Q. F. D.

PROPOSITION V

Il ne peut y avoir dans la nature deux ou plusieurs substances de même nature ou attribut.

Démonstration

S'il existait plusieurs substances distinctes, elles devraient se distinguer entre elles ou par la diversité des attributs ou par la diversité des affections *(Proposition précédente)*. Si elles se distinguent seulement par la diversité des attributs, il est donc accordé qu'il n'y en a qu'une du même attribut. Si maintenant elles se distinguent par la diversité des affections, comme une substance (*Proposition* 1) est antérieure en nature à ses affections, on ne pourra, mettant ses affections à part et la considérant en elle-même, c'est-à-dire (*Définition* 3 et *Axiome* 6) en vérité, la concevoir comme distincte d'une autre, en d'autres termes il ne pourra y avoir plusieurs substances, mais seulement une.

C. Q. F. D.

PROPOSITION VI

Une substance ne peut pas être produite par une autre substance.

Démonstration

Il ne peut pas y avoir dans la nature deux substances de même attribut *(Proposition précédente)*, c'est-à-dire (*Proposition* 2) ayant entre elles quelque chose de commun. Et ainsi (*Proposition* 3) l'une ne peut pas être cause de l'autre, autrement dit l'une ne peut pas être produite par l'autre.

C. Q. F. D.

COROLLAIRE

Il suit de là qu'une substance ne peut pas être produite par autre chose. Car rien n'est donné dans la Nature sinon les substances et leurs affections, comme il est évident par l'*Axiome* 1 et les *Définitions* 3 *et* 5. Or une substance ne peut être produite par une autre substance *(Proposition précédente)*. Donc, absolument parlant, une substance ne peut pas être produite par autre chose.

C. Q. F. D.

Autre démonstration

Cette proposition se démontre encore plus facilement par l'absurdité de la contradictoire. Si en effet une substance pouvait être produite par autre chose, sa connaissance devrait dépendre de la connaissance de sa cause (*Axiome* 4); et ainsi (*Définition* 3) elle ne serait pas une substance.

PROPOSITION VII

Il appartient à la nature d'une substance d'exister.

Démonstration

Une substance ne peut pas être produite par autre chose *(Corollaire de la Proposition précédente)*, elle sera donc cause de soi, c'est-à-dire (*Définition* 1) que son essence enveloppe nécessairement l'existence, autrement dit il appartient à sa nature d'exister.

C. Q. F. D.

PROPOSITION VIII

Toute substance est nécessairement infinie.

Démonstration

Une substance ayant un certain attribut ne peut être qu'unique (*Proposition* 5), et il appartient à sa nature d'exister (*Proposition* 7). Il sera donc de sa nature qu'elle existe soit comme chose finie, soit comme chose infinie. Mais ce ne peut être comme chose finie; car (*Définition* 2) elle devrait être limitée par une autre de même nature qui elle aussi (*Proposition* 7), devrait nécessairement exister; il y aurait donc deux substances de même attribut, ce qui (*Proposition* 5) est absurde. Elle existe donc comme infinie.

C. Q. F. D.

SCOLIE I

Comme « être fini » est, en réalité, une négation partielle et « être infini », l'affirmation absolue de l'existence d'une nature quelconque, il suit donc de la seule *Proposition* 7 que toute substance doit être infinie.

SCOLIE II

Je ne doute pas qu'à tous ceux qui jugent des choses confusément et n'ont pas accoutumé de les connaître par leurs premières causes, il ne soit difficile de concevoir la Démonstration de la *Proposition* 7; ils ne distinguent pas en effet entre les modifications des substances et les substances elles-mêmes et ne savent pas comment les choses sont produites. D'où vient qu'ils forgent pour les substances l'origine qu'ils voient qu'ont les choses de la nature. Ceux qui en effet ignorent les vraies causes des choses, confondent tout et, sans aucune protestation de leur esprit, forgent aussi bien des arbres que des hommes parlants, imaginent des hommes naissant de pierres aussi bien que de liqueur séminale et des formes quelconques se changeant en d'autres également quelconques. De même aussi ceux qui confondent la nature divine avec l'humaine, attribuent facilement à Dieu les affections de l'âme humaine, surtout pendant le temps qu'ils ignorent encore comment se produisent ces affections. Si, au contraire, les hommes étaient attentifs à la nature de la substance, ils ne douteraient aucunement de la vérité de la *Proposition* 7; bien mieux, cette Proposition serait pour tous un axiome et on la rangerait au nombre des notions communes. Car on entendrait par substance ce qui est en soi et est conçu par soi, c'est-à-dire ce dont la connaissance n'a pas besoin de la connaissance d'une autre chose; par modifications, ce qui est en autre chose, le concept des modifications se formant du concept de la chose en quoi elles sont. C'est pourquoi nous pouvons avoir des idées vraies de modifications non existantes; bien qu'elles n'existent pas en acte hors de l'entendement, leur essence en effet n'en est pas moins comprise en une autre chose par laquelle on peut la concevoir, tandis que la vérité des substances en dehors de l'entendement ne réside qu'en elles-mêmes, parce qu'elles se conçoivent par elles-mêmes. Si donc l'on disait qu'on a d'une substance une idée claire et distincte, c'est-à-dire vraie, et qu'on doute néanmoins si cette substance existe, en vérité tant vaudrait dire qu'on a une idée vraie et qu'on doute si elle est fausse (ainsi qu'il devient manifeste avec un peu d'attention); ou encore qui admettrait la création d'une substance, admettrait du même coup qu'une idée fausse est devenue vraie, et rien de plus absurde ne peut se concevoir. Il faut donc nécessairement reconnaître que l'existence d'une substance, tout de même que son essence, est une vérité éternelle. Et de là nous pouvons conclure d'une nouvelle manière qu'il ne peut y avoir qu'une substance unique d'une certaine nature, ce que j'ai cru qui valait la peine d'être montré ici. Mais pour le faire avec ordre il faut observer : 1° que la vraie définition de chaque chose n'enveloppe et n'exprime rien sinon la nature de la chose définie. D'où suit : 2° que nulle définition n'enveloppe et n'exprime jamais aucun nombre déterminé d'individus, puisqu'elle n'exprime rien, sinon la nature de la chose définie. Par exemple, la définition du triangle n'exprime rien de plus que la seule nature du triangle, non du tout un nombre déterminé de triangles; 3° il faut noter que pour chaque chose existante il y a nécessairement une certaine cause en vertu de laquelle elle existe; 4° il faut enfin noter que cette cause en vertu de laquelle une chose existe doit ou bien être contenue dans la nature même et la définition de la chose existante *(alors en effet il appartient à sa nature d'exister)* ou bien être donnée en dehors d'elle. Cela posé, il suit que, si dans la nature il existe un certain nombre d'individus, il doit y avoir nécessairement une cause en vertu de laquelle ces individus et non un moindre ou un plus grand nombre existent. Si, par exemple, il existe dans la nature vingt hommes *(Je suppose pour plus de clarté qu'ils existent tous en même temps et n'ont pas été précédés par d'autres)*, il ne suffira pas *(pour rendre compte de l'existence de ces vingt hommes)* que nous fassions connaître la cause de la nature humaine en général; il faudra, en outre, que nous fassions connaître la cause pour laquelle il n'en existe ni plus ni moins de vingt, puisque *(en vertu de la* 3ᵉ *observation)* il doit y avoir nécessairement une cause de l'existence de chacun. Mais cette cause (*suivant les observations* 2 *et* 3) ne peut être contenue dans la nature humaine elle-même, puisque la vraie définition de l'homme n'enveloppe pas le nombre de vingt; et ainsi (*d'après l'observation* 4) la cause pour laquelle ces vingt hommes existent, et conséquemment chacun d'eux en particulier, doit être nécessairement donnée en dehors de chacun; et, pour cette raison il faut conclure absolument que pour toute chose telle que plusieurs individus de sa nature puissent exister, il doit y avoir nécessairement une cause extérieure en vertu de laquelle ces individus existent. Dès lors, puisque *(comme on l'a déjà montré dans ce Scolie)* il appartient à la nature d'une substance d'exister, sa définition doit envelopper l'existence nécessaire et conséquemment son existence doit se conclure de sa seule définition. Mais de sa définition (*comme on le voit par les Observations* 2 *et* 3) ne peut suivre l'existence de plusieurs substances; il en suit donc nécessairement qu'il n'existe qu'une seule substance de même nature, ce qu'on se proposait d'établir.

PROPOSITION IX

A proportion de la réalité ou de l'être que possède chaque chose, un plus grand nombre d'attributs lui appartiennent.

Démonstration

Cela est évident par la *Définition* 4.

PROPOSITION X

Chacun des attributs d'une même substance doit être conçu par soi.

Démonstration

Un attribut est en effet ce que l'entendement perçoit d'une substance comme constituant son essence (*Définition* 4); et par suite (*Définition* 3) il doit être conçu par soi.

C. Q. F. D.

SCOLIE I

Par là il apparaît qu'encore bien que deux attributs soient conçus comme réellement distincts, c'est-à-dire l'un sans le secours de l'autre, nous ne pouvons en conclure cependant qu'ils constituent deux êtres, c'est-à-dire deux substances différentes, car il est de la nature d'une substance que chacun de ses attributs soit conçu par soi; puisque tous les attributs qu'elle possède ont toujours été à la fois en elle et que l'un ne peut être produit par l'autre, mais que chacun exprime la réalité ou l'être de la substance. Il s'en faut donc de beaucoup qu'il y ait absurdité à rapporter plusieurs attributs à une même substance; il n'est rien, au contraire, dans la nature de plus clair que ceci : chaque être doit être conçu sous un certain attribut et, à proportion de la réalité ou de l'être qu'il possède, il a un plus grand nombre d'attributs qui expriment et une nécessité, autrement dit une éternité, et une infinité; et conséquemment aussi que ceci : un être absolument infini doit être nécessairement défini (*comme il est dit dans la Définition* 6) un être qui est constitué par une infinité d'attributs dont chacun exprime une certaine essence éternelle et infinie. Si l'on demande maintenant à quel signe nous pourrons donc reconnaître la diversité des substances, qu'on lise les Propositions suivantes : elles montrent qu'il n'existe dans la nature qu'une substance unique et qu'elle est absolument infinie, ce qui fait qu'on chercherait vainement un tel signe.

PROPOSITION XI

Dieu, c'est-à-dire une substance constituée par une infinité d'attributs dont chacun exprime une essence éternelle et infinie, existe nécessairement.

Démonstration

Si vous niez cela, concevez, si cela est possible, que Dieu n'existe pas. Son essence (*Axiome* 7) n'enveloppe donc pas l'existence. Or cela (*Proposition* 7) est absurde; donc Dieu existe nécessairement.

C. Q. F. D.

Autre démonstration

Pour toute chose il doit y avoir une cause, ou raison assignable, pourquoi elle existe ou pourquoi elle n'existe pas. Par exemple, si un triangle existe, il doit y avoir une raison ou cause pourquoi il existe; s'il n'existe pas, il doit aussi y avoir une raison ou cause qui empêche qu'il n'existe ou ôte son existence. Cette raison ou cause d'ailleurs doit être contenue ou bien dans la nature de la chose ou bien hors d'elle. La raison, par exemple, pour laquelle un cercle carré n'existe pas, sa nature même l'indique, attendu qu'elle enveloppe une contradiction. Pourquoi une substance au contraire existe, cela suit aussi de sa seule nature, parce* qu'elle enveloppe l'existence nécessaire (*Proposition* 7). Il en est autrement de la raison qui fait qu'un cercle ou un triangle existe, ou qu'il n'existe pas; elle ne suit pas de leur nature, mais de l'ordre de la nature corporelle tout entière; car il doit suivre de cet ordre, ou bien que ce triangle existe actuellement par nécessité, ou qu'il est impossible qu'il existe actuellement. Et cela est par soi évident. Il s'ensuit que cette chose existe nécessairement pour laquelle il n'est donné aucune raison ou cause qui empêche qu'elle n'existe. Si donc aucune raison ou cause ne peut être donnée qui empêche que Dieu n'existe ou ôte son existence, on ne pourra du tout éviter de conclure qu'il existe nécessairement. Mais, pour qu'une telle raison ou cause pût être donnée, elle devrait être contenue ou bien dans la nature même de Dieu, ou en dehors de cette nature, c'est-à-dire dans une autre substance de nature autre. Car si elle était de même nature, il serait accordé par là même qu'un Dieu est donné. Mais une substance qui serait d'une autre nature, ne pourrait rien avoir de commun avec Dieu (*Proposition* 2) et donc ne pourrait ni poser son existence ni l'ôter. Puis donc que la raison ou cause qui ôterait l'existence divine ne peut être donnée en dehors de la nature de Dieu, elle devra nécessairement, si l'on veut qu'il n'existe pas, être contenue dans sa propre nature, laquelle devrait alors envelopper une contradiction. Or **, il est absurde d'affirmer cela d'un Être absolument infini et souverainement parfait; donc, ni en Dieu ni hors de Dieu, il n'est donné aucune raison ou cause qui ôte son existence, et en conséquence Dieu existe nécessairement.

C. Q. F. D.

Autre démonstration

Pouvoir ne pas exister c'est impuissance, et, au contraire, pouvoir exister c'est puissance *(comme il est connu de soi)*. Si donc ce qui existe à l'instant actuel nécessairement, ce sont seulement des êtres finis, des êtres finis seront plus puissants qu'un Être absolument infini; or cela *(comme il est connu de soi)* est absurde; donc ou bien rien n'existe

* Je traduis *quia* au lieu de *quae*.
** Land donne ici *atque* au lieu de *atqui* que je traduis.

ou bien un Être absolument infini existe aussi nécessairement. Or nous existons ou bien en nous-mêmes ou bien en une autre chose qui existe nécessairement (voir *Axiome* 1 et *Proposition* 7); donc un Être absolument infini, c'est-à-dire (*par la Définition* 6) Dieu, existe nécessairement.

C. Q. F. D.

SCOLIE

Dans cette dernière démonstration, j'ai voulu faire voir l'existence de Dieu *a posteriori*, afin que la preuve fût plus aisée à percevoir; ce n'est pas que l'existence de Dieu ne suive *a priori* du même principe. Car, si pouvoir exister c'est puissance, il s'ensuit que, plus à la nature d'une chose il appartient de réalité, plus elle a par elle-même de forces pour exister; ainsi un Être absolument infini, autrement dit Dieu, a de lui-même une puissance absolument infinie d'exister et, par suite, il existe absolument. Peut-être cependant beaucoup de lecteurs ne verront-ils pas aisément l'évidence de cette démonstration, parce qu'ils ont accoutumé de considérer seulement les choses qui proviennent * de causes extérieures; et parmi ces choses, celles qui se forment vite, c'est-à-dire existent facilement, ils les voient aussi périr facilement, tandis que celles qu'ils conçoivent comme plus riches en possessions, ils les jugent plus difficiles à faire, c'est-à-dire qu'ils ne croient pas qu'elles existent si facilement. Pour les libérer de ces préjugés cependant, je n'ai pas besoin de montrer ici dans quelle mesure est vrai ce dicton : *ce qui se fait vite périt de même;* ni même si, eu égard à la nature totale, toutes choses sont également faciles ou non. Il suffit de noter seulement que je ne parle pas ici de choses qui proviennent de causes extérieures, mais seulement des substances, qui (*Prop.* 6) ne peuvent être produites par aucune cause extérieure. Car pour les choses qui proviennent de causes extérieures, qu'elles se composent de beaucoup de parties ou d'un petit nombre, tout ce qu'elles ont de perfection ou de réalités est dû à la vertu de la cause extérieure, et ainsi leur existence provient de la seule perfection de cette cause, non de la leur. Au contraire,

* La leçon *fiunt* me paraît préférable à celle de Land qui est *fluunt*.

tout ce qu'une substance a de perfection, cela n'est dû à aucune cause extérieure, c'est pourquoi de sa seule nature doit suivre son existence, qui par là n'est autre chose que son essence. La perfection donc d'une chose n'ôte pas l'existence, mais au contraire la pose; c'est son imperfection qui l'ôte; et ainsi nous ne pouvons être plus certains de l'existence d'aucune chose que de l'existence d'un Être absolument infini ou parfait, c'est-à-dire de Dieu. Car, puisque son essence exclut toute imperfection, et enveloppe la perfection absolue, par là même elle ôte toute raison de douter de son existence et en donne une certitude souveraine, comme je crois que le verra toute personne un peu attentive.

PROPOSITION XII

De nul attribut d'une substance il ne peut être formé un concept vrai d'où il suivrait que cette substance pût être divisée.

Démonstration

Ou bien en effet les parties dans lesquelles la substance ainsi conçue serait divisée retiendront la nature de la substance, ou bien elles ne la retiendront pas. Dans la première hypothèse chaque partie (*Proposition* 8) devra être infinie et (*Proposition* 6) cause de soi, et (*Proposition* 5) être constituée par un attribut différent; ainsi d'une seule substance plusieurs substances pourront être formées, ce qui (*Proposition* 6) est absurde. Ajoutez que les parties (*Proposition* 2) n'auraient rien de commun avec leur tout, et que le tout (*Définition* 4 et *Proposition* 10) pourrait être et être conçu sans ses parties, ce que personne ne pourra douter qui ne soit absurde. Soit maintenant la deuxième hypothèse, à savoir que les parties ne retiendront pas la nature de la substance; dès lors, si la substance entière était divisée en parties égales, elle perdrait sa nature de substance et cesserait d'être, ce qui (*Proposition* 7) est absurde.

PROPOSITION XIII

Une substance absolument infinie est indivisible.

Démonstration

Si elle était divisible, les parties dans lesquelles elle serait divisée, ou bien retiendraient la nature d'une substance absolument infinie, ou bien ne la retiendraient pas. Dans la première hypothèse il y aurait plusieurs substances de même nature, ce qui (*Proposition* 5) est absurde. Dans la deuxième une substance absolument infinie pourrait comme on l'a vu plus haut, cesser d'être, ce qui (*Proposition* 11) est également absurde.

COROLLAIRE

Il suit de là que nulle substance et en conséquence nulle substance corporelle, en tant qu'elle est une substance, n'est divisible.

SCOLIE

Qu'une substance est indivisible, cela se connaît encore plus simplement par cela seul que la nature d'une substance ne peut être conçue autrement que comme infinie, et que, par partie d'une substance, il ne se peut rien entendre sinon une substance finie, ce qui (*Proposition* 8) implique une contradiction manifeste.

PROPOSITION XIV

Nulle substance en dehors de Dieu ne peut être donnée ni conçue.

Démonstration

Dieu est un être absolument infini, duquel nul attribut, qui exprime une essence de substance, ne peut être nié (*Définition* 6), et il existe nécessairement (*Proposition* 11); si donc quelque substance existait en dehors de Dieu, elle devrait être expliquée par quelque attribut de Dieu, et ainsi il existerait deux substances de même attribut, ce qui (*Propositions* 5) est absurde; par suite, nulle substance, en dehors de Dieu, ne peut exister et conséquemment aussi être conçue. Car, si elle pouvait être conçue, elle devrait nécessairement être conçue comme existante; or cela *(par la première partie de cette Démonstration)* est absurde. Donc en dehors de Dieu nulle substance ne peut exister ni être conçue.

C. Q. F. D.

COROLLAIRE I

Il suit de là très clairement : 1° que Dieu est unique, c'est-à-dire (*Définition* 6) qu'il n'y a dans la nature qu'une seule substance et qu'elle est absolument infinie comme nous l'avons déjà indiqué dans le *Scolie de la Proposition* 10.

COROLLAIRE II

Il suit : 2° que la chose pensante et la chose étendue sont ou bien des attributs de Dieu ou bien (*Axiome* 1) des affections des attributs de Dieu.

PROPOSITION XV

Tout ce qui est, est en Dieu et rien ne peut sans Dieu être ni être conçu.

Démonstration

En dehors de Dieu nulle substance ne peut exister ni être conçue (*Proposition* 14), c'est-à-dire (*Définition* 3) nulle chose qui est en soi et conçue par soi. D'autre part, des modes (*Définition* 5) ne peuvent exister ni être conçus sans une substance; donc ils ne peuvent exister que dans la seule nature divine et être conçus que par elle. Or rien n'existe en dehors des substances et des modes (*Axiome* 1). Donc rien ne peut sans Dieu exister ni être conçu.

C. Q. F. D.

SCOLIE

Il y en a qui forgent un Dieu composé comme un homme d'un corps et d'une âme et soumis aux passions; combien ceux-là sont éloignés de la vraie connaissance de Dieu, les démonstrations précédentes suffisent à l'établir. Je laisse ces hommes de côté, car ceux qui ont quelque peu pris en considération la nature divine sont d'accord pour nier que Dieu soit corporel. Et ils tirent très justement la preuve de cette vérité de ce que nous entendons par corps toute quantité longue, large et profonde, limitée par une certaine figure, ce qui est la chose la plus absurde qui se puisse dire de Dieu, être absolument infini. En même temps, toutefois, ils font voir clairement, en essayant de le démontrer par d'autres raisons, qu'ils séparent entièrement la substance corporelle ou étendue de la nature de Dieu, et admettent qu'elle est créée par Dieu. Mais ils ignorent complètement par quelle puissance divine elle a pu être créée, ce qui montre clairement qu'ils ne connaissent pas ce qu'ils disent eux-mêmes. J'ai, du moins, démontré assez clairement, autant que j'en puis juger (*Corollaire de la Proposition* 6 *et Scolie* 2 *de la Proposition* 8) que nulle substance ne peut être produite ou créée par un autre être. De plus nous avons montré par la Proposition 14 qu'en dehors de Dieu nulle substance ne peut être ni être conçue; et nous avons conclu de là que la substance étendue est l'un des attributs infinis de Dieu. En vue toutefois d'une explication plus complète, je réfuterai les arguments de ces adversaires qui tous se ramènent à ceci : *Primo*, que la substance corporelle, en tant que substance, se compose à ce qu'ils pensent, de parties; et, pour cette raison, ils nient qu'elle puisse être infinie et conséquemment qu'elle puisse appartenir à Dieu. Ils expriment cela par de nombreux exemples dont je rapporterai quelques-uns. Si la substance corporelle, disent-ils, est infinie, qu'on la conçoive divisée en deux parties : chacune d'elles sera ou finie ou infinie. Dans la première hypothèse l'infini se compose de deux parties finies, ce qui est absurde. Dans la deuxième il y aura donc un infini double d'un autre, ce qui n'est pas moins absurde. De plus, si une quantité infinie est mesurée au moyen de parties ayant la longueur d'un pied, elle devra se composer d'une infinité de ces parties; de même, si elle est mesurée au moyen de parties ayant la longueur d'un pouce; et, en conséquence, un nombre infini sera douze fois plus grand qu'un autre nombre infini. Enfin, si l'on conçoit que deux lignes A B, A C partent d'un point d'une quantité infinie et, situées à une certaine distance d'abord déterminée, soient prolongées à l'infini, il est certain que la distance entre B et C augmentera continuellement et de déterminée deviendra enfin indéterminable. Puis donc que ces absurdités sont, à ce qu'ils pensent, la conséquence de ce qu'on suppose une quantité infinie, ils en concluent que la substance corporelle doit être finie et en conséquence n'appartient pas à l'essence de Dieu. Un deuxième argument se tire aussi de la souveraine perfection de Dieu : Dieu, disent-ils, puisqu'il est un être souverainement parfait, ne peut pâtir; or la substance corporelle, puisqu'elle est divisible, peut pâtir; il suit donc qu'elle n'appartient pas à l'essence de Dieu. Tels sont les arguments, trouvés par moi dans les auteurs, par lesquels on essaie de montrer que la substance corporelle est indigne de la nature de Dieu et ne peut lui appartenir. Si cependant l'on veut bien y prendre garde, on reconnaîtra que j'y ai déjà répondu; puisque ces arguments se fondent seulement sur ce que l'on suppose la substance corporelle composée de parties, ce que j'ai déjà fait voir (*Proposition* 12 *avec le Corollaire de la Proposition* 13) qui est absurde. Ensuite, si l'on veut examiner la question, on verra que toutes ces conséquences absurdes *(à supposer qu'elles le soient toutes, point que je laisse en dehors de la présente discussion)*, desquelles ils veulent conclure qu'une substance étendue est finie, ne découlent pas le moins du monde de ce qu'on suppose une quantité infinie, mais de ce qu'on suppose cette quantité infinie mesurable et composée de parties finies; on ne peut donc rien conclure de ces absurdités, sinon qu'une quantité infinie n'est pas mesurable et ne peut se composer de parties finies. Et c'est cela même que nous avons déjà démontré plus haut (*Proposition* 12, *etc.)*. Le trait qu'ils nous destinent est donc jeté en réalité contre eux-mêmes.

S'ils veulent d'ailleurs conclure de l'absurdité de leur propre supposition qu'une substance étendue doit être finie, en vérité ils font tout comme quelqu'un qui, pour avoir forgé un cercle ayant les propriétés du carré, en conclurait qu'un cercle n'a pas un centre d'où toutes les lignes tracées jusqu'à la circonférence sont égales. Car la substance corporelle, qui ne peut être conçue autrement qu'infinie, unique et indivisible (*Prop.* 8, 5 *et* 12), ils la conçoivent multiple et divisible, pour pouvoir en conclure qu'elle est finie. C'est ainsi que d'autres, après s'être imaginé qu'une ligne est composée de points, savent trouver de nombreux arguments pour montrer qu'une ligne ne peut être divisée à l'infini. Et en effet il n'est pas moins absurde de supposer que la substance corporelle est composée de corps ou de parties, que de supposer le corps formé de surfaces, la surface de lignes, la ligne, enfin, de points. Et cela, tous ceux qui savent qu'une raison claire est infaillible, doivent le reconnaître, et en premier lieu ceux qui nient qu'un vide soit donné. Car si la substance corporelle pouvait être divisée de telle sorte que ses parties fussent réellement distinctes, pourquoi une partie ne pouvait-elle pas être anéantie, les autres conservant entre elles les mêmes connexions qu'auparavant ? Et pourquoi doivent-elles toutes convenir entre elles de façon qu'il n'y ait pas de vide ? Certes si des choses sont réellement distinctes les unes des autres, l'une peut exister et conserver son état sans l'autre. Puis donc qu'il n'y a pas de vide dans la Nature (nous nous sommes expliqué ailleurs là-dessus) mais que toutes les parties doivent convenir entre elles de façon qu'il n'y en ait pas, il suit de là qu'elles ne peuvent se distinguer réellement, c'est-à-dire que la substance corporelle, en tant qu'elle est substance, ne peut pas être divisée. Si cependant l'on demande pourquoi nous inclinons ainsi par nature à diviser la quantité ? je réponds que la quantité est conçue par nous en deux manières : savoir abstraitement, c'est-à-dire superficiellement, telle qu'on se la représente par l'imagination, ou comme une substance, ce qui n'est possible qu'à l'entendement. Si donc nous avons égard à la quantité telle qu'elle est dans l'imagination, ce qui est le cas ordinaire et le plus facile, nous la trouverons finie, divisible et composée de parties; si, au contraire, nous la considérons telle qu'elle est dans l'entendement et la concevons en tant que substance, ce qui est très difficile, alors, ainsi que nous l'avons assez démontré, nous la trouverons infinie, unique et indivisible. Cela sera assez manifeste à tous ceux qui auront su distinguer entre l'imagination et l'entendement : surtout si l'on prend garde aussi que la matière est la même partout et qu'il n'y a pas en elle de parties distinctes, si ce n'est en tant que nous la concevons comme affectée de diverses manières; d'où il suit qu'entre ses parties il y a une différence modale seulement et non réelle. Par exemple, nous concevons que l'eau, en tant qu'elle est eau, se divise et que ses parties se séparent les unes des autres, mais non en tant qu'elle est substance corporelle; comme telle, en effet, elle ne souffre ni séparation ni division. De même l'eau, en tant qu'eau, s'engendre et se corrompt; mais, en tant que substance, elle ne s'engendre ni ne se corrompt. Et par là je pense avoir répondu déjà au deuxième argument puisqu'il se fonde aussi sur cette supposition que la matière, en tant que substance, est divisible et formée de parties. Et eût-il un autre fondement, je ne sais pas pourquoi la matière serait indigne de la nature divine, puisque (*Proposition* 14) il ne peut y avoir en dehors de Dieu nulle substance par l'action de laquelle en tant que matière il pâtirait. Toutes, dis-je, sont en Dieu, et tout ce qui arrive, arrive par les seules lois de la nature infinie de Dieu et suit de la nécessité de son essence (comme je le montrerai bientôt); on ne peut donc dire à aucun égard que Dieu pâtit par l'action d'un autre être ou que la substance étendue est indigne de la nature divine, alors même qu'on la supposerait divisible, pourvu qu'on accorde qu'elle est éternelle et infinie. Mais en voilà assez sur ce point pour le présent.

PROPOSITION XVI

De la nécessité de la nature divine doivent suivre en une infinité de modes une infinité de choses, c'est-à-dire tout ce qui peut tomber sous un entendement infini.

Démonstration

Cette Proposition doit être évidente pour chacun, pourvu qu'il ait égard à ce que, de la définition supposée donnée d'une chose quelconque, l'entendement conclut plusieurs propriétés qui en sont réellement les suites nécessaires (c'est-à-dire suivent de l'essence même de la chose), et d'autant plus que la définition de la chose exprime, comme étant enveloppée dans son essence, plus de réalité. Comme d'ailleurs la nature divine a une absolue infinité d'attributs (*Définition* 6), dont chacun exprime une essence infinie en son genre, de sa nécessité doivent suivre en une infinité de modes une infinité de choses, c'est-à-dire tout ce qui peut tomber sous un entendement infini.

C. Q. F. D.

COROLLAIRE I

Il suit de là : 1° que Dieu est cause efficiente de toutes les choses qui peuvent tomber sous un entendement infini.

COROLLAIRE II

Il suit : 2° que Dieu est cause par soi et non par accident.

COROLLAIRE III

Il suit : 3° que Dieu est absolument cause première.

PROPOSITION XVII

Dieu agit par les seules lois de sa nature et sans subir aucune contrainte.

Démonstration

Nous avons montré (*Proposition* 16) que, de la seule nécessité de la nature divine ou (ce qui revient au même) des seules lois de sa nature, suit une absolue infinité de choses et (*Proposition* 15) nous avons démontré que rien ne peut être ni être conçu sans Dieu, mais que tout est en Dieu; donc rien ne peut être hors de lui, par quoi il soit déterminé à agir ou contraint d'agir, et ainsi Dieu agit par les seules lois de sa nature et sans aucune contrainte.

C. Q. F. D.

COROLLAIRE I

Il suit de là : 1° qu'il n'existe aucune cause qui, en dehors de Dieu ou en lui, l'incite à agir, si ce n'est la perfection de sa propre nature.

COROLLAIRE II

Il suit : 2° que Dieu seul est cause libre. Car Dieu seul existe par la seule nécessité de sa nature (*Prop.* 11 *et Coroll.* 1 *de la Prop.* 14) et agit par la seule nécessité de sa nature *(Prop. précédente)*. Par suite (*Définition* 7), il est seul cause libre.

C. Q. F. D.

SCOLIE

D'autres pensent que Dieu est cause libre parce qu'il peut, à ce qu'ils croient, faire que les choses que nous avons dit qui suivent de sa nature ou qui sont en son pouvoir, n'arrivent pas, en d'autres termes, ne soient pas produites par lui. C'est tout comme s'ils disaient : Dieu peut faire qu'il ne suive pas de la nature du triangle que ses trois angles égalent deux droits; ou que d'une cause donnée l'effet ne suive pas, ce qui est absurde. En outre, je montrerai plus loin et sans le secours de cette Proposition que ni l'entendement ni la volonté n'appartiennent à la nature de Dieu. Je sais bien que plusieurs croient pouvoir démontrer qu'un entendement suprême et une libre volonté appartiennent à la nature de Dieu; ils disent, en effet, ne rien connaître de plus parfait qu'ils puissent attribuer à Dieu, que ce qui, en nous, est la plus haute perfection. Bien que, cependant, ils conçoivent

Dieu comme étant un être souverainement connaissant, ils ne croient cependant pas qu'il puisse rendre existant tout ce dont il a une connaissance actuelle, car ils croiraient ainsi détruire la puissance de Dieu. S'il avait créé, disent-ils, tout ce qui est en son entendement, il n'aurait donc rien pu créer de plus, ce qu'ils croient qui répugne à l'omnipotence divine; et, par suite, ils ont mieux aimé admettre un Dieu indifférent à toutes choses et ne créant rien d'autre que ce que, par une certaine volonté absolue, il a décrété de créer. Mais je crois avoir montré assez clairement (*Proposition* 16) que de la souveraine puissance de Dieu, ou de sa nature infinie, une infinité de choses en une infinité de modes, c'est-à-dire tout, a nécessairement découlé ou en suit, toujours avec la même nécessité; de même que de toute éternité et pour l'éternité il suit de la nature du triangle que ses trois angles égalent deux droits. C'est pourquoi la toute-puissance de Dieu a été en acte de toute éternité et demeure pour l'éternité dans la même actualité. Et de la sorte, la toute-puissance admise en Dieu est beaucoup plus parfaite, du moins à mon jugement. Bien plus, mes adversaires semblent (s'il est permis de parler ouvertement) nier la toute-puissance de Dieu. Ils sont contraints d'avouer, en effet, que Dieu a l'idée d'une infinité de choses créables que cependant il ne pourra jamais créer. Car, autrement, c'est-à-dire s'il créait tout ce dont il a l'idée, il épuiserait, suivant eux, toute sa puissance et se rendrait imparfait. Pour mettre en Dieu de la perfection, ils en sont donc réduits à admettre en même temps qu'il ne peut faire tout ce à quoi s'étend sa puissance et je ne vois pas de fiction plus absurde ou qui s'accorde moins avec la toute-puissance divine. En outre, pour dire ici quelque chose aussi de l'entendement et de la volonté que nous attribuons communément à Dieu, si l'entendement et la volonté appartiennent à l'essence éternelle de Dieu, il faut entendre par l'un et l'autre attributs autre chose certes que ce que les hommes ont coutume de faire. Car l'entendement et la volonté qui constitueraient l'essence de Dieu, devraient différer de toute l'étendue du ciel de notre entendement et de notre volonté et ne pourraient convenir avec eux autrement que par le nom, c'est-à-dire comme conviennent entre eux le chien, signe céleste, et le chien, animal aboyant. Je le démontrerai comme il suit. Si un entendement appartient à la nature divine, il ne pourra, comme notre entendement, être de sa nature postérieur (ainsi que le veulent la plupart) aux choses qu'il connaît ou exister en même temps qu'elles, puisque Dieu est antérieur à toutes choses par sa causalité (*Corollaire* I *de la Proposition* 16); mais, au contraire, la vérité et l'essence formelle des choses est telle, parce que telle elle existe objectivement dans l'entendement de Dieu. L'entendement de Dieu donc, en tant qu'il est conçu comme constituant l'essence de Dieu, est réellement la cause des choses, aussi bien de leur essence que de leur existence; cela paraît avoir été aperçu par ceux qui ont affirmé que l'entendement de Dieu, sa volonté et sa puissance ne sont qu'une seule et même chose. Puis donc que l'entendement de Dieu est l'unique cause des choses, c'est-à-dire (comme nous l'avons montré) aussi bien de leur essence que de leur existence, il doit nécessairement différer d'elles tant à l'égard de l'essence qu'à l'égard de l'existence. Le causé, en effet, diffère de sa cause précisément en ce qu'il tient de sa cause. Par exemple, un homme est cause de l'existence mais non de l'essence d'un autre homme, car cette essence est une vérité éternelle; par suite, ils peuvent convenir entièrement quant à l'essence, mais ils doivent différer eu égard à l'existence; pour cette raison, si l'existence de l'un vient à périr, celle de l'autre ne périra pas pour cela; mais, si l'essence de l'un pouvait être détruite et devenir fausse, celle de l'autre serait aussi fausse. Par suite, une chose qui est cause à la fois de l'essence et de l'existence d'un certain effet, doit différer de cet effet aussi bien à l'égard de l'essence qu'à l'égard de l'existence. Or, l'entendement de Dieu est cause tant de l'essence que de l'existence de notre entendement, donc l'entendement de Dieu en tant qu'on le conçoit comme constituant l'essence divine, diffère de notre entendement tant à l'égard de l'essence qu'à l'égard de l'existence et ne peut convenir en rien avec lui, si ce n'est par le nom, comme nous le voulions. Touchant la volonté, on procédera de même, comme chacun peut le voir aisément.

PROPOSITION XVIII

Dieu est cause immanente mais non transitive de toutes choses.

Démonstration

Tout ce qui est, est en Dieu et doit être conçu par Dieu (*Prop.* 15), et ainsi (*Coroll.* 1 *de la Prop.* 16) Dieu est cause de choses qui sont en lui-même, ce qui est le premier point. Ensuite, en dehors de Dieu nulle substance ne peut être donnée (*Prop.* 14), c'est-à-dire (*Définition* 3) en dehors de Dieu nulle chose qui soit en elle-même, ce qui était le second point. Dieu est donc cause immanente et non transitive de toutes choses.

C. Q. F. D.

PROPOSITION XIX

Dieu est éternel, autrement dit tous les attributs de Dieu sont éternels.

Démonstration

Dieu en effet est une substance (*Définition* 6), qui existe nécessairement (*Prop.* 11), c'est-à-dire (*Prop.* 7) à la nature de laquelle il appartient d'exister ou (ce qui revient au même) de la définition de laquelle suit l'affirmation qu'elle existe, et ainsi (*Définition* 8) il est éternel. De plus il faut entendre par attributs de Dieu ce qui (*Déf.* 4) exprime l'essence de la nature divine, c'est-à-dire appartient à la substance : cela même, dis-je, les attributs doivent l'envelopper. Or l'éternité appartient à la nature de la substance (*comme je l'ai démontré déjà par la Prop.* 7), donc chacun des attributs doit envelopper l'éternité, et ainsi tous sont éternels.

C. Q. F. D.

SCOLIE

Cette Proposition est encore rendue très évidente par la façon dont (*Prop.* 11) j'ai démontré l'existence de Dieu. Il suit en effet de cette démonstration que l'existence de Dieu, comme son essence, est une vérité éternelle. En outre, j'ai démontré autrement encore *(Prop. 19 des* Principes *de Descartes)* l'éternité de Dieu, et il n'est pas besoin de reproduire ici ce raisonnement.

PROPOSITION XX

L'existence de Dieu et son essence sont une seule et même chose.

Démonstration

Dieu *(Proposition précédente)* est éternel et tous ses attributs sont éternels, c'est-à-dire (*Déf.* 8) que chacun de ses attributs exprime de l'existence. Donc les mêmes attributs de Dieu qui expliquent l'essence éternelle de Dieu (*Déf.* 4), expliquent en même temps son existence éternelle, c'est-à-dire cela même qui constitue l'essence de Dieu, constitue aussi son existence, et ainsi l'essence et l'existence sont une seule et même chose.

C. Q. F. D.

COROLLAIRE I

Il suit de là : 1° que l'existence de Dieu aussi bien que son essence est une vérité éternelle.

COROLLAIRE II

Il suit : 2° que Dieu est immuable, autrement dit que tous les attributs de Dieu sont immuables. Car, s'ils venaient à changer relativement à l'existence, ils devraient aussi *(Prop. précédente)* changer relativement à l'essence, c'est-à-dire *(comme il est connu de soi)* devenir faux de vrais qu'ils étaient, ce qui est absurde.

PROPOSITION XXI

Tout ce qui suit de la nature d'un attribut de Dieu prise absolument, a toujours dû exister et est infini, autrement dit est infini et éternel par la vertu de cet attribut.

Démonstration

Si vous le niez, concevez, si vous le pouvez, que, dans un attribut de Dieu, quelque chose qui soit fini et ait une existence ou une durée déterminée suive de la nature absolue de cet attribut, par exemple l'idée de Dieu dans la pensée. La pensée, puisqu'on suppose qu'elle est un attribut de Dieu, est nécessairement infinie de sa nature (*Prop.* 11) et d'autre part, en tant qu'elle a l'idée de Dieu, on la suppose finie. Mais (*Définition* 2) elle ne peut être conçue comme finie si elle n'est pas limitée par la pensée elle-même. Elle ne peut l'être cependant par la pensée en tant que celle-ci constitue l'idée de Dieu; car, ainsi considérée, la pensée est supposée finie. Ce sera donc par la pensée en tant qu'elle ne constitue pas l'idée de Dieu, qui cependant existe nécessairement (*Prop.* 11). Il y a donc une pensée ne constituant pas l'idée de Dieu, et, par suite, l'idée de Dieu ne suit pas de la nature de la pensée en tant que celle-ci est prise absolument (on la conçoit, en effet, comme constituant l'idée de Dieu et comme ne la constituant pas). Mais cela est contre l'hypothèse. Donc, si l'idée de Dieu dans la pensée, ou quelque chose que ce soit (peu importe, puisque la démonstration est universelle), suit dans un attribut de Dieu de la nécessité de la nature de cet attribut, prise absolument, cette chose doit être nécessairement infinie. C'était là le premier point.

Maintenant, ce qui suit ainsi de la nécessité de la nature d'un attribut, ne peut avoir une durée déterminée. Si vous le niez, supposez qu'une chose qui suit de la nécessité de la nature d'un attribut, soit donnée en quelque attribut de Dieu, par exemple l'idée de Dieu dans la pensée, et que cette chose soit supposée n'avoir pas existé ou ne devoir pas exister à un certain moment du temps. Comme cependant la pensée est supposée un attribut de Dieu, elle doit exister nécessairement et être immuable (*Prop.* 11 *et Corollaire* 2 *de la Prop.* 20). Donc au delà des limites de la durée de l'idée de Dieu (qu'on suppose n'avoir pas existé ou ne devoir pas exister à un certain moment du temps) la pensée devra être sans l'idée de Dieu. Or cela est contre l'hypothèse; car on suppose que, cette pensée étant donnée, l'idée de Dieu en suit nécessairement. Donc l'idée de Dieu dans la pensée, non plus qu'aucune chose qui suit nécessairement de la nature d'un attribut de Dieu prise absolument, ne peut avoir une durée déterminée; mais par la vertu de cet attribut cette chose est éternelle. Ce qui est le second point. On observera que ce qui est dit ici, doit être affirmé de toute chose qui, dans un attribut de Dieu, suit nécessairement de la nature de Dieu prise absolument.

PROPOSITION XXII

Tout ce qui suit d'un attribut de Dieu, en tant qu'il est affecté d'une modification qui par la vertu de cet attribut existe nécessairement et est infinie, doit aussi exister nécessairement et être infini.

Démonstration

La démonstration de cette Proposition se fait de même façon que celle de la précédente.

PROPOSITION XXIII

Tout mode qui existe nécessairement et est infini, a dû suivre nécessairement ou bien de la nature d'un attribut de Dieu prise absolument, ou bien d'un attribut affecté d'une modification qui elle-même existe nécessairement et est infinie.

Démonstration

Un mode existe dans une chose autre que lui, par laquelle il doit être conçu (*Définition* 5), c'est-à-dire

(*Prop.* 15) qu'il est en Dieu seul et doit être conçu par Dieu seul. Si donc l'on conçoit un mode qui existe nécessairement et est infini, ces deux caractères devront être conçus ou perçus nécessairement par le moyen d'un attribut de Dieu, en tant que cet attribut exprime l'infinité et la nécessité de l'existence, ou (*ce qui revient au même d'après la Défin.* 8) l'éternité, c'est-à-dire (*Déf.* 6 *et Prop.* 19) en tant qu'on le considère absolument. Un mode donc qui existe nécessairement, et est infini, a dû suivre de la nature d'un attribut de Dieu prise absolument, et cela ou bien immédiatement (*c'est le cas de la Prop.* 21) ou bien par l'intermédiaire de quelque modification qui suit de cette nature prise absolument, c'est-à-dire *(Prop. précédente)* qui existe nécessairement et est infinie.

C. Q. F. D.

PROPOSITION XXIV

L'essence des choses produites par Dieu n'enveloppe pas l'existence.

Démonstration

Cela est évident par la Définition 1. Car ce dont la nature (considérée en elle-même) enveloppe l'existence, est cause de soi et existe par la seule nécessité de sa nature.

COROLLAIRE

Il suit de là que Dieu n'est pas seulement la cause qui fait que les choses commencent d'exister; mais aussi celle qui fait qu'elles persévèrent dans l'existence, autrement dit (pour user d'un terme scolastique) Dieu est cause de l'être des choses. Car, soit qu'elles existent, soit qu'elles n'existent pas, toutes les fois que nous avons égard à leur essence, nous trouvons qu'elle n'enveloppe ni existence, ni durée, et ainsi leur essence ne peut être cause ni de leur existence, ni de leur durée; mais Dieu seul, à la seule nature de qui il appartient d'exister (*Corollaire* 1 *de la Prop.* 14).

PROPOSITION XXV

Dieu n'est pas seulement cause efficiente de l'existence, mais aussi de l'essence des choses.

Démonstration

Si vous le niez, c'est donc que Dieu n'est pas cause de l'essence; et ainsi (*Ax.* 4) l'essence des choses peut être conçue sans Dieu; or cela (*Prop.* 15) est absurde. Donc Dieu est cause aussi de l'essence des choses.

C. Q. F. D.

SCOLIE

Cette Proposition suit plus clairement de la Proposition 16. Il suit en effet de cette dernière que, la nature divine étant donnée, aussi bien l'essence que l'existence des choses doit s'en conclure nécessairement; et, en un mot, au sens où Dieu est dit cause de soi, il doit être dit aussi cause de toutes choses, ce qui sera établi encore plus clairement par le Corollaire suivant.

COROLLAIRE

Les choses particulières ne sont rien si ce n'est des affections des attributs de Dieu, autrement dit des modes, par lesquels les attributs de Dieu sont exprimés d'une manière certaine et déterminée. Cela est démontré clairement par la Proposition 15 et la Définition 5.

PROPOSITION XXVI

Une chose qui est déterminée à produire quelque effet a été nécessairement déterminée de la sorte par Dieu; et celle*

* Le mot *sic* que je traduis manque dans l'édition van Vloten et Land.

qui n'a pas été déterminée par Dieu ne peut se déterminer elle-même à produire un effet.

Démonstration

Ce par quoi les choses sont dites déterminées à produire quelque effet, est nécessairement quelque chose de positif *(comme il est connu de soi);* et ainsi son essence comme son existence ont Dieu pour cause efficiente (*Prop.* 25 *et* 16), ce qui était le premier point. La deuxième partie de la Proposition s'ensuit très clairement; car, si une chose qui n'est pas déterminée par Dieu, pouvait se déterminer elle-même, la première partie de la proposition serait fausse, ce qui est absurde comme nous l'avons montré.

PROPOSITION XXVII

Une chose qui est déterminée par Dieu à produire quelque effet, ne peut se rendre elle-même indéterminée.

Démonstration

Cela est évident par l'Axiome 3.

PROPOSITION XXVIII

Une chose singulière quelconque, autrement dit toute chose qui est finie et a une existence déterminée, ne peut exister et être déterminée à produire quelque effet, si elle n'est déterminée à exister et à produire cet effet par une autre cause qui est elle-même finie et a une existence déterminée; et à son tour cette cause ne peut non plus exister et être déterminée à produire quelque effet, si elle n'est déterminée à exister et à produire cet effet par une autre qui est aussi finie et a une existence déterminée, et ainsi à l'infini.

Démonstration

Tout ce qui est déterminé à exister et à produire quelque effet, est déterminé de la sorte par Dieu (*Prop.* 26 *et Coroll. de la Prop.* 24). Mais ce qui est fini et a une existence déterminée n'a pu être produit par la nature d'un attribut de Dieu prise absolument; car tout ce qui suit de la nature d'un attribut de Dieu prise absolument est infini et éternel (*Prop.* 21). Cette chose a donc dû suivre de Dieu ou d'un de ses attributs, en tant qu'on le considère comme affecté d'une certaine modification; car, en dehors de la substance et des modes, rien n'est donné (*Axiome* 1, *Déf.* 3 *et* 5), et les modes (*Coroll. de la Prop.* 25) ne sont rien sinon des affections des attributs de Dieu. Mais cette chose n'a pu suivre de Dieu ni d'un de ses attributs en tant qu'il est affecté d'une modification qui est éternelle et infinie (*Prop.* 22). Elle a donc dû suivre de Dieu ou être déterminée à exister et à produire quelque effet par Dieu ou l'un de ses attributs, en tant qu'il est affecté d'une modification qui est finie et a une existence déterminée. Ce qui était le premier point. Maintenant cette cause, à son tour, ou ce mode *(pour la même raison qui a servi à démontrer la première partie)* a dû aussi être déterminée par une autre qui est aussi finie et a une existence déterminée, et à son tour cette dernière *(pour la même raison)* par une autre, et ainsi à l'infini *(toujours pour la même raison)*.

SCOLIE

Comme certaines choses ont dû être produites immédiatement par Dieu, à savoir celles qui suivent nécessairement de sa nature considérée absolument, et d'autres, qui ne peuvent cependant ni être, ni être conçues sans Dieu, par l'intermédiaire des premières; il suit de là : 1° qu'à l'égard des choses immédiatement produites par lui, Dieu est cause prochaine absolument; mais non en son genre, comme on dit. Car les effets de Dieu ne peuvent ni être, ni être conçus sans leur cause (*Prop.* 15 *et Coroll. de la Prop.* 24). Il suit : 2° que Dieu ne peut pas être dit proprement cause éloignée des choses singulières, si ce n'est peut-être afin de les distinguer de celles qu'il a produites immédiatement ou plutôt qui suivent de sa nature prise absolument. Car nous entendons par cause éloignée une cause telle qu'elle ne soit en aucune façon liée à son effet. Et tout ce qui est, est en Dieu et dépend de Dieu de telle sorte qu'il ne puisse ni être, ni être conçu sans lui.

PROPOSITION XXIX

Il n'est rien donné de contingent dans la nature, mais tout y est déterminé par la nécessité de la nature divine à exister et à produire quelque effet d'une certaine manière.

Démonstration

Tout ce qui est, est en Dieu (*Proposition* 15) et Dieu ne peut pas être dit une chose contingente, car (*Prop.* 11) il existe nécessairement et non d'une façon contingente. A l'égard des modes de la nature de Dieu, ils ont suivi de cette nature nécessairement aussi, non d'une façon contingente (*Prop.* 16), et cela aussi bien quand on considère la nature divine absolument (*Prop.* 21), que lorsqu'on la considère comme déterminée à agir d'une certaine manière (*Prop.* 27). En outre, Dieu est cause de ces modes non seulement en tant qu'ils existent simplement (*Corollaire de la Proposition* 24), mais aussi en tant qu'on les considère comme déterminés à produire quelque effet (*Prop.* 26). Que s'ils ne sont pas déterminés par Dieu, il est impossible mais non contingent qu'ils se déterminent eux-mêmes *(même Proposition);* et si, au contraire, ils sont déterminés par Dieu, il est (*Prop.* 27) impossible mais non contingent qu'ils se rendent eux-mêmes indéterminés. Donc tout est déterminé par la nécessité de la nature divine, non seulement à exister, mais aussi à exister et à produire quelque effet d'une certaine manière, et il n'y a rien de contingent.

C. Q. F. D.

SCOLIE

Avant de poursuivre je veux expliquer ici ce qu'il faut entendre par Nature Naturante et Nature Naturée ou plutôt le faire observer. Car déjà par ce qui précède, il est établi, je pense, qu'on doit entendre par Nature Naturante, ce qui est en soi et est conçu par soi, autrement dit ces attributs de la substance qui expriment une essence éternelle et infinie, ou encore (*Coroll.* 1 *de la Proposition* 14 *et Coroll.* 2 *de la Prop.* 17) Dieu en tant qu'il est considéré comme cause libre. Par Nature Naturée, j'entends tout ce qui suit de la nécessité de la nature de Dieu, autrement dit de celle de chacun de ses attributs, ou encore tous les modes des attributs de Dieu, en tant qu'on les considère comme des choses qui sont en Dieu et ne peuvent sans Dieu ni être ni être conçues.

PROPOSITION XXX

Un entendement, actuellement fini ou actuellement infini, doit comprendre les attributs de Dieu et les affections de Dieu et nulle autre chose.

Démonstration

Une idée vraie doit s'accorder avec l'objet dont elle est l'idée (*Axiome* 6), c'est-à-dire *(comme il est connu de soi)*, ce qui est contenu objectivement dans l'entendement doit être nécessairement donné dans la nature; or il n'est donné dans la Nature (*Coroll.* 1 *de la Prop.* 14) qu'une substance unique, à savoir Dieu; et il n'est pas d'autres affections (*Prop.* 15) que celles qui sont en Dieu et qui *(même Prop.)* ne peuvent sans Dieu ni être ni être conçues; donc un entendement, actuellement fini ou actuellement infini, doit comprendre les attributs de Dieu et les affections de Dieu et rien autre chose.

C. Q. F. D.

PROPOSITION XXXI

L'entendement en acte, qu'il soit fini ou infini, comme aussi la volonté, le désir, l'amour, etc., doivent être rapportés à la Nature Naturée et non à la Naturante.

Démonstration

Par entendement en effet nous entendons *(comme il est connu de soi)* non la pensée absolue, mais seulement un certain mode du penser, lequel diffère des autres tels que le désir, l'amour, etc., et doit en conséquence (*Déf.* 5) être conçu par le moyen de la pensée absolue; il doit être conçu, dis-je (*Prop.* 15 *et Déf.* 6), par le moyen d'un attribut de Dieu exprimant l'essence éternelle et infinie de la pensée, et cela de telle façon qu'il ne puisse sans cet attribut ni être, ni être conçu et, pour cette raison (*Scolie de la Prop.* 29), il doit être rapporté à la Nature Naturée et non à la Naturante, de même que les autres modes du penser.

C. Q. F. D.

SCOLIE

La raison pour laquelle je parle ici d'un entendement en acte n'est pas que j'accorde l'existence d'aucun entendement en puissance; mais, désirant éviter toute confusion, je n'ai voulu parler que de la chose la plus clairement perçue par nous, à savoir l'action même de connaître, qui est ce que nous percevons le plus clairement. Car nous ne pouvons rien connaître qui ne conduise à une connaissance plus grande de l'action de connaître.

PROPOSITION XXXII

La volonté ne peut être appelée cause libre, mais seulement cause nécessaire.

Démonstration

La volonté, de même que l'entendement, est un certain mode du penser; et ainsi (*Prop.* 28) chaque volition ne peut exister et être déterminée à produire quelque effet, sinon par une autre cause déterminée, cette cause l'étant à son tour par une autre, et ainsi à l'infini. Que si une volonté est supposée infinie, elle doit aussi être déterminée à exister et à produire quelque effet par Dieu, non, en tant qu'il est une substance absolument infinie, mais en tant qu'il a un attribut qui exprime l'essence absolue et éternelle de la pensée (*Prop.* 23). De quelque manière donc qu'on la conçoive, une volonté, finie ou infinie, requiert une cause par où elle soit déterminée à exister et à produire quelque effet et ainsi (*Défin.* 7) ne peut être dite cause libre, mais seulement nécessaire ou contrainte.

C. Q. F. D.

COROLLAIRE I

Il suit de là : 1° que Dieu ne produit pas ses effets par la liberté de la volonté.

COROLLAIRE II

Il suit : 2° que la volonté et l'entendement soutiennent avec la nature de Dieu la même relation que le mouvement et le repos, et, absolument, toutes les choses de la nature qui (*Prop.* 29) doivent être déterminées à exister et à agir d'une certaine manière. Car la volonté, comme toutes autres choses, a besoin d'une cause par où elle soit déterminée à exister et à produire quelque effet d'une certaine manière. Et bien que, d'une volonté donnée ou d'un entendement donné, suivent une infinité de choses, on ne peut dire pour cela que Dieu agit par la liberté de la volonté; pas plus qu'on ne peut dire, parce que du mouvement et du repos suivent certaines choses (et que ces effets aussi sont innombrables), que Dieu agit par la liberté du mouvement et du repos. La volonté donc n'appartient pas à la nature de Dieu plus que les autres choses de la nature, mais soutient avec lui la même relation que le mouvement et le repos de toutes autres choses, que nous avons montré qui suivent de la nécessité de la nature divine et sont déterminées par elle à exister et à produire quelque effet d'une certaine manière.

PROPOSITION XXXIII

Les choses n'ont pu être produites par Dieu d'aucune manière autre et dans aucun ordre autre, que de la manière et dans l'ordre où elles ont été produites.

Démonstration

Toutes choses ont suivi nécessairement de la nature de Dieu supposée donnée (*Prop.* 16), et ont été déterminées par la nécessité de la nature de Dieu à exister et à produire quelque effet d'une certaine manière (*Prop.* 29). Si donc des choses d'une nature différente avaient pu être, ou être déterminées à produire quelque effet, d'une autre manière, de façon que l'ordre de la nature fût autre, Dieu pourrait être aussi d'une nature autre, et par suite (*Prop.* 11) cette autre nature aussi devrait exister, et il pourrait y avoir en conséquence deux ou plusieurs Dieux, ce qui (*Coroll.* 1 *de la Prop.* 14) est absurde. Pour cette raison les choses n'ont pu être d'une manière autre et dans un ordre autre, etc.

C. Q. F. D.

SCOLIE I

Ayant montré par ce qui précède, plus clairement que la lumière du jour, qu'il n'existe absolument rien dans les choses, à cause de quoi elles puissent être dites contingentes, je veux maintenant expliquer en quelques mots ce que nous devons entendre par Contingent, et d'abord ce que nous devons entendre par Nécessaire et Impossible. Une chose est dite nécessaire soit par rapport à son essence, soit par rapport à sa cause. Car l'existence d'une chose suit nécessairement ou bien de son essence et de sa définition ou bien d'une cause efficiente donnée. C'est pour les mêmes causes qu'une chose est dite impossible; ou bien en effet c'est parce que son essence ou définition enveloppe une contradiction, ou bien parce que nulle cause extérieure n'est donnée, qui soit déterminée de façon à produire cette chose. Pour nulle autre cause maintenant une chose n'est dite contingente, sinon eu égard à un manque de connaissance en nous; car une chose dont nous ignorons que l'essence enveloppe contradiction, ou de laquelle nous savons bien qu'elle n'enveloppe aucune contradiction, sans pouvoir rien affirmer avec certitude de son existence, parce que nous ignorons l'ordre des causes, une telle chose, dis-je, ne peut jamais nous apparaître ni comme nécessaire ni comme impossible et, par suite, nous l'appelons contingente ou possible.

SCOLIE II

Il suit clairement de ce qui précède que les choses ont été produites par Dieu avec une souveraine perfection, puisqu'elles ont suivi nécessairement d'une nature donnée qui est parfaite au plus haut point. Et nulle imperfection n'est par là imputée à Dieu; car c'est sa perfection même qui nous a contraints à l'affirmer. Bien mieux, c'est de l'affirmation contraire qu'il suivrait (je viens de le montrer) que Dieu n'est pas souverainement parfait; car, si les choses avaient été produites d'une autre manière, il faudrait attribuer à Dieu une autre nature, différente de celle que la considération de l'Être parfait au plus haut point nous oblige à lui attribuer. Mais je ne doute pas que beaucoup ne repoussent d'abord cette manière de voir comme une chose absurde et ne consentent même pas à l'examiner; et cela pour cette seule raison qu'ils ont accoutumé d'attribuer à Dieu une liberté de tout autre sorte que celle que nous avons définie (*Déf.* 7), à savoir une volonté absolue. Et je ne doute pas non plus que, s'ils veulent méditer sur ce sujet, et examiner loyalement la suite de mes démonstrations, ils ne rejettent entièrement non seulement comme une chose futile, mais comme un grand empêchement à la science, cette sorte de liberté qu'ils attribuent à Dieu. Il n'est pas besoin ici de répéter ce que j'ai dit dans le Scolie de la Proposition 17. En leur faveur cependant, je montrerai encore que, même en accordant que la volonté appartient à l'essence de Dieu, il ne suit pas moins de sa perfection que les choses n'ont pu être créées par Dieu d'aucune autre manière et dans aucun autre ordre. Il sera facile de le montrer si nous avons égard en premier lieu à ce qu'eux-mêmes concèdent, à savoir qu'il dépend du seul décret et de la seule volonté de Dieu que chaque chose qui est, soit ce qu'elle est. S'il en était autrement en effet, Dieu ne serait pas cause de toutes choses. En second lieu, ils accordent aussi que tous les décrets de Dieu ont été arrêtés par Dieu même de toute éternité. S'il en était autrement, de l'imperfection et de l'inconstance seraient imputées à Dieu. Dans l'éternité il n'y a d'ailleurs ni *quand*, ni *avant*, ni *après;* il suit donc de là, c'est-à-dire de la seule perfection de Dieu, que Dieu ne peut ni n'a pu jamais décréter autre chose; en d'autres termes que Dieu n'existe pas antérieurement à ses décrets et ne peut exister sans eux. Mais, diront-ils *, quand même on supposerait que Dieu eût fait une autre nature des choses, ou qu'il eût de toute éternité décrété autre chose sur la Nature et sur son ordre, il ne s'ensuivrait en Dieu aucune imperfection. Je réponds qu'en disant cela, ils accordent que Dieu peut changer ses décrets. Car, si Dieu avait décrété sur la Nature et sur son ordre autre chose, que ce qu'il a décrété; c'est-à-dire s'il avait, au sujet de la Nature, voulu et conçu autre chose, il aurait eu nécessairement un entendement autre que n'est actuellement le sien et une volonté autre que n'est actuellement la sienne. Et, s'il est permis d'attribuer à Dieu un autre entendement et une autre volonté, sans pour cela rien changer à son essence et à sa perfection, pour quelle cause ne pourrait-il actuellement changer ses décrets au sujet des choses créées, tout en restant également parfait ? Car, de quelque façon qu'on les conçoive, son entendement et sa volonté concernant les choses créées, soutiennent toujours le même rapport avec son essence et sa perfection. D'autre part, tous les Philosophes, à ma connaissance, accordent qu'il n'existe pas en Dieu, d'entendement en puissance mais seulement un entendement en acte; puis donc que son entendement et sa volonté ne se distinguent pas de son essence, ainsi que tous aussi l'accordent, il suit de là encore que, si Dieu avait eu un autre entendement en acte et une autre volonté, son essence aussi eût été nécessairement autre; et par suite (comme je l'ai d'abord conclu), si les choses eussent été produites par Dieu autrement qu'elles ne sont actuellement, l'entendement de Dieu et sa volonté, c'est-à-dire (comme on l'accorde) son essence, devraient être autres, ce qui est absurde.

Puis donc que les choses n'ont pu être produites par

* Je traduis *dicent* et non *dicunt* leçon de Land.

Dieu d'aucune autre manière et dans aucun autre ordre, et que la vérité de cette proposition est une conséquence de la souveraine perfection de Dieu, nous ne nous laisserons certes jamais persuader par aucune raison que Dieu n'a pas voulu créer toutes les choses dont son entendement a l'idée avec autant de perfection qu'il s'en trouve dans les idées. On objectera qu'il n'y a dans les choses ni perfection ni imperfection, ce pour quoi elles sont dites parfaites ou imparfaites et bonnes ou mauvaises, dépendant uniquement de la volonté de Dieu; d'où suit que, si Dieu l'eût voulu, il eût pu faire que ce qui est actuellement perfection fût une extrême imperfection et *vice versa.* Mais qu'est-ce donc autre chose qu'affirmer ouvertement que Dieu, qui a nécessairement l'idée de ce qu'il veut, peut, par sa volonté, faire qu'il ait des choses une idée autre que celle qu'il en a; ce qui (je viens de le montrer) est une grande absurdité. Je puis donc retourner contre eux leur argument et cela de la façon suivante. Toutes choses dépendent de la puissance de Dieu. Pour que les choses pussent être autrement qu'elles ne sont, il faudrait donc nécessairement aussi que la volonté de Dieu fût autre; or la volonté de Dieu ne peut pas être autre (comme nous venons de montrer qu'il suit de la perfection de Dieu avec la dernière évidence). Donc les choses aussi ne peuvent pas être autrement. Je reconnais que cette opinion, qui soumet tout à une volonté divine indifférente, et admet que tout dépend de son bon plaisir, s'éloigne moins de la vérité que cette autre consistant à admettre que Dieu agit en tout en ayant égard au bien. Car ceux qui la soutiennent, semblent poser en dehors de Dieu quelque chose qui ne dépend pas de Dieu, et à quoi Dieu a égard comme à un modèle dans ses opérations, ou à quoi il tende comme vers un but déterminé. Cela revient à soumettre Dieu au destin, et rien de plus absurde ne peut être admis au sujet de Dieu, que nous avons montré qui est la cause première et l'unique cause libre tant de l'essence de toutes choses que de leur existence. Il n'y a donc pas de raison pour perdre du temps à réfuter cette absurdité.

PROPOSITION XXXIV

La puissance de Dieu est son essence même.

Démonstration

Il suit de la seule nécessité de l'essence de Dieu que Dieu est cause de soi (*Prop.* 11) et *(Prop.* 16 *avec son Corol.)* de toutes choses. Donc la puissance de Dieu par laquelle lui-même et toutes choses sont et agissent est son essence même.

C. Q. F. D.

PROPOSITION XXXV

Tout ce que nous concevons qui est au pouvoir de Dieu, est nécessairement.

Démonstration

Tout ce qui est au pouvoir de Dieu doit *(Prop. précédente)* être compris en telle sorte en son essence qu'il en suive nécessairement, et par suite est nécessairement.

C. Q. F. D.

PROPOSITION XXXVI

Rien n'existe de la nature de quoi ne suive quelque effet.

Démonstration

Tout ce qui existe, exprime en un mode certain et déterminé la nature ou l'essence de Dieu (*Coroll. de la Prop.* 25), autrement dit (*Prop.* 34) tout ce qui existe exprime en un mode certain et déterminé la puissance de Dieu qui est cause de toutes choses, et par suite (*Propos.* 16) quelque effet en doit suivre.

C. Q. F. D.

APPENDICE

J'ai expliqué dans ce qui précède la nature de Dieu et ses propriétés, savoir : qu'il existe nécessairement; qu'il est unique; qu'il est et agit par la seule nécessité de sa nature; qu'il est la cause libre de toutes choses, et en quelle manière il l'est; que tout est en Dieu et dépend de lui de telle sorte que rien ne peut ni être ni être conçu sans lui; enfin que tout a été prédéterminé par Dieu, non certes par la liberté de la volonté, autrement dit par un bon plaisir absolu, mais par la nature absolue de Dieu, c'est-à-dire sa puissance infinie. J'ai eu soin en outre, partout où j'en ai eu l'occasion, d'écarter les préjugés qui pouvaient empêcher que mes démonstrations ne fussent perçues; comme, toutefois, il en reste encore beaucoup qui pouvaient et peuvent aussi, et même au plus haut point, empêcher les hommes de saisir l'enchaînement des choses de la façon que je l'ai exposé, j'ai cru qu'il valait la peine de soumettre ici ces préjugés à l'examen de la raison. Tous ceux que j'entreprends de signaler ici dépendent d'ailleurs d'un seul, consistant en ce que les hommes supposent communément que toutes les choses de la nature agissent, comme eux-mêmes, en vue d'une fin, et vont jusqu'à tenir pour certain que Dieu lui-même dirige tout vers une certaine fin; ils disent, en effet, que Dieu a tout fait en vue de l'homme et qu'il a fait l'homme pour que l'homme lui rendît un culte. C'est donc ce préjugé seul que je considérerai d'abord cherchant *primo* pour quelle cause la plupart s'y tiennent et pourquoi tous inclinent naturellement à l'embrasser. *En second lieu* j'en montrerai la fausseté, et *pour finir* je ferai voir comment en sont issus les préjugés relatifs *au bien et au mal*, *au mérite et au péché*, *à la louange et au blâme*, *à l'ordre et à la confusion*, *à la beauté et à la laideur*, et à d'autres objets de même sorte. Il n'appartient pas toutefois à mon objet présent de déduire cela de la nature de l'âme humaine. Il suffira pour le moment de poser en principe ce que tous doivent reconnaître : que tous les hommes naissent sans aucune connaissance des causes des choses, et que tous ont un appétit de rechercher ce qui leur est utile, et qu'ils en ont conscience. De là suit : 1° que les hommes se figurent être libres, parce qu'ils ont conscience de leurs volitions et de leur appétit et ne pensent pas, même en rêve *, aux causes par lesquelles ils sont disposés à appéter et à vouloir, n'en ayant aucune connaissance. Il suit : 2° que les hommes agissent toujours en vue d'une fin, savoir l'utile qu'ils appètent. D'où résulte qu'ils s'efforcent toujours uniquement à connaître les causes finales des choses accomplies et se tiennent en repos quand ils en sont informés, n'ayant plus aucune raison d'inquiétude. S'ils ne peuvent les apprendre d'un autre, leur seule ressource est de se rabattre sur eux-mêmes et de réfléchir aux fins par lesquelles ils ont coutume d'être déterminés à des actions semblables, et ainsi jugent-ils nécessairement de la complexion d'autrui par la leur. Comme, en outre, ils trouvent en eux-mêmes et hors d'eux un grand nombre de moyens contribuant grandement à l'atteinte de l'utile, ainsi, par exemple, des yeux pour voir, des dents pour mâcher, des herbes et des animaux pour l'alimentation, le soleil pour s'éclairer, la mer pour nourrir des poissons, ils en viennent à considérer toutes les choses existant dans la Nature comme des moyens à leur usage. Sachant d'ailleurs qu'ils ont trouvé ces moyens, mais ne les ont pas procurés, ils ont tiré de là un motif de croire qu'il y a quelqu'un d'autre qui les a procurés pour qu'ils en fissent usage. Ils n'ont pu, en effet, après avoir considéré les choses comme des moyens, croire qu'elles se sont faites elles-mêmes, mais, tirant leur conclusion des moyens qu'ils ont accoutumé de se procurer, ils ont dû se persuader qu'il existait un ou plusieurs directeurs de la nature, doués de la liberté humaine, ayant pourvu à tous leurs besoins et tout fait pour leur usage. N'ayant jamais reçu au sujet de la complexion de ces êtres aucune information, ils ont dû aussi en juger d'après la leur propre, et ainsi ont-ils admis que les Dieux dirigent toutes choses pour l'usage des hommes afin de se les attacher et d'être tenus par eux dans le plus grand honneur; par où il advint que tous, se référant à leur propre complexion, inventèrent divers moyens de rendre un culte à Dieu afin d'être aimés par lui par-dessus les autres, et d'obtenir qu'il dirigeât la Nature entière au profit de leur désir aveugle et de leur insatiable avidité. De la sorte, ce préjugé se tourna en superstition et poussa de profondes racines dans les âmes; ce qui fut pour tous un motif de s'appliquer de tout leur

* Je traduis *nec per somnium* au lieu de *ne per somnium*, leçon de Land.

effort à la connaissance et à l'explication des causes finales de toutes choses. Mais, tandis qu'ils cherchaient à montrer que la Nature ne fait rien en vain (c'est-à-dire rien qui ne soit pour l'usage des hommes), ils semblent n'avoir montré rien d'autre sinon que la Nature et les Dieux sont atteints du même délire que les hommes. Considérez, je vous le demande, où les choses en sont enfin venues! Parmi tant de choses utiles offertes par la Nature, ils n'ont pu manquer de trouver bon nombre de choses nuisibles, telles les tempêtes, les tremblements de terre, les maladies, etc., et ils ont admis que de telles rencontres avaient pour origine la colère de Dieu excitée par les offenses des hommes envers lui ou par les péchés commis dans son culte; et, en dépit des protestations de l'expérience quotidienne, montrant par des exemples sans nombre que les rencontres utiles et les nuisibles échoient sans distinction aux pieux et aux impies, ils n'ont pas pour cela renoncé à ce préjugé invétéré. Ils ont trouvé plus expédient de mettre ce fait au nombre des choses inconnues dont ils ignoraient l'usage, et de demeurer dans leur état actuel et natif d'ignorance, que de renverser tout cet échafaudage et d'en inventer un autre. Ils ont donc admis comme certain que les jugements de Dieu passent de bien loin la compréhension des hommes : cette seule cause certes eût pu faire que le genre humain fût à jamais ignorant de la vérité, si la mathématique, occupée non des fins mais seulement des essences et des propriétés des figures, n'avait fait luire devant les hommes une autre norme de vérité; outre la mathématique on peut assigner d'autres causes encore (qu'il est superflu d'énumérer ici), par lesquelles il a pu arriver que les hommes aperçussent ces préjugés communs, et fussent conduits à la connaissance vraie des choses.

J'ai assez expliqué par là ce que j'ai promis en premier lieu. Pour montrer maintenant que la Nature n'a aucune fin à elle prescrite et que toutes les causes finales ne sont rien que des fictions des hommes, il ne sera pas besoin de longs discours. Je crois en effet l'avoir déjà suffisamment établi, tant en montrant de quels principes et de quelles causes ce préjugé tire son origine que par la *Proposition* 16 et les *Corollaires de la Proposition* 32, et en outre par tout ce que j'ai dit qui prouve que tout dans la nature se produit avec une nécessité éternelle et une perfection suprême. J'ajouterai cependant ceci : que cette doctrine finaliste renverse totalement la Nature. Car elle considère comme effet ce qui, en réalité, est cause, et *vice versa*. En outre, elle met après ce qui de nature est avant. Enfin elle rend très imparfait ce qui est le plus élevé et le plus parfait. Pour laisser de côté les deux premiers points (qui sont évidents par eux-mêmes), cet effet, comme il est établi par les *Propositions* 21, 22 et 23, est le plus parfait, qui est produit par Dieu immédiatement et, plus une chose a besoin pour être produite de causes intermédiaires, plus elle est imparfaite. Mais, si les choses immédiatement produites par Dieu avaient été faites pour que Dieu pût atteindre sa fin, alors nécessairement les dernières, à cause desquelles les premières eussent été faites, seraient de toutes les plus excellentes. En outre, cette doctrine détruit la perfection de Dieu; car, si Dieu agit pour une fin, il appète nécessairement quelque chose de quoi il est privé. Et bien que Théologiens et Métaphysiciens distinguent entre une fin de besoin et une fin d'assimilation, ils conviennent cependant que Dieu a tout fait pour lui-même et non pour les choses à créer; car ils ne peuvent en dehors de Dieu rien assigner qui fût avant la création et à cause de quoi Dieu eût agi; ils sont donc contraints aussi de reconnaître que Dieu était privé de tout ce pour quoi il a voulu procurer des moyens et le désirait, comme il est clair de soi. Et il ne faut pas oublier ici que les sectateurs de cette doctrine, qui ont voulu faire montre de leur talent en assignant les fins des choses, ont, pour soutenir leur doctrine, introduit une nouvelle façon d'argumenter : la réduction non à l'impossible, mais à l'ignorance; ce qui montre qu'il n'y avait pour eux aucun moyen d'argumenter. Si, par exemple, une pierre est tombée d'un toit sur la tête de quelqu'un et l'a tué, ils démontreront de la manière suivante que la pierre est tombée pour tuer cet homme. Si elle n'est pas tombée à cette fin par la volonté de Dieu, comment tant de circonstances (et en effet il y en a souvent un grand concours) ont-elles pu se trouver par chance réunies ? Peut-être direz-vous : cela est arrivé parce que le vent soufflait et que l'homme passait par là. Mais, insisteront-ils, pourquoi le vent soufflait-il à ce moment ? pourquoi l'homme passait-il par là à ce même instant ? Si vous répondez alors : le vent s'est levé parce que la mer, le jour avant, par un temps encore calme, avait commencé à s'agiter; l'homme avait été invité par un ami; ils insisteront de nouveau, car ils n'en finissent pas de poser des questions : pourquoi la mer était-elle agitée ? pourquoi l'homme a-t-il été invité pour tel moment ? et ils continueront ainsi de vous interroger sans relâche sur les causes des événements, jusqu'à ce que vous vous soyez réfugié dans la volonté de Dieu, cet asile de l'ignorance. De même, quand ils voient la structure du corps humain, ils sont frappés d'un étonnement imbécile et, de ce qu'ils ignorent les causes d'un si bel arrangement, concluent * qu'il n'est point formé mécaniquement, mais par un art divin ou surnaturel, et en telle façon qu'aucune partie ne nuise à l'autre. Et ainsi arrive-t-il que quiconque cherche les vraies causes des prodiges et s'applique à connaître en savant les choses de la nature, au lieu de s'en émerveiller comme un sot, est souvent tenu pour hérétique et impie et proclamé tel par ceux que le vulgaire adore comme des interprètes de la Nature et des Dieux. Ils savent bien que détruire l'ignorance, c'est détruire l'étonnement imbécile, c'est-à-dire leur unique moyen de raisonner et de sauvegarder leur autorité. Mais en voilà assez sur ce chapitre, je passe au *troisième* point que j'ai résolu de traiter.

Après s'être persuadé que tout ce qui arrive, est fait à cause d'eux, les hommes ont dû juger qu'en toutes choses le principal est ce qui a pour eux le plus d'utilité, et tenir pour les plus excellentes celles qui les affectent le plus agréablement. Par là ils n'ont pu manquer de former ces notions par lesquelles ils prétendent expliquer les natures des choses, ainsi le *Bien*, le *Mal*, l'*Ordre*, la *Confusion*, le *Chaud*, le *Froid*, la *Beauté* et la *Laideur;* et de la liberté qu'ils s'attribuent sont provenues ces autres notions, la *Louange* et le *Blâme*, le *Péché* et le *Mérite;* j'expliquerai plus tard ces dernières, quand j'aurai traité de la nature humaine, et je rendrai compte ici brièvement des premières. Les hommes donc ont appelé *Bien* tout ce qui contribue à la santé et au culte de Dieu, *Mal* ce qui leur est contraire. Et, comme ceux qui ne connaissent pas la nature des choses, n'affirment rien qui s'applique à elles, mais les imaginent seulement et prennent l'imagination pour l'entendement, ils croient donc fermement qu'il y a en elles de l'*Ordre*, dans l'ignorance où ils sont de la nature tant des choses que d'eux-mêmes. Quand elles sont disposées en effet de façon que, nous les représentant par les sens, nous puissions facilement les imaginer et, par suite, nous les rappeler facilement,

* Je traduis *concludunt* au lieu de *concludent*.

nous disons qu'elles sont bien ordonnées; dans le cas contraire, qu'elles sont mal ordonnées ou *confuses*. Et, comme nous trouvons plus d'agrément qu'aux autres, aux choses que nous pouvons imaginer avec facilité, les hommes préfèrent l'ordre à la confusion; comme si, sauf par rapport à notre imagination, l'ordre était quelque chose dans la Nature. Ils disent encore que Dieu a créé toutes choses avec ordre et, de la sorte, sans le savoir, attribuent à Dieu de l'imagination; à moins peut-être qu'ils ne veuillent que Dieu, pourvoyant à l'imagination humaine, ait disposé toutes choses de façon qu'ils pussent les imaginer le plus facilement; et probablement ils ne se laisseraient pas arrêter par cette objection qu'il se trouve une infinité de choses qui passent de beaucoup notre imagination, et un grand nombre qui la confondent à cause de sa faiblesse. Mais assez là-dessus. Pour les autres notions aussi, elles ne sont rien, si ce n'est des modes d'imaginer par lesquels l'imagination est diversement affectée, et cependant les ignorants les considèrent comme les attributs principaux des choses; parce que, comme nous l'avons dit déjà, ils croient que toutes choses ont été faites en vue d'eux-mêmes et disent que la nature d'une chose est bonne ou mauvaise, saine ou pourrie et corrompue, suivant qu'ils sont affectés par elle. Si, par exemple, le mouvement, que reçoivent les nerfs, des objets qui nous sont représentés par les yeux, convient à la santé, alors les objets qui en sont cause sont appelés *beaux*, et l'on dit *laids* ceux qui excitent un mouvement contraire. Ceux qui émeuvent le sens par le nez, on les nomme bien odorants ou fétides; doux ou amers, agréables ou désagréables au goût, ceux qui font impression sur lui par la langue, etc. Ceux qui agissent par le toucher sont durs ou mous, rugueux ou lisses, etc. Et ceux enfin qui ébranlent les oreilles, on dit qu'ils produisent un bruit, un son ou une harmonie, et au sujet de cette dernière qualité l'extravagance des hommes a été jusqu'à croire que Dieu aussi se plaît à l'harmonie. Il ne manque pas de Philosophes qui se sont persuadé que les mouvements célestes composent une harmonie. Tout cela montre assez que chacun juge des choses selon la disposition de son cerveau ou plutôt leur a laissé se substituer les manières d'être de son imagination. Il n'y a donc pas à s'étonner (pour le noter en passant) que tant de controverses se soient, comme nous le voyons, élevées entre les hommes et que le Scepticisme en soit enfin provenu. Si, en effet, les corps humains conviennent en beaucoup de points, ils diffèrent en un très grand nombre et, par suite, ce qui paraît bon à l'un, semble mauvais à l'autre; l'un juge ordonné ce que l'autre trouve confus; ce qui est au gré de l'un, est à l'autre désagréable, et ainsi du reste. Je n'y insisterai pas, et parce que ce n'est pas le moment de traiter avec développement de ces choses, et parce que tout le monde en a assez fait l'expérience. Tout le monde répète : Autant de têtes, autant d'avis; chacun abonde dans son sens; il n'y a pas moins de différence entre les cerveaux qu'entre les palais. Et tous ces dictons montrent assez que les hommes jugent des choses selon la disposition de leur cerveau et les imaginent plutôt qu'ils ne les connaissent. S'ils les avaient clairement connues, elles auraient, comme en témoigne la Mathématique, la puissance sinon d'attirer, du moins de convaincre tout le monde.

Nous voyons ainsi que toutes les notions * par lesquelles le vulgaire a coutume d'expliquer la Nature, sont seulement des Modes d'imaginer et ne renseignent sur la nature d'aucune chose, mais seulement sur la façon dont est constituée l'imagination, et, comme elles ont des noms qui semblent s'appliquer à des êtres existant en dehors de l'imagination, je les appelle êtres non de raison mais d'imagination; et ainsi tous les arguments qui sont tirés contre nous de notions semblables, se peuvent facilement réfuter. Beaucoup en effet ont coutume d'argumenter ainsi. Si toutes choses ont suivi de la nécessité de la nature d'un Dieu tout parfait, d'où viennent donc tant d'imperfections existant dans la Nature ? c'est-à-dire d'où vient que les choses se corrompent jusqu'à la fétidité, qu'elles soient laides à donner la nausée, d'où viennent la confusion, le mal, le péché, etc. Il est, je viens de le dire, facile de répondre. Car la perfection des choses doit s'estimer seulement par leur nature et leur puissance, et elles ne sont donc pas plus ou moins parfaites parce qu'elles plaisent aux sens de l'homme ou les offensent, conviennent à la nature humaine ou lui répugnent. Quant à ceux qui demandent pourquoi Dieu n'a pas créé tous les hommes de façon que la seule raison les conduisît et les gouvernât, je ne réponds rien, sinon que cela vient de ce que la matière ne lui a pas fait défaut

* La leçon *notiones*, au lieu de *rationes*, a pour elle l'autorité de la traduction de Glazemaker et convient mieux pour le sens.

pour créer toutes choses, savoir : depuis le plus haut jusqu'au plus bas degré de perfection; ou, pour parler plus proprement, de ce que les lois de la Nature se sont trouvées assez amples pour suffire à la production de tout ce qui pouvait être conçu par un entendement infini, comme je l'ai démontré *Proposition* 16. Tels sont les préjugés que j'ai voulu signaler ici. S'il en reste encore d'autres de même farine, chacun pourra s'en guérir avec un peu de réflexion.

DEUXIÈME PARTIE

DE LA NATURE ET DE L'ORIGINE DE L'AME

Je passe maintenant à l'explication des choses qui ont dû suivre nécessairement de l'essence de Dieu, ou de l'Être éternel et infini. Je ne traiterai pas de toutes cependant; car nous avons démontré Proposition 16 *de la Partie* 1 *qu'une infinité de choses devaient suivre de cette essence en une infinité de modes; j'expliquerai seulement ce qui peut nous conduire comme par la main à la connaissance de l'Ame humaine et de sa béatitude suprême.*

DÉFINITIONS

I. J'entends par corps un mode qui exprime l'essence de Dieu, en tant qu'on la considère comme chose étendue, d'une manière certaine et déterminée; *voyez le Corollaire de la Proposition* 25, *Partie I.*

II. Je dis que cela appartient à l'essence d'une chose qu'il suffit qui soit donné, pour que la chose soit posée nécessairement, et qu'il suffit qui soit ôté, pour que la chose soit ôtée nécessairement; ou encore ce sans quoi la chose ne peut ni être ni être conçue, et qui *vice versa* ne peut sans la chose être ni être conçu.

III. J'entends par idée un concept de l'Ame que l'Ame forme pour ce qu'elle est une chose pensante.

Explication

Je dis concept de préférence à perception parce que le mot de perception semble indiquer que l'Ame est passive à l'égard d'un objet, tandis que concept semble exprimer une action de l'Ame.

IV. J'entends par idée adéquate une idée qui, en tant qu'on la considère en elle-même, sans relation à l'objet, a toutes les propriétés ou dénominations intrinsèques d'une idée vraie.

Explication

Je dis intrinsèques pour exclure celle qui est extrinsèque, à savoir l'accord de l'idée avec l'objet dont elle est l'idée.

V. La durée est une continuation indéfinie de l'existence.

Explication

Je dis indéfinie parce qu'elle ne peut jamais être déterminée par la nature même de la chose existante non plus que par sa cause efficiente, laquelle en effet pose nécessairement l'existence de la chose, mais ne l'ôte pas.

VI. Par réalité et par perfection, j'entends la même chose.

VII. Par choses singulières j'entends les choses qui sont finies et ont une existence déterminée; que si plusieurs individus concourent en une même action de telle sorte que tous soient cause à la fois d'un même effet, je les considère tous à cet égard comme une même chose singulière.

AXIOMES

I. L'essence de l'homme n'enveloppe pas l'existence nécessaire, c'est-à-dire il peut aussi bien se faire, suivant l'ordre de la Nature, que cet homme-ci ou celui-là existe, qu'il peut se faire qu'il n'existe pas.

II. L'homme pense.

III. Il n'y a de modes de penser, tels que l'amour, le désir, ou tout autre pouvant être désigné par le nom d'affection de l'âme, qu'autant qu'est donnée dans le même individu une idée de la chose aimée, désirée, etc. Mais une idée peut être donnée sans que soit donné aucun autre mode de penser.

IV. Nous sentons qu'un certain corps est affecté de beaucoup de manières.

V. Nous ne sentons ni ne percevons nulles choses singulières, sauf des corps et des modes de penser.

Voir les Postulats à la suite de la Proposition 13.

PROPOSITION I

La pensée est un attribut de Dieu, autrement dit Dieu est chose pensante.

Démonstration

Les pensées singulières, c'est-à-dire cette pensée-ci ou celle-là, sont des modes qui expriment la nature de Dieu d'une manière certaine et déterminée (*Coroll. de la Prop.* 25, *p. I*). Un attribut dont toutes les pensées singulières enveloppent le concept, attribut par le moyen duquel aussi ces pensées se conçoivent, appartient donc à Dieu (*Déf.* 5, *p. I*). C'est pourquoi la Pensée est un des attributs infinis de Dieu, lequel exprime une essence éternelle et infinie de Dieu (*Déf.* 6, *p. I*), autrement dit Dieu est chose pensante.

C. Q. F. D.

SCOLIE

Cette Proposition est encore évidente par cela seul que nous pouvons concevoir un être infini pensant. Plus en effet un être pensant peut penser de choses, plus nous concevons qu'il contient de réalité ou perfection, donc un être qui peut penser une infinité de choses en une infinité de modes, est nécessairement infini par la vertu du penser. Puis donc qu'ayant égard uniquement à la pensée, nous concevons un Être infini, la Pensée est nécessairement (*Déf.* 4 *et* 6, *p. I*) l'un des attributs infinis de Dieu, comme nous le voulions.

PROPOSITION II

L'étendue est un attribut de Dieu, autrement dit Dieu est chose étendue.

Démonstration

On procède ici de la même façon que dans la démonstration précédente.

PROPOSITION III

Il y a nécessairement en Dieu une idée tant de son essence que de tout ce qui suit nécessairement de son essence.

Démonstration

Dieu en effet (*Prop.* 1 *) peut penser une infinité de choses en une infinité de modes ou *(ce qui revient au même suivant la Prop.* 16 *de la p. I)* former l'idée de son essence et de tout ce qui en suit nécessairement. Or tout ce qui est au pouvoir de Dieu, est nécessairement *(Prop.* 35, *p. I);* donc une telle idée est nécessairement donnée et *(Prop.* 15, *p. I)* ce ne peut être autre part qu'en Dieu.

C. Q. F. D.

SCOLIE

Le vulgaire entend par puissance de Dieu une volonté libre et un droit s'étendant à tout ce qui est, et pour cette raison toutes choses sont communément considérées comme contingentes. Dieu, dit-on en effet, a le pouvoir de tout détruire et tout anéantir. On compare, en

* Je supprime, dans les renvois, l'indication de la partie de l'ouvrage où se trouve la proposition à laquelle il est renvoyé, toutes les fois que cette proposition et celle qui est à démontrer sont contenues dans la même partie. (Observation du traducteur.)

outre, très souvent la puissance de Dieu à celle des Rois. Mais nous avons réfuté cela dans les Corollaires 1 et 2 de la Proposition 32, partie I, et, dans la Proposition 16, partie I, nous avons montré que Dieu agit par la même nécessité par laquelle il forme une idée de lui-même; c'est-à-dire, de même qu'il suit de la nécessité de la nature divine (comme tous l'admettent d'une commune voix) que Dieu forme une idée de lui-même, il suit aussi avec la même nécessité que Dieu produise une infinité d'actions en une infinité de modes. En outre, nous avons montré, Proposition 34 de la partie I, que la puissance de Dieu n'est rien d'autre que l'essence active de Dieu; il nous est donc aussi impossible de concevoir Dieu comme n'agissant pas que comme n'étant pas. De plus, s'il me plaisait de poursuivre, je pourrais aussi montrer ici * que cette puissance que le vulgaire attribue à Dieu par fiction, non seulement est celle d'un homme (ce qui fait voir que le vulgaire conçoit Dieu comme un homme ou pareil à un homme), mais enveloppe aussi l'impuissance. Je ne veux pas toutefois reprendre si souvent le même discours. Je me contente de prier avec instance le lecteur d'examiner à plusieurs reprises ce qui est dit dans la première partie sur ce sujet depuis la Proposition 16 jusqu'à la fin. Nul en effet, ne pourra percevoir correctement ce que je veux dire, s'il ne prend garde à ne pas confondre la puissance de Dieu avec la puissance humaine ou le droit des Rois.

PROPOSITION IV

L'idée de Dieu, de laquelle suivent une infinité de choses en une infinité de modes ne peut être qu'unique.

Démonstration

L'entendement infini ne comprend rien sinon les attributs de Dieu et ses affections *(Prop.* 30, *p. I)*. Or Dieu est unique *(Coroll.* 1 de la *Prop.* 14, *p. I)*. Donc l'idée de

* Je traduis non pas *possem hic ulterius ostendere* mais *possem hic etiam ostendere.*

Dieu de laquelle suivent une infinité de choses en une infinité de modes ne peut être qu'unique.

C. Q. F. D.

PROPOSITION V

L'être formel des idées reconnaît pour cause Dieu, en tant seulement qu'il est considéré comme être pensant, non en tant qu'il s'explique par un autre attribut. C'est-à-dire les idées tant des attributs de Dieu que des choses singulières reconnaissent pour cause efficiente non les objets dont elles sont les idées ou, en d'autres termes, les choses perçues, mais Dieu lui-même en tant qu'il est chose pensante.

Démonstration

Cela est évident par la Proposition 3. Là en effet nous établissions que Dieu peut former une idée de son essence et de tout ce qui en suit nécessairement, en nous fondant seulement sur ce qu'il est chose pensante et non sur ce qu'il serait l'objet de sa propre idée. C'est pourquoi l'être formel des idées reconnaît pour cause Dieu, en tant qu'il est chose pensante. Mais voici une autre démonstration : l'être formel des idées est un mode du penser *(comme il est connu de soi)*, c'est-à-dire *(Coroll. de la Prop.* 25, *p. I)* un mode qui exprime d'une certaine manière la nature de Dieu en tant qu'il est chose pensante, et ainsi *(Prop.* 10, *p. I)* n'enveloppe le concept d'aucun autre attribut de Dieu, et conséquemment *(Ax.* 4, *p. I)* n'est l'effet d'aucun autre attribut, sinon de la pensée : donc l'être formel des idées a pour cause Dieu en tant seulement qu'il est considéré comme chose pensante, etc.

C. Q. F. D.

PROPOSITION VI

Les modes de chaque attribut ont pour cause Dieu en tant seulement qu'il est considéré sous l'attribut dont ils sont des modes et non en tant qu'il est considéré sous un autre attribut.

Démonstration

Chaque attribut en effet est conçu par soi en faisant abstraction de ce qui n'est pas lui *(Prop. 10, p. I)*. Donc les modes de chaque attribut enveloppent le concept de leur attribut, mais non d'un autre; et ainsi *(Ax. 4, p. I)* ont pour cause Dieu en tant seulement qu'il est considéré sous cet attribut dont ils sont des modes, et non en tant qu'il est considéré sous aucun autre.

C. Q. F. D.

COROLLAIRE

Il suit de là que l'être formel des choses qui ne sont pas des modes du penser ne suit pas de la nature divine par la raison qu'elle a d'abord connu les choses; mais les choses qui sont les objets des idées suivent et sont conclues de leurs attributs propres de la même manière et avec la même nécessité que nous avons montré que les idées suivent de l'attribut de la Pensée.

PROPOSITION VII

L'ordre et la connexion des idées sont les mêmes que l'ordre et la connexion des choses.

Démonstration

Cela est évident par l'*Axiome* 4, *partie I*. Car l'idée de chaque chose causée dépend de la connaissance de la cause dont elle est l'effet.

COROLLAIRE

Il suit de là que la puissance de penser de Dieu est égale à sa puissance actuelle d'agir, c'est-à-dire tout ce qui suit formellement de la nature infinie de Dieu suit aussi en Dieu objectivement dans le même ordre et avec la même connexion de l'idée de Dieu.

SCOLIE

Ici, avant de poursuivre, il nous faut nous rappeler ce que nous avons fait voir ci-dessus : que tout ce qui peut être perçu par un entendement infini comme constituant une essence de substance, appartient à une substance unique, et en conséquence que substance pensante et substance étendue, c'est une seule et même substance comprise tantôt sous un attribut, tantôt sous l'autre. De même aussi un mode de l'étendue et l'idée de ce mode, c'est une seule et même chose, mais exprimée en deux manières; c'est ce que quelques Hébreux semblent avoir vu comme à travers un nuage. Je veux dire ceux qui admettent que Dieu, l'entendement de Dieu et les choses dont il forme l'idée, sont une seule et même chose. Par exemple, un cercle existant dans la Nature et l'idée du cercle existant, laquelle est aussi en Dieu, c'est une seule et même chose qui s'explique par le moyen d'attributs différents; et ainsi, que nous concevions la Nature sous l'attribut de l'Étendue ou sous l'attribut de la Pensée ou sous un autre quelconque, nous trouverons un seul et même ordre ou une seule et même connexion de causes, c'est-à-dire les mêmes choses suivant les unes des autres. Et si j'ai dit que Dieu est cause d'une idée, de celle d'un cercle par exemple, en tant seulement qu'il est chose pensante, comme du cercle en tant seulement qu'il est chose étendue, mon seul motif pour tenir ce langage a été qu'on ne peut percevoir l'être formel de l'idée du cercle que par le moyen d'un autre mode de penser, qui en est comme la cause prochaine, qu'on ne peut percevoir cet autre à son tour que par le moyen d'un autre encore et ainsi à l'infini; de sorte que, aussi longtemps que les choses sont considérées comme des modes du penser nous devons expliquer l'ordre de la Nature entière, c'est-à-dire la connexion des causes par le seul attribut de la Pensée; et en tant qu'elles sont considérées comme des modes de l'Étendue, l'ordre de la Nature entière doit être expliqué aussi par le seul attribut de l'Étendue, et je l'entends de même pour les autres attributs. C'est pourquoi Dieu est réellement, en tant qu'il est constitué par une infinité d'attributs, cause des choses comme elles sont en elles-mêmes; et je ne puis présentement expliquer cela plus clairement.

PROPOSITION VIII

Les idées des choses singulières, ou modes, n'existant pas, doivent être comprises dans l'idée infinie de Dieu de la même façon que les essences formelles des choses singulières, ou modes, sont contenues dans les attributs de Dieu.

Démonstration

Cette proposition est évidente par la précédente; mais elle se connaît plus clairement par le Scolie précédent.

COROLLAIRE

Il suit de là qu'aussi longtemps que des choses singulières n'existent pas, si ce n'est en tant que comprises dans les attributs de Dieu, leur être objectif, c'est-à-dire leurs idées n'existent pas, si ce n'est en tant qu'existe l'idée infinie de Dieu; et, sitôt que des choses singulières sont dites exister non seulement en tant que comprises dans les attributs de Dieu, mais en tant qu'elles sont dites durer, leurs idées aussi envelopperont une existence par où elles sont dites durer.

SCOLIE

Si quelqu'un désire un exemple pour expliquer plus amplement ce point, je n'en pourrai certes donner aucun qui explique adéquatement la chose dont je parle ici, attendu qu'elle est unique; je m'efforcerai cependant d'illustrer ce point comme il se peut faire : un cercle est, on le sait, d'une nature telle que les segments formés par toutes les lignes droites se coupant en un même point à l'intérieur donnent des rectangles équivalents; dans le cercle sont donc contenues une infinité de paires de segments d'égal produit; toutefois, aucune d'elles ne peut être dite exister si ce n'est en tant que le cercle existe, et, de même, l'idée d'aucune de ces paires ne peut être dite exister, si ce n'est en tant qu'elle est comprise dans l'idée du cercle. Concevons cependant que de cette infinité de paires deux seulement existent, savoir D et E. Certes leurs idées existent alors non seulement en tant que comprises dans l'idée du cercle, mais aussi en tant qu'elles enveloppent l'existence de ces paires de segments; par où il arrive qu'elles se distinguent des autres idées des autres paires.

PROPOSITION IX

L'idée d'une chose singulière existant en acte a pour cause Dieu non en tant qu'il est infini, mais en tant qu'on le considère comme affecté de l'idée d'une autre chose singulière existant en acte, idée de laquelle Dieu est cause pareillement en tant qu'il est affecté d'une troisième, et ainsi à l'infini.

Démonstration

L'idée d'une chose singulière existant en acte est un mode singulier du penser et distinct des autres (*Coroll. et Scolie de la Prop.* 8) et ainsi a pour cause Dieu en tant seulement qu'il est considéré comme chose pensante (*Prop.* 6). Non cependant *(Prop.* 28, *p. I)* en tant qu'il est chose pensante absolument, mais en tant qu'il est considéré comme affecté d'un autre mode de penser; et de ce dernier pareillement Dieu est cause en tant qu'il est affecté d'un autre, et ainsi à l'infini. Or l'ordre et la connexion des idées (*Prop.* 7) sont les mêmes que l'ordre et la connexion des choses; l'idée d'une certaine chose singulière a donc pour cause une autre idée, c'est-à-dire Dieu en tant qu'on le considère comme affecté d'une autre idée, et cette autre idée pareillement a pour cause Dieu en tant qu'il est affecté d'une troisième, et ainsi à l'infini.

C. Q. F. D.

COROLLAIRE

De tout ce qui arrive dans l'objet singulier d'une idée quelconque, la connaissance est donnée en Dieu, en tant seulement qu'il a eu l'idée de cet objet.

Démonstration

De tout ce qui arrive dans l'objet d'une idée quelconque, une idée est donnée en Dieu (*Prop.* 3) non en tant qu'il est infini, mais en tant qu'on le considère comme affecté d'une autre idée de chose singulière *(Prop. préc.)*; mais (*Prop.* 7) l'ordre et la connexion des idées sont les mêmes que l'ordre et la connexion des choses; la connaissance de ce qui arrive dans un objet singulier sera donc en Dieu, en tant seulement qu'il a l'idée de cet objet.

C. Q. F. D.

PROPOSITION X

L'être de la substance n'appartient pas à l'essence de l'homme, autrement dit ce n'est pas une substance qui constitue la forme de l'homme.

Démonstration

L'être de la substance en effet enveloppe l'existence nécessaire *(Prop. 7, p. I)*. Si donc l'être de la substance appartenait * à l'essence de l'homme, la substance étant supposée donnée, l'homme serait nécessairement donné (*Déf.* 2), et conséquemment l'homme existerait nécessairement, ce qui (*Ax.* 1) est absurde. Donc, etc.

C. Q. F. D.

* Je traduis *pertineret* au lieu de *pertinet* que donne l'édition van Vloten et Land.

SCOLIE

Cette Proposition se démontre aussi par la Proposition 5, partie I, à savoir qu'il n'existe point deux substances de même nature. Puis donc que plusieurs hommes peuvent exister, ce qui constitue la forme de l'homme n'est point l'être de la substance. Cette Proposition est encore rendue manifeste, comme chacun peut le voir aisément, par les autres propriétés de la substance, à savoir que la substance est de sa nature infinie, immuable, indivisible, etc.

COROLLAIRE

Il suit de là que l'essence de l'homme est constituée par certaines modifications des attributs de Dieu. Car l'être de la substance *(Prop. précédente)* n'appartient pas à l'essence de l'homme. Elle est donc quelque chose *(Prop. 15, p. I)* qui est en Dieu, et qui sans Dieu ne peut ni être ni être conçu, autrement dit *(Coroll. de la Prop. 25, p. I)* une affection ou un mode qui exprime la nature de Dieu d'une manière certaine et déterminée.

SCOLIE

Tous doivent accorder assurément que rien ne peut être ni être conçu sans Dieu. Car tous reconnaissent que Dieu est la cause unique de toutes choses, tant de leur essence que de leur existence, c'est-à-dire Dieu n'est pas seulement cause des choses quant au devenir, comme on dit, mais quant à l'être. La plupart disent toutefois : Appartient à l'essence d'une chose ce sans quoi la chose ne peut ni être ni être conçue; ou bien donc ils croient que la nature de Dieu appartient à l'essence des choses créées, ou bien que les choses créées peuvent être ou être conçues sans Dieu, ou bien, ce qui est plus certain, ils ne s'accordent pas avec eux-mêmes. Et la cause en a été, je pense, qu'ils n'ont pas observé l'ordre requis pour philosopher. Au lieu de considérer avant tout la nature de Dieu, comme ils le devaient, puisqu'elle est antérieure tant dans la connaissance que par nature, ils ont cru que, dans l'ordre de la connaissance, elle était la dernière, et que les choses appelées objets des sens venaient avant toutes les autres. Il en est résulté que, tandis qu'ils considéraient les choses de la nature, il n'est rien à quoi ils aient moins pensé qu'à la Nature divine, et, quand ils ont plus tard entrepris de considérer la nature divine, il n'est rien à quoi ils aient pu moins penser qu'à ces premières fictions, sur lesquelles ils avaient fondé la connaissance des choses de la nature, vu qu'elles ne pouvaient les aider en rien pour connaître la nature divine; il n'y a donc pas à s'étonner qu'il leur soit arrivé de se contredire. Mais je ne m'arrête pas à cela; mon intention était ici seulement de donner la raison pour laquelle je n'ai pas dit : Appartient à l'essence d'une chose ce sans quoi elle ne peut ni être ni être conçue; c'est parce que les choses singulières ne peuvent être ni être conçues sans Dieu, et cependant Dieu n'appartient pas à leur essence; j'ai dit que cela constitue nécessairement l'essence d'une chose, qu'il suffit qui soit donné, pour que la chose soit posée, et qu'il suffit qui soit ôté, pour que la chose soit ôtée; ou encore ce sans quoi la chose ne peut ni être, ni être conçue, et qui *vice versa* sans la chose ne peut ni être, ni être conçu.

PROPOSITION XI

Ce qui constitue en premier l'être actuel de l'âme humaine n'est rien d'autre que l'idée d'une chose singulière existant en acte.

Démonstration

L'essence de l'homme *(Coroll. de la Prop. préc.)* est constituée par certains modes des attributs de Dieu; savoir (*Ax.* 2) par des modes du penser; de tous ces modes (*Ax.* 3) l'idée est de sa nature le premier et, quand elle est donnée, les autres modes (ceux auxquels l'idée est antérieure de sa nature) doivent se trouver dans cet individu *(même Axiome);* ce qui constitue en premier l'être d'une Ame humaine est donc une idée. Non cependant l'idée d'une chose non existante. Car autrement cette idée (*Coroll. de la Prop.* 8) ne pourrait être dite exister;

ce sera donc l'idée d'une chose existant en acte. Non, toutefois, d'une chose infinie; car une chose infinie *(Prop. 21 et 22, p. I)* doit toujours exister nécessairement. Or cela est absurde (*Ax.* 1); donc ce qui constitue en premier l'être actuel de l'Ame humaine, est l'idée d'une chose singulière existant en acte.

C. Q. F. D.

COROLLAIRE

Il suit de là que l'Ame humaine est une partie de l'entendement infini de Dieu; et conséquemment, quand nous disons que l'Ame humaine perçoit telle ou telle chose, nous ne disons rien d'autre sinon que Dieu, non en tant qu'il est infini, mais en tant qu'il s'explique par la nature de l'Ame humaine, ou constitue l'essence de l'Ame humaine, a telle ou telle idée, et quand nous disons que Dieu a telle ou telle idée, non en tant seulement qu'il constitue la nature de l'Ame humaine, mais en tant qu'il a, outre cette Ame, et conjointement à elle, l'idée d'une autre chose, alors nous disons que l'Ame humaine perçoit une chose partiellement ou inadéquatement.

SCOLIE

Les lecteurs se trouveront ici empêchés sans doute, et beaucoup de choses leur viendront à l'esprit qui les arrêteront; pour cette raison je les prie d'avancer à pas lents avec moi et de surseoir à leur jugement jusqu'à ce qu'ils aient tout lu.

PROPOSITION XII

Tout ce qui arrive dans l'objet de l'idée constituant l'Ame humaine doit être perçu par cette Ame; en d'autres termes, une idée en est nécessairement donnée en elle; c'est-à-dire si l'objet de l'idée constituant l'Ame humaine est un corps, rien ne pourra arriver dans ce corps qui ne soit perçu par l'Ame.

Démonstration

De tout ce qui en effet arrive dans l'objet d'une idée quelconque, la connaissance est nécessairement donnée en Dieu (*Coroll. de la Prop.* 9), en tant qu'on le considère comme affecté de l'idée de cet objet, c'est-à-dire (*Prop.* 11) en tant qu'il constitue l'âme de quelque chose. De tout ce donc qui arrive dans l'objet de l'idée constituant l'Ame humaine, la connaissance est donnée en Dieu, en tant qu'il constitue la nature de l'Ame humaine, c'est-à-dire (*Coroll. de la Prop.* 11) la connaissance de cette chose sera nécessairement dans l'Ame, en d'autres termes l'Ame la perçoit.

C. Q. F. D.

SCOLIE

Cette Proposition est rendue évidente encore et se connaît plus clairement par le Scolie de la Proposition 7 auquel on est prié de se reporter.

PROPOSITION XIII

L'objet de l'idée constituant l'Ame humaine est le Corps, c'est-à-dire un certain mode de l'étendue existant en acte et n'est rien d'autre.

Démonstration

Si en effet le Corps n'était pas l'objet de l'Ame humaine, les idées des affections du Corps ne seraient pas en Dieu (*Coroll. de la Prop.* 9) en tant qu'il constitue notre âme, mais en tant qu'il constitue l'âme d'une autre chose, c'est-à-dire (*Coroll. de la Prop.* 11) que les idées des affections du Corps ne seraient pas dans notre Ame; or (*Ax.* 4) nous avons les idées des affections du Corps. Donc l'objet de l'idée constituant l'Ame humaine est le Corps tel qu'il existe en acte (*Prop.* 11). Si maintenant, outre le Corps, il y avait un autre objet de l'Ame, comme

(*Prop.* 36, *p.* I) il n'existe rien d'où ne suive quelque effet, il devrait y avoir nécessairement dans notre Ame (*Prop. précéd.**) une idée de cet effet; or (*Ax.* 5) nulle idée n'en est donnée. Donc l'objet de notre âme est le Corps existant et n'est rien d'autre.

C. Q. F. D.

COROLLAIRE

Il suit de là que l'homme consiste en Ame et en Corps et que le Corps humain existe conformément au sentiment que nous en avons.

SCOLIE

Par ce qui précède nous ne connaissons pas seulement que l'Ame humaine est unie au Corps, mais aussi ce qu'il faut entendre par l'union de l'Ame et du Corps. Personne cependant ne pourra se faire de cette union une idée adéquate, c'est-à-dire distincte, s'il ne connaît auparavant la nature de notre Corps. Car ce que nous avons montré jusqu'ici est tout à fait commun et se rapporte également aux hommes et aux autres individus, lesquels sont tous animés, bien qu'à des degrés divers. Car d'une chose quelconque de laquelle Dieu est cause, une idée est nécessairement donnée en Dieu, de la même façon qu'est donnée l'idée du Corps humain, et ainsi l'on doit dire nécessairement de l'idée d'une chose quelconque ce que nous avons dit de l'idée du Corps humain. Nous ne pouvons nier cependant que les idées diffèrent entre elles comme les objets eux-mêmes, et que l'une l'emporte sur l'autre en excellence et contient plus de réalité dans la mesure où l'objet de l'une l'emporte sur l'objet de l'autre et contient plus de réalité; pour cette raison, pour déterminer en quoi l'Ame humaine diffère des autres et l'emporte sur elles, il nous est nécessaire de connaître la nature de son objet, tel que nous l'avons fait connaître, c'est-à-dire du Corps humain. Je ne peux toutefois l'expliquer ici et cela n'est pas nécessaire pour ce que je veux démontrer. Je dis cependant en général

* Je traduis *per praeced. Prop.* au lieu de *Prop.* 11 *hujus.*

que, plus un Corps est apte comparativement aux autres à agir et à pâtir de plusieurs façons à la fois, plus l'âme de ce Corps est apte comparativement aux autres à percevoir plusieurs choses à la fois; et, plus les actions d'un corps dépendent de lui seul, et moins il y a d'autres corps qui concourent avec lui dans l'action, plus l'âme de ce corps est apte à connaître distinctement. Par là nous pouvons connaître la supériorité d'une âme sur les autres, nous pouvons voir aussi la cause pour quoi nous n'avons de notre Corps qu'une connaissance tout à fait confuse, et plusieurs autres choses que je déduirai ci-après de ce qui précède. Pour ce motif j'ai cru qu'il valait la peine de l'expliquer et démontrer plus soigneusement, et, pour cela, il est nécessaire de poser d'abord quelques prémisses au sujet de la nature des corps.

AXIOME I

Tous les corps se meuvent ou sont en repos.

AXIOME II

Chaque corps se meut tantôt plus lentement, tantôt plus vite.

LEMME I

Les corps se distinguent les uns des autres par rapport au mouvement et au repos, à la vitesse et à la lenteur, et non par rapport à la substance.

Démonstration

Je tiens la première partie de ce lemme pour connue de soi. Quant à ce que les corps ne se distinguent pas par rapport à la substance, cela est évident, tant par la *Proposition* 5 que par la *Proposition* 8 *de la première partie.* Cela se voit encore plus clairement par ce qui est dit dans le *Scolie de la Proposition* 15, *partie I.*

LEMME II

Tous les corps conviennent en certaines choses.

Démonstration

Tous les corps conviennent d'abord en ceci qu'ils enveloppent le concept d'un seul et même attribut (*Déf.* 1), ensuite en ce qu'ils peuvent se mouvoir tantôt plus lentement, tantôt plus vite et, absolument parlant, tantôt se mouvoir, tantôt être au repos.

LEMME III

Un corps en mouvement ou en repos a dû être déterminé au mouvement ou au repos par un autre corps qui a aussi été déterminé au mouvement ou au repos par un autre; cet autre à son tour l'a été par un autre, et ainsi à l'infini.

Démonstration

Les corps sont (*Déf.* 1) des choses singulières qui *(Lemme I)* se distinguent les uns des autres par rapport au mouvement et au repos; et ainsi chacun a dû être déterminé au mouvement et au repos par une autre chose singulière (*Prop.* 28, *p. I)*, savoir (*Prop.* 6) par un autre corps qui (*Ax.* 1) lui-même se meut ou est au repos. Mais ce corps également *(pour la même raison)* n'a pu se mouvoir ni être au repos, s'il n'a pas été déterminé par un autre au mouvement ou au repos, et ce dernier à son tour *(pour la même raison)* par un autre, et ainsi à l'infini.

C. Q. F. D.

COROLLAIRE

Il suit de là qu'un corps en mouvement se meut jusqu'à ce qu'il soit déterminé par un autre à s'arrêter et qu'un corps en repos reste aussi en repos jusqu'à ce qu'il soit déterminé au mouvement par un autre. Cela aussi se connaît de soi. Quand je suppose, en effet, qu'un corps, soit par exemple A, est en repos et que je n'ai pas égard à d'autres corps qui seraient en mouvement, je ne pourrai rien dire du corps A, sinon qu'il est en repos. S'il se rencontre ensuite que le corps A soit en mouvement, cela n'a certainement pu provenir de ce qu'il était en repos, car il ne pouvait rien suivre de là, sinon que le corps A restât en repos. Si, au contraire, A est supposé en mouvement, chaque fois que nous aurons égard seulement à A, nous n'en pourrons rien affirmer sinon qu'il se meut. S'il se rencontre ensuite que A soit en repos, cela n'a certainement pu provenir du mouvement qu'il avait, car rien ne pouvait suivre du mouvement, sinon que A continuât de se mouvoir. Cette rencontre survient donc d'une chose qui n'était pas dans A, savoir d'une cause extérieure par laquelle A a été déterminé à s'arrêter.

AXIOME I

Toutes les manières dont un corps est affecté par un autre, suivent de la nature du corps affecté et en même temps de celle du corps qui l'affecte; en sorte qu'un seul et même corps est mû de différentes manières en raison de la diversité des corps qui le meuvent, et qu'en retour différents corps sont mus de différentes manières par un seul et même corps.

AXIOME II

Quand un corps en mouvement en rencontre un autre au repos qu'il ne peut mouvoir, il est réfléchi de façon à continuer de se mouvoir, et l'angle que fait, avec la surface du corps en repos rencontré, la ligne du mouvement de réflexion égale l'angle que fait avec cette même surface, la ligne du mouvement d'incidence.

Voilà pour ce qui concerne les corps les plus simples, ceux qui ne se distinguent entre eux que par le mouvement et le repos, la vitesse et la lenteur; élevons-nous maintenant aux corps composés.

DÉFINITION

Quand quelques corps de la même grandeur ou de grandeur différente subissent de la part des autres corps une pression qui les maintient appliqués les uns sur les autres ou, s'ils se meuvent avec le même degré ou des degrés différents de vitesse, les fait se communiquer les uns aux autres leur mouvement suivant un certain rapport, nous disons que ces corps sont unis entre eux et que tous composent ensemble un même corps, c'est-à-dire un Individu qui se distingue des autres par le moyen de cette union de corps.

AXIOME III

Plus sont grandes ou petites les superficies suivant lesquelles les parties d'un Individu, ou d'un corps composé, sont appliquées les unes sur les autres, plus difficilement ou facilement elles peuvent être contraintes à changer de situation et, en conséquence, plus difficilement ou facilement on peut faire que ce même Individu revête une autre figure. Et, par suite, j'appellerai, *durs*, les corps dont les parties sont appliquées les unes sur les autres, suivant de grandes superficies; *mous*, ceux dont les parties sont appliquées les unes sur les autres suivant de petites superficies; et *fluides*, ceux dont les parties se meuvent les unes parmi les autres.

LEMME IV

Si d'un corps, c'est-à-dire d'un Individu composé de plusieurs corps, on suppose que certains corps se séparent et qu'en même temps d'autres en nombre égal et de même nature occupent leur place, l'Individu retiendra sa nature telle qu'auparavant sans aucun changement dans sa forme.

Démonstration

Les corps, en effet, ne se distinguent pas par rapport à la substance (*Lemme* 1), et ce qui constitue la forme d'un Individu consiste *(Déf. précéd.)* en une union de corps; or, en dépit d'un continuel changement de corps, cette forme (par hypothèse) est retenue; l'Individu donc retiendra sa nature telle qu'auparavant, tant par rapport à la substance que par rapport au mode.

C. Q. F. D.

LEMME V

Si les parties qui composent un Individu deviennent plus grandes ou plus petites, dans une proportion telle toutefois que toutes, à l'égard du mouvement et du repos, continuent de soutenir entre elles le même rapport qu'auparavant, l'Individu retiendra également sa nature telle qu'auparavant sans aucun changement dans la forme.

Démonstration

La démonstration est la même que celle du Lemme précédent.

LEMME VI

Si certains corps, composant un Individu, sont contraints à détourner le mouvement qu'ils ont vers un certain côté, vers un autre côté, de telle façon, toutefois, qu'ils puissent continuer leurs mouvements et se les communiquer les uns aux autres suivant le même rapport qu'auparavant, l'Individu conservera encore sa nature sans aucun changement dans la forme.

Démonstration

Cela est évident de soi, car l'Individu est supposé retenir tout ce qu'en le définissant nous avons dit qui constitue sa forme.

LEMME VII

Un individu ainsi composé retient encore sa nature, qu'il se meuve en totalité ou soit en repos, qu'il se meuve de tel côté ou de tel autre, pourvu que chaque partie conserve son mouvement et le communique aux autres comme avant.

Démonstration

Cela est évident par la définition de l'Individu; voir avant le Lemme 4.

SCOLIE

Nous voyons donc par là dans quelle condition un individu composé peut être affecté de beaucoup de manières, tout en conservant sa nature. Et nous avons jusqu'à présent conçu un Individu qui n'est composé que des corps les plus simples se distinguant entre eux par le mouvement et le repos, la vitesse et la lenteur. Si nous en concevons maintenant un autre, composé de plusieurs Individus de nature différente, nous trouverons qu'il peut être affecté de plusieurs autres manières, tout en conservant sa nature. Puisque, en effet, chaque partie est composée de plusieurs corps, chacune pourra *(Lemme préc.)* sans aucun changement de sa nature se mouvoir tantôt plus lentement, tantôt plus vite, et en conséquence communiquer ses mouvements aux autres parties, tantôt plus lentement, tantôt plus vite. Si, de plus, nous concevons un troisième genre d'Individus, composé de ces Individus du deuxième, nous trouverons qu'il peut être affecté de beaucoup d'autres manières sans aucun changement dans sa forme. Et, continuant ainsi à l'Infini, nous concevrons que la Nature entière est un seul Individu dont les parties, c'est-à-dire tous les corps varient d'une infinité de manières, sans aucun changement de l'Individu total. Et j'aurais dû, si mon intention eût été de traiter expressément du corps, expliquer et démontrer cela plus longuement. Mais j'ai déjà dit que mon dessein est autre et que, si j'ai fait place ici à ces considérations, c'est parce que j'en puis facilement déduire ce que j'ai résolu de démontrer.

POSTULATS

I. Le Corps humain est composé d'un très grand nombre d'individus (de diverse nature) dont chacun est très composé.

II. Des individus dont le Corps humain est composé, certains sont fluides, certains mous, certains enfin sont durs.

III. Les individus composant le Corps humain sont affectés, et conséquemment le Corps humain lui-même est affecté, d'un très grand nombre de manières par les corps extérieurs.

IV. Le Corps humain a besoin, pour se conserver, d'un très grand nombre d'autres corps par lesquels il est continuellement comme régénéré.

V. Quand une partie fluide du Corps humain est déterminée par un corps extérieur de façon à frapper souvent une partie molle, elle change la surface de celle-ci et lui imprime, pour ainsi dire, certains vestiges du corps extérieur qui la pousse elle-même.

VI. Le Corps humain peut mouvoir d'un très grand nombre de manières et disposer en un très grand nombre de manières les corps extérieurs.

PROPOSITION XIV

L'Ame humaine est apte à percevoir un très grand nombre de choses et d'autant plus que son corps peut être disposé d'un plus grand nombre de manières.

Démonstration

Le Corps humain, en effet (*Post.* 3 *et* 6) est affecté par les corps extérieurs d'un très grand nombre de manières et est disposé de façon à affecter les corps extérieurs d'un très grand nombre de manières. Mais tout ce qui arrive dans le Corps humain, l'Ame humaine (*Prop.* 12) doit le percevoir; l'Ame est donc apte à percevoir un très grand nombre de choses et d'autant plus, etc.

C. Q. F. D.

PROPOSITION XV

L'idée qui constitue l'être formel de l'Ame humaine n'est pas simple, mais composée d'un très grand nombre d'idées.

Démonstration

L'idée qui constitue l'être formel de l'Ame humaine est l'idée du Corps (*Prop.* 13), lequel (*Post.* 1) est composé d'un très grand nombre d'Individus très composés. Or de chaque Individu composant le Corps, une idée est nécessairement donnée en Dieu (*Coroll. de la Prop.* 8); donc (*Prop.* 7) l'idée du Corps humain est composée de ces très nombreuses idées des parties composantes.

C. Q. F. D.

PROPOSITION XVI

L'idée de l'affection qu'éprouve le Corps humain, quand il est affecté d'une manière quelconque par les corps extérieurs, doit envelopper la nature du Corps humain et en même temps celle du corps extérieur.

Démonstration

Toutes les manières en effet dont un corps est affecté suivent de la nature du corps affecté et en même temps de celle du corps qui l'affecte (*Ax.* 1 *à la suite du Coroll. du Lemme III*); donc leur idée *(Ax.* 4, *p. I)* envelopperа nécessairement la nature de l'un et l'autre corps; et ainsi l'idée de l'affection qu'éprouve le Corps humain, quand il est affecté d'une manière quelconque par un corps extérieur, enveloppe la nature du Corps humain et celle du corps extérieur.

C. Q. F. D.

COROLLAIRE I

Il suit de là : 1° que l'Ame humaine perçoit, en même temps que la nature de son propre corps, celle d'un très grand nombre d'autres corps.

COROLLAIRE II

Il suit : 2° que les idées des corps extérieurs que nous avons indiquent plutôt l'état de notre propre Corps que la nature des corps extérieurs; ce que j'ai expliqué par beaucoup d'exemples dans l'*Appendice* de la première partie.

PROPOSITION XVII

Si le Corps humain est affecté d'une manière qui enveloppe la nature d'un corps extérieur, l'Ame humaine considérera ce corps extérieur comme existant en acte, ou comme lui étant présent, jusqu'à ce que le Corps soit affecté d'une affection qui exclut l'existence ou la présence de ce même corps extérieur.

Démonstration

Cela est évident, car, aussi longtemps que le Corps humain est ainsi affecté, l'Ame humaine (*Prop.* 12) considérera cette affection du corps, c'est-à-dire *(Prop. préc.)* aura l'idée d'une manière d'être actuellement donnée qui enveloppe la nature du corps extérieur; en d'autres termes aura une idée qui n'exclut pas, mais pose l'existence ou la présence de la nature du corps extérieur, et ainsi l'Ame *(Coroll.* 1 *de la Prop. préc.)* considérera le corps extérieur comme existant en acte, ou comme présent, etc.

C. Q. F. D.

COROLLAIRE

Si le Corps humain a été affecté une fois par des corps extérieurs, l'Ame pourra considérer ces corps, bien qu'ils n'existent pas et ne soient pas présents, comme s'ils étaient présents.

Démonstration

Tandis que des corps extérieurs déterminent les parties fluides du Corps humain à venir frapper contre les parties molles, les surfaces de ces dernières sont changées (*Postulat* 5); par là il arrive (*voir Ax.* 2 *après le Coroll. du Lemme* 3) que les parties fluides sont réfléchies d'une autre manière qu'elles n'avaient accoutumé et que, plus tard encore, venant par leur mouvement spontané à rencontrer les surfaces nouvelles, elles sont réfléchies de la même manière que quand elles ont été poussées contre ces surfaces par les corps extérieurs; conséquemment, tandis qu'ainsi réfléchies elles continuent de se mouvoir, elles affecteront le Corps humain de la même manière que précédemment et de cette affection l'Ame (*Prop.* 12) formera de nouveau la pensée; c'est-à-dire que l'Ame (*Prop.* 17) considérera de nouveau le corps extérieur comme présent; et cela toutes les fois que les parties fluides du Corps humain viendront à rencontrer par leur mouvement spontané les mêmes surfaces. C'est pourquoi, bien que les corps extérieurs par lesquels le Corps humain a été affecté une fois n'existent plus, l'Ame les considérera comme présents, autant de fois que cette action du corps se répétera.

C. Q. F. D.

SCOLIE

Nous voyons ainsi comment il se peut faire que nous considérions ce qui n'est pas comme s'il était présent, ce qui arrive souvent. Et il est possible que cela provienne d'autres causes, mais il me suffit d'en avoir montré une seule par laquelle je puisse expliquer la chose comme si je l'eusse démontrée par sa vraie cause; je ne crois cependant pas m'être beaucoup écarté de la vraie, puisque tous les postulats que j'ai admis ici, ne contiennent à peu près rien qui ne soit établi par l'expérience, et qu'il ne nous est plus permis de la révoquer en doute après que nous avons montré que le Corps humain existe conformément au sentiment que nous en avons (*voir Coroll. de la Prop.* 13). En outre (*par le Coroll. préc. et le Coroll.* 2 *de la Prop.* 16), nous connaissons clairement quelle différence il y a entre l'idée de Pierre, par exemple, qui constitue l'essence de l'âme de Pierre lui-même et l'idée du même Pierre qui est dans un autre homme, disons Paul. La première en effet exprime directement l'essence du Corps de Pierre, et elle n'enveloppe l'existence qu'aussi longtemps que Pierre existe; la seconde indique plutôt l'état du Corps de Paul que la nature de Pierre, et, par suite, tant que dure cet état du Corps de Paul, l'Ame de Paul considère Pierre comme s'il lui était présent, même s'il n'existe plus. Pour employer maintenant les mots en usage, nous appellerons images des choses les affections du Corps humain dont les idées nous représentent les choses extérieures comme nous étant présentes, même si elles ne reproduisent pas les figures des choses. Et, quand l'Ame contemple les corps en cette condition, nous dirons qu'elle imagine. Et ici, pour commencer d'indiquer ce qu'est l'erreur, je voudrais faire observer que les imaginations de l'Ame considérées en elles-mêmes ne contiennent aucune erreur; autrement dit, que l'Ame n'est pas dans l'erreur, parce qu'elle imagine; mais elle est dans l'erreur, en tant qu'elle est considérée comme privée d'une idée qui exclut l'existence de ces choses qu'elle imagine comme lui étant présentes. Si en effet l'Ame, durant qu'elle imagine comme lui étant présentes des choses n'existant pas, savait en même temps que ces choses n'existent pas en réalité, elle attribuerait certes cette puissance d'imaginer à une vertu de sa nature, non à un vice; surtout si cette faculté d'imaginer dépendait de sa seule nature, c'est-à-dire *(Déf.* 7, *p. I)* si cette faculté qu'a l'âme d'imaginer était libre.

PROPOSITION XVIII

Si le Corps humain a été affecté une fois par deux ou plusieurs corps simultanément sitôt que l'Ame imaginera plus tard l'un d'eux, il lui souviendra aussi des autres.

Démonstration

L'Ame *(Coroll. préc.)* imagine un corps par ce motif que le Corps humain est affecté et disposé par les vestiges d'un corps extérieur de la même manière qu'il a été affecté, quand certaines de ses parties ont reçu une impulsion de ce corps extérieur lui-même; mais *(par hypothèse)* le Corps a dans une certaine rencontre été disposé de telle sorte que l'Ame imaginât deux corps en même temps, elle imaginera donc aussi par la suite les deux corps en même temps, et sitôt qu'elle imaginera l'un des deux, il lui souviendra aussi de l'autre.

C. Q. F. D.

SCOLIE

Nous connaissons clairement par là ce qu'est la *Mémoire*. Elle n'est rien d'autre en effet qu'un certain enchaînement d'idées, enveloppant la nature de choses extérieures au Corps humain, qui se fait suivant l'ordre et l'enchaînement des affections de ce Corps. Je dis : 1° que c'est un enchaînement de ces idées seulement qui enveloppent la nature de choses extérieures au Corps humain, non d'idées qui expliquent la nature de ces mêmes choses, car ce sont, en réalité (*Prop.* 16), des idées des affections du Corps humain, lesquelles enveloppent à la fois sa nature propre et celle des corps extérieurs. Je dis : 2° que cet enchaînement se fait suivant l'ordre et l'enchaînement des affections du Corps humain pour le distinguer de l'enchaînement d'idées qui se fait suivant l'ordre de l'entendement, enchaînement en vertu duquel l'Ame perçoit les choses par leurs premières causes et qui est le même dans tous les hommes. Nous connaissons clairement par là pourquoi l'Ame, de la pensée d'une chose, passe aussitôt à la pensée d'une autre qui n'a aucune ressemblance avec la première, comme par exemple un Romain, de la pensée du mot *pomum*, passera * aussitôt à la pensée d'un fruit qui n'a aucune ressemblance avec ce son articulé, n'y ayant rien de commun entre ces

* Au lieu du futur *incidet*, Land met ici le présent *incidit*.

choses, sinon que le Corps de ce Romain a été souvent affecté par les deux, c'est-à-dire que le même homme a souvent entendu le mot *pomum*, tandis qu'il voyait le fruit, et ainsi chacun passera d'une pensée à une autre, suivant que l'habitude a en chacun ordonné dans le corps les images des choses. Un soldat, par exemple, ayant vu sur le sable les traces d'un cheval, passera aussitôt de la pensée d'un cheval à celle d'un cavalier, et de là à la pensée de la guerre, etc. Un paysan, au contraire, passera de la pensée d'un cheval à celle d'une charrue, d'un champ, etc.; et ainsi chacun, suivant qu'il est habitué à joindre les images des choses de telle ou telle manière, passera d'une même pensée à telle ou telle autre.

PROPOSITION XIX

L'Ame humaine ne connaît le Corps humain lui-même et ne sait qu'il existe que par les idées des affections dont le Corps est affecté.

Démonstration

L'Ame humaine, en effet, est l'idée même ou la connaissance du Corps humain (*Prop.* 13) qui est en Dieu (*Prop.* 9) en tant qu'on le considère comme affecté d'une autre idée de chose singulière; ou encore, puisque (*Postulat* 4) le Corps humain a besoin d'un très grand nombre de corps, par lesquels il est continuellement comme régénéré, et que l'ordre et la connexion des idées sont les mêmes (*Prop.* 7) que l'ordre et la connexion des causes, cette idée sera en Dieu en tant qu'on le considère comme affecté des idées d'un très grand nombre de choses singulières. Dieu donc a l'idée du Corps humain ou connaît le Corps humain, en tant qu'il est affecté d'un très grand nombre d'autres idées et non en tant qu'il constitue la nature de l'Ame humaine, c'est-à-dire (*Coroll. de la Prop.* 11) que l'Ame humaine ne connaît pas le Corps humain. Mais les idées des affections du Corps sont en Dieu en tant qu'il constitue la nature de l'Ame humaine, autrement dit, l'Ame perçoit ces affections (*Prop.* 12), et conséquemment elle perçoit le Corps humain lui-même (*Prop.* 6) et le perçoit comme existant en acte (*Prop.* 17);

dans cette mesure donc seulement l'Ame humaine perçoit le Corps humain lui-même.

C. Q. F. D.

PROPOSITION XX

De l'Ame humaine aussi une idée ou connaissance est donnée en Dieu, laquelle suit en Dieu de la même manière et se rapporte à Dieu de la même manière que l'idée ou connaissance du Corps humain.

Démonstration

La pensée est un attribut de Dieu (*Prop.* 1), et ainsi (*Prop.* 3), tant de lui-même que de toutes ses affections et conséquemment aussi de l'Ame humaine (*Prop.* 11), une idée doit être donnée en Dieu. En second lieu, l'existence de cette idée ou connaissance de l'Ame ne doit pas suivre en Dieu en tant qu'il est infini, mais en tant qu'il est affecté d'une autre idée de chose singulière (*Prop.* 9). Mais l'ordre et la connexion des idées sont les mêmes que l'ordre et la connexion des choses (*Prop.* 7); cette idée ou connaissance de l'Ame suit donc en Dieu et se rapporte à Dieu de la même manière que l'idée ou connaissance du Corps.

C. Q. F. D.

PROPOSITION XXI

Cette idée de l'Ame est unie à l'Ame de la même manière que l'Ame elle-même est unie au Corps.

Démonstration

Nous avons déduit que l'Ame est unie au Corps de ce que le Corps est l'objet de l'Ame (voir *Prop.* 12 *et* 13), et par suite l'idée de l'Ame doit être unie avec son objet pour la même raison, c'est-à-dire doit être unie avec l'âme elle-même de la même manière que l'Ame est unie au Corps.

C. Q. F. D.

SCOLIE

Cette proposition se connaît beaucoup plus clairement par ce qui est dit dans le Scolie de la Proposition 7; là, en effet, nous avons montré que l'idée du Corps et le Corps, c'est-à-dire (*Prop.* 13) l'Ame et le Corps, sont un seul et même individu qui est conçu tantôt sous l'attribut de la Pensée, tantôt sous celui de l'Étendue; c'est pourquoi l'idée de l'Ame et l'Ame elle-même sont une seule et même chose qui est conçue sous un seul et même attribut, savoir la Pensée. L'existence de l'idée de l'Ame, dis-je, et celle de l'Ame elle-même suivent en Dieu avec la même nécessité de la même puissance de penser. Car, en réalité, l'idée de l'Ame, c'est-à-dire l'idée de l'idée, n'est rien d'autre que la forme de l'idée, en tant que celle-ci est considérée comme un mode du penser sans relation avec l'objet; de même quelqu'un qui sait quelque chose sait, par cela même, qu'il le sait, et il sait en même temps qu'il sait qu'il sait, et ainsi à l'infini. Mais de cela il sera question plus tard.

PROPOSITION XXII

L'Ame humaine perçoit non seulement les affections du Corps, mais aussi les idées de ces affections.

Démonstration

Les idées des idées des affections suivent en Dieu de la même manière et se rapportent à Dieu de la même manière que les idées mêmes des affections; cela se démontre comme la Proposition 20 ci-dessus. Or les idées des affections du Corps sont dans l'Ame humaine (*Prop.* 12), c'est-à-dire (*Coroll. de la Prop.* 11) en Dieu en tant qu'il constitue l'essence de l'Ame humaine : donc les idées de ces idées seront en Dieu en tant qu'il a la connaissance ou l'idée de l'Ame humaine, c'est-à-dire (*Prop.* 21) qu'elles seront dans l'Ame humaine elle-même qui, pour cette raison, ne perçoit pas seulement les affections du Corps, mais aussi les idées de ces affections.

C. Q. F. D.

PROPOSITION XXIII

L'Ame ne se connaît elle-même qu'en tant qu'elle perçoit les idées des affections du Corps.

Démonstration

L'idée de l'Ame ou sa connaissance suit en Dieu (*Prop.* 20) de la même manière et se rapporte à Dieu de la même manière que l'idée ou connaissance du Corps. Puisque maintenant (*Prop.* 19) l'Ame humaine ne connaît que le Corps humain lui-même; c'est-à-dire, puisque (*Coroll. de la Prop.* 11) la connaissance du Corps humain ne se rapporte pas à Dieu en tant qu'il constitue la nature de l'Ame humaine, la connaissance de l'Ame ne se rapporte donc pas à Dieu en tant qu'il constitue l'essence de l'Ame humaine; et ainsi (*Coroll. de la Prop.* 11) en ce sens l'Ame humaine ne se connaît pas elle-même. En outre, les idées des affections dont le Corps est affecté enveloppent la nature du Corps humain lui-même (*Prop.* 16), c'est-à-dire (*Prop.* 13) s'accordent avec la nature de l'Ame; donc la connaissance de ces idées enveloppera nécessairement la connaissance de l'Ame; mais (*Prop. préc.*) la connaissance de ces idées est dans l'Ame humaine elle-même; donc l'Ame humaine dans cette mesure seulement se connaît elle-même.

C. Q. F. D.

PROPOSITION XXIV

L'Ame humaine n'enveloppe pas la connaissance adéquate des parties composant le Corps humain.

Démonstration

Les parties composant le Corps humain n'appartiennent à l'essence du Corps lui-même qu'en tant qu'elles se communiquent leurs mouvements les unes aux autres suivant un certain rapport (voir la *Déf.* qui suit le *Coroll. du Lemme* 3) et non en tant qu'on peut les considérer comme des Individus, en dehors de leur relation au Corps humain. Les parties du Corps humain sont en effet (*Postul.* 1) des Individus très composés dont les parties (*Lemme* 4) peuvent être séparées du Corps humain et communiquer leurs mouvements (voir *Ax.* 1 à la suite du *Lemme* 3) à d'autres corps suivant un autre rapport, bien que le Corps conserve entièrement sa nature et sa forme; en conséquence, l'idée ou la connaissance d'une partie quelconque sera en Dieu (*Prop.* 3), et cela (*Prop.* 9) en tant qu'on le considère comme affecté d'une autre idée de chose singulière, laquelle chose singulière est antérieure à la partie elle-même suivant l'ordre de la Nature (*Prop.* 7). On peut en dire tout autant d'une partie quelconque de l'Individu même qui entre dans la composition du Corps humain; la connaissance d'une partie quelconque entrant dans la composition du Corps humain est donc en Dieu en tant qu'il est affecté d'un très grand nombre d'idées de choses, et non en tant qu'il a seulement l'idée du Corps humain, c'est-à-dire (*Prop.* 13) l'idée qui constitue la nature de l'Ame humaine; et, en conséquence, l'Ame humaine (*Coroll. de la Prop.* 11) n'enveloppe pas la connaissance adéquate des parties composant le Corps humain.

C. Q. F. D.

PROPOSITION XXV

L'idée d'une affection quelconque du Corps humain n'enveloppe pas la connaissance adéquate du corps extérieur.

Démonstration

Nous avons montré que l'idée d'une affection du Corps humain enveloppe la nature du corps extérieur (voir

Prop. 16) en tant que le corps extérieur détermine d'une certaine manière le Corps humain lui-même. Mais, en tant que le corps extérieur est un Individu qui ne se rapporte pas au Corps humain, l'idée ou la connaissance en est en Dieu (*Prop.* 9) en tant qu'on considère Dieu comme affecté de l'idée d'une autre chose, laquelle (*Prop.* 7) est antérieure par nature au corps extérieur lui-même. La connaissance adéquate du corps extérieur n'est donc pas en Dieu en tant qu'il a l'idée de l'affection du Corps humain, autrement dit l'idée de l'affection du Corps humain n'enveloppe pas la connaissance adéquate du corps extérieur.

C. Q. F. D.

PROPOSITION XXVI

L'Ame ne perçoit aucun corps extérieur comme existant en acte, si ce n'est par les idées des affections de son propre corps.

Démonstration

Si le Corps humain n'a été affecté en aucune manière par quelque corps extérieur, l'idée non plus du Corps humain (*Prop.* 7), c'est-à-dire (*Prop.* 13) l'Ame humaine, non plus n'a été affectée en aucune manière de l'idée de l'existence de ce corps; en d'autres termes, elle ne perçoit en aucune manière l'existence de ce corps extérieur. Mais, en tant que le Corps humain est affecté en quelque manière par quelque corps extérieur, il perçoit en quelque mesure (*Prop.* 16 *avec ses Coroll.*) le corps extérieur.

C. Q. F. D.

COROLLAIRE

En tant que l'Ame humaine imagine un corps extérieur, elle n'en a pas la connaissance adéquate.

Démonstration

Quand l'Ame humaine considère des corps extérieurs par les idées des affections de son propre Corps, nous disons qu'elle imagine (voir le *Scolie de la Prop.* 17); il n'y a pas d'autre condition dans laquelle l'Ame puisse imaginer des corps comme existant en acte *(Prop. préc.)*. Par suite (*Prop.* 25), en tant que l'Ame imagine des corps extérieurs, elle n'en a pas la connaissance adéquate.

C. Q. F. D.

PROPOSITION XXVII

L'idée d'une affection quelconque du Corps humain n'enveloppe pas la connaissance adéquate du Corps humain lui-même.

Démonstration

Toute idée d'une affection quelconque du Corps humain enveloppe la nature du Corps humain, en tant qu'on considère ce Corps humain lui-même comme affecté d'une certaine manière (*voir Prop.* 16). Mais en tant que le Corps humain est un Individu qui peut être affecté de beaucoup d'autres manières, son idée, etc. (*voir Démonstration de la Prop.* 25).

PROPOSITION XXVIII

Les idées des affections du Corps humain, considérées dans leur rapport avec l'Ame humaine seulement, ne sont pas claires et distinctes mais confuses.

Démonstration

Les idées des affections du Corps humain enveloppent en effet (*Prop.* 16) la nature tant des corps extérieurs que celle du Corps humain lui-même, et doivent envelopper non seulement la nature du Corps humain, mais aussi celle de ses parties; car les affections sont des manières d'être (*Post.* 3) dont les parties du Corps humain, et conséquemment le Corps entier sont affectés. Mais (*Prop.* 24 *et* 25) la connaissance adéquate des corps extérieurs, de même aussi que celle des parties composant le Corps humain, est en Dieu en tant qu'on le considère non comme affecté de l'Ame humaine, mais comme affecté d'autres idées. Les idées de ces affections, considérées dans leur rapport avec l'Ame humaine seule, sont donc comme des conséquences sans leurs prémisses, c'est-à-dire *(comme il est connu de soi)* des idées confuses.

C. Q. F. D.

SCOLIE

On démontre de la même façon que l'idée qui constitue la nature de l'Ame humaine n'est pas, considérée en elle seule, claire et distincte; de même que l'idée de l'Ame humaine, les idées des idées des affections du Corps humain, considérées dans leur rapport avec l'Ame seule, ne sont pas non plus claires et distinctes, ce que chacun peut voir aisément.

PROPOSITION XXIX

L'idée de l'idée d'une affection quelconque du Corps humain n'enveloppe pas la connaissance adéquate de l'Ame humaine.

Démonstration

L'idée d'une affection du Corps humain en effet (*Prop.* 27) n'enveloppe pas la connaissance adéquate du Corps lui-même, en d'autres termes n'en exprime pas adéquatement la nature; c'est-à-dire qu'elle ne s'accorde pas adéquatement avec la nature de l'Ame (*Prop.* 13); par suite (*Ax.* 6, *p. I)*, l'idée de cette idée n'exprime pas adéquatement la nature de l'Ame humaine, autrement dit n'en enveloppe pas la connaissance adéquate.

C. Q. F. D.

COROLLAIRE

Il suit de là que l'Ame humaine, toutes les fois qu'elle perçoit les choses suivant l'ordre commun de la Nature, n'a ni d'elle-même, ni de son propre Corps, ni des corps extérieurs, une connaissance adéquate, mais seulement une connaissance confuse et mutilée. L'Ame en effet ne se connaît elle-même qu'en tant qu'elle perçoit les idées des affections du Corps (*Prop.* 23). Elle ne perçoit pas son propre corps (*Prop.* 19), sinon précisément par le moyen des idées des affections du Corps, et c'est aussi par le moyen de ces idées seulement qu'elle perçoit les corps extérieurs (*Prop.* 26); ainsi, en tant qu'elle a ces idées, elle n'a ni d'elle-même (*Prop.* 29), ni de son propre Corps (*Prop.* 27), ni des corps extérieurs (*Prop.* 25), une connaissance adéquate, mais seulement une connaissance mutilée et confuse (*Prop.* 28 *avec son Scolie)*.

C. Q. F. D.

SCOLIE

Je dis expressément que l'Ame n'a ni d'elle-même, ni de son propre Corps, ni des corps extérieurs, une connaissance adéquate, mais seulement une connaissance confuse < et mutilée * >, toutes les fois qu'elle perçoit les choses suivant l'ordre commun de la Nature; c'est-à-dire toutes les fois qu'elle est déterminée du dehors, par la rencontre fortuite des choses, à considérer ceci ou cela, et non toutes les fois qu'elle est déterminée du dedans, à savoir, parce qu'elle considère à la fois plusieurs choses, à connaître les conformités qui sont entre elles, leurs différences et leurs oppositions; toutes les fois en effet qu'elle est disposée du dedans de telle ou telle manière, alors elle considère les choses clairement et distinctement, comme je le montrerai plus bas.

* Addition que justifie la traduction hollandaise de Glazemaker.

PROPOSITION XXX

Nous ne pouvons avoir de la durée de notre propre Corps qu'une connaissance extrêmement inadéquate.

Démonstration

La durée de notre Corps ne dépend pas de son essence (*Ax.* 1); elle ne dépend pas non plus de la nature de Dieu prise absolument (*Prop.* 21, *p. I*). Mais (*Prop.* 28, *p. I*) il est déterminé à exister et à produire des effets par telles causes qui elles-mêmes ont été déterminées par d'autres à exister et à produire des effets dans une condition certaine et déterminée; ces dernières, à leur tour, l'ont été par d'autres, et ainsi à l'infini. La durée de notre Corps donc dépend de l'ordre commun de la Nature et de la constitution des choses. Quant à la condition suivant laquelle les choses sont constituées, la connaissance adéquate en est en Dieu en tant qu'il a les idées de toutes choses, et non en tant qu'il a l'idée du Corps humain seulement (*Coroll. de la Prop.* 9); la connaissance de la durée de notre Corps est donc extrêmement inadéquate en Dieu, en tant qu'on le considère comme constituant la nature de l'Ame humaine, c'est-à-dire (*Coroll. de la Prop.* 11) que cette connaissance est dans notre Ame extrêmement inadéquate.

C. Q. F. D.

PROPOSITION XXXI

Nous ne pouvons avoir de la durée des choses singulières qui sont hors de nous qu'une connaissance extrêmement inadéquate.

Démonstration

Chaque chose singulière en effet, de même que le Corps humain, doit être déterminée par une autre chose singulière à exister, et à produire des effets dans une condition certaine et déterminée; cette autre à son tour l'est par une autre, et ainsi à l'infini (*Prop.* 28 *p. I*). Puis donc que nous avons démontré dans la Proposition précédente, par cette propriété commune des choses singulières, que nous n'avions de la durée de notre propre Corps qu'une connaissance extrêmement inadéquate, il faudra au sujet de la durée des choses singulières maintenir cette conclusion, à savoir que nous ne pouvons en avoir qu'une connaissance extrêmement inadéquate.

C. Q. F. D.

COROLLAIRE

Il suit de là que toutes les choses particulières sont contingentes et corruptibles. Car nous ne pouvons avoir *(Prop. préc.)* de leur durée aucune connaissance adéquate, et c'est là ce qu'il nous faut entendre par la contingence des choses et la possibilité de leur corruption *(voir Scolie* 1 *de la Prop.* 33, *p. I)*. Car, sauf cela *(Prop.* 29, *p. I)*, il n'y a rien de contingent.

PROPOSITION XXXII

Toutes les idées, considérées dans leur rapport avec Dieu, sont vraies.

Démonstration

Toutes les idées en effet qui sont en Dieu conviennent entièrement avec leurs objets (*Coroll. de la Prop.* 7) et, par suite, sont vraies *(Ax.* 6, *p. I)*.

C. Q. F. D.

PROPOSITION XXXIII

Il n'y a dans les idées rien de positif à cause de quoi elles sont dites fausses.

Démonstration

Si on le nie, que l'on conçoive, si on le peut, un mode positif de penser qui constitue la forme de l'erreur, c'est-à-dire de la fausseté. Ce mode de penser ne peut être en Dieu *(Prop. préc.)* et hors de Dieu rien ne peut ni être ni être conçu *(Prop.* 15, *p. I)*. Il ne peut donc rien y avoir de positif dans les idées à cause de quoi elles sont dites fausses.

C. Q. F. D.

PROPOSITION XXXIV

Toute idée qui en nous est absolue, c'est-à-dire adéquate et parfaite, est vraie.

Démonstration

Quand nous disons qu'une idée adéquate et parfaite est donnée en nous, nous ne disons rien d'autre (*Coroll. de la Prop.* 11), sinon qu'une idée adéquate et parfaite est donnée en Dieu en tant qu'il constitue l'essence de notre Ame, et conséquemment (*Prop.* 32) nous ne disons rien d'autre, sinon qu'une telle idée est vraie.

C. Q. F. D.

PROPOSITION XXXV

La fausseté consiste dans une privation de connaissance qu'enveloppent les idées inadéquates, c'est-à-dire mutilées et confuses.

Démonstration

Il n'y a rien dans les idées de positif qui constitue la forme de la fausseté (*Prop.* 33) et la fausseté ne peut consister dans une privation absolue de connaissance (car les Ames, non les Corps, sont dites errer et se tromper) et pas davantage dans une ignorance absolue; car ignorer et être dans l'erreur sont choses distinctes; elle consiste donc dans une privation de connaissance qui est enveloppée dans une connaissance inadéquate des choses, c'est-à-dire dans des idées inadéquates et confuses.

C. Q. F. D.

SCOLIE

J'ai expliqué dans le Scolie de la Proposition 17 en quel sens l'erreur consiste dans une privation de connaissance; mais, pour l'expliquer plus amplement, je donnerai un exemple : les hommes se trompent en ce qu'ils se croient libres; et cette opinion consiste en cela seul qu'ils ont conscience de leurs actions et sont ignorants des causes par où ils sont déterminés; ce qui constitue donc leur idée de la liberté, c'est qu'ils ne connaissent aucune cause de leurs actions. Pour ce qu'ils disent en effet : que les actions humaines dépendent de la volonté, ce sont des mots auxquels ne correspond aucune idée. Car tous ignorent ce que peut être la volonté et comment elle peut mouvoir le Corps; pour ceux qui ont plus de prétention et * forgent un siège ou une demeure de l'âme, ils excitent habituellement le rire ou le dégoût. De même, quand nous regardons le soleil, nous imaginons qu'il est distant de nous d'environ deux cents pieds, et l'erreur ici ne consiste pas dans l'action d'imaginer cela, prise en elle-même, mais en ce que, tandis que nous l'imaginons, nous ignorons la vraie distance du soleil et la cause de cette imagination que nous avons. Plus tard, en effet, tout en sachant que le soleil est distant de plus de 600 fois le diamètre terrestre, nous ne laisserons pas néanmoins d'imaginer qu'il est près de nous; car nous n'imaginons pas le soleil aussi proche parce que nous ignorons sa vraie distance, mais parce qu'une affection de notre Corps enveloppe l'essence du soleil, en tant que le Corps lui-même est affecté par cet astre.

* Je remplace par le mot *et* la virgule qui se trouve dans l'édition Land.

PROPOSITION XXXVI

Les idées inadéquates et confuses suivent les unes des autres avec la même nécessité que les idées adéquates, c'est-à-dire claires et distinctes.

Démonstration

Toutes les idées sont en Dieu (*Prop.* 15, *p. I)* et, considérées dans leur rapport avec Dieu, elles sont vraies (*Prop.* 32) et (*Coroll. de la Prop.* 7) adéquates; par suite, il n'existe point d'idées qui soient inadéquates et confuses, si ce n'est en tant qu'on les considère dans leur rapport avec l'Ame singulière de quelqu'un (*voir à ce sujet Prop.* 24 *et* 28); et, par suite, toutes les idées tant adéquates qu'inadéquates suivent les unes des autres (*Coroll. de la Prop.* 6) avec la même nécessité.

C. Q. F. D.

PROPOSITION XXXVII

Ce qui est commun à toutes choses (voir à ce sujet le Lemme 2 ci-dessus) *et se trouve pareillement dans la partie et dans le tout ne constitue l'essence d'aucune chose singulière.*

Démonstration

Si on le nie, que l'on conçoive, si on le peut, que cela constitue l'essence de quelque chose singulière, par exemple celle de B. Cela donc ne pourra (*Déf.* 2) sans B exister ni être conçu; or cela est contre l'hypothèse; cela donc n'appartient pas à l'essence de B ni ne constitue l'essence d'une autre chose singulière.

C. Q. F. D.

PROPOSITION XXXVIII

Ce qui est commun à toutes choses et se trouve pareillement dans la partie et dans le tout ne peut être conçu qu'adéquatement.

Démonstration

Soit A quelque chose qui est commun à tous les corps et se trouve également dans la partie et dans le tout d'un corps quelconque. Je dis que A ne peut être conçu qu'adéquatement. L'idée de A en effet (*Coroll. de la Prop.* 7) sera nécessairement adéquate en Dieu, aussi bien en tant qu'il a l'idée du Corps humain qu'en tant qu'il a les idées des affections de ce Corps, et ces idées (*Prop.* 16, 25 *et* 27) enveloppent en partie la nature tant du Corps humain que des corps extérieurs, c'est-à-dire (*Prop.* 12 *et* 13) cette idée de A sera nécessairement adéquate en Dieu en tant qu'il constitue l'Ame humaine, en d'autres termes qu'il a les idées qui sont dans l'Ame humaine; l'Ame donc (*Coroll. de la Prop.* 11) perçoit nécessairement A adéquatement, et cela aussi bien en tant qu'elle se perçoit elle-même, qu'en tant qu'elle perçoit son propre Corps ou un corps extérieur quelconque, et A ne peut être conçu d'une autre manière.

C. Q. F. D.

COROLLAIRE

Il suit de là qu'il y a certaines idées ou notions qui sont communes à tous les hommes, car (*Lemme* II) tous les corps conviennent en certaines choses qui *(Prop. préc.)* doivent être perçues par tous adéquatement, c'est-à-dire clairement et distinctement.

PROPOSITION XXXIX

Si le Corps humain et certains corps extérieurs, par lesquels le Corps humain a coutume d'être affecté, ont quelque propriété commune et qui soit pareillement dans la partie de l'un quelconque des corps extérieurs et dans le tout, de cette propriété aussi l'idée sera dans l'Ame adéquate.

Démonstration

Soit A la propriété commune au Corps humain et à certains corps extérieurs, qui se trouve pareillement dans le Corps humain et dans ces mêmes corps extérieurs et est enfin pareillement dans la partie de l'un quelconque des corps extérieurs, et dans le tout. Une idée adéquate de A lui-même sera donnée en Dieu (*Coroll. de la Prop.* 7) aussi bien en tant qu'il a l'idée du Corps humain qu'en tant qu'il a les idées des corps extérieurs supposés. Supposons maintenant que le Corps humain soit affecté par un corps extérieur par le moyen de ce qu'il a de commun avec lui, c'est-à-dire de A; l'idée de cette affection enveloppera la propriété A (*Prop.* 16) et, par suite (*Coroll. de la Prop.* 7), l'idée de cette affection sera adéquate en Dieu en tant qu'il est affecté de l'idée du Corps humain; c'est-à-dire (*Prop.* 13) en tant qu'il constitue la nature de l'Ame humaine; et ainsi (*Coroll. de la Prop.* 11) cette idée est aussi dans l'Ame humaine adéquate.

C. Q. F. D.

COROLLAIRE

Il suit de là que l'Ame est d'autant plus apte à percevoir adéquatement plusieurs choses, que son Corps a plus de propriétés communes avec les autres corps.

PROPOSITION XL

Toutes les idées qui suivent dans l'Ame des idées qui sont en elle adéquates, sont aussi adéquates.

Démonstration

Cela est évident. Quand nous disons, en effet, qu'une idée suit dans l'Ame humaine d'idées qui sont en elle adéquates, nous ne disons rien d'autre (*Coroll. de la Prop.* 11), sinon que dans l'entendement divin une idée est donnée, de laquelle Dieu est cause, non en tant qu'il est infini, ou en tant qu'il est affecté des idées d'un très grand nombre de choses singulières, mais en tant qu'il constitue l'essence de l'Ame humaine seulement.

SCOLIE I

J'ai expliqué par ce qui précède la cause des Notions appelées *Communes* et qui sont les principes de notre raisonnement. Mais il y a d'autres causes de certains axiomes ou de certaines notions communes * qu'il importerait d'expliquer par cette méthode que nous suivons; on établirait ainsi quelles notions sont utiles par-dessus les autres, et quelles ne sont presque d'aucun usage; quelles, en outre, sont communes et quelles claires et distinctes pour ceux-là seulement qui sont libres de préjugés; quelles, enfin, sont mal fondées. On établirait, de plus, d'où les notions appelées *Secondes*, et conséquemment les axiomes qui se fondent sur elles, tirent leur origine, ainsi que d'autres vérités ayant trait à ces choses, que la réflexion m'a jadis fait apercevoir. Comme, toutefois, j'ai réservé ces observations pour un autre Traité, et aussi pour ne pas causer d'ennui par une prolixité excessive sur ce sujet, j'ai résolu ici de surseoir à cette exposition. Afin néanmoins de ne rien omettre qu'il ne soit nécessaire de savoir, j'ajouterai quelques mots sur les causes d'où sont provenus les termes appelés *Transcendantaux*, tels que Être, Chose, Quelque chose. Ces termes naissent de ce que le Corps humain, étant limité, est capable seulement de former distinctement en lui-même un certain nombre d'images à la fois (*j'ai expliqué ce qu'est l'image dans le Scolie de la Prop.* 17); si ce nombre est dépassé, ces images commencent à se confondre; et,

* Le texte de Land porte : *Sed aliae quorumdam axiomatum sive notionum causae dantur*. J'ajoute *communium* après *notionum*.

si le nombre des images distinctes, que le Corps est capable de former à la fois en lui-même, est dépassé de beaucoup, toutes se confondent entièrement entre elles. Puisqu'il en est ainsi, il est évident, par le Corollaire de la Proposition 17 et par la Proposition 18, que l'Ame humaine pourra imaginer distinctement à la fois autant de corps qu'il y a d'images pouvant être formées à la fois dans son propre Corps. Mais sitôt que les images se confondent entièrement dans le Corps, l'Ame aussi imaginera tous les corps confusément, sans nulle distinction, et les comprendra en quelque sorte sous un même attribut, à savoir sous l'attribut de l'Être, de la Chose, etc. Cela peut aussi provenir de ce que les images ne sont pas toujours également vives, et d'autres causes semblables, qu'il n'est pas besoin d'expliquer ici, car, pour le but que nous nous proposons, il suffit d'en considérer une seule. Toutes en effet reviennent à ceci que ces termes signifient des idées au plus haut degré confuses. De causes semblables sont nées aussi ces notions que l'on nomme *Générales*, telles : Homme, Cheval, Chien, etc., à savoir, parce que tant d'images, disons par exemple d'hommes, sont formées à la fois dans le Corps humain, que sa puissance d'imaginer se trouve dépassée; elle ne l'est pas complètement à la vérité, mais assez pour que l'Ame ne puisse imaginer ni les petites différences singulières (telles la couleur, la taille de chacun), ni le nombre déterminé des êtres singuliers, et imagine distinctement cela seul en quoi tous conviennent, en tant qu'ils affectent le Corps. C'est de la manière correspondante en effet que le Corps a été affecté le plus fortement *, l'ayant été par chaque être singulier, c'est cela que l'Ame exprime par le nom d'*homme*, et qu'elle affirme d'une infinité d'êtres singuliers. Car, nous l'avons dit, elle ne peut imaginer le nombre déterminé des êtres singuliers. Mais on doit noter que ces notions ne sont pas formées par tous de la même manière; elles varient en chacun corrélativement avec la chose par laquelle le Corps a été plus souvent affecté et que l'Ame imagine ou se rappelle le plus aisément. Ceux qui, par exemple, ont plus souvent considéré avec étonnement la stature des hommes, entendront sous le nom d'homme un animal de stature droite; pour ceux qui ont accoutumé de considérer autre chose, ils formeront des hommes une autre image commune,

* Nous ponctuons ce passage ; *nam ab eo corpus maxime.*

savoir : l'homme est un animal doué du rire; un animal à deux pieds sans plumes; un animal raisonnable; et ainsi pour les autres objets, chacun formera, suivant la disposition de son corps, des images générales des choses. Il n'est donc pas étonnant qu'entre les Philosophes qui ont voulu expliquer les choses naturelles par les seules images des choses, tant de controverses se soient élevées.

SCOLIE II

Par tout ce qui a été dit ci-dessus il apparaît clairement que nous avons nombre de perceptions et formons des notions générales tirant leur origine : 1° des objets singuliers qui nous sont représentés par les sens d'une manière tronquée, confuse et sans ordre pour l'entendement (*voir Coroll. de la Prop.* 29); pour cette raison j'ai accoutumé d'appeler de telles perceptions connaissance par expérience vague; 2° des signes, par exemple de ce que, entendant ou lisant certains mots, nous nous rappelons des choses et en formons des idées semblables à celles par lesquelles nous imaginons les choses (*voir Scolie de la Prop.* 18). J'appellerai par la suite l'un et l'autre modes de considérer *connaissance du premier genre*, opinion ou *Imagination;* 3° enfin, de ce que nous avons des notions communes et des idées adéquates des propriétés des choses (*voir Coroll. de la Prop.* 38, *Prop.* 39 *avec son Coroll. et Prop.* 40), j'appellerai ce mode *Raison* et *Connaissance du deuxième genre.* Outre ces deux genres de connaissance, il y en a encore un troisième, comme je le montrerai dans la suite, que nous appellerons *Science intuitive.* Et ce genre de connaissance procède de l'idée adéquate de l'essence formelle de certains attributs de Dieu à la connaissance adéquate de l'essence des choses. J'expliquerai tout cela par l'exemple d'une chose unique. On donne, par exemple, trois nombres pour en obtenir un quatrième qui soit au troisième comme le second au premier. Des marchands n'hésiteront pas à multiplier le second par le troisième et à diviser le produit par le premier, parce qu'ils n'ont pas encore laissé tomber dans l'oubli ce qu'ils ont appris de leurs maîtres sans nulle démonstration, ou parce qu'ils ont expérimenté ce procédé souvent dans le cas de nombres très simples, ou par la force de la démonstration de la proposition 19, livre VII d'Euclide, c'est-à-dire par la propriété commune des nombres proportionnels. Mais pour les nombres les plus simples aucun de ces moyens n'est nécessaire. Étant donné, par exemple, les nombres 1, 2, 3, il n'est personne qui ne voie que le quatrième proportionnel est 6, et cela beaucoup plus clairement, parce que de la relation même, que nous voyons d'un regard qu'a le premier avec le second, nous concluons le quatrième.

PROPOSITION XLI

La connaissance du premier genre est l'unique cause de la fausseté; celle du deuxième et du troisième est nécessairement vraie.

Démonstration

Nous avons dit dans le précédent Scolie qu'à la connaissance du premier genre appartiennent toutes les idées qui sont inadéquates et confuses, et, par suite (*Prop.* 35), cette connaissance est l'unique cause de la fausseté. D'autre part, nous avons dit qu'à la connaissance du deuxième genre et du troisième appartiennent les idées qui sont adéquates; en conséquence, cette connaissance (*Prop.* 34) est nécessairement vraie.

C. Q. F. D.

PROPOSITION XLII

La connaissance du deuxième genre et du troisième, non celle du premier genre, nous enseigne à distinguer le vrai du faux.

Démonstration

Cette proposition est évidente par elle-même. Qui sait distinguer, en effet, entre le vrai et le faux, doit avoir du vrai et du faux une idée adéquate, c'est-à-dire (*Scolie* 2 *de la Prop.* 40) connaître le vrai et le faux par le deuxième genre de connaissance ou le troisième.

PROPOSITION XLIII

Qui a une idée vraie sait en même temps qu'il a une idée vraie et ne peut douter de la vérité de sa connaissance.

Démonstration

L'idée vraie en nous est celle qui est adéquate en Dieu en tant qu'il s'explique par la nature de l'Ame humaine (*Coroll. de la Prop.* 11). Supposons donc qu'une idée adéquate A soit donnée en Dieu, en tant qu'il s'explique par la nature de l'Ame humaine. De cette idée doit être nécessairement donnée en Dieu une idée qui se rapporte à Dieu de la même manière que l'idée A *(Prop.* 20 *dont la Démonstration est universelle)*. Mais l'idée A est supposée se rapporter à Dieu en tant qu'il s'explique par la nature de l'âme humaine; donc l'idée de l'idée A doit aussi appartenir à Dieu de la même manière, c'est-à-dire (*Coroll. de la Prop.* 11) que cette idée adéquate de l'idée A sera dans la même Ame qui a l'idée adéquate A; qui donc a une idée adéquate, c'est-à-dire (*Prop.* 34) qui connaît une chose vraiment, doit en même temps avoir de sa connaissance une idée adéquate, en d'autres termes *(comme il est évident de soi)* une connaissance vraie.

C. Q. F. D.

SCOLIE

J'ai expliqué, dans le scolie de la Proposition 21, ce qu'est l'idée de l'idée; mais il faut observer que la Proposition précédente est assez évidente par elle-même. Car nul, ayant une idée vraie, n'ignore que l'idée vraie enveloppe la plus haute certitude; avoir une idée vraie, en effet, ne signifie rien, sinon connaître une chose parfaitement ou le mieux possible; et certes personne ne peut en douter, à moins de croire que l'idée est quelque chose de muet comme une peinture sur un panneau et non un mode de penser, savoir l'acte même de connaître; et, je le demande, qui peut savoir qu'il connaît une chose, s'il ne connaît auparavant la chose ? c'est-à-dire qui peut savoir qu'il est certain d'une chose, s'il n'est auparavant certain de cette chose ? D'autre part, que peut-il y avoir de plus clair et de plus certain que l'idée vraie, qui soit norme de vérité ? Certes, comme la lumière se fait connaître elle-même et fait connaître les ténèbres, la vérité est norme d'elle-même et du faux. Par là je crois avoir répondu aux questions suivantes, savoir : si une idée vraie, en tant qu'elle est dite seulement s'accorder avec ce dont elle est l'idée, se distingue d'une fausse; une idée vraie ne contient donc aucune réalité ou perfection de plus qu'une fausse (puisqu'elles se distinguent seulement par une dénomination extrinsèque), et conséquemment un homme qui a des idées vraies ne l'emporte en rien sur celui qui en a seulement de fausses ? Puis d'où vient que les hommes ont des idées fausses ? Et, enfin, d'où quelqu'un peut-il savoir avec certitude qu'il a des idées qui conviennent à leurs objets ? A ces questions, dis-je, je pense avoir déjà répondu. Quant à la différence, en effet, qui est entre l'idée vraie et la fausse, il est établi par la Proposition 35 qu'il y a entre elles deux la même relation qu'entre l'être et le non-être. Je montre, d'autre part, très clairement les causes de la fausseté depuis la Proposition 19 jusqu'à la Proposition 35 avec son Scolie. Par là apparaît aussi quelle différence est entre un homme qui a des idées vraies et un homme qui n'en a que de fausses. Quant à la dernière question enfin : d'où un homme peut savoir qu'il a une idée qui convient avec son objet, je viens de montrer suffisamment et surabondamment que cela provient uniquement de ce qu'il a une idée qui convient avec son objet, c'est-à-dire de ce que la vérité est norme d'elle-même. Ajoutez que notre Ame, en tant qu'elle perçoit les choses vraiment, est une partie de l'entendement infini de Dieu (*Coroll. de la Prop.* 11) et qu'il est donc aussi nécessaire que les idées claires et distinctes de l'Ame soient vraies, que cela est nécessaire des idées de Dieu.

PROPOSITION XLIV

Il est de la nature de la Raison de considérer les choses non comme contingentes, mais comme nécessaires.

Démonstration

Il est de la nature de la Raison de percevoir les choses vraiment (*Prop.* 41), savoir *(Ax.* 6, *p. I)* comme elles sont en elles-mêmes, c'est-à-dire *(Prop.* 29, *p. I)* non comme contingentes, mais comme nécessaires.

C. Q. F. D.

COROLLAIRE I

Il suit de là que la seule imagination peut faire que nous considérions les choses tant relativement au passé que relativement au futur comme contingentes.

SCOLIE

J'expliquerai ici brièvement dans quelle condition cela a lieu. Nous avons montré ci-dessus *(Prop.* 17 *avec son Coroll.)* que l'Ame imagine toujours les choses comme lui étant présentes, bien qu'elles n'existent pas, à moins qu'il ne se rencontre des causes qui excluent leur existence présente. De plus, nous avons montré (*Prop.* 18) que si une fois le Corps humain a été affecté simultanément par deux corps extérieurs, sitôt que l'Ame plus tard imaginera l'un des deux, il lui souviendra aussi de l'autre, c'est-à-dire qu'elle les considérera comme lui étant présents l'un et l'autre, à moins qu'il ne se rencontre des causes qui excluent leur existence présente. Nul ne doute d'ailleurs que nous n'imaginions aussi le temps, et cela parce que nous imaginons des corps se mouvant les uns plus lentement ou plus vite que les autres, ou avec une vitesse égale. Supposons maintenant un enfant qui hier une première fois aura vu le matin Pierre, à midi Paul, et le soir Siméon, et aujourd'hui de nouveau a vu Pierre le matin. Il est évident, par la Proposition 18, que, sitôt qu'il voit la lumière du matin, il imaginera le soleil parcourant la même partie du ciel qu'il aura vue la veille; en d'autres termes, imaginera le jour entier et Pierre avec le matin, Paul à midi et Siméon avec le soir, c'est-à-dire qu'il imaginera l'existence de Paul et de Siméon avec une relation au temps futur; au contraire, s'il voit Siméon le soir, il rapportera Paul et Pierre au temps passé, les imaginant en même temps que le passé; et cette imagination sera constante d'autant plus qu'il les aura vus plus souvent dans le même ordre. S'il arrive une fois qu'un autre soir, à la place de Siméon, il voie Jacob alors au matin suivant il imaginera en même temps que le soir tantôt Siméon, tantôt Jacob, mais non tous les deux ensemble. Car on suppose qu'il a vu, le soir, l'un des deux seulement et non les deux à la fois. Son imagination sera donc flottante, et il imaginera, en même temps que le soir futur, tantôt l'un, tantôt l'autre, c'est-à-dire considérera l'un et l'autre non comme devant être de façon certaine, mais comme des futurs contingents. Ce flottement de l'imagination sera le même si les choses imaginées sont des choses que nous considérons avec une relation au temps passé ou au présent; et, conséquemment, nous imaginerons comme contingentes les choses rapportées tant au présent temps qu'au passé et au futur.

COROLLAIRE II

Il est de la nature de la Raison de percevoir les choses comme possédant une certaine sorte d'éternité.

Démonstration

Il est de la nature de la Raison en effet de considérer les choses comme nécessaires et non comme contingentes *(Prop. préc.)*. Et elle perçoit cette nécessité des choses vraiment (*Prop.* 41), c'est-à-dire comme elle est en elle-même *(Ax.* 6, *p. I)*. Mais *(Prop.* 16, *p. I)* cette nécessité des choses est la nécessité même de la nature éternelle de Dieu. Il est donc de la nature de la Raison de considérer les choses comme possédant cette sorte d'éternité. Ajoutez que les principes de la Raison sont des notions (*Prop.* 38) qui expliquent ce qui est commun à toutes choses, et (*Prop.* 37) n'expliquent l'essence d'aucune chose singulière; qui en conséquence doivent être conçues sans aucune relation au temps et comme possédant une certaine sorte d'éternité.

C. Q. F. D.

PROPOSITION XLV

Chaque idée d'un corps quelconque, ou d'une chose singulière existant en acte, enveloppe nécessairement l'essence éternelle et infinie de Dieu.

Démonstration

L'idée d'une chose singulière existant en acte enveloppe nécessairement tant l'essence que l'existence de la chose elle-même (*Coroll. de la Prop.* 8). Et les choses singulières ne peuvent être conçues sans Dieu *(Prop.* 15, *p. I)*, mais, puisque (*Prop.* 6) elles ont Dieu pour cause en tant qu'on le considère sous l'attribut dont les choses elles-mêmes sont des modes, leurs idées doivent nécessairement *(Ax.* 4, *p. I)* envelopper le concept de cet attribut, c'est-à-dire *(Déf.* 6, *p. I)* l'essence éternelle et infinie de Dieu.

C. Q. F. D.

SCOLIE

Je n'entends pas ici par existence la durée, c'est-à-dire l'existence en tant qu'elle est conçue abstraitement et comme une certaine sorte de quantité. Je parle de la nature même de l'existence, laquelle est attribuée aux choses singulières pour cette raison qu'une infinité de choses suivent de la nécessité éternelle de Dieu en une infinité de modes *(voir Prop.* 16, *p. I)*. Je parle, dis-je, de l'existence même des choses singulières en tant qu'elles sont en Dieu. Car, bien que chacune soit déterminée à exister d'une certaine manière par une autre chose singulière, la forcc cependant par laquelle chacune persévère dans l'existence, suit de la nécessité éternelle de la nature de Dieu. Sur ce point voir Coroll. de la Proposition 24 partie I.

PROPOSITION XLVI

La connaissance de l'essence éternelle et infinie de Dieu qu'enveloppe chaque idée est adéquate et parfaite.

Démonstration

La démonstration de la Proposition précédente est universelle, et, que l'on considère une chose comme une partie ou comme un tout, son idée, que ce soit celle du tout ou celle de la partie, enveloppera *(Prop. préc.)* l'essence éternelle et infinie de Dieu. Donc, ce qui donne la connaissance de l'essence éternelle et infinie de Dieu est commun à tous et est pareillement dans la partie et dans le tout, et par suite (*Prop.* 38) cette connaissance sera adéquate.

C. Q. F. D.

PROPOSITION XLVII

L'âme humaine a une connaissance adéquate de l'essence éternelle et infinie de Dieu.

Démonstration

L'âme humaine a des idées (*Prop.* 22) par lesquelles elle se perçoit elle-même (*Prop.* 23), perçoit son propre Corps (*Prop.* 19) et (*Coroll.* 1 *de la Prop.* 16 *et Prop.* 17) des corps extérieurs existant en acte; par suite, elle a (*Prop.* 45 *et* 46) une connaissance adéquate de l'essence éternelle et infinie de Dieu.

SCOLIE

Nous voyons par là que l'essence infinie de Dieu et son éternité sont connues de tous. Puisque, d'autre part, tout est en Dieu et se conçoit par Dieu, il s'ensuit que nous pouvons déduire de cette connaissance un très grand nombre de conséquences que nous connaîtrons adéquatement, et former ainsi ce troisième genre de connaissance dont nous avons parlé dans le Scolie 2 de la Proposition 40 et de l'excellence et de l'utilité duquel il y aura lieu de parler dans la cinquième Partie. Que si d'ailleurs les hommes n'ont pas de Dieu une connaissance aussi claire que des notions communes, cela provient de ce qu'ils ne peuvent imaginer Dieu comme ils imaginent les corps, et ont joint le nom de *Dieu* aux images des choses qu'ils ont accoutumé de voir, et cela, les hommes ne peuvent guère l'éviter, affectés comme ils le sont continuellement par les corps extérieurs. Et, effectivement, la plupart des erreurs consistent en cela seul que nous n'appliquons pas les noms aux choses correctement. Quand quelqu'un dit que les lignes menées du centre du cercle à la circonférence sont inégales, certes il entend alors par cercle autre chose que ne font les Mathématiciens. De même, quand les hommes commettent une erreur dans un calcul, ils ont dans la pensée d'autres nombres que ceux qu'ils ont sur le papier. C'est pourquoi certes, si l'on a égard à leur Pensée, ils ne commettent point d'erreur; ils semblent en commettre une cependant, parce que nous croyons qu'ils ont dans la pensée les nombres qui sont sur le papier. S'il n'en était pas ainsi, nous ne croirions pas qu'ils commettent aucune erreur, de même qu'ayant entendu quelqu'un crier naguère que sa maison s'était envolée sur la poule du voisin, je n'ai pas cru qu'il fût dans l'erreur, parce que sa pensée me semblait assez claire. Et de là naissent la plupart des controverses, à savoir de ce que les hommes n'expriment pas correctement leur pensée ou de ce qu'ils interprètent mal la pensée d'autrui. En réalité, tandis qu'ils se contredisent le plus, ils pensent la même chose ou pensent à des choses différentes *, de sorte que ce qu'on croit être une erreur ou une obscurité en autrui, n'en est pas une.

PROPOSITION XLVIII

Il n'y a dans l'âme aucune volonté absolue ou libre; mais l'âme est déterminée à vouloir ceci ou cela par une cause qui est aussi déterminée par une autre, et cette autre l'est à son tour par une autre, et ainsi à l'infini.

* Je traduis les mots *de diversis rebus* au lieu du mot *diversa* qui se trouve dans l'édition Land.

Démonstration

L'Ame est un certain mode déterminé du penser (*Prop.* 11) et ainsi (*Coroll. 2 de la Prop.* 17, *p. I*) ne peut être une cause libre, autrement dit, ne peut avoir une faculté absolue de vouloir ou de non-vouloir; mais elle doit être déterminée à vouloir ceci ou cela par une cause (*Prop.* 28, *p. I*), laquelle est aussi déterminée par une autre, et cette autre l'est à son tour par une autre, etc.

C. Q. F. D.

SCOLIE

On démontre de la même manière qu'il n'y a dans l'Ame aucune faculté absolue de connaître, de désirer, d'aimer, etc. D'où suit que ces facultés et autres semblables ou bien sont de pures fictions ou ne sont rien que des êtres Métaphysiques, c'est-à-dire des universaux, comme nous avons coutume d'en former des êtres particuliers. Ainsi l'entendement et la volonté soutiennent avec telle et telle idée, ou telle et telle volition, le même rapport que la pierréité avec telle ou telle pierre, et l'homme avec Pierre et Paul. Quant à la cause pour quoi les hommes croient qu'ils sont libres, nous l'avons expliquée dans l'*Appendice* de la Première Partie. Mais, avant de poursuivre, il convient de noter ici * que j'entends par volonté la faculté d'affirmer et de nier, non le désir; j'entends, dis-je, la faculté par où l'Ame affirme ou nie quelle chose est vraie ou fausse, mais non le désir par où l'Ame appète les choses ou les a en aversion. Et, après avoir démontré que ces facultés sont des notions générales, qui ne se distinguent pas des choses singulières desquelles nous les formons, il y a lieu de rechercher si les volitions elles-mêmes sont quelque chose en dehors des idées mêmes des choses. Il y a lieu, dis-je, de rechercher s'il est donné dans l'Ame une autre affirmation ou une autre négation que celle qu'enveloppe l'idée, en tant qu'elle est idée; et à ce sujet l'on verra la Proposition sui-

* *... venit hic notandum, me per voluntatem affirmandi...* W. Meijer à cette leçon veut substituer la suivante : *venit notandum, me hic...* Voir la note explicative.

vante, et aussi la Définition 3, partie II, pour éviter qu'on ne pense à des peintures. Car je n'entends point par idées des images comme celles qui se forment au fond de l'œil ou, si l'on veut, au milieu du cerveau, mais des conceptions de la Pensée.

PROPOSITION XLIX

Il n'y a dans l'Ame aucune volition, c'est-à-dire aucune affirmation et aucune négation, en dehors de celle qu'enveloppe l'idée en tant qu'elle est idée.

Démonstration

Il n'y a dans l'Ame *(Prop. préc.)* aucune faculté absolue de vouloir et de non-vouloir, mais seulement des volitions singulières, c'est-à-dire telle et telle affirmation et telle et telle négation. Concevons donc quelque volition singulière, soit un mode de penser par lequel l'Ame affirme que les trois angles d'un triangle égalent deux droits. Cette affirmation enveloppe le concept ou l'idée du triangle, c'est-à-dire ne peut être conçue sans l'idée du triangle. Car c'est tout un de dire que A doit envelopper le concept de B ou que A ne peut se concevoir sans B, et une telle affirmation (*Ax.* 3) aussi ne peut être sans l'idée du triangle. De plus, cette idée du triangle doit envelopper cette même affirmation, à savoir que ses trois angles égalent deux droits. Donc, inversement, cette idée du triangle ne peut ni être ni être conçue sans cette affirmation, et ainsi (*Déf.* 2) cette affirmation appartient à l'essence de l'idée du triangle et n'est rien en dehors d'elle. Et ce que nous avons dit de cette volition (puisque nous l'avons prise *ad libitum*), on devra le dire aussi d'une volition quelconque, à savoir qu'elle n'est rien en dehors de l'idée.

C. Q. F. D.

COROLLAIRE

La volonté et l'entendement sont une seule et même chose.

Démonstration

La volonté et l'entendement ne sont rien en dehors des volitions et des idées singulières *(Prop.* 48 *avec son Scolie)*. Or une volition singulière et une idée singulière sont une seule et même chose *(Prop. préc.)*; donc la volonté et l'entendement sont une seule et même chose.

C. Q. F. D.

SCOLIE

Nous avons ainsi supprimé la cause communément admise de l'erreur. Précédemment, d'ailleurs, nous avons montré que la fausseté consiste dans la seule privation qu'enveloppent les idées mutilées et confuses. C'est pourquoi l'idée fausse, en tant qu'elle est fausse, n'enveloppe pas la certitude. Quand donc nous disons qu'un homme trouve le repos dans le faux et ne conçoit pas de doute à son sujet, nous ne disons pas pour cela qu'il est certain, mais seulement qu'il ne doute pas, ou qu'il trouve le repos dans des idées fausses, parce qu'il n'existe point de causes pouvant faire que son imagination soit flottante. Voir à ce sujet le Scolie de la Proposition 44. Si fortement donc qu'on voudra supposer qu'un homme adhère au faux, nous ne dirons jamais qu'il est certain. Car par certitude nous entendons quelque chose de positif *(voir Prop.* 43 *et son Scolie)* et non la privation de doute. Et par privation de certitude nous entendons la fausseté. Mais, pour expliquer plus amplement la Proposition précédente, il reste quelques avertissements à donner. Il reste ensuite à répondre aux objections qui peuvent être opposées à cette doctrine qui est la nôtre, et enfin, pour écarter tout scrupule, j'ai cru qu'il valait la peine d'indiquer certains avantages pratiques de cette doctrine. Je dis certains avantages, car les principaux se connaîtront mieux par ce que nous dirons dans la cinquième Partie.

Je commence donc par le premier point et j'avertis les Lecteurs qu'ils aient à distinguer soigneusement entre une Idée ou une conception de l'Ame et les Images des choses que nous imaginons. Il est nécessaire aussi qu'ils distinguent entre les idées et les Mots par lesquels nous désignons les choses. Parce que, en effet, beaucoup d'hommes ou bien confondent entièrement ces trois choses : les images, les mots et les idées, ou bien ne les distinguent pas avec assez de soin, ou enfin n'apportent pas à cette distinction assez de prudence, ils ont ignoré complètement cette doctrine de la volonté, dont la connaissance est tout à fait indispensable tant pour la spéculation que pour la sage ordonnance de la vie. Ceux qui, en effet, font consister les idées dans les images qui se forment en nous par la rencontre des corps, se persuadent que les idées des choses à la ressemblance desquelles nous ne pouvons former aucune image, ne sont pas des idées, mais seulement des fictions que nous forgeons par le libre arbitre de la volonté; ils regardent donc les idées comme des peintures muettes sur un panneau et, l'esprit occupé par ce préjugé, ne voient pas qu'une idée, en tant qu'elle est idée, enveloppe une affirmation ou une négation. Pour ceux qui confondent les mots avec l'idée ou avec l'affirmation elle-même qu'enveloppe l'idée, ils croient qu'ils peuvent vouloir contrairement à leur sentiment quand, en paroles seulement, ils affirment ou nient quelque chose contrairement à leur sentiment. Il sera facile cependant de rejeter ces préjugés, pourvu qu'on prenne garde à la nature de la Pensée, laquelle n'enveloppe en aucune façon le concept de l'Étendue, et que l'on connaisse ainsi clairement que l'idée (puisqu'elle est un mode de penser) ne consiste ni dans l'image de quelque chose ni dans des mots. L'essence des mots, en effet, et des images est constituée par les seuls mouvements corporels qui n'enveloppent en aucune façon le concept de la pensée.

Ces brefs avertissements à ce sujet suffiront; je passe donc aux objections sus-visées. La *première* est qu'on croit établi que la volonté s'étend plus loin que l'entendement et est ainsi différente de lui. Quant à la raison pour quoi l'on pense que la volonté s'étend plus loin que l'entendement, c'est qu'on dit savoir d'expérience qu'on n'a pas besoin d'une faculté d'assentir, c'est-à-dire d'affirmer et de nier, plus grande que celle que nous avons, pour assentir à une infinité de choses que nous ne percevons pas, tandis qu'on aurait besoin d'une faculté plus grande de connaître. La volonté se distingue donc de l'entendement en ce qu'il est fini, tandis qu'elle est infinie. On peut *deuxièmement* nous objecter que s'il est une chose qui semble clairement enseignée par l'expérience, c'est que nous pouvons suspendre notre jugement, de façon à ne pas assentir aux choses perçues par nous; et cela est confirmé par ce fait que nul n'est dit se tromper en tant qu'il perçoit quelque chose, mais seulement en tant qu'il donne ou refuse son assentiment. Celui qui, par exemple, forge un cheval ailé, n'accorde pas pour cela qu'il existe un cheval ailé, c'est-à-dire qu'il ne se trompe pas pour cela, à moins qu'il n'accorde en même temps qu'il existe un cheval ailé; l'expérience ne semble donc rien enseigner plus clairement, sinon que la volonté, c'est-à-dire la faculté d'assentir, est libre et distincte de la faculté de connaître. On peut *troisièmement* objecter qu'une affirmation ne semble pas contenir plus de réalité qu'une autre; c'est-à-dire nous ne semblons pas avoir besoin d'un pouvoir plus grand pour affirmer que ce qui est vrai est vrai, que pour affirmer que quelque chose qui est faux, est vrai; tandis qu'au contraire nous percevons qu'une idée a plus de réalité ou de perfection qu'une autre; autant les objets l'emportent les uns sur les autres, autant aussi leurs idées sont plus parfaites les unes que les autres; par là encore une différence semble être établie entre la volonté et l'entendement. *Quatrièmement* on peut objecter que, si l'homme n'opère point par la liberté de sa volonté, qu'arrivera-t-il au cas qu'il soit en équilibre comme l'âne de Buridan ? Périra-t-il de faim et de soif ? Si je l'accorde, je paraîtrai concevoir un âne ou une figure d'homme inanimée, et non un homme; si je le nie, c'est donc qu'il se déterminera lui-même et, conséquemment, a la faculté d'aller et de faire tout ce qu'il veut. Peut-être y a-t-il encore d'autres objections possibles; comme, toutefois, je ne suis pas tenu d'insérer ici les rêveries de chacun, je ne prendrai soin de répondre qu'à ces quatre objections, et je le ferai le plus brièvement possible. A l'égard de la *première*, j'accorde que la volonté s'étend plus loin que l'entendement, si par entendement on entend seulement les idées claires et distinctes; mais je nie que la volonté s'étende plus loin que les perceptions, autrement dit la faculté de concevoir, et en vérité je ne vois pas pourquoi la faculté de vouloir devrait être infinie, plutôt que celle de sentir; tout comme, en effet, par la même faculté de vouloir, nous pouvons affirmer une infinité de choses (l'une après l'autre toutefois, car nous n'en pouvons affirmer à la fois une infinité), nous pouvons aussi, par la même faculté de sentir, sentir ou percevoir une infinité de corps (l'un après l'autre bien entendu). Dira-t-on qu'il y a une infinité de choses que nous ne pouvons percevoir ? Je réplique : ces choses-là, nous ne pouvons les saisir par aucune pensée et conséquemment par aucune faculté de vouloir. Mais, insistera-t-on, si Dieu voulait faire que nous les perçussions aussi, il devrait nous donner, certes, une plus grande faculté de percevoir, mais non une plus grande faculté de vouloir que celle qu'il nous a donnée. Ce qui revient à dire : si Dieu voulait faire que nous connussions une infinité d'autres êtres, il serait nécessaire, certes, qu'il nous donnât un entendement plus grand que celui qu'il nous a donné, afin d'embrasser cette infinité, mais non une idée plus générale de l'être. Car nous avons montré que la volonté est un être général, en d'autres termes une idée par laquelle nous expliquons toutes les volitions singulières, c'est-à-dire ce qui est commun à toutes. Puis donc que l'on croit que cette idée commune ou générale de toutes les volitions est une faculté, il n'y a pas le moins du monde à s'étonner que l'on dise que cette faculté s'étend à l'infini au delà des limites de l'entendement. Le général en effet se dit également d'un et de plusieurs individus et d'une infinité. A la *deuxième* objection je réponds en niant que nous ayons un libre pouvoir de suspendre le jugement. Quand nous disons que quelqu'un suspend son jugement, nous ne disons rien d'autre sinon qu'il voit qu'il ne perçoit pas la chose adéquatement. La suspension du jugement est donc en réalité une perception, et non une libre volonté. Pour le faire mieux connaître concevons un enfant qui imagine un cheval [ailé] * et n'imagine rien d'autre. Puisque cette imagination enveloppe l'existence du cheval (*Coroll. de la Prop.* 17) et que l'enfant ne perçoit rien qui exclue l'existence du cheval, il considérera nécessairement le cheval comme présent et ne pourra douter de son existence, encore qu'il n'en soit pas certain. Nous éprouvons cela tous les jours dans le sommeil, et je ne pense pas qu'il y ait quelqu'un qui croie, durant qu'il rêve, avoir le libre pouvoir de suspendre son jugement sur ce qu'il rêve et de faire qu'il ne rêve pas ce qu'il rêve qu'il voit; et néanmoins il arrive que, même dans le sommeil, nous suspendions notre jugement, c'est à savoir

* L'addition du mot *alatum*, proposée par W. Meijer, me semble très heureuse.

quand nous rêvons que nous rêvons. J'accorde maintenant que nul ne se trompe en tant qu'il perçoit, c'est-à-dire que les imaginations de l'Ame considérées en elles-mêmes n'enveloppent aucune sorte d'erreur *(voir Scolie de la Prop.* 17); mais je nie qu'un homme n'affirme rien en tant qu'il perçoit. Qu'est-ce donc en effet que percevoir un cheval ailé sinon affirmer d'un cheval des ailes ? Si l'Ame, en dehors du cheval ailé, ne percevait rien d'autre, elle le considérerait comme lui étant présent, et n'aurait aucun motif de douter de son existence et aucune faculté de ne pas assentir, à moins que l'imagination du cheval ailé ne soit jointe à une idée excluant l'existence de ce même cheval, ou que l'Ame ne perçoive que l'idée qu'elle a du cheval est inadéquate et alors ou bien elle niera nécessairement l'existence de ce cheval, ou bien elle en doutera nécessairement. Par là je pense avoir donné d'avance ma réponse à la *troisième* objection : que la volonté est quelque chose de général qui se joint à toutes les idées et signifie seulement ce qui est commun à toutes; autrement dit, qu'elle est l'affirmation dont l'essence adéquate, ainsi conçue abstraitement, doit pour cette raison être en chaque idée, et, à cet égard seulement, est la même dans toutes; mais non en tant qu'on la considère comme constituant l'essence de l'idée, car en ce sens les affirmations singulières diffèrent entre elles autant que les idées elles-mêmes. Par exemple, l'affirmation qu'enveloppe l'idée du cercle diffère de celle qu'enveloppe l'idée du triangle autant que l'idée du cercle de l'idée du triangle. Pour poursuivre, je nie absolument que nous ayons besoin d'une égale puissance de penser pour affirmer que ce qui est vrai est vrai, que pour affirmer que ce qui est faux est vrai. Car ces deux affirmations, si on a égard à la pensée, soutiennent le même rapport l'une avec l'autre que l'être et le non-être, n'y ayant dans les idées rien de positif qui constitue la forme de la fausseté (*voir Prop.* 35 *avec son Scolie et le Scolie de la Prop.* 47). Il convient donc de noter ici surtout que nous nous trompons facilement quand nous confondons les notions générales avec les singulières, les êtres de raison et les abstractions avec le réel. Quant à la *quatrième* objection enfin, j'accorde parfaitement qu'un homme placé dans un tel équilibre (c'est-à-dire ne percevant rien d'autre que la faim et la soif, tel aliment et telle boisson également distants de lui) périra de faim et de soif. Me demande-t-on si un tel homme ne doit pas être estimé un âne plutôt qu'un homme ? Je dis que je n'en sais rien; pas plus que je ne sais en quelle estime l'on doit tenir un homme qui se pend, les enfants, les stupides, les déments.

Il ne reste plus qu'à indiquer combien la connaissance de cette doctrine est utile dans la vie, ce que nous verrons aisément par ce qui précède. 1° Elle est utile en ce qu'elle nous apprend que nous agissons par le seul geste de Dieu et participons de la nature divine et cela d'autant plus que nous faisons des actions plus parfaites et connaissons Dieu davantage et encore davantage. Cette doctrine donc, outre qu'elle rend l'âme tranquille à tous égards, a encore l'avantage qu'elle nous enseigne en quoi consiste notre plus haute félicité ou béatitude, à savoir dans la seule connaissance de Dieu, par où nous sommes induits à faire seulement les actions que conseillent l'amour et la piété. Par où nous connaissons clairement combien sont éloignés de l'appréciation vraie de la vertu ceux qui, pour leur vertu et leurs actions les meilleures, attendent de Dieu une suprême récompense ainsi que pour la plus dure servitude, comme si la vertu même et le service de Dieu n'étaient pas la félicité et la souveraine liberté; 2° elle est utile en ce qu'elle enseigne comment nous devons nous comporter à l'égard des choses de fortune, c'est-à-dire qui ne sont pas en notre pouvoir, en d'autres termes à l'égard des choses qui ne suivent pas de notre nature; à savoir : attendre et supporter, avec une âme égale, l'une et l'autre faces de la fortune, toutes choses suivant du décret éternel de Dieu avec la même nécessité qu'il suit de l'essence du triangle, que ses trois angles sont égaux à deux droits; 3° cette doctrine est utile à la vie sociale en ce qu'elle enseigne à n'avoir en haine, à ne mépriser personne, à ne tourner personne en dérision, à n'avoir de colère contre personne, à ne porter envie à personne. En ce qu'elle enseigne encore à chacun à être content de ce qu'il a, et à aider son prochain non par une pitié de femme, par partialité, ni par superstition, mais sous la seule conduite de la raison, c'est-à-dire suivant que le temps et la conjoncture le demandent, ainsi que je le montrerai dans la quatrième partie; 4° cette doctrine est utile encore grandement à la société commune en ce qu'elle enseigne la condition suivant laquelle les citoyens doivent être gouvernés et dirigés, et cela non pour qu'ils soient esclaves, mais pour qu'ils fassent librement ce qui est le meilleur.

J'ai achevé par là ce que j'avais résolu d'indiquer dans ce Scolie, et je mets fin ici à cette deuxième partie, dans laquelle je crois avoir expliqué la nature de l'âme humaine et ses propriétés assez amplement et, autant que la difficulté de la matière le permet, assez clairement; dans laquelle je crois aussi avoir donné un exposé duquel se peuvent tirer beaucoup de belles conclusions, utiles au plus haut point et nécessaires à connaître ainsi qu'il sera établi en partie dans ce qui va suivre.

TROISIÈME PARTIE

DE L'ORIGINE ET DE LA NATURE DES AFFECTIONS

Ceux qui ont écrit sur les Affections et la conduite de la vie humaine semblent, pour la plupart, traiter non de choses naturelles qui suivent les lois communes de la Nature mais de choses qui sont hors de la Nature. En vérité, on dirait qu'ils conçoivent l'homme dans la Nature comme un empire dans un empire. Ils croient, en effet, que l'homme trouble l'ordre de la Nature plutôt qu'il ne le suit, qu'il a sur ses propres actions un pouvoir absolu et ne tire que de lui-même sa détermination. Ils cherchent donc la cause de l'impuissance et de l'inconstance humaines, non dans la puissance commune de la Nature, mais dans je ne sais quel vice de la nature humaine et, pour cette raison, pleurent à son sujet, la raillent, la méprisent ou le plus souvent la détestent : qui sait le plus éloquemment ou le plus subtilement censurer l'impuissance de l'Ame humaine est tenu pour divin. Certes n'ont pas manqué les hommes éminents (au labeur et à l'industrie desquels nous avouons devoir beaucoup) pour écrire sur la conduite droite de la vie beaucoup de belles choses, et donner aux mortels des conseils pleins de prudence; mais, quant à déterminer la nature et les forces des Affections, et ce que peut l'Ame de son côté pour les gouverner, nul, que je sache, ne l'a fait. A la vérité, le très célèbre Descartes, bien qu'il ait admis le pouvoir absolu de l'Ame sur ses actions, a tenté, je le sais, d'expliquer les Affections humaines par leurs premières causes et de montrer en même temps par quelle voie l'âme peut prendre sur les Affections un empire absolu; mais, à mon avis, il n'a rien montré que la pénétration de son grand esprit comme je l'établirai en son lieu. Pour le moment je veux revenir à ceux qui aiment mieux détester ou railler les Affections et les actions des hommes que les connaître. A ceux-là certes il paraîtra surprenant que j'entreprenne de traiter des vices des hommes et de leurs infirmités à la manière des Géomètres et que je veuille démontrer par un raisonnement rigoureux ce qu'ils ne cessent de proclamer contraire à la Raison, vain, absurde et digne d'horreur. Mais voici quelle est ma raison. Rien n'arrive dans la Nature qui puisse être attribué à un vice existant en elle; elle est toujours la même en effet; sa vertu et sa puissance d'agir est une et partout la même, c'est-à-dire les lois et règles de la Nature, conformément auxquelles tout arrive et passe d'une forme à une autre, sont partout et toujours les mêmes; par suite, la voie droite pour connaître la nature des choses, quelles qu'elles soient, doit être aussi une et la même; c'est toujours par le moyen des lois et règles universelles de la Nature. Les Affections donc de la haine, de la colère, de l'envie, etc., considérées en elles-mêmes, suivent de la même nécessité et de la même vertu de la Nature que les autres choses singulières; en conséquence, elles reconnaissent certaines causes, par où elles sont clairement connues, et ont certaines propriétés aussi dignes de connaissance que les propriétés d'une autre chose quelconque, dont la seule considération nous donne du plaisir. Je traiterai donc de la nature des Affections et de leurs forces, du pouvoir de l'Ame sur elles, suivant la même Méthode que dans les parties précédentes de Dieu et de l'Ame, et je considérerai les actions et les appétits humains comme s'il était question de lignes, de surfaces et de solides.

DÉFINITIONS

I. J'appelle cause adéquate celle dont on peut percevoir l'effet clairement et distinctement par elle-même; j'appelle cause inadéquate ou partielle celle dont on ne peut connaître l'effet par elle seule.

II. Je dis que nous sommes actifs, quand, en nous ou hors de nous, quelque chose se fait dont nous sommes la cause adéquate, c'est-à-dire *(Déf. préc.)* quand, en nous ou hors de nous, il suit de notre nature quelque chose qui se peut par elle seule connaître clairement et distinctement. Au contraire, je dis que nous sommes passifs quand il se fait en nous quelque chose ou qu'il suit de notre nature quelque chose, dont nous ne sommes la cause que partiellement.

III. J'entends par Affections * les affections du Corps par lesquelles la puissance d'agir de ce Corps est accrue ou diminuée, secondée ou réduite, et en même temps les idées de ces affections.

Quand nous pouvons être la cause adéquate de quelqu'une de ces affections, j'entends donc par affection une action; dans les autres cas, une passion.

POSTULATS

I. Le corps humain peut être affecté en bien des manières qui accroissent ou diminuent sa puissance d'agir et aussi en d'autres qui ne rendent sa puissance d'agir ni plus grande, ni moindre.

Ce Postulat ou Axiome s'appuie sur le Postulat 1 *et les Lemmes* 5 *et* 7 *qu'on voit à la suite de la Prop.* 13, *p. II.*

II. Le Corps humain peut éprouver un grand nombre de modifications et retenir néanmoins les impressions ou traces des objets (*voir à leur sujet Post.* 5, *p. II*) et conséquemment les mêmes images des choses (*pour leur Déf. voir Scolie de la Prop.* 17, *p. II*).

PROPOSITION I

Notre Ame est active en certaines choses, passive en d'autres, savoir, en tant qu'elle a des idées adéquates, elle est nécessairement active en certaines choses; en tant qu'elle a des idées inadéquates, elle est nécessairement passive en certaines choses.

Démonstration

Les idées d'une Ame humaine quelconque sont les unes adéquates, les autres mutilées et confuses (*Scolie* 2 ** *de la Prop.* 40, *p. II*). Les idées qui sont adéquates dans l'Ame de quelqu'un sont adéquates en Dieu en tant

* Je traduis *affectus* au lieu de *affectum*.

** Je complète par l'addition du chiffre 2 le renvoi au Scolie de la Proposition 40, partie II.

qu'il constitue l'essence de cette Ame (*Coroll. de la Prop.* 11, *p. II*), et celles qui sont inadéquates dans l'Ame sont adéquates en Dieu *(même Coroll.)* non en tant qu'il constitue seulement l'essence de cette Ame, mais en tant qu'il contient aussi * à la fois en lui les Ames d'autres choses. De plus, d'une idée quelconque supposée donnée quelque effet doit suivre nécessairement (*Prop.* 36, *p. I*), et de cet effet Dieu est cause adéquate (*Déf.* 1) non en tant qu'il est infini, mais en tant qu'on le considère comme affecté de l'idée supposée donnée (*Prop.* 9, *p. II*). Soit maintenant un effet dont Dieu est cause en tant qu'affecté d'une idée qui est adéquate dans l'Ame de quelqu'un; de cet effet cette même Ame est la cause adéquate (*Coroll. Prop.* 11, *p. II*). Donc notre Ame (*Déf.* 2), en tant qu'elle a des idées adéquates, est nécessairement active en certaines choses; ce qui était le premier point. En outre, pour tout ce qui suit nécessairement d'une idée qui est adéquate en Dieu non en tant qu'il a en lui l'Ame d'un certain homme seulement, mais, en même temps qu'elle, les Ames d'autres choses, l'Ame de cet homme n'en est pas la cause adéquate, mais seulement partielle (*même Coroll.*, *Prop.* 11, *p. II*), par suite (*Déf.* 2) l'Ame, en tant qu'elle a des idées inadéquates, est passive nécessairement en certaines choses; ce qui était le second point. Donc notre Ame, etc.

C. Q. F. D.

COROLLAIRE

Il suit de là que l'Ame est soumise à d'autant plus de passions qu'elle a plus d'idées inadéquates, et, au contraire, est active d'autant plus qu'elle a plus d'idées adéquates.

PROPOSITION II

Ni le Corps ne peut déterminer l'Ame à penser, ni l'Ame le Corps au mouvement ou au repos ou à quelque autre manière d'être que ce soit (s'il en est quelque autre).

* Je traduis *sed quatenus etiam* au lieu de *etiam quatenns* qui se trouve dans l'édition Land.

Démonstration

Tous les modes de penser ont Dieu pour cause en tant qu'il est chose pensante, non en tant qu'il s'explique par un autre attribut (*Prop.* 6, *p. II*). Ce donc qui détermine l'Ame à penser est un mode du Penser et non de l'Étendue, c'est-à-dire (*Déf.* 1, *p. II*) que ce n'est pas un Corps; ce qui était le premier point. De plus, le mouvement et le repos du Corps doivent venir d'un autre corps qui a également été déterminé au mouvement et au repos par un autre, et, absolument parlant, tout ce qui survient dans un corps a dû venir de Dieu en tant qu'on le considère comme affecté d'un mode de l'Étendue et non d'un mode du Penser (*même Prop.* 6, *p. II*); c'est-à-dire ne peut venir de l'Ame qui (*Prop.* 11, *p. II*) est un mode de penser; ce qui était le second point. Donc ni le Corps, etc.

C. Q. F. D.

SCOLIE

Ce qui précède se connaît plus clairement par ce qui a été dit dans le Scolie de la Proposition 7, Partie II, à savoir que l'Ame et le Corps sont une seule et même chose qui est conçue tantôt sous l'attribut de la Pensée, tantôt sous celui de l'Étendue. D'où vient que l'ordre ou l'enchaînement des choses est le même, que la Nature soit conçue sous tel attribut ou sous tel autre; et conséquemment que l'ordre des actions et des passions de notre Corps concorde par nature avec l'ordre des actions et des passions de l'Ame. Cela est encore évident par la façon dont nous avons démontré la Proposition 12, Partie II. Bien que la nature des choses ne permette pas de doute à ce sujet, je crois cependant qu'à moins de leur donner de cette vérité une confirmation expérimentale, les hommes se laisseront difficilement induire à examiner ce point d'un esprit non prévenu; si grande est leur persuasion que le Corps tantôt se meut, tantôt cesse de se mouvoir au seul commandement de l'Ame, et fait un grand nombre d'actes qui dépendent de la seule volonté de l'Ame et de son art de penser. Personne, il est vrai, n'a jusqu'à présent déterminé ce que peut le Corps, c'est-à-dire l'expérience n'a enseigné à personne jusqu'à présent ce que, par les seules lois de la Nature considérée en tant seulement que corporelle, le Corps peut faire et ce qu'il ne peut pas faire à moins d'être déterminé par l'Ame. Personne en effet ne connaît si exactement la structure du Corps qu'il ait pu en expliquer toutes les fonctions, pour ne rien dire ici de ce que l'on observe maintes fois dans les Bêtes qui dépasse de beaucoup la sagacité humaine, et de ce que font très souvent les somnambules pendant le sommeil, qu'ils n'oseraient pas pendant la veille, et cela montre assez que le Corps peut, par les seules lois de sa nature, beaucoup de choses qui causent à son Ame de l'étonnement. Nul ne sait, en outre, en quelle condition ou par quels moyens l'Ame meut le Corps, ni combien de degrés de mouvement elle peut lui imprimer et avec quelle vitesse elle peut le mouvoir. D'où suit que les hommes, quand ils disent que telle ou telle action du Corps vient de l'Ame, qui a un empire sur le Corps, ne savent pas ce qu'ils disent et ne font rien d'autre qu'avouer en un langage spécieux leur ignorance de la vraie cause d'une action qui n'excite pas en eux d'étonnement. Mais, dira-t-on, que l'on sache ou que l'on ignore par quels moyens l'Ame meut le Corps, on sait cependant, par expérience, que le Corps serait inerte si l'Ame humaine n'était apte à penser. On sait de même, par expérience, qu'il est également au seul pouvoir de l'Ame de parler et de se taire et bien d'autres choses que l'on croit par suite dépendre du décret de l'Ame. Mais, quand au *premier* argument, je demande à ceux qui invoquent l'expérience, si elle n'enseigne pas aussi que, si de son côté le Corps est inerte, l'Ame est en même temps privée d'aptitude à penser ? Quand le Corps est au repos dans le sommeil, l'Ame en effet reste endormie avec lui et n'a pas le pouvoir de penser comme pendant la veille. Tous savent aussi par expérience, à ce que je crois, que l'Ame n'est pas toujours également apte à penser sur un même objet * et qu'en proportion de l'aptitude du Corps à se prêter au réveil de l'image de tel ou tel objet, l'Ame est aussi plus apte à considérer tel ou tel objet. Dira-t-on qu'il est impossible de tirer des seules lois de la nature, considérée seulement en tant que corporelle, les causes des édifices, des peintures et des choses de cette sorte qui se font par le seul art de l'homme, et que le Corps

* Je traduis *objecto* au lieu de *subjecte.*

humain, s'il n'était déterminé et conduit par l'Ame, n'aurait pas le pouvoir d'édifier un temple ? J'ai déjà montré qu'on ne sait pas ce que peut le Corps ou ce qui se peut tirer de la seule considération de sa nature propre et que, très souvent, l'expérience oblige à le reconnaître, les seules lois de la Nature peuvent faire ce qu'on n'eût jamais cru possible sans la direction de l'Ame; telles sont les actions des somnambules pendant le sommeil, qui les étonnent eux-mêmes quand ils sont éveillés. Je joins à cet exemple la structure même du Corps humain qui surpasse de bien loin en artifice tout ce que l'art humain peut bâtir, pour ne rien dire ici de ce que j'ai montré plus haut : que de la Nature considérée sous un attribut quelconque suivent une infinité de choses. Pour ce qui est maintenant du *second* argument, certes les affaires des hommes seraient en bien meilleur point s'il était également au pouvoir des hommes tant de se taire que de parler, mais, l'expérience l'a montré surabondamment, rien n'est moins au pouvoir des hommes que de tenir leur langue, et il n'est rien qu'ils puissent moins faire que de gouverner leurs appétits; et c'est pourquoi la plupart croient que notre liberté d'action existe seulement à l'égard des choses où nous tendons légèrement, parce que l'appétit peut en être aisément contraint par le souvenir de quelque autre chose fréquemment rappelée; tandis que nous ne sommes pas du tout libres quand il s'agit de choses auxquelles nous tendons avec une affection vive que le souvenir d'une autre chose ne peut apaiser. S'ils ne savaient d'expérience cependant que maintes fois nous regrettons nos actions et que souvent, quand nous sommes dominés par des affections contraires, nous voyons le meilleur et faisons le pire, rien ne les empêcherait de croire que toutes nos actions sont libres. C'est ainsi qu'un petit enfant croit librement appéter le lait, un jeune garçon en colère vouloir la vengeance, un peureux la fuite. Un homme en état d'ébriété aussi croit dire par un libre décret de l'Ame ce que, sorti de cet état, il voudrait avoir tu; de même le délirant, la bavarde, l'enfant et un très grand nombre d'individus de même farine croient parler par un libre décret de l'Ame, alors cependant qu'ils ne peuvent contenir l'impulsion qu'ils ont à parler; l'expérience donc fait voir aussi clairement que la Raison que les hommes se croient libres pour cette seule cause qu'ils sont conscients de leurs actions et ignorants des causes par où ils sont déterminés; et, en outre, que les décrets de l'Ame ne sont rien d'autre que les appétits eux-mêmes et varient en conséquence selon la disposition variable du Corps. Chacun, en effet, gouverne tout suivant son affection, et ceux qui, de plus, sont dominés par des affections contraires, ne savent ce qu'ils veulent; pour ceux qui sont sans affection, ils sont poussés d'un côté ou de l'autre par le plus léger motif. Tout cela certes montre clairement qu'aussi bien le décret que l'appétit de l'Ame, et la détermination du Corps sont de leur nature choses simultanées, ou plutôt sont une seule et même chose que nous appelons Décret quand elle est considérée sous l'attribut de la Pensée et expliquée par lui. Détermination quand elle est considérée sous l'attribut de l'Étendue et déduite des lois du mouvement et du repos, et cela se verra encore plus clairement par ce qui me reste à dire. Je voudrais en effet que l'on observât particulièrement ce qui suit : nous ne pouvons rien faire par décret de l'Ame que nous n'en ayons d'abord le souvenir. Par exemple, nous ne pouvons dire un mot à moins qu'il ne nous en souvienne. D'autre part, il n'est pas au libre pouvoir de l'Ame de se souvenir d'une chose ou de l'oublier. On croit donc que ce qui est au pouvoir de l'Ame, c'est seulement quand nous pouvons dire ou taire suivant son décret la chose dont il nous souvient. Quand cependant nous rêvons que nous parlons, nous croyons parler par le seul décret de l'Ame, et néanmoins nous ne parlons pas ou, si nous parlons, cela se fait par un mouvement spontané du Corps. Nous rêvons aussi que nous cachons aux hommes certaines choses, et cela par le même décret de l'Ame en vertu duquel pendant la veille nous taisons ce que nous savons. Nous rêvons enfin que nous faisons par un décret de l'Ame ce que, pendant la veille, nous n'osons pas. Je voudrais bien savoir, en conséquence, s'il y a dans l'Ame deux genres de décrets, les Imaginaires et les Libres ? Que si l'on ne veut pas aller jusqu'à ce point d'extravagance, il faudra nécessairement accorder que ce décret de l'Ame, cru libre, ne se distingue pas de l'imagination elle-même ou du souvenir, et n'est rien d'autre que l'affirmation nécessairement enveloppée dans l'idée en tant qu'elle est idée *(voir Prop.* 49, *p. II)*. Et ainsi ces décrets se forment dans l'Ame avec la même nécessité que les idées des choses existant en acte. Ceux donc qui croient qu'ils parlent, ou se taisent, ou font quelque action que ce soit, par un libre décret de l'Ame, rêvent les yeux ouverts.

PROPOSITION III

Les actions de l'Ame naissent des seules idées adéquates; les passions dépendent des seules idées inadéquates.

Démonstration

Ce qui constitue en premier l'essence de l'Ame n'est rien d'autre que l'idée d'un Corps existant en acte *(Prop.* 11 *et* 13, *p. II)*, et cette idée *(Prop.* 15, *p. II)* est composée de beaucoup d'autres dont les unes sont adéquates *(Coroll. Prop.* 38, *p. II)*, les autres inadéquates *(Coroll. Prop.* 29, *p. II)*. Toute chose donc qui suit de la nature de l'Ame et dont l'Ame est la cause prochaine, par où cette chose se doit connaître, suit nécessairement d'une idée adéquate ou inadéquate. Mais, en tant que l'Ame a des idées inadéquates (*Prop.* 1), elle est nécessairement passive; donc les actions de l'Ame suivent des seules idées adéquates et, pour cette raison, l'Ame pâtit seulement parce qu'elle a des idées inadéquates.

C. Q. F. D.

SCOLIE

Nous voyons donc que les passions ne se rapportent à l'Ame qu'en tant qu'elle a quelque chose qui enveloppe une négation, c'est-à-dire en tant qu'on la considère comme * une partie de la Nature qui ne peut être perçue clairement et distinctement par elle-même sans les autres parties; et je pourrais, par le même raisonnement, montrer que les passions se rapportent aux choses singulières de même façon qu'à l'Ame et ne peuvent être perçues en une autre condition, mais mon dessein est ici de traiter seulement de l'Ame humaine.

* Le mot *ut* que je traduis manque dans l'édition van Vloten et Land.

PROPOSITION IV

Nulle chose ne peut être détruite sinon par une cause extérieure.

Démonstration

Cette proposition est évidente par elle-même, car la définition d'une chose quelconque affirme, mais ne nie pas l'essence de cette chose; autrement dit, elle pose, mais n'ôte pas l'essence de la chose. Aussi longtemps donc que nous avons égard seulement à la chose elle-même et non à des causes extérieures, nous ne pourrons rien trouver en elle qui la puisse détruire.

C. Q. F. D.

PROPOSITION V

Des choses sont d'une nature contraire, c'est-à-dire ne peuvent être dans le même sujet, dans la mesure où l'une peut détruire l'autre.

Démonstration

Si elles pouvaient en effet s'accorder entre elles ou être en même temps dans le même sujet, quelque chose pourrait être donné dans ce sujet qui eût le pouvoir de le détruire, ce qui *(Prop. préc.)* est absurde. Donc des choses, etc.

C. Q. F. D.

PROPOSITION VI

essence

Chaque chose, autant qu'il est en elle, s'efforce de persévérer dans son être.

Démonstration

Les choses singulières en effet sont des modes par où les attributs de Dieu s'expriment d'une manière certaine et déterminée *(Coroll. de la Prop. 25, p. I)*, c'est-à-dire *(Prop. 34, p. I)* des choses qui expriment la puissance de Dieu, par laquelle il est et agit, d'une manière certaine et déterminée; et aucune chose n'a rien en elle par quoi elle puisse être détruite, c'est-à-dire qui ôte son existence (*Prop.* 4); mais, au contraire, elle est opposée à tout ce qui peut ôter son existence *(Prop. préc.)*; et ainsi, autant qu'elle peut et qu'il est en elle, elle s'efforce de persévérer dans son être.

C. Q. F. D.

PROPOSITION VII

L'effort par lequel chaque chose s'efforce de persévérer dans son être n'est rien en dehors de l'essence actuelle de cette chose.

Démonstration

De l'essence supposée donnée d'une chose quelconque suit nécessairement quelque chose *(Prop. 36, p. I)*, et les choses ne peuvent rien que ce qui suit nécessairement de leur nature déterminée *(Prop. 29, p. I)*; donc la puissance d'une chose quelconque, ou l'effort par lequel, soit seule, soit avec d'autres choses, elle fait ou s'efforce de faire quelque chose, c'est-à-dire *(Prop. 6, p. III)* la puissance ou l'effort, par lequel elle s'efforce de persévérer dans son être, n'est rien en dehors de l'essence même donnée ou actuelle de la chose.

C. Q. F. D.

PROPOSITION VIII

L'effort par lequel chaque chose s'efforce de persévérer dans son être, n'enveloppe aucun temps fini, mais un temps indéfini.

Démonstration

Si en effet il enveloppait un temps limité qui déterminât la durée de la chose, il suivrait de la puissance même par où la chose existe, cette puissance étant considérée seule, qu'après ce temps limité la chose ne pourrait plus exister mais devrait être détruite; or cela (*Prop.* 4) est absurde; donc l'effort par lequel la chose existe, n'enveloppe aucun temps défini; mais, au contraire, puisque (*Prop.* 4), si elle n'est détruite par aucune cause extérieure, elle continuera d'exister par la même puissance par où elle existe actuellement, cet effort enveloppe un temps indéfini.

C. Q. F. D.

PROPOSITION IX

L'Ame en tant qu'elle a des idées claires et distinctes, et aussi en tant qu'elle a des idées confuses, s'efforce de persévérer dans son être pour une durée indéfinie et a conscience de son effort.

Démonstration

L'essence de l'Ame est constituée par des idées adéquates et des inadéquates (*comme nous l'avons montré dans la Prop.* 3); par suite (*Prop.* 7), elle s'efforce de persévérer dans son être en tant qu'elle a les unes et aussi en tant qu'elle a les autres; et cela (*Prop.* 8) pour une durée indéfinie. Puisque, d'ailleurs, l'Ame (*Prop.* 23, *p. II*), par les idées des affections du Corps, a nécessairement conscience d'elle-même, elle a (*Prop.* 7) conscience de son effort.

C. Q. F. D.

SCOLIE

Cet effort, quand il se rapporte à l'Ame seule, est appelé *Volonté;* mais, quand il se rapporte à la fois à l'Ame et au Corps, est appelé *Appétit;* l'appétit n'est par là rien d'autre que l'essence même de l'homme, de la nature de laquelle suit nécessairement ce qui sert à sa conservation; et l'homme est ainsi déterminé à le faire. De plus, il n'y a nulle différence entre l'Appétit et le Désir, sinon que le Désir se rapporte généralement aux hommes, en tant qu'ils ont conscience de leurs appétits, et peut, pour cette raison, se définir ainsi : *le Désir est l'Appétit avec conscience de lui-même.* Il est donc établi par tout cela que nous ne nous efforçons à rien, ne voulons, n'appétons ni ne désirons aucune chose, parce que nous la jugeons bonne; mais, au contraire, nous jugeons qu'une chose est bonne parce que nous nous efforçons vers elle, la voulons, appétons et désirons.

PROPOSITION X

Une idée qui exclut l'existence de notre Corps, ne peut être donnée dans l'Ame, mais lui est contraire.

Démonstration

Ce qui peut détruire notre Corps, ne peut être donné en lui (*Prop.* 5), et l'idée de cette chose ne peut être donnée en Dieu, en tant qu'il a l'idée de notre Corps *(Coroll. de la Prop.* 9, *p. II);* c'est-à-dire *(Prop.* 11 *et* 13, *p. II)* l'idée de cette chose ne peut être donnée dans notre Ame; mais, au contraire, puisque *(Prop.* 11 *et* 13, *p. II)* ce qui constitue en premier l'essence de notre Ame, est l'idée du corps existant en acte, ce qui est premier et principal dans notre Ame, est un effort (*Prop.* 7) pour affirmer l'existence de notre Corps; et ainsi une idée qui nie l'existence de notre Corps est contraire à notre Ame, etc.

C. Q. F. D.

PROPOSITION XI

Si quelque chose augmente ou diminue, seconde ou réduit la puissance d'agir de notre Corps, l'idée de cette chose augmente ou diminue, seconde ou réduit la puissance de notre Ame.

Démonstration

Cette Proposition est évidente par la Proposition 7, Partie II, ou encore par la Proposition 14, Partie II.

SCOLIE

Nous avons donc vu que l'Ame est sujette, quand elle est passive, à de grands changements et passe tantôt à une perfection plus grande, tantôt à une moindre; et ces passions nous expliquent les affections de la Joie et de la Tristesse. Par *Joie* j'entendrai donc, par la suite, une *passion par laquelle l'Ame passe à une perfection plus grande.* Par *Tristesse*, une *passion par laquelle elle passe à une perfection moindre.* J'appelle, en outre, l'*affection de la Joie, rapportée à la fois à l'Ame et au Corps, Chatouillement* ou *Gaieté;* celle de la *Tristesse, Douleur* ou *Mélancolie.* Il faut noter toutefois que le Chatouillement et la Douleur se rapportent à l'homme, quand une partie de lui est affectée plus que les autres, la Gaieté et la Mélancolie, quand toutes les parties sont également affectées. Pour le *Désir* j'ai expliqué ce que c'est dans le Scolie de la Proposition 9, et je ne reconnais aucune affection primitive outre ces trois : je montrerai par la suite que les autres naissent de ces trois. Avant de poursuivre, toutefois, il me paraît bon d'expliquer ici plus amplement la Proposition 10 de cette Partie, afin que l'on connaisse mieux en quelle condition une idée est contraire à une autre.

Dans le Scolie de la Proposition 17, Partie II, nous avons montré que l'idée constituant l'essence de l'Ame enveloppe l'existence du Corps aussi longtemps que le Corps existe. De plus, de ce que nous avons fait voir dans le Corollaire et dans le Scolie de la Proposition 8, Partie II, il suit que l'existence présente de notre Ame dépend de cela seul, à savoir de ce que l'Ame enveloppe l'existence actuelle du Corps. Nous avons montré enfin que la puissance de l'Ame par laquelle elle imagine les choses et s'en souvient, dépend de cela aussi *(Prop. 17 et 18, p. II, avec son Scolie)* qu'elle enveloppe l'existence actuelle du Corps. D'où il suit que l'existence présente de l'Ame et sa puissance d'imaginer sont ôtées, sitôt que l'Ame cesse d'affirmer l'existence présente du Corps. Mais la cause pour quoi l'Ame cesse d'affirmer cette existence du Corps, ne peut être l'Ame elle-même (*Prop.* 4) et n'est pas non plus que le Corps cesse d'exister. Car (*Prop.* 6, *p. II*) la cause pour quoi l'Ame affirme l'existence du Corps, n'est pas que le Corps a commencé d'exister; donc, pour la même raison, elle ne cesse pas d'affirmer l'existence du Corps parce que le Corps cesse d'être; mais (*Prop.* 8,* *p. II*) cela provient d'une autre idée qui exclut l'existence présente de notre Corps, et conséquemment, celle de notre Ame et qui est, par suite, contraire à l'idée constituant l'essence de notre Ame.

PROPOSITION XII

L'Ame, autant qu'elle peut, s'efforce d'imaginer ce qui accroît ou seconde la puissance d'agir du Corps.

Démonstration

Aussi longtemps que le Corps humain est affecté d'une manière qui enveloppe la nature d'un corps extérieur, l'Ame humaine considère ce même Corps comme présent (*Prop.* 17, *p. II*), et en conséquence (*Prop.* 7, *p. II*) aussi longtemps que l'Ame humaine considère un corps extérieur comme présent, c'est-à-dire l'imagine (*même Prop.* 17, *Scolie*), le Corps humain est affecté d'une manière qui enveloppe la nature de ce même corps extérieur. Aussi longtemps donc que l'Ame imagine ce qui accroît ou seconde la puissance d'agir de notre Corps, le Corps est affecté de manières d'être qui accroissent ou secondent sa puissance d'agir (*Post.* 1), et en conséquence (*Prop.* 11) aussi longtemps la puissance de penser de l'Ame, est accrue ou secondée; et, par suite, (*Prop.* 6 ou 9) l'Ame, autant qu'elle peut, s'efforce d'imaginer une telle chose.

C. Q. F. D.

* L'édition van Vloten et Land renvoie à la proposition 17, partie II. Voir note explicative.

PROPOSITION XIII

Quand l'âme imagine ce qui diminue ou réduit la puissance d'agir du Corps, elle s'efforce, autant qu'elle peut, de se souvenir de choses qui excluent l'existence de ce qu'elle imagine.

Démonstration

Aussi longtemps que l'Ame imagine quelque chose de tel, la puissance de l'Ame et du Corps est diminuée ou réduite *(comme nous l'avons démontré dans la Prop. précédente);* et, néanmoins, elle imaginera cette chose jusqu'à ce qu'elle en imagine une autre qui exclue l'existence présente de la première *(Prop. 17, p. II);* c'est-à-dire (comme nous venons de le montrer) la puissance de l'Ame et du Corps est diminuée ou réduite jusqu'à ce que l'Ame imagine une autre chose qui exclut l'existence de celle qu'elle imagine; elle s'efforcera donc *(Prop. 9, p. III),* autant qu'elle peut, d'imaginer cette autre chose ou de s'en souvenir.

C. Q. F. D.

COROLLAIRE

Il suit de là que l'Ame a en aversion d'imaginer ce qui diminue ou réduit sa propre puissance d'agir et celle du Corps.

SCOLIE

Nous connaissons clairement par là ce qu'est l'Amour et ce qu'est la Haine. L'*Amour*, dis-je, n'*est* autre chose qu'*une Joie qu'accompagne l'idée d'une cause extérieure;* et *la Haine* n'*est* autre chose qu'*une Tristesse qu'accompagne l'idée d'une cause extérieure*. Nous voyons en outre que celui qui aime, s'efforce nécessairement d'avoir présente et de conserver la chose qu'il aime; et au contraire celui qui hait s'efforce d'écarter et de détruire la chose qu'il a en haine. Mais il sera traité plus amplement de tout cela par la suite.

PROPOSITION XIV

Si l'Ame a été affectée une fois de deux affections en même temps, sitôt que plus tard elle sera affectée de l'une, elle sera affectée aussi de l'autre.

Démonstration

Si une première fois le corps humain a été affecté en même temps par deux corps, sitôt que plus tard l'Ame imagine l'un, il lui souviendra aussitôt de l'autre *(Prop.* 18, *p. II)*. Mais les imaginations de l'Ame indiquent plutôt les affections de notre Corps que la nature des corps extérieurs *(Coroll.* 2 *de la Prop.* 16, *p. II);* donc si le corps et conséquemment l'Ame ont été affectés une fois de deux affections en même temps, sitôt que plus tard ils le seront de l'une d'elles, ils le seront aussi de l'autre.

C. Q. F. D.

PROPOSITION XV

Une chose quelconque peut être par accident cause de Joie, de Tristesse ou de Désir.

Démonstration

Supposons que l'Ame soit affectée en même temps de deux affections, dont l'une n'accroît ni ne diminue sa puissance d'agir et dont l'autre ou l'accroît ou la diminue (*voir Post.* 1). Il est évident par la Proposition précédente que, si l'Ame plus tard vient à être affectée de la première par l'action d'une cause la produisant vraiment et qui *(suivant l'hypothèse)* n'accroît par elle-même ni ne diminue la puissance de penser de l'Ame, elle éprouvera aussitôt la deuxième affection qui accroît ou diminue sa puissance de penser, c'est-à-dire (*Scolie de la Prop.* 11) qu'elle sera affectée de Joie ou de Tristesse; et, par suite, la chose qui cause la première affection sera, non par elle-même, mais par accident, cause de Joie ou de Tristesse. On peut voir aisément de la même façon que cette chose peut par accident être cause d'un Désir.

C. Q. F. D.

COROLLAIRE

Par cela seul que nous avons considéré une chose étant affectée d'une Joie ou d'une Tristesse dont elle n'était pas la cause efficiente, nous pouvons l'aimer ou l'avoir en haine.

Démonstration

Par cela seul en effet il arrive (*Prop.* 14) qe l'Ame, en imaginant cette chose plus tard, éprouve une affection de Joie ou de Tristesse, c'est-à-dire (*Scolie de la Prop.* 11) que la puissance de l'Ame et du Corps soit accrue ou diminuée, etc.; et conséquemment (*Prop.* 12) que l'Ame désire l'imaginer ou (*Coroll. de la Prop.* 13) ait en aversion de l'imaginer; c'est-à-dire (*Scolie de la Prop.* 13) l'aime ou l'ait en haine.

C. Q. F. D.

SCOLIE

Nous connaissons par là comment il peut arriver que nous aimions certaines choses ou les ayons en haine sans aucune cause de nous connue, mais seulement par Sympathie (comme on dit) ou par Antipathie. Il faut y ramener ces objets qui nous affectent de Joie ou de Tristesse par cela seul qu'ils ont quelque trait de ressemblance avec des objets nous affectant habituellement de ces sentiments, ainsi que je le montrerai dans la Proposition suivante. Je sais bien que les Auteurs qui, les premiers, ont introduit ces noms de Sympathie et d'Antipathie, ont voulu signifier par là certaines qualités occultes des choses; je crois néanmoins qu'il nous est permis aussi d'entendre par ces mots des qualités connues ou manifestes.

PROPOSITION XVI

Par cela seul que nous imaginons qu'une chose a quelque trait de ressemblance avec un objet affectant habituellement l'Ame de Joie ou de Tristesse, et bien que le trait par lequel cette chose ressemble à cet objet, ne soit pas la cause efficiente de ces affections, nous aimerons cependant cette chose ou l'aurons en haine.

Démonstration

Nous avons considéré avec une affection de Joie ou de Tristesse dans l'objet lui-même *(par hypothèse)* le trait de ressemblance qu'a la chose avec l'objet; par suite (*Prop.* 14) quand l'Ame sera affectée de l'image de ce trait, elle éprouvera aussitôt l'une ou l'autre de ces affections, et en conséquence la chose que nous percevons qui a ce trait, sera par accident (*Prop.* 15) cause de Joie ou de Tristesse; et ainsi *(par le Coroll. préc.)* nous l'aimerons ou l'aurons en haine, bien que ce trait par où elle ressemble à l'objet, ne soit pas la cause efficiente de ces affections.

C. Q. F. D.

PROPOSITION XVII

Si nous imaginons qu'une chose qui nous fait éprouver habituellement une affection de Tristesse a quelque trait de ressemblance avec une autre qui nous fait éprouver habituellement une affection de Joie également grande, nous l'aurons en haine et l'aimerons en même temps.

Démonstration

Cette chose est, en effet *(par hypothèse)*, cause de Tristesse par elle-même et (*Scolie de la Prop.* 13), en tant que nous l'imaginons affectée de la sorte, nous l'avons en haine; et de plus, en tant qu'elle a quelque trait de ressemblance avec une autre qui nous fait éprouver habituellement une affection de Joie également grande, nous l'aimerons d'un égal élan joyeux *(Prop. précéd.)*; nous l'aurons donc en haine et l'aimerons en même temps.

C. Q. F. D.

SCOLIE

Cet *état de l'Ame, qui naît de deux affections contraires*, s'appelle *Fluctuation de l'Ame;* il est à l'égard de l'affection ce que le doute est à l'égard de l'imagination *(voir Scolie de la Prop.* 44, *p. II)*, et il n'y a de différence entre la Fluctuation de l'Ame et le doute que du plus au moins. Il faut noter seulement que, si j'ai dans la Proposition précédente déduit les fluctuations de l'âme de causes qui produisent l'une des deux affections par elles-mêmes, l'autre par accident, je l'ai fait parce que les Propositions précédentes rendaient ainsi la déduction plus aisée; mais je ne nie pas que les fluctuations de l'âme ne naissent le plus souvent d'un objet qui est cause efficiente de l'une et l'autre affections. Le Corps humain en effet est composé *(Post.* 1, *p. II)* d'un très grand nombre d'individus de nature différente, et, par suite *(voir l'Ax.* 1 *venant après le Lemme* 3 *qui suit la Prop.* 13, *p. II)*, il peut être affecté par un seul et même corps de manières très nombreuses et diverses; d'autre part, comme une seule et même chose peut être affectée de beaucoup de manières, elle pourra aussi affecter une seule et même partie du Corps de manières multiples et diverses. Par où nous pouvons facilement concevoir qu'un seul et même objet peut être cause d'affections multiples et contraires.

PROPOSITION XVIII

L'homme éprouve par l'image d'une chose passée ou future la même affection de Joie ou de Tristesse que par l'image d'une chose présente.

Démonstration

Aussi longtemps que l'homme est affecté de l'image d'une chose, il la considérera comme présente encore qu'elle n'existe pas *(Prop. 17, p. II, avec son Coroll.)*, et il ne l'imagine comme passée ou future qu'en tant que l'image en est jointe à l'image du temps passé ou futur *(voir Scolie de la Prop. 44, p. II);* considérée en elle seule, l'image d'une chose est donc la même, soit qu'on la rapporte au futur ou au passé, soit qu'on la rapporte au présent; c'est-à-dire *(Coroll. de la Prop. 16, p. III)* l'état du Corps, ou son affection, est le même, que l'image soit celle d'une chose passée ou future, ou qu'elle soit celle d'une chose présente; et, par suite, l'affection de Joie et de Tristesse sera la même, que l'image soit celle d'une chose passée ou future, ou celle d'une chose présente.

C. Q. F. D.

SCOLIE I

J'appelle ici une chose passée ou future, en tant que nous avons été ou serons affectés par elle. Par exemple en tant que nous l'avons vue ou la verrons, qu'elle a servi à notre réfection ou y servira, nous a causé du dommage ou nous en causera, etc. En tant que nous l'imaginons ainsi, nous en affirmons l'existence; c'est-à-dire le Corps n'éprouve aucune affection qui exclue l'existence de la chose, et ainsi *(Prop. 17, p. II)* le corps est affecté par l'image de cette chose de la même manière que si elle était présente. Comme, toutefois, il arrive la plupart du temps que les personnes ayant déjà fait plus d'une expérience, pendant le temps qu'elles considèrent une chose comme future ou passée, sont flottantes et en tiennent le plus souvent l'issue pour douteuse *(voir Scolie de la Prop. 44, p. II)*, il en résulte que les affections nées de semblables images ne sont pas aussi constantes et sont généralement troublées par des images de choses différentes, jusqu'à ce que l'on ait acquis quelque certitude au sujet de l'issue de la chose.

SCOLIE II

Nous connaissons par ce qui vient d'être dit ce que sont l'Espoir, la Crainte, la Sécurité, le Désespoir, l'Épanouissement et le Resserrement de conscience. L'*Espoir* n'*est* rien d'autre qu'*une Joie inconstante née de l'image d'une chose future ou passée dont l'issue est tenue pour douteuse.* La *Crainte*, au contraire, est *une Tristesse inconstante également née de l'image d'une chose douteuse.* Si maintenant de ces affections on ôte le doute, l'Espoir devient la *Sécurité*, et la Crainte le *Désespoir;* j'entends *une Joie ou une Tristesse née de l'image d'une chose qui nous a affectés de crainte ou d'espoir.* L'*Épanouissement* ensuite *est une Joie née de l'image d'une chose passée dont l'issue a été tenue par nous pour douteuse.* Le *Resserrement de conscience* enfin *est la Tristesse opposée à l'Épanouissement.*

PROPOSITION XIX

Qui imagine que ce qu'il aime est détruit, sera contristé; et joyeux, s'il l'imagine conservé.

Démonstration

L'Ame, autant qu'elle peut, s'efforce d'imaginer ce qui accroît ou seconde la puissance d'agir du Corps (*Prop.* 12), c'est-à-dire (*Scolie de la Prop.* 13) ce qu'elle aime. Mais l'imagination est secondée par ce qui pose l'existence de la chose, et réduite au contraire par ce qui l'exclut (*Prop.* 17, *p. II*)*;* donc les images des choses qui posent l'existence de la chose aimée secondent l'effort de l'Ame par lequel elle s'efforce de l'imaginer, c'est-à-dire (*Scolie de la Prop.* 11) affectent l'Ame de Joie; et, au contraire, les choses qui excluent l'existence de la chose aimée, réduisent cet effort de l'Ame, c'est-à-dire *(même Scolie)* affectent l'Ame de Tristesse. Qui donc imagine que ce qu'il aime est détruit, sera contristé, etc.

C. Q. F. D.

PROPOSITION XX

Qui imagine que ce qu'il a en haine est détruit, sera joyeux.

Démonstration

L'Ame (*Prop.* 13) s'efforce d'imaginer ce qui exclut l'existence des choses par où la puissance d'agir du Corps est diminuée ou réduite; c'est-à-dire (*Scolie de la même Prop.*) elle s'efforce d'imaginer ce qui exclut l'existence des choses qu'elle a en haine; et ainsi l'image d'une chose qui exclut l'existence de ce que l'Ame a en haine, seconde cet effort de l'Ame, c'est-à-dire (*Scolie de la Prop.* 11) l'affecte de Joie. Qui donc imagine que ce qu'il a en haine est détruit sera joyeux.

C. Q. F. D.

PROPOSITION XXI

Qui imagine ce qu'il aime affecté de Joie ou de Tristesse, sera également affecté de Joie ou de Tristesse; et l'une et l'autre affections seront plus grandes ou moindres dans l'amant, selon qu'elles le seront dans la chose aimée.

Démonstration

Les images des choses (*comme nous l'avons montré dans la Prop.* 19) qui posent l'existence de la chose aimée, secondent l'effort de l'Ame par lequel elle s'efforce d'imaginer cette chose. Mais la Joie pose l'existence de la chose joyeuse, et cela d'autant plus que l'affection de Joie est plus grande, car elle est (*Scolie de la Prop.* 11) un passage à une perfection plus grande; donc l'image de la Joie de la chose aimée seconde dans l'amant l'effort de l'Ame, c'est-à-dire (*Scolie de la Prop* 11) affecte l'amant de Joie, et cela d'autant plus que cette affection aura été plus grande dans la chose aimée. Ce qui était le premier point. De plus, quand une chose est affectée de Tristesse, elle est dans une certaine mesure détruite, et cela d'autant plus qu'elle est affectée d'une Tristesse plus grande (*même Scolie de la Prop.* 11); et ainsi (*Prop.* 19) qui imagine que ce qu'il aime est affecté de Tristesse, en est également affecté, et cela d'autant plus que cette affection aura été plus grande dans la chose aimée.

C. Q. F. D.

PROPOSITION XXII

Si nous imaginons que quelqu'un affecte de Joie la chose que nous aimons, nous serons affectés d'Amour à son égard. Si, au contraire, nous imaginons qu'il l'affecte de Tristesse, nous serons tout au rebours affectés de Haine contre lui.

Démonstration

Qui affecte de Joie ou de Tristesse la chose que nous aimons, il nous affecte aussi de Joie ou de Tristesse, puisque nous imaginons la chose que nous aimons affectée de cette Joie ou de cette Tristesse *(Prop. préc.)*. Mais on suppose que l'idée d'une cause extérieure accompagne cette Joie ou cette Tristesse; donc (*Scolie de la Prop.* 13), si nous imaginons que quelqu'un affecte de Joie ou de Tristesse la chose que nous aimons, nous serons affectés d'Amour ou de Haine à son égard.

C. Q. F. D.

SCOLIE

La Proposition 21 nous explique ce qu'est la *Commisération*, que nous pouvons définir comme *la Tristesse née du dommage d'autrui*. Pour la Joie née du bien d'autrui, je ne sais de quel nom il faut l'appeler. Nous appellerons, en outre, *Faveur* l'*Amour qu'on a pour celui qui a fait du bien à autrui* et, au contraire, *Indignation* la *Haine qu'on a pour celui qui a fait du mal à autrui*. Il faut noter enfin que nous n'avons pas seulement de la commisération pour une chose que nous avons aimée (*comme nous l'avons montré dans la Proposition* 21), mais aussi pour une chose à l'égard de laquelle nous n'avons eu d'affection d'aucune sorte pourvu que nous la jugions semblable à nous (comme je le ferai voir plus bas). Et, par suite, nous voyons aussi avec faveur celui qui a fait du bien à notre semblable, et sommes indignés contre celui qui lui a porté dommage.

PROPOSITION XXIII

Qui imagine affecté de Tristesse ce qu'il a en haine, sera joyeux; si, au contraire, il l'imagine affecté de Joie, il sera contristé; et l'une et l'autre affections seront plus grandes ou moindres, selon que l'affection contraire sera plus grande ou moindre dans la chose haïe.

Démonstration

Quand une chose odieuse est affectée de Tristesse, elle est dans une certaine mesure détruite et cela d'autant plus qu'elle est affectée d'une Tristesse plus grande (*Scolie de la Prop.* 11). Qui donc (*Prop.* 20) imagine affectée de Tristesse la chose qu'il a en haine, éprouvera l'affection contraire qui est la Joie; et cela d'autant plus qu'il imagine la chose odieuse affectée d'une Tristesse plus grande; ce qui était le premier point. Maintenant la Joie pose l'existence de la chose joyeuse (*même Scolie de la Prop.* 11), et cela d'autant plus qu'on la conçoit plus grande. Si quelqu'un imagine affectée de Joie la chose qu'il a en haine, cette imagination (*Prop.* 13), réduira son effort, c'est-à-dire (*Scolie de la Prop.* 11) qu'il sera affecté de Tristesse, etc.

C. Q. F. D.

SCOLIE

Cette Joie ne peut guère être solide et sans combat intérieur. Car (je vais le montrer dans la Proposition 27), en tant qu'on imagine éprouvant une affection de Tristesse une chose semblable à soi, on doit dans une certaine mesure être contristé; et inversement, si on l'imagine affectée de Joie. Mais nous n'avons égard ici qu'à la Haine.

PROPOSITION XXIV

Si nous imaginons que quelqu'un affecte de Joie une chose que nous avons en haine, nous serons affectés de Haine à son égard. Si, au contraire, nous imaginons qu'il l'affecte de Tristesse, nous serons affectés d'Amour à son égard.

Démonstration

Cette Proposition se démontre de la même manière que la Proposition 22 ci-dessus.

SCOLIE

Ces affections de Haine et celles qui leur ressemblent, se ramènent à l'*Envie*, qui n'est donc rien d'autre que *la Haine même, en tant qu'on la considère comme disposant un homme à s'épanouir du mal d'autrui, et à se contrister de son bien.*

PROPOSITION XXV

Nous nous efforçons d'affirmer de nous et de la chose aimée tout ce que nous imaginons qui l'affecte ou nous affecte de Joie; et, au contraire, de nier tout ce que nous imaginons qui l'affecte ou nous affecte de Tristesse.

Démonstration

Ce que nous imaginons qui affecte la chose aimée de Joie ou de Tristesse, nous affecte aussi de Joie ou de Tristesse (*Prop.* 21). Mais l'Ame (*Prop.* 12) s'efforce, autant qu'elle peut, d'imaginer ce qui nous affecte de Joie, c'est-à-dire *(Prop. 17, p. II et son Coroll.)* de le considérer comme présent; et, au contraire (*Prop.* 13), d'exclure l'existence de ce qui nous affecte de Tristesse; nous nous efforçons donc d'affirmer de nous et de la chose aimée tout ce que nous imaginons qui l'affecte ou nous affecte de Joie, et inversement.

C. Q. F. D.

PROPOSITION XXVI

Nous nous efforçons d'affirmer d'une chose que nous avons en haine, tout ce que nous imaginons qui l'affecte de Tristesse, et, au contraire, de nier tout ce que nous imaginons qui l'affecte de Joie.

Démonstration

Cette Proposition suit de la Proposition 23, comme la précédente de la Proposition 21.

SCOLIE

Nous le voyons par là, il arrive facilement que l'homme fasse cas de lui-même et de la chose aimée plus qu'il n'est juste et, au contraire, de la chose qu'il hait moins qu'il n'est juste; cette imagination, quand elle concerne l'homme lui-même qui fait de lui plus de cas qu'il n'est juste, s'appelle *Orgueil*, et est une espèce de Délire, puisque l'homme rêve les yeux ouverts qu'il peut tout ce qu'il embrasse par sa seule imagination, le considère pour cette raison comme réel et en est ravi, tandis qu'il ne peut imaginer ce qui en exclut l'existence et limite sa propre puissance d'agir. L'*Orgueil* donc *est une Joie née de ce que l'homme fait de lui-même plus de cas qu'il n'est juste. La Joie* ensuite, *qui naît de ce que l'homme fait d'un autre plus de cas qu'il n'est juste, s'appelle Surestime;* et enfin * *Mésestime, celle qui naît de ce qu'il fait d'un autre moins de cas qu'il n'est juste.*

PROPOSITION XXVII

Si nous imaginons qu'une chose semblable à nous et à l'égard de laquelle nous n'éprouvons d'affection d'aucune sorte éprouve quelque affection, nous éprouvons par cela même une affection semblable.

* *... Et illa denique Despectus, quae ex eo oritur...* W. Meijer pense qu'il y aurait lieu d'ajouter après *denique* le mot *Tristitia;* voir note explicative.

Démonstration

Les images des choses sont des affections du Corps humain dont les idées nous représentent les corps extérieurs comme nous étant présents *(Scolie de la Prop.* 17, *p. II)*, c'est-à-dire *(Prop.* 16, *p. II)* dont les idées enveloppent la nature de notre Corps et en même temps la nature présente d'un corps extérieur. Si donc la nature d'un corps extérieur est semblable à celle de notre Corps, l'idée du corps extérieur que nous imaginons, enveloppera une affection de notre Corps semblable à celle du corps extérieur; et, conséquemment, si nous imaginons quelqu'un de semblable à nous affecté de quelque affection, cette imagination enveloppera une affection semblable de notre Corps. Par cela même donc que nous imaginons qu'une chose semblable à nous éprouve quelque affection, nous éprouvons une affection semblable à la sienne. Que si, au contraire, nous avions en haine une chose semblable à nous, nous éprouverions (*Prop.* 23) dans la mesure de notre haine une affection contraire et non semblable à la sienne.

C. Q. F. D.

SCOLIE

Cette imitation des affections, quand elle a lieu à l'égard d'une Tristesse s'appelle *Commisération* (*voir Scolie de la Prop.* 22); mais, si c'est à l'égard d'un Désir, elle devient l'*Émulation* qui n'*est* rien d'autre que *le Désir d'une chose engendré en nous de ce que nous imaginons que d'autres êtres semblables à nous en ont le Désir*.

COROLLAIRE I

Si nous imaginons que quelqu'un à l'égard de qui nous n'éprouvions d'affection d'aucune sorte, affecte de Joie une chose semblable à nous, nous serons affectés d'Amour envers lui. Si, au contraire, nous imaginons qu'il l'affecte de Tristesse, nous serons affectés de haine envers lui.

Démonstration

Cela se démontre par la Proposition précédente de même manière que la Proposition 22 par la Proposition 21.

COROLLAIRE II

Si une chose nous inspire de la commisération, nous ne pouvons l'avoir en haine à cause de la Tristesse dont sa misère nous affecte.

Démonstration

Si en effet nous pouvions l'avoir en haine, alors (*Prop.* 23) nous serions joyeux de sa Tristesse, ce qui est contre l'hypothèse.

COROLLAIRE III

Si un objet nous inspire de la commisération nous nous efforcerons, autant que nous pourrons, de le délivrer de sa misère.

Démonstration

Ce qui affecte de Tristesse l'objet qui nous inspire de la commisération, nous affecte d'une Tristesse semblable *(Prop. préc.);* par suite, nous nous efforcerons de nous rappeler tout ce qui ôte l'existence de cette chose ou la détruit (*Prop.* 13), c'est-à-dire (*Scolie de la Prop.* 9) nous aurons l'appétit de le détruire ou serons déterminés vers sa destruction; et ainsi nous nous efforcerons de délivrer de sa misère l'objet qui nous inspire de la commisération.

C. Q. F. D.

SCOLIE

Cette volonté ou cet appétit de faire du bien qui naît de notre commisération à l'égard de la chose à laquelle nous voulons faire du bien, s'appelle *Bienveillance*, et ainsi la *Bienveillance* n'est rien d'autre qu'*un Désir né de la Commisération*. Au sujet de l'Amour et de la Haine pour celui qui fait du bien ou du mal à la chose que nous imaginons semblable à nous, voir d'ailleurs Scolie de la Proposition 22.

PROPOSITION XXVIII

Tout ce que nous imaginons qui mène à la Joie, nous nous efforçons d'en procurer la venue; tout ce que nous imaginons qui lui est contraire ou mène à la Tristesse, nous nous efforçons de l'écarter ou de le détruire.

Démonstration

Ce que nous imaginons qui mène à la Joie, nous nous efforçons, autant que nous pouvons, de l'imaginer (*Prop.* 12), c'est-à-dire *(Prop.* 17, *p. II)* nous nous efforçons, autant que nous pouvons, de le considérer comme présent ou comme existant en acte. Mais entre l'effort de l'Ame ou la puissance qu'elle a en pensant et l'effort du Corps ou la puissance qu'il a en agissant, il y a par nature parité et simultanéité *(comme il suit clairement du Coroll. de la Prop.* 7 *et du Coroll. de la Prop.* 11, *p. II)*. Donc nous faisons effort absolument parlant pour que cette chose existe, c'est-à-dire (*ce qui revient au même d'après le Scolie de la Prop.* 9) nous en avons l'appétit et y tendons; ce qui était le premier point. Maintenant, si nous imaginons que ce que nous croyons être cause de Tristesse, c'est-à-dire (*Scolie de la Prop.* 13) ce que nous avons en haine, est détruit, nous serons joyeux (*Prop.* 20); et ainsi, nous nous efforcerons de le détruire *(pour la première partie de cette démonstration)*, c'est-à-dire (*Prop.* 13) de l'écarter de nous, afin de ne le point considérer comme présent; ce qui était le second point. Donc tout ce qui peut mener à la Joie, etc.

C. Q. F. D.

PROPOSITION XXIX

*Nous nous efforcerons aussi à faire tout ce que nous imaginons que les hommes * verront avec joie, et nous aurons en aversion de faire ce que nous imaginons que les hommes ont en aversion.*

Démonstration

Si nous imaginons que les hommes aiment une chose ou l'ont en haine, par cela même nous l'aimerons ou l'aurons en haine (*Prop.* 27), c'est-à-dire (*Scolie de la Prop.* 13) par cela même la présence de cette chose nous rendra joyeux ou nous contristera; et ainsi *(Prop. préc.)*, nous nous efforcerons à faire tout ce que nous imaginons qu'aiment les hommes ou qu'ils verront avec Joie, etc.

C. Q. F. D.

SCOLIE

Cet effort pour faire une chose et aussi pour nous en abstenir afin seulement de plaire aux hommes s'appelle *Ambition*, surtout quand nous nous efforçons à plaire au vulgaire avec une propension telle que nous agissons ou nous abstenons à notre propre dommage ou à celui d'autrui; autrement on a coutume de l'appeler *Humanité*. J'appelle ensuite *Louange* la Joie que nous éprouvons à imaginer l'action d'autrui par laquelle il s'efforce de nous être agréable, et *Blâme* la Tristesse que nous éprouvons quand nous avons l'action d'autrui en aversion.

* N. B. Il faut entendre ici et dans les Propositions suivantes les hommes à l'égard desquels nous n'éprouvons d'affection d'aucune sorte. *(Note de l'Auteur.)*

PROPOSITION XXX

Si quelqu'un a fait quelque chose qu'il imagine qui affecte les autres de Joie, il sera affecté d'une Joie qu'accompagnera l'idée de lui-même comme cause, si au contraire il fait quelque chose qu'il imagine qui affecte les autres de Tristesse, il se considérera lui-même avec Tristesse.

Démonstration

Qui imagine qu'il affecte les autres de Joie ou de Tristesse, sera, par cela même (*Prop.* 27) affecté de Joie ou de Tristesse. Puis donc que l'homme *(Prop.* 17 *et* 23, *p. II)* a conscience de lui-même par les affections qui le déterminent à agir, qui a fait quelque chose qu'il imagine qui affecte les autres de Joie, sera affecté de Joie avec conscience de lui-même comme cause, c'est-à-dire se considérera lui-même avec Joie, et inversement.

C. Q. F. D.

SCOLIE

L'Amour étant une Joie qu'accompagne l'idée d'une cause extérieure (*Scolie de la Prop.* 13), et la Haine une Tristesse qu'accompagne aussi l'idée d'une cause extérieure, cette Joie et cette Tristesse seront donc également une espèce d'Amour et de Haine. Comme, toutefois, l'Amour et la Haine se rapportent à des objets extérieurs, nous désignerons ici ces Affections par d'autres noms; nous appellerons *Gloire* une Joie qu'accompagne l'idée d'une cause intérieure *, et *Honte* la Tristesse contraire, quand la Joie et la Tristesse naissent de ce que les hommes se croient loués ou blâmés. Dans d'autres cas, j'appellerai *Contentement de soi* la Joie qu'accompagne l'idée d'une cause intérieure *, et *Repentir* la Tristesse opposée à cette Joie. Comme il peut arriver maintenant *(Coroll. de la Prop.* 17, *p. II)* que la Joie dont quelqu'un imagine qu'il affecte les autres soit seulement imaginaire, et que

* Je traduis *internae* au lieu de *externae*, leçon de Land.

(*Prop.* 25) chacun s'efforce d'imaginer au sujet de lui-même tout ce qu'il imagine qui l'affecte de Joie, il pourra facilement arriver que le glorieux soit orgueilleux et s'imagine être agréable à tous alors qu'il leur est insupportable.

PROPOSITION XXXI

Si nous imaginons que quelqu'un aime, ou désire, ou a en haine ce que nous-même aimons, désirons, ou avons en haine, notre amour, etc., deviendra par cela même plus constant. Si, au contraire, nous imaginons qu'il a en aversion ce que nous aimons, ou inversement, nous éprouverons la passion dite Fluctuation de l'Ame.

Démonstration

Si nous imaginons que quelqu'un aime quelque chose, nous aimerons cette chose par cela même (*Prop.* 27). Mais nous supposons que nous l'aimons sans cela, cet Amour sera donc alimenté par la survenue d'une cause nouvelle; et, par suite, nous aimerons par cela même de façon plus constante ce que nous aimons. Si maintenant nous imaginons que quelqu'un a quelque chose en aversion, nous aurons cette chose en aversion *(même Prop.)*. Si nous supposons qu'à ce moment nous l'aimons, nous aurons en même temps pour cette même chose de l'amour et de l'aversion, c'est-à-dire (*Scolie de la Prop.* 17) que nous éprouverons la passion dite fluctuation de l'âme.

C. Q. F. D.

COROLLAIRE

Il suit de là et de la Proposition 28 que chacun, autant qu'il peut, fait effort pour que tous aiment ce qu'il aime lui-même et haïssent ce qu'il a lui-même en haine; d'où ce mot du Poète :

Amants, nous voulons tout ensemble et espérer et craindre; il est de fer celui qui aime avec la permission d'un autre.

SCOLIE

Cet effort pour faire que chacun approuve l'objet de notre Amour et de notre Haine, est, en réalité, de l'Ambition (*voir Scolie de la Prop.* 29); nous voyons ainsi que chacun a, de nature, l'appétit de voir vivre les autres selon sa propre complexion, et, comme tous ont pareil appétit, on se fait ensuite obstacle l'un à l'autre, et parce que tous veulent être loués ou aimés par tous, on en vient à une haine mutuelle.

PROPOSITION XXXII

Si nous imaginons que quelqu'un tire de la joie d'une chose qu'un seul peut posséder, nous nous efforcerons de faire qu'il n'en ait plus la possession.

Démonstration

Par cela seul que nous imaginons que quelqu'un tire d'une chose de la joie (*Prop.* 27 *avec son Coroll.* 1), nous aimerons cette chose et désirerons en tirer de la joie. Mais *(par hypothèse)* nous imaginons que l'obstacle à cette Joie vient de ce qu'un autre en tire de la joie; nous ferons donc effort (*Prop.* 28) pour qu'il n'en ait plus la possession.

C. Q. F. D.

SCOLIE

Nous voyons ainsi qu'en vertu de la disposition de leur nature les hommes sont généralement prêts à avoir de la commisération pour ceux qui sont malheureux et à envier ceux qui sont heureux, et que leur haine pour ces derniers est *(Prop. préc.)* d'autant plus grande qu'ils aiment davantage ce qu'ils imaginent dans la possession d'un autre. Nous voyons, en outre, que la même propriété de la nature humaine d'où suit qu'ils sont miséricordieux, fait aussi qu'ils sont envieux et ambitieux. Enfin, si nous voulions consulter l'expérience, nous éprouverions qu'elle nous enseigne tout cela, surtout si nous avions égard à nos premières années. L'expérience nous montre en effet que les enfants, dont le corps est continuellement comme en équilibre, rient ou pleurent par cela seul qu'ils voient d'autres personnes rire ou pleurer, tout ce qu'ils voient faire par autrui ils désirent aussitôt l'imiter, et ils désirent enfin tout ce à quoi ils imaginent que d'autres prennent plaisir; c'est qu'en effet, nous l'avons dit, les images des choses sont les affections mêmes du Corps humain, c'est-à-dire les manières dont ce Corps est affecté par les causes extérieures et disposé à faire ceci ou cela.

PROPOSITION XXXIII

Quand nous aimons une chose semblable à nous, nous nous efforçons, autant que nous pouvons, de faire qu'elle nous aime à son tour.

Démonstration

Si nous aimons une chose par-dessus les autres, nous nous efforçons, autant que nous pouvons, de l'imaginer (*Prop.* 12). Si donc la chose nous est semblable, nous nous efforcerons de l'affecter de Joie par-dessus les autres (*Prop.* 29), autrement dit nous nous efforcerons, autant que nous pouvons, de faire que la chose aimée soit affectée d'une Joie qu'accompagne l'idée de nous-mêmes, c'est-à-dire (*Scolie de la Prop.* 13) qu'elle nous aime à son tour.

C. Q. F. D.

PROPOSITION XXXIV

Plus grande est l'affection que nous imaginons que la chose aimée éprouve à notre égard, plus nous nous glorifierons.

Démonstration

Nous faisons effort, autant que nous pouvons *(Prop. préc.)*, pour faire que la chose aimée nous aime à son tour; c'est-à-dire (*Scolie de la Prop.* 13) que la chose aimée soit affectée d'une Joie qu'accompagne l'idée de nous-mêmes. Plus grande donc est la Joie dont nous imaginons que la chose est affectée à cause de nous, plus cet effort est secondé; c'est-à-dire *(Prop.* 11 *avec son Scolie)* plus grande est la Joie dont nous sommes affectés. Mais, puisque notre Joie provient de ce que nous avons affecté de Joie un de nos semblables, nous nous considérons nous-mêmes avec Joie (*Prop.* 30) donc, plus grande est l'affection que nous imaginons que la chose aimée éprouve à notre égard, plus grande est la Joie avec laquelle nous nous considérons nous-mêmes, c'est-à-dire plus nous nous glorifierons.

C. Q. F. D.

PROPOSITION XXXV

Si quelqu'un imagine qu'un autre s'attache la chose aimée par le même lien d'Amitié, ou un plus étroit, que celui par lequel il l'avait seul en sa possession, il sera affecté de Haine envers la chose aimée elle-même, et sera envieux de l'autre.

Démonstration

Plus grand est l'amour dont il imagine la chose aimée affectée à son égard, plus il se glorifiera *(Prop. préc.)*, c'est-à-dire sera joyeux (*Scolie de la Prop.* 30); il s'efforcera donc (*Prop.* 28), autant qu'il peut, d'imaginer la chose aimée attachée à lui le plus étroitement possible; et cet effort ou cet appétit est encore alimenté s'il imagine qu'un tiers désire pour lui la même chose (*Prop.* 31). Mais on suppose cet effort ou appétit réduit par l'image de la chose aimée elle-même, accompagnée de l'image de celui qu'elle se joint; il sera donc (*Scolie de la Prop.* 11) par cela même affecté d'une Tristesse qu'accompagne comme cause l'idée de la chose aimée, et en même temps l'image d'un autre; c'est-à-dire (*Scolie de la Prop.* 13) il sera affecté de haine envers la chose aimée et en même temps envers cet autre (*Coroll. de la Prop.* 15), et il sera envieux de lui (*Prop.* 23) parce qu'il tire du plaisir de la chose aimée.

C. Q. F. D.

SCOLIE

Cette Haine envers une chose aimée jointe à L'Envie s'appelle *Jalousie*, et ainsi la *Jalousie* n'est rien d'autre qu'une fluctuation de l'âme née de ce qu'il y a Amour et Haine en même temps avec accompagnement de l'idée d'un autre auquel on porte envie. De plus, cette Haine envers la chose aimée est plus grande à proportion de la Joie dont le Jaloux avait accoutumé d'être affecté par l'Amour que lui rendait la chose aimée, et à proportion aussi du sentiment dont il était affecté à l'égard de celui qu'il imagine que la chose aimée se joint. Car, s'il le haïssait, par cela même (*Prop.* 24), il aura en haine la chose aimée, puisqu'il l'imagine affectant de Joie ce qui lui est odieux; et aussi (*Coroll. de la Prop.* 15) parce qu'il est obligé de joindre l'image de la chose aimée à l'image de celui qu'il hait. Cette dernière raison se trouve généralement dans l'Amour qu'on a pour une femme; qui imagine en effet la femme qu'il aime se livrant à un autre sera contristé, non seulement parce que son propre appétit est réduit, mais aussi parce qu'il est obligé de joindre l'image de la chose aimée aux parties honteuses et aux excrétions de l'autre, il l'a en aversion; à quoi s'ajoute enfin que le Jaloux n'est pas accueilli par la chose aimée du même visage qu'elle avait accoutumé de lui présenter, et que pour cette cause aussi un amant est contristé, comme je vais le montrer.

PROPOSITION XXXVI

Qui se rappelle une chose où il a pris plaisir une fois, désire la posséder avec les mêmes circonstances que la première fois qu'il y a pris plaisir.

Démonstration

Tout ce que l'homme a vu en même temps que la chose où il a pris plaisir sera par accident (*Prop.* 15) cause de Joie; il désirera donc (*Prop.* 28) posséder tout cela en même temps que la chose où il a pris plaisir, c'est-à-dire qu'il désirera posséder la chose avec les mêmes circonstances que la première fois qu'il y a pris plaisir.

C. Q. F. D.

COROLLAIRE

Si donc il s'est aperçu qu'une de ces circonstances manquait, l'amant sera contristé.

Démonstration

Quand, en effet, il s'aperçoit qu'une circonstance fait défaut, il imagine dans une certaine mesure quelque chose qui exclut l'existence de la chose. Puis donc que par amour il a le désir de cette chose ou de cette circonstance *(Prop. préc.)*, en tant qu'il imagine qu'elle fait défaut (*Prop.* 19), il sera contristé.

C. Q. F. D.

SCOLIE

Cette Tristesse, en tant qu'elle est relative à l'absence de ce que nous aimons, s'appelle *Souhait frustré.*

PROPOSITION XXXVII

Le Désir qui prend naissance à cause d'une Tristesse ou d'une Joie, d'une Haine ou d'un Amour, est d'autant plus grand que l'affection est plus grande.

Démonstration

La Tristesse diminue ou réduit la puissance d'agir de l'homme (*Scolie de la Prop.* 11), c'est-à-dire (*Prop.* 7) l'effort par lequel l'homme s'efforce de persévérer dans son être; ainsi (*Prop.* 5) elle est contraire à cet effort; et tout l'effort de l'homme affecté de Tristesse tend à écarter la Tristesse. Mais *(par la Déf. de la Tristesse)* plus grande est la Tristesse, plus grande est la partie de la puissance d'agir de l'homme à laquelle elle s'oppose nécessairement; donc plus grande est la Tristesse, plus grande est la puissance d'agir par laquelle l'homme s'efforce à son tour d'écarter la Tristesse; c'est-à-dire (*Scolie de la Prop.* 9) plus grand est le Désir ou l'appétit par lequel il s'efforcera d'écarter la Tristesse. Ensuite, puisque la Joie (*même Scolie de la Prop.* 11) augmente ou seconde la puissance d'agir de l'homme, on démontre aisément par la même voie qu'un homme affecté d'une Joie ne désire rien d'autre que la conserver, et cela d'un Désir d'autant plus grand que la joie sera plus grande. Enfin, puisque la Haine et l'Amour sont les affections mêmes de la Tristesse ou de la Joie, il suit de la même manière que l'effort, l'appétit, ou le Désir qui prend naissance d'une Haine ou d'un Amour, sera plus grand à proportion de la Haine et de l'Amour.

C. Q. F. D.

PROPOSITION XXXVIII

Si quelqu'un commence d'avoir en haine une chose aimée, de façon que l'Amour soit entièrement aboli, il aura pour elle, à cause égale, plus de haine que s'il ne l'avait jamais aimée, et d'autant plus que son Amour était auparavant plus grand.

Démonstration

Si quelqu'un, en effet, commence d'avoir en haine la chose qu'il aime, un plus grand nombre de ses appétits sont réduits que s'il ne l'avait pas aimée. Car l'Amour est une Joie (*Scolie de la Prop.* 13) que l'homme, autant qu'il peut (*Prop.* 28), s'efforce de conserver; et cela *(même*

Scolie) en considérant la chose aimée comme présente et en l'affectant de Joie (*Prop.* 21), autant qu'il peut. Cet effort *(Prop. préc.)* est d'autant plus grand d'ailleurs que l'Amour est plus grand, de même que l'effort pour faire que la chose aimée l'aime à son tour (*Prop.* 33). Mais ces efforts sont réduits par la haine envers la chose aimée (*Coroll. de la Prop.* 13 *et Prop.* 23); donc l'amant (*Scolie de la Prop.* 11), pour cette cause aussi, sera affecté de Tristesse et d'autant plus que son Amour était plus grand; c'est-à-dire, outre la Tristesse qui fut cause de la Haine, une autre naît de ce qu'il a aimé la chose, et conséquemment il considérera la chose aimée avec une affection de Tristesse plus grande, c'est-à-dire (*Scolie de la Prop.* 13) éprouvera envers elle une haine plus grande que s'il ne l'avait pas aimée, et d'autant plus grande que son Amour était plus grand.

C. Q. F. D.

PROPOSITION XXXIX

Qui a quelqu'un en haine s'efforcera de lui faire du mal, à moins qu'il ne craigne qu'un mal plus grand ne naisse pour lui de là; et, au contraire, qui aime quelqu'un s'efforcera par la même loi de lui faire du bien.

Démonstration

Avoir quelqu'un en haine, c'est (*Scolie de la Prop.* 13) l'imaginer comme une cause de Tristesse; par suite (*Prop.* 28), celui qui a quelqu'un en haine s'efforcera de l'écarter ou de le détruire. Mais, s'il craint de là pour lui-même quelque chose de plus triste ou (ce qui est la même chose) un mal plus grand, et s'il croit pouvoir l'éviter en ne faisant pas à celui qu'il hait le mal qu'il méditait, il désirera s'abstenir (*même Prop.* 28) de lui faire du mal; et cela (*Prop.* 37) avec un effort plus grand que celui qui le portait à faire du mal et qui, en conséquence, prévaudra, comme nous le voulions démontrer. La démonstration de la deuxième partie procède de même. Donc qui a quelqu'un en haine, etc.

C. Q. F. D.

SCOLIE

Par *bien* j'entends ici tout genre de Joie et tout ce qui, en outre, y mène, et principalement ce qui remplit l'attente, quelle qu'elle soit. Par *mal* j'entends tout genre de Tristesse et principalement ce qui frustre l'attente. Nous avons en effet montré ci-dessus (*Scolie de la Prop.* 9) que nous ne désirons aucune chose parce que nous la jugeons bonne, mais qu'au contraire nous appelons bonne la chose que nous désirons; conséquemment, nous appelons mauvaise la chose que nous avons en aversion; chacun juge ainsi ou estime selon son affection quelle chose est bonne, quelle mauvaise, quelle meilleure, quelle pire, quelle enfin la meilleure ou quelle la pire. Ainsi l'Avare juge que l'abondance d'argent est ce qu'il y a de meilleur, la pauvreté ce qu'il y a de pire. L'Ambitieux ne désire rien tant que la Gloire et ne redoute rien tant que la Honte. A l'Envieux rien n'est plus agréable que le malheur d'autrui, et rien plus insupportable que le bonheur d'un autre; et ainsi chacun juge par son affection qu'une chose est bonne ou mauvaise, utile ou inutile. Cette affection d'ailleurs par laquelle l'homme est disposé de telle sorte qu'il ne veut pas ce qu'il veut, ou veut ce qu'il ne veut pas, s'appelle la *Peur;* la *Peur n'est* donc autre chose que *la crainte en tant qu'elle dispose un homme à éviter un mal qu'il juge devoir venir par un mal moindre* (*voir Prop.* 28). Si le mal dont on a peur est la Honte, alors la Peur s'appelle *Pudeur*. Enfin, si le Désir d'éviter un mal futur est réduit par la Peur d'un autre mal, de façon qu'on ne sache plus ce qu'on veut, alors la crainte s'appelle *Consternation*, principalement quand l'un et l'autre maux dont on a peur sont parmi les plus grands.

PROPOSITION XL

Qui imagine qu'un autre l'a en haine et croit ne lui avoir donné aucune cause de haine, aura à son tour cet autre en haine.

Démonstration

Qui imagine quelqu'un affecté de haine sera par cela même affecté de haine (*Prop.* 27), c'est-à-dire (*Scolie de la Prop.* 13) d'une Tristesse qu'accompagne l'idée d'une cause extérieure. Mais *(par hypothèse)* il n'imagine aucune cause de cette Tristesse, sauf celui qui l'a en haine; par cela donc qu'il imagine que quelqu'un l'a en haine, il sera affecté d'une Tristesse qu'accompagnera l'idée de celui qui l'a en haine, autrement dit *(même Scolie)* il l'aura en haine.

C. Q. F. D.

SCOLIE

S'il imagine avoir donné une juste cause de Haine, alors *(Prop.* 30 *et Scolie)* il sera affecté de Honte. Mais cela (*Prop.* 25) arrive rarement. Cette réciprocité de Haine peut naître aussi de ce que la Haine est suivie d'un effort pour faire du mal à celui qu'on a en haine (*Prop.* 39). Qui donc imagine que quelqu'un l'a en haine, l'imagine cause d'un mal ou d'une Tristesse; et ainsi il sera affecté d'une Tristesse ou d'une Crainte qu'accompagnera comme cause l'idée de celui qui l'a en haine, autrement dit il sera comme ci-dessus affecté de haine.

COROLLAIRE I

Qui imagine celui qu'il aime affecté de haine à son égard, sera dominé en même temps par la Haine et par l'Amour. En tant qu'il imagine en effet que l'autre l'a en haine, il est déterminé *(Prop. préc.)* à l'avoir en haine à son tour. Mais *(par hypothèse)* il l'aime néanmoins; il sera donc dominé à la fois par la Haine et l'Amour.

COROLLAIRE II

Si quelqu'un imagine qu'un mal lui a été fait par Haine par un autre, à l'égard duquel il n'avait d'affection d'aucune sorte, il s'efforcera aussitôt de lui rendre ce mal.

Démonstration

Qui imagine quelqu'un affecté de Haine à son égard l'aura en haine à son tour *(Prop. préc.)* et (*Prop.* 26) s'efforcera de se rappeler tout ce qui peut affecter cet autre de Tristesse et cherchera (*Prop.* 39) à le lui faire éprouver. Mais *(par hypothèse)* ce qu'il imagine en premier dans ce genre est le mal qui lui a été fait à lui-même; il s'efforcera donc aussitôt de le rendre à l'autre.

C. Q. F. D.

SCOLIE

L'effort pour faire du mal à celui que nous haïssons s'appelle la *Colère;* l'effort pour rendre le mal qui nous a été fait la *Vengeance.*

PROPOSITION XLI

Si quelqu'un imagine qu'il est aimé par un autre et croit ne lui avoir donné aucune cause d'amour (ce qui, suivant le Corollaire de la Proposition 15 et la Proposition 16, peut arriver), *il l'aimera à son tour.*

Démonstration

Cette Proposition se démontre par la même voie que la précédente, dont on verra aussi le Scolie.

SCOLIE

S'il croit avoir donné une juste cause d'Amour, il se glorifiera *(Prop.* 30 *avec le Scolie)*, ce qui (*Prop.* 25) est le cas le plus fréquent; c'est le contraire, nous l'avons dit, quand quelqu'un imagine qu'un autre l'a en haine *(Scolie de la Prop. préc.)*. Cet Amour réciproque maintenant, et conséquemment l'effort pour faire du bien à qui nous aime et s'efforce (*même Prop.* 39) de nous en faire, s'appelle *Reconnaissance* ou *Gratitude;* il apparaît donc que les hommes sont beaucoup plus disposés à la Vengeance qu'à rendre des bienfaits.

COROLLAIRE

Qui imagine être aimé par celui qu'il a en haine, sera dominé à la fois par la Haine et par l'Amour. Cela se démontre par la même voie que le premier Corollaire de la Proposition précédente.

SCOLIE

Si la Haine a prévalu, il s'efforcera de faire du mal à celui par qui il est aimé; cette affection s'appelle *Cruauté*, surtout si l'on juge que celui qui aime n'a donné aucune cause commune de Haine.

PROPOSITION XLII

Qui, mû par l'Amour ou un espoir de Gloire, a fait du bien à quelqu'un, sera contristé s'il voit que son bienfait est reçu avec ingratitude.

Démonstration

Qui aime une chose semblable à lui s'efforce, autant qu'il peut, de faire qu'elle l'aime à son tour (*Prop.* 33). Qui donc a par Amour fait du bien à quelqu'un, a fait * cela parce qu'il souhaitait être aimé à son tour, c'est-à-dire avec un espoir de Gloire (*Prop.* 34) ou de Joie (*Scolie de la Prop.* 30); il s'efforcera donc (*Prop.* 12) d'imaginer, autant qu'il peut, cette cause de Gloire ou de la considérer comme existant en acte. Mais *(par hypothèse)* il imagine

* Je traduis *fecit* au lieu de *facit* donné par Land.

autre chose qui exclut l'existence de cette cause; il sera donc (*Prop.* 19) par là même contristé.

C. Q. F. D.

PROPOSITION XLIII

La Haine est accrue par une haine réciproque et peut, au contraire, être extirpée par l'Amour.

Démonstration

Qui imagine que celui qu'il hait est affecté de Haine à son égard, une Haine nouvelle prend naissance (*Prop.* 40) alors que *(par hypothèse)* la première dure encore. Mais si, au contraire, il imagine que cet autre est affecté d'Amour à son égard, en tant qu'il imagine cela, il se considère lui-même avec Joie (*Prop.* 30) et s'efforcera dans la même mesure (*Prop.* 29) de plaire à cet autre; c'est-à-dire (*Prop.* 41) il s'efforce, toujours dans la même mesure, de ne l'avoir pas en haine et de ne l'affecter d'aucune Tristesse; cet effort sera d'ailleurs (*Prop.* 37) plus grand ou plus petit à proportion de l'affection d'où il naît; et ainsi, s'il est plus grand que celui qui naît de la Haine et par lequel il s'efforce d'affecter de Tristesse celui qu'il hait (*Prop.* 26), il prévaudra sur lui et extirpera la Haine du cœur.

C. Q. F. D.

PROPOSITION XLIV

La Haine qui est entièrement vaincue par l'Amour se change en Amour, et l'Amour est pour cette raison plus grand que si la Haine n'eût pas précédé.

Démonstration

On procède comme pour démontrer la Proposition 38. Qui commence d'aimer en effet la chose qu'il hait, ou a accoutumé de considérer avec Tristesse, il sera joyeux par cela même qu'il aime, et à cette Joie qu'enveloppe l'Amour (*Voir sa Déf. dans le Scolie de la Prop.* 13), s'ajoute celle qui naît de ce que l'effort pour écarter la Tristesse enveloppée dans la Haine (*comme nous l'avons montré dans la Prop.* 37) est entièrement secondé, avec accompagnement comme cause de l'idée de celui qu'on avait en haine.

SCOLIE

Bien qu'il en soit ainsi, personne cependant ne fera effort pour avoir quelqu'un en haine ou être affecté de Tristesse, afin de jouir de cette Joie plus grande; c'est-à-dire personne, dans l'espoir d'un dédommagement, ne désirera se porter dommage à soi-même et ne souhaitera être malade dans l'espoir de guérir. Car chacun s'efforcera toujours de conserver son être et, autant qu'il peut, d'écarter la Tristesse. Que si, au contraire, on pouvait concevoir un homme désirant avoir quelqu'un en haine afin d'éprouver ensuite pour lui un plus grand amour, alors il souhaitera toujours l'avoir en haine. Car plus la Haine aura été grande, plus grand sera l'Amour, et, par suite, il souhaitera toujours que la Haine s'accroisse de plus en plus; et pour la même cause, un homme s'efforcera de plus en plus d'être malade afin de jouir ensuite d'une plus grande Joie par le rétablissement de sa santé; il s'efforcera donc d'être malade toujours, ce qui (*Prop.* 6) est absurde.

PROPOSITION XLV

Si quelqu'un qui aime une chose semblable à lui imagine qu'un autre semblable à lui est affecté de Haine envers cette chose, il aura cet autre en haine.

Démonstration

La chose aimée en effet a en haine à son tour celui qui la hait (*Prop.* 40) et ainsi l'amant qui imagine que quelqu'un a en haine la chose aimée, par cela même, imagine que la chose aimée est affectée de Haine, c'est-à-dire (*Scolie de la Prop.* 13) de Tristesse, et conséquemment (*Prop.* 21) est attristé, et cela avec l'accompagnement comme cause de l'idée de celui qui hait la chose aimée, c'est-à-dire (*Scolie de la Prop.* 13) qu'il aura cet autre en haine.

C. Q. F. D.

PROPOSITION XLVI

Si quelqu'un a été affecté par un autre, appartenant à une classe ou à une nation différente, d'une Joie ou d'une Tristesse qu'accompagne comme cause l'idée de cet autre sous le nom général de la classe ou de la nation, non seulement il aimera cet autre ou l'aura en haine, mais aussi tous ceux de la même classe ou de la même nation.

Démonstration

La Démonstration résulte avec évidence de la Proposition 16.

PROPOSITION XLVII

La Joie naissant de ce que nous imaginons qu'une chose que nous haïssons est détruite, ou affectée d'un autre mal, ne naît pas sans quelque Tristesse de l'Ame.

Démonstration

Cela est évident par la Proposition 27. Car, en tant que nous imaginons qu'une chose semblable à nous est affectée de Tristesse, nous sommes en quelque mesure contristés.

SCOLIE

Cette proposition peut aussi se démontrer par le Corollaire de la Proposition 17, partie II. Chaque fois, en effet, qu'il nous souvient d'une chose, bien qu'elle n'existe pas en acte, nous la considérons cependant * comme présente, et le Corps est affecté de la même manière; en tant par suite que le souvenir de la chose est vivace, l'homme est déterminé à la considérer avec Tristesse, et cette détermination, aussi longtemps que demeure l'image de la chose, est réduite, à la vérité, mais non ôtée par le souvenir des choses qui excluent l'existence de la chose imaginée; et, par suite, l'homme est joyeux seulement dans la mesure où cette détermination est réduite; par où il arrive que cette Joie, qui naît du mal de la chose que nous haïssons, se renouvelle toutes les fois qu'il nous souvient de cette chose. Comme nous l'avons dit, en effet, quand l'image de cette chose est éveillée, comme elle enveloppe l'existence de la chose, elle détermine l'homme à la considérer avec la même Tristesse avec laquelle il avait accoutumé de la considérer quand elle existait. Mais, comme il a joint à l'image de cette chose d'autres images qui en excluent l'existence, cette détermination à la Tristesse est réduite aussitôt, et l'homme est joyeux de nouveau, et cela toutes les fois que l'occurrence se répète. C'est pour cette cause que les hommes sont joyeux toutes les fois qu'il leur souvient d'un mal déjà passé; et c'est pourquoi ils s'épanouissent à narrer des périls dont ils ont été délivrés. Quand ils imaginent quelque péril en effet, ils le considèrent comme futur et sont déterminés à le craindre; mais cette détermination est réduite de nouveau par l'idée de la liberté qu'ils ont jointe à celle de ce péril alors qu'ils en ont été délivrés, et cette idée leur rend de nouveau la sécurité; et, par suite, ils sont de nouveau joyeux.

PROPOSITION XLVIII

L'Amour et la Haine, par exemple envers Pierre, sont détruits si la Tristesse qu'enveloppe la seconde et la Joie qu'enveloppe le premier, sont joints à l'idée d'une autre cause;

* Je traduis *tamen* au lieu de *tantum*, leçon de Land.

et Amour et Haine sont diminués dans la mesure où nous imaginons que Pierre n'est pas la cause à lui seul de la Tristesse ou de la Joie qu'enveloppent ces affections.

Démonstration

Cela est évident par la seule Définition de l'Amour et de la Haine, que l'on verra dans le Scolie de la Proposition 13. La seule raison en effet pour laquelle la Joie est appelée Amour, et la Tristesse Haine envers Pierre, est que Pierre est considéré comme étant la cause de l'une ou l'autre affection. Cette raison donc étant ôtée totalement ou en partie, l'affection se rapportant à Pierre est détruite ou diminuée.

C. Q. F. D.

PROPOSITION XLIX

L'Amour et la Haine envers une chose que nous imaginons qui est libre, doivent tous deux être plus grands, à cause égale, qu'envers une chose nécessaire.

Démonstration

Une chose que nous imaginons qui est libre doit *(Déf. 7, p. I)* être perçue par elle-même sans les autres. Si donc nous imaginons qu'elle est la cause d'une Joie ou d'une Tristesse, par cela même (*Scolie de la Prop.* 13) nous l'aimerons ou l'aurons en haine, et cela *(Prop. préc.)* du plus grand Amour ou de la plus grande Haine qui puisse naître d'une affection donnée. Mais, si nous imaginons comme nécessaire la chose qui est la cause de cette affection, alors *(même Déf. 7, p. I)* nous n'imaginerons pas qu'elle est la seule cause, mais qu'elle est cause conjointement à d'autres choses, et ainsi *(Prop. préc.)* l'Amour et la Haine envers elle seront moindres.

C. Q. F. D.

SCOLIE

Il suit de là que les hommes, parce qu'ils se tiennent pour libres, sont animés à l'égard les uns des autres d'un Amour et d'une Haine plus grands qu'à l'égard d'autres objets; à quoi s'ajoute l'imitation des affections; voir à ce sujet Propositions 27, 34, 40 et 43.

PROPOSITION L

Une chose quelconque peut par accident être cause d'Espoir ou de Crainte.

Démonstration

Cette Proposition se démontre par la même voie que la Proposition 15; la voir en même temps que le Scolie 2 * de la Proposition 18.

SCOLIE

Les choses qui sont par accident des causes d'Espoir ou de Crainte sont appelées bons ou mauvais présages. J'ajoute que ces présages, en tant qu'ils sont une cause d'Espoir ou de Crainte, sont (*Déf. de l'Espoir et de la Crainte, voir Scolie de la Prop.* 18) une cause de Joie ou de Tristesse, et conséquemment (*Coroll. de la Prop.* 15), nous les aimons ou les avons en Haine comme tels et (*Prop.* 28) nous cherchons à les employer comme des moyens de parvenir à ce que nous espérons ou à les écarter comme des obstacles ou des causes de Crainte. En outre, il suit de la Proposition 25 que nous sommes disposés de nature à croire facilement ce que nous espérons, difficilement ce dont nous avons peur, et à en faire respectivement trop ou trop peu de cas. De là sont nées les superstitions par lesquelles les hommes sont partout dominés. Je ne pense pas d'ailleurs qu'il vaille la peine de montrer ici les fluctuations qui naissent de

* Je complète le renvoi par l'addition du chiffre 2.

l'Espoir et de la Crainte, puisqu'il suit de la seule définition de ces affections qu'il n'y a pas d'Espoir sans Crainte ni de Crainte sans Espoir (comme nous l'expliquerons plus amplement en son lieu), et puisque, en outre, en tant que nous espérons ou craignons quelque chose, nous l'aimons ou l'avons en haine; et ainsi tout ce que nous avons dit de l'Amour et de la Haine, chacun pourra aisément l'appliquer à l'Espoir et à la Crainte.

PROPOSITION LI

Des hommes divers peuvent être affectés de diverses manières par un seul et même objet, et un seul et même homme peut être affecté par un seul et même objet de diverses manières en divers temps.

Démonstration

Le corps humain peut *(Post.* 3, *p. II)* être affecté par les corps extérieurs d'un très grand nombre de manières. Deux hommes peuvent donc dans le même temps être affectés de manières diverses, et ainsi *(Ax. I venant après le Lemme* 3 *à la suite de la Prop.* 13, *p. II)* ils peuvent être affectés de diverses manières par un seul et même objet. Ensuite *(même Post.)* le Corps humain peut être affecté tantôt d'une manière, tantôt d'une autre; et conséquemment *(même Ax.)* il peut être affecté par un seul et même objet de diverses manières en divers temps.

C. Q. F. D.

SCOLIE

Nous voyons qu'il peut arriver ainsi que l'un ait en haine ce qu'aime l'autre; et que l'un ne craigne pas ce que craint l'autre; qu'un seul et même homme aime maintenant ce qu'il haïssait auparavant, ose ce qui lui faisait peur, etc. Comme, en outre, chacun juge d'après son affection quelle chose est bonne, quelle mauvaise, quelle meilleure, et quelle pire (*Scolie de la Prop.* 39), il suit que les hommes peuvent différer autant par le jugement que par l'affection *; par là il arrive que, comparant les hommes les uns aux autres, nous les distinguions par la seule diversité de leurs affections, et appelions les uns intrépides, les autres peureux, d'autres enfin d'un autre nom. J'appellerai, par exemple, *intrépide* celui qui méprise le mal dont j'ai habituellement peur; et si, de plus, j'ai égard à ce que son Désir de faire du mal à celui qu'il hait n'est pas réduit par la peur d'un mal qui me retient habituellement, je l'appellerai *audacieux*. Puis celui-là me paraîtra *peureux*, qui a peur du mal que j'ai accoutumé de mépriser; et si j'ai, en outre, égard à ce que son Désir est réduit par la peur d'un mal qui ne peut me retenir, je dirai qu'il est *pusillanime;* et ainsi jugera chacun. A cause enfin de cette nature de l'homme et de l'inconstance de son jugement, comme aussi parce que l'homme juge souvent des choses par son affection seulement, et que les choses qu'il croit faire en vue de la Joie ou de la Tristesse et dont pour cette raison (*Prop.* 28) il s'efforce de procurer la venue ou qu'il s'efforce d'écarter, ne sont souvent qu'imaginaires — pour ne rien dire ici des autres causes d'incertitude que j'ai fait voir dans la deuxième Partie — pour toutes ces raisons donc, nous concevons aisément que l'homme puisse intervenir souvent lui-même comme cause tant de sa tristesse que de sa joie; c'est-à-dire qu'il soit affecté d'une Joie ou d'une Tristesse qu'accompagne comme cause l'idée de lui-même; et nous connaissons ainsi facilement ce qu'est le Repentir et ce qu'est le Contentement de soi. Le *Repentir*, dis-je, *est une Tristesse qu'accompagne l'idée de soi-même*, et le *Contentement de soi est une Joie qu'accompagne comme cause l'idée de soi-même*, et ces affections sont très vives parce que les hommes croient qu'ils sont libres (*voir Prop.* 49).

PROPOSITION LII

Si nous avons déjà vu un objet en même temps que d'autres, ou si nous imaginons qu'il n'a rien qui ne soit commun à plusieurs, nous ne le considérerons pas aussi longtemps que celui que nous imaginons qui a quelque chose de singulier.

* N. B. J'ai fait voir que cela pouvait arriver, bien que l'Ame humaine fût une partie de l'entendement divin, dans le Corollaire de la Proposition 1, partie II. (Note de l'Auteur.)

Démonstration

Sitôt que nous imaginons un objet que nous avons vu avec d'autres, il nous souvient aussi des autres *(Prop.* 18, *p. II, voir aussi le Scolie)*, et ainsi de la considération de l'un nous tombons aussitôt dans la considération d'un autre. Et telle est aussi la condition d'un objet si nous imaginons qu'il n'a rien qui ne soit commun à plusieurs. Nous supposons par cela même en effet que nous ne considérons rien en lui, que nous n'ayons vu auparavant conjointement à d'autres. Mais, quand nous supposons que nous imaginons dans un objet quelque chose de singulier, que nous n'avons jamais vu auparavant, nous ne disons rien d'autre sinon que l'Ame, pendant qu'elle considère cet objet, n'a rien en elle dans la considération de quoi la considération de cet objet puisse la faire tomber; et ainsi elle est déterminée à le considérer uniquement. Donc si un objet, etc.

C. Q. F. D.

SCOLIE

Cette affection de l'Ame ou cette imagination d'une chose singulière, en tant qu'elle se trouve seule dans l'Ame, est appelée *Étonnement;* si elle est provoquée par un objet dont nous avons peur, elle est dite *Consternation*, parce que l'Étonnement d'un mal tient l'homme à ce point en suspens dans la seule considération de ce mal qu'il est incapable de penser à d'autres objets, par où il pourrait éviter ce mal. Mais, si ce qui nous étonne est la prudence d'un homme, son industrie ou quelque autre chose de ce genre, comme par cela même nous considérons cet homme comme l'emportant de beaucoup sur nous, alors l'Étonnement se nomme *Vénération*, et *Horreur* si c'est la colère d'un homme, son envie, etc., qui nous étonne. Ensuite, si nous sommes étonnés de la prudence, de l'industrie, etc., d'un homme que nous aimons, notre Amour par cela même (*Prop.* 12) sera plus grand, et nous appelons *Ferveur* cet Amour joint à l'Étonnement ou à la Vénération. Nous pouvons aussi concevoir de cette manière la Haine, l'Espoir, la Sécurité et d'autres affections se joignant à l'Étonnement et nous pourrons déduire ainsi plus d'Affections qu'on n'a coutume d'en désigner par les mots reçus. D'où il apparaît que l'usage ordinaire des Affections plus que leur connaissance attentive a fait inventer ces noms.

A l'Étonnement s'oppose le *Mépris* dont la cause est toutefois généralement la suivante : nous voyons que quelqu'un s'étonne d'une chose, l'aime, la craint, etc., ou encore une chose paraît au premier aspect semblable à celles dont nous nous étonnons, que nous aimons, craignons, etc., et nous sommes ainsi déterminés (*Prop.* 15 *avec son Coroll. et Prop.* 27) à nous étonner de cette chose, à l'aimer, la craindre; mais, si par sa présence ou sa considération plus attentive nous sommes contraints de nier d'elle tout ce qui peut être cause d'Étonnement, d'Amour, de Crainte, etc., alors l'Ame demeure déterminée par la présence même de la chose à penser à ce qui n'est pas dans l'objet plutôt qu'à ce qui s'y trouve, tandis qu'au contraire la présence d'un objet fait penser d'ordinaire principalement à ce qui s'y trouve. De même maintenant que la Ferveur naît de l'Étonnement causé par une chose que nous aimons, la *Dérision* naît du Mépris de la chose que nous haïssons ou craignons, et le *Dédain* du Mépris de la sottise, comme la Vénération, naît de l'Étonnement de la prudence. Nous pouvons enfin concevoir l'Amour, l'Espoir, la Gloire et d'autres Affections se joignant au Mépris et déduire encore de là de nouvelles Affections que nous n'avons accoutumé de distinguer des autres par aucun vocable.

PROPOSITION LIII

Quand l'Ame se considère elle-même et considère sa puissance d'agir, elle est joyeuse; et d'autant plus qu'elle s'imagine elle-même et imagine sa puissance d'agir plus distinctement.

Démonstration

L'homme ne se connaît pas lui-même, sinon par les affections de son Corps et leurs idées (*Prop.* 19 *et* 23, *p. II*). Quand donc il arrive que l'Ame peut se considérer elle-même, par cela même elle est supposée passer à une perfection plus grande, c'est-à-dire (*Scolie de la Prop.* 11) elle est supposée être affectée de Joie, et d'autant plus qu'elle s'imagine elle-même et imagine sa puissance d'agir plus distinctement.

C. Q. F. D.

COROLLAIRE

Cette joie est de plus en plus alimentée à mesure que l'homme imagine davantage qu'il est loué par d'autres. Car plus il imagine qu'il est loué par d'autres, plus grande est la Joie dont il imagine que les autres sont affectés par lui, et cela avec l'accompagnement de l'idée de lui-même (*Scolie de la Prop.* 29); et ainsi (*Prop.* 27) lui-même est affecté d'une Joie plus grande qu'accompagne l'idée de lui-même.

PROPOSITION LIV

L'Ame s'efforce d'imaginer cela seulement qui pose sa propre puissance d'agir.

Démonstration

L'effort de l'Ame ou sa puissance est l'essence même de cette Ame (*Prop.* 7); or l'essence de l'Ame *(comme il est connu de soi)* affirme cela seulement que l'Ame est et peut; mais non ce qu'elle n'est pas et ne peut pas; et ainsi elle s'efforce d'imaginer cela seulement qui affirme ou pose sa propre puissance d'agir.

C. Q. F. D.

PROPOSITION LV

Quand l'Ame imagine son impuissance, elle est contristée par cela même.

Démonstration

L'essence de l'Ame affirme cela seulement que l'Ame est et peut, autrement dit il est de la nature de l'Ame d'imaginer seulement ce qui pose sa puissance d'agir *(Prop. préc.)*. Quand donc nous disons que l'Ame, tandis qu'elle se considère elle-même, imagine son impuissance, nous ne disons rien d'autre sinon que, tandis que l'Ame s'efforce d'imaginer quelque chose qui pose sa puissance d'agir, cet effort qu'elle fait est réduit, autrement dit (*Scolie de la Prop.* 11) qu'elle est contristée.

C. Q. F. D.

COROLLAIRE

Cette tristesse est de plus en plus alimentée, si on imagine qu'on est blâmé par d'autres; ce qui se démontre de la même manière que le Corollaire de la Proposition 53.

SCOLIE

Cette tristesse qu'accompagne l'idée de notre faiblesse s'appelle *Humilité*. La Joie qui naît de la considération de nous, *Amour-propre* ou *Contentement de soi*. Et comme elle se renouvelle toutes les fois que l'homme considère ses propres vertus ou sa puissance d'agir, il arrive par là que chacun s'empresse à narrer ses faits et gestes et à étaler les forces tant de son corps que de son esprit et que pour cette cause les hommes sont insupportables les uns aux autres. Et de là encore il suit que les hommes sont de nature envieux (*voir Scolie de la Prop.* 24 *et Scolie de la Prop.* 32), c'est-à-dire qu'ils s'épanouissent de la faiblesse de leurs pareils et se contristent de leur vertu. Toutes les fois en effet que l'on imagine ses propres actions, on est affecté de Joie (*Prop.* 53) et d'autant plus que les actions semblent exprimer plus de perfection et qu'on les imagine plus distinctement; c'est-à-dire *(par ce qui est dit dans le Scolie* 1 *de la Prop.* 40, *p. II)* qu'on peut davantage les distinguer des autres et les considérer comme des choses singulières. C'est pourquoi on sera épanoui au plus haut point par la considération de soi-même quand on considère en soi quelque chose que l'on nie des autres. Mais, si l'on rapporte à l'idée générale de l'homme ou de l'être vivant ce qu'on affirme de soi, on ne s'épanouira pas autant; et l'on sera contristé, au contraire, si l'on imagine que ses actions comparées à celles des autres sont plus faibles. On s'efforcera d'ailleurs d'écarter cette Tristesse (*Prop.* 28), et cela en interprétant faussement les actions de ses pareils ou en ornant les siennes autant qu'on peut. Il apparaît donc que les hommes sont de nature enclins à la Haine et à l'Envie, à quoi s'ajoute encore l'éducation. Car les parents ont accoutumé d'exciter leurs enfants à la vertu par le seul aiguillon de l'honneur et de l'Envie. Il reste cependant peut-être un motif d'hésiter parce qu'il n'est point rare que nous admirions les vertus des hommes et les vénérions eux-mêmes. Pour l'écarter j'ajouterai le corollaire suivant.

COROLLAIRE

Nul ne porte envie pour sa vertu à un autre qu'à un pareil.

Démonstration

L'Envie est la Haine elle-même (*Scolie de la Prop.* 24), c'est-à-dire une Tristesse (*Scolie de la Prop.* 13), en d'autres termes (*Scolie de la Prop.* 11) une Affection par laquelle la puissance d'agir d'un homme ou son effort est réduit. Mais l'homme (*Scolie de la Prop.* 9) ne s'efforce vers une action et ne désire la faire que si elle peut suivre de sa nature telle qu'elle est donnée; donc l'homme ne désirera pas qu'aucune puissance d'agir ou (ce qui revient au même) qu'aucune vertu soit affirmée de lui, si elle appartient en propre à la nature d'un autre et est étrangère à la sienne; et ainsi son Désir ne peut être réduit, c'est-à-dire (*Scolie de la Prop.* 11) qu'il ne peut être contristé parce qu'il considère quelque vertu dans un être dissemblable, et conséquemment il ne peut lui porter envie. Mais il portera envie à son pareil qui est supposé de même nature que lui.

C. Q. F. D.

SCOLIE

Puis donc que nous vénérons un homme, disions-nous plus haut dans le Scolie de la Proposition 52, parce que nous voyons avec étonnement sa prudence, son courage, etc., cela a lieu *(comme le montre la Prop. préc.)* parce que nous imaginons que ces vertus lui appartiennent de façon singulière et n'en faisons pas des manières d'être communes de notre nature; et de la sorte nous ne les lui envions pas plus qu'aux arbres la hauteur et aux lions le courage, etc.

PROPOSITION LVI

Il y a autant d'espèces de Joie, de Tristesse et de Désir et conséquemment de toutes les Affections qui en sont composées comme la Fluctuation de l'Ame, ou en dérivent comme l'Amour, la Haine, l'Espoir, la Crainte, etc., qu'il y a d'espèces d'objets par où nous sommes affectés.

Démonstration

La Joie et la Tristesse et conséquemment les Affections qui en sont composées ou en dérivent, sont des passions (*Scolie de la Prop.* 11); nous pâtissons d'ailleurs (*Prop.* 1) nécessairement en tant que nous avons des idées inadéquates et dans l'exacte mesure seulement où nous en avons (*Prop.* 3); c'est-à-dire *(Scolie* 1 *de la Prop.* 40, *p. II)* nous pâtissons dans la mesure seulement où nous imaginons, en d'autres termes *(Prop.* 17, *p. II, avec le Scolie)* où nous sommes affectés d'une affection qui enveloppe la nature de notre Corps et celle d'un corps extérieur. La nature donc de chaque passion doit être nécessairement expliquée de façon que s'exprime la nature de l'objet par où nous sommes affectés. Je dis que la Joie qui naît d'un objet, par exemple de A, enveloppe la nature de cet objet A, et que la Joie qui naît de l'objet B, enveloppe la nature de l'objet B; et ainsi ces deux affections de Joie sont différentes par nature, naissant de causes de nature différente. De même aussi l'affection de Tristesse qui naît d'un objet est différente par nature de la Tristesse qui naît d'une autre cause, et il faut l'entendre ainsi de l'Amour, de la Haine, de l'Espoir, de la Crainte, de la Fluctuation de l'âme : et, par suite, il y a nécessairement autant d'espèces de Joie, de Tristesse, d'Amour, de Haine que d'espèces d'objets par où nous sommes affectés. Quant au Désir, il est l'essence même de chacun, ou sa nature, en tant qu'il est conçu comme déterminé à faire quelque chose par sa constitution telle qu'elle est donnée (*Scolie de la Prop.* 9); dès lors donc que chacun est affecté par des causes extérieures de telle ou telle espèce de Joie, de Tristesse, d'Amour, de Haine, c'est-à-dire dès lors que sa nature est constituée de telle façon ou de telle autre, son Désir sera nécessairement tel ou tel, et la nature d'un Désir différera de celle d'un autre Désir autant que les affections d'où ils naissent diffèrent entre elles. Il y a donc autant d'espèces de Désir que de Joie, de Tristesse, d'Amour, etc., et conséquemment *(par ce qui a été montré déjà)* qu'il y a d'espèces d'objets par où nous sommes affectés.

C. Q. F. D.

SCOLIE

Parmi ces espèces d'affections, qui *(Prop. préc.)* doivent être très nombreuses, les notoires sont la *Gourmandise*, l'*Ivrognerie*, la *Lubricité*, l'*Avarice* et l'*Ambition*, lesquelles ne sont que des désignations de l'Amour ou du Désir expliquant la nature de l'une et l'autre affections par les objets où elles se rapportent. Par Gourmandise, Ivrognerie, Lubricité, Avarice et Ambition, nous n'entendons rien d'autre en effet qu'un Amour ou un Désir immodéré de la chère, de la boisson, du coït, des richesses et de la gloire. De plus, ces affections, en tant que nous les distinguons des autres par l'objet où elles se rapportent, n'ont pas de contraires. Car la *Tempérance* et la *Sobriété* et enfin la *Chasteté*, que nous avons accoutumé d'opposer à la Gourmandise, à l'Ivrognerie et à la Lubricité, ne sont pas des affections ou des passions, mais manifestent la puissance de l'âme qui gouverne ces affections. Je ne peux d'ailleurs ici expliquer les autres espèces d'Affections (y en ayant autant que d'espèces d'objets) et, si même je le pouvais, cela n'est pas nécessaire. Car pour l'exécution de notre dessein, qui est de déterminer les forces des affections et la puissance qu'à l'Ame sur elles, il nous suffit d'avoir une définition générale de chaque affection. Il nous suffit, dis-je, de connaître les propriétés communes des Affections et de l'Ame, pour pouvoir déterminer de quelle sorte et de quelle grandeur est la puissance de l'Ame pour gouverner et réduire les Affections. Bien qu'il y ait une grande différence entre telle et telle affection d'Amour, de Haine ou de Désir, par exemple, entre l'Amour qu'on a pour ses enfants et l'Amour qu'on a pour sa femme, nous n'avons donc pas besoin de connaître ces différences et de pousser plus outre l'étude de la nature et de l'origine des affections.

PROPOSITION LVII

Une affection quelconque de chaque individu diffère de l'affection d'un autre, autant que l'essence de l'un diffère de l'essence de l'autre.

Démonstration

Cette proposition est évidente par l'Axiome 1 qui se voit après le Lemme 3 faisant suite à la Proposition 13, partie II. Nous la démontrerons, néanmoins, par les Définitions des trois affections primitives.

Toutes les affections se ramènent au Désir, à la Joie ou à la Tristesse comme le montrent les définitions que nous en avons données. Mais le Désir est la nature même ou l'essence de chacun (*Scolie de le Prop.* 9); donc le Désir de chacun diffère du Désir d'un autre autant que la nature ou essence de l'un diffère de l'essence de l'autre. La Joie et la Tristesse, maintenant, sont des passions par lesquelles la puissance de chacun ou son effort pour persévérer dans son être, est accrue ou diminuée, secondée ou réduite *(Prop.* 11 *avec le Scolie).* Mais par l'effort pour persévérer dans son être, en tant qu'il se rapporte à la fois à l'Ame et au Corps, nous entendons l'Appétit et le Désir (*Scolie de la Prop.* 9); donc la Joie et la Tristesse est le Désir même ou l'Appétit, en tant qu'il est accru ou diminué, secondé ou réduit par des causes extérieures, c'est-à-dire *(même Scolie)* est la nature même de chacun; et ainsi la Joie ou la Tristesse de l'un diffère de la Joie ou de la Tristesse d'un autre, autant aussi que la nature ou essence de l'un diffère de la nature ou essence de l'autre; et conséquemment une affection quelconque de chaque individu diffère de l'affection d'un autre autant, etc.

C. Q. F. D.

SCOLIE

Il suit de là que les Affections des vivants que l'on dit privés de raison (nous ne pouvons douter en effet que les animaux ne sentent, une fois connue l'origine de l'Ame), diffèrent des affections des hommes autant que leur nature diffère de l'humaine. Le cheval et l'homme sans doute sont emportés par la Lubricité de procréer; mais le premier par une Lubricité de cheval, le second par une Lubricité d'homme. De même aussi les Lubricités et les Appétits des insectes, des poissons et des oiseaux, doivent être différents les uns des autres. Bien que chaque individu vive dans le contentement et l'épanouissement de sa nature telle qu'elle est formée, cette vie dont chacun est content et cet épanouissement ne sont rien d'autre que l'idée ou l'âme de cet individu, et ainsi l'épanouissement de l'un diffère de l'épanouissement de l'autre autant que la nature ou essence de l'un diffère de la nature ou essence de l'autre. Enfin il suit de la Proposition précédente que la différence n'est pas petite entre l'épanouissement dont un ivrogne, par exemple, subit l'attrait, et l'épanouissement auquel est parvenu un Philosophe, ce que j'ai voulu faire observer en passant. Voilà pour ce qui concerne les affections qui se rapportent à l'homme en tant qu'il est passif. Il me reste à ajouter quelques mots sur celles qui se rapportent à lui en tant qu'il est actif.

PROPOSITION LVIII

Outre la Joie et le Désir qui sont des passions, il y a d'autres affections de Joie et de Désir qui se rapportent à nous en tant que nous sommes actifs.

Démonstration

Quand l'Ame se conçoit elle-même et conçoit sa puissance d'agir, elle est joyeuse (*Prop.* 53); or l'Ame se considère nécessairement elle-même quand elle conçoit une idée vraie ou adéquate *(Prop.* 43, *p. II)*. D'autre part, l'Ame conçoit certaines idées adéquates *(Scolie* 2 *de la Prop.* 40, *p. II)*. Donc elle est joyeuse aussi dans la mesure où elle conçoit les idées adéquates, c'est-à-dire (*Prop.* 1) où elle est active. De plus, l'Ame, en tant qu'elle a des idées claires et distinctes, comme en tant qu'elle en a de confuses, s'efforce de persévérer dans son être (*Prop.* 9). Mais par effort nous entendons le Désir *(Scolie de la même Prop.)*; donc le Désir se rapporte à nous en tant aussi que nous connaissons, c'est-à-dire (*Prop.* 1) en tant que nous sommes actifs.

C. Q. F. D.

PROPOSITION LIX

Parmi toutes les affections qui se rapportent à l'Ame en tant qu'elle est active, il n'y en a point qui ne se ramènent à la Joie et au Désir.

Démonstration

Toutes les affections se ramènent au Désir, à la Joie ou à la Tristesse, comme le montrent les définitions que nous en avons données. Mais par Tristesse nous entendons ce qui diminue ou réduit * la puissance de penser de l'Ame *(Prop.* 11 *avec son Scolie)*, et ainsi en tant que l'Ame est contristée, sa puissance de connaître, c'est-à-dire d'agir (*Prop.* 1), est diminuée ou contrariée. Il n'est donc point d'affections de Tristesse qui se puissent rapporter à l'Ame en tant qu'elle est active, mais seulement des affections de Joie et de Désir, y en ayant *(Prop. précéd.)* qui se rapportent à elle considérée comme telle.

C. Q. F. D.

* Je traduis *minuit vel coercet* au lieu de *minuitur et coercetur* que donne l'édition van Vloten et Land.

SCOLIE

Je ramène à la *Force d'âme* les actions qui suivent des affections se rapportant à l'Ame en tant qu'elle connaît, et je divise la Force d'âme en Fermeté et Générosité. Par *Fermeté* j'entends *un Désir par lequel un individu s'efforce à se conserver en vertu du seul commandement de la Raison.* Par *Générosité* j'entends un *Désir par lequel un individu s'efforce en vertu du seul commandement de la raison à assister les autres hommes et à établir entre eux et lui un lien d'amitié.* Je rapporte donc à la Fermeté ces actions qui ont pour but l'utilité de l'agent seulement, et à la Générosité celles qui ont aussi pour but l'utilité d'autrui. La Tempérance donc, la Sobriété et la Présence d'Esprit dans les périls, etc., sont des espèces de Fermeté; la Modestie, la Clémence, etc., des espèces de Générosité. Je pense ainsi avoir expliqué et fait connaître par leurs premières causes les principales affections et fluctuations de l'âme qui naissent par la combinaison des trois affections primitives, savoir le Désir, la Joie et la Tristesse. On voit par cette exposition que nous sommes mus en beaucoup de manières par les causes extérieures, et que, pareils aux vagues de la mer, mues par des vents contraires, nous sommes ballottés, ignorant ce qui nous adviendra et quel sera notre destin. J'ai dit toutefois que j'ai fait connaître seulement les principaux conflits où l'âme est engagée, et non tous ceux qu'il peut y avoir. Continuant de suivre en effet la même voie que plus haut, nous pouvons montrer facilement que l'Amour se joint au Repentir, au Dédain, à la Honte, etc. Bien mieux, il est, je crois, établi pour chacun par ce qui précède que les affections peuvent se combiner entre elles de tant de manières, et que tant de variétés naissent de là, qu'on ne peut leur assigner aucun nombre. Mais il suffit à mon dessein d'avoir énuméré les principales; pour celles que j'ai omises, elles seraient objet de curiosité plus que d'utilité. Il reste cependant à observer au sujet de l'Amour que, par une rencontre très fréquente, quand nous jouissons de la chose appétée, le Corps peut acquérir par cette jouissance un état nouveau, être par là autrement déterminé, de façon que d'autres images de choses soient éveillées en lui, et que l'Ame commence en même temps à imaginer autre chose et à désirer autre chose. Quand, par exemple, nous imaginons quelque chose, à la saveur de quoi nous avons accoutumé de prendre plaisir, nous désirons en jouir, c'est-à-dire en manger. Mais, tandis que nous en jouissons ainsi, l'estomac se remplit, et le Corps se trouve dans un autre état. Si donc, dans cette disposition nouvelle du Corps, l'image de ce même aliment se maintient parce qu'il est présent, et conséquemment aussi l'effort ou le Désir d'en manger, à ce désir ou effort s'opposera cet état nouveau et, par suite, la présence de l'aliment appété sera odieuse; c'est là ce que nous appelons Dégoût et Lassitude. J'ai, en outre, négligé les troubles extérieurs affectant le Corps qui s'observent dans les affections, tels le tremblement, la pâleur, les sanglots, le rire, etc., parce qu'ils se rapportent au Corps uniquement sans aucune relation avec l'Ame. Je dois enfin faire au sujet des définitions des affections certaines observations, et pour cette raison je reproduirai ici avec ordre ces définitions, y insérant ce qui est à observer sur chacune.

DÉFINITIONS DES AFFECTIONS

I

Le *Désir* est l'essence même de l'homme en tant qu'elle est conçue comme déterminée à faire quelque chose par une affection quelconque donnée en elle.

Explication

Nous avons dit plus haut, dans le Scolie de la Proposition 9, que le Désir est l'appétit avec conscience de lui-même; et que l'appétit est l'essence même de l'homme en tant qu'elle est déterminée à faire les choses servant à sa conservation. Mais j'ai fait observer dans ce même Scolie que je ne reconnais, en réalité, aucune différence entre l'appétit de l'homme et le Désir. Que l'homme, en effet, ait ou n'ait pas conscience de son appétit, cet appétit n'en demeure pas moins le même; et ainsi, pour ne pas avoir l'air de faire une tautologie, je n'ai pas voulu expliquer le Désir par l'appétit, mais je me suis appliqué à le définir de façon à y comprendre tous les efforts de la nature humaine que nous désignons par les mots d'appétit, de volonté, de désir, ou d'impulsion. Je pouvais dire que le Désir est l'essence même de l'homme en tant qu'elle est conçue comme déterminée à faire quelque chose, mais il ne suivrait pas de cette définition *(Prop. 23, p. II)* que l'Ame pût avoir conscience de son Désir ou de son appétit. Donc, pour que la cause de cette conscience fût enveloppée dans ma définition, il m'a été nécessaire *(même Prop.)* d'ajouter, *en tant qu'elle est déterminée par une affection quelconque donnée en elle*, etc. Car par une affection de l'essence de l'homme, nous entendons toute disposition de cette essence, qu'elle soit innée ou acquise *, qu'elle se conçoive par le seul attribut de la Pensée ou par le seul attribut de l'Étendue, ou enfin se rapporte à la fois aux deux. J'entends donc par le mot de Désir tous les efforts, impulsions, appétits et volitions de l'homme, lesquels varient suivant la disposition variable d'un même homme et s'opposent si bien les uns aux autres que l'homme est traîné en divers sens et ne sait où se tourner.

II

La *Joie* est le passage de l'homme d'une moindre à une plus grande perfection.

III

La *Tristesse* est le passage de l'homme d'une plus grande à une moindre perfection.

Explication

Je dis passage. Car la Joie n'est pas la perfection elle-même. Si en effet l'homme naissait avec la perfection à laquelle il passe, il la posséderait sans affection de

* J'ajoute au texte de Land les mots *sive adventicia*, nécessaires au sens, et dont l'équivalent hollandais se trouve dans la traduction de Glazemaker.

Joie; cela se voit plus clairement dans l'affection de la Tristesse qui lui est opposée. Que la Tristesse en effet consiste dans un passage à une perfection moindre et non dans la perfection moindre elle-même, nul ne peut le nier, puisque l'homme ne peut être contristé en tant qu'il a part à quelque perfection. Et nous ne pouvons pas dire que la Tristesse consiste dans la privation d'une perfection plus grande, car une privation n'est rien. L'affection de Tristesse est un acte et cet acte ne peut, en conséquence, être autre chose que celui par lequel on passe à une perfection moindre, c'est-à-dire l'acte par lequel est diminuée ou réduite la puissance d'agir de l'homme (*voir Scolie de la Prop.* 11). J'omets, en outre, les définitions de la Gaieté, du Chatouillement, de la Mélancolie et de la Douleur, parce que ces affections se rapportent éminemment au Corps et ne sont que des espèces de Joie ou de Tristesse.

IV

Il y a *Étonnement* quand à l'imagination d'une chose l'Ame demeure attachée, parce que cette imagination singulière n'a aucune connexion avec les autres *(voir Prop.* 52 *avec son Scolie)*.

Explication

Dans le Scolie de la Proposition 18, Partie II, nous avons montré pour quelle cause l'Ame passe aussitôt de la considération d'une chose à la pensée d'une autre, savoir parce que les images de ces choses sont enchaînées entre elles et ordonnées de façon que l'une suive l'autre; or on ne peut concevoir qu'il en soit ainsi quand l'image de la chose est nouvelle, mais alors l'Ame sera retenue dans la considération de cette chose jusqu'à ce qu'elle soit déterminée par d'autres causes à penser à d'autres. Considérée en elle-même, l'imagination d'une chose nouvelle est donc de même nature que les autres et, pour ce motif, je ne range pas l'Étonnement au nombre des affections, et je ne vois pas de motif pour le faire, puisque, si l'Ame est distraite de toute autre pensée, cette distraction qu'elle subit ne provient d'aucune cause positive, mais seulement de l'absence d'une cause qui de la considération d'une certaine chose la détermine à penser à d'autres. Je reconnais donc seulement trois affections primitives ou fondamentales (*comme dans le Scolie de la Prop.* 11), savoir celles de la Joie de la Tristesse et du Désir; et, si j'ai dit quelques mots de l'Étonnement, c'est parce que l'usage s'est établi de désigner certaines affections dérivant des trois primitives par d'autres noms, quand elles se rapportent à des objets qui nous étonnent; pour le même motif je joindrai ici la définition du Mépris.

V

Il y a *Mépris* quand, par l'imagination d'une chose, l'Ame est si peu touchée que la présence de cette chose soit pour elle un motif d'imaginer ce qui ne s'y trouve pas, plutôt que ce qui s'y trouve (*voir Scolie de la Prop.* 52).

Je laisse ici de côté la définition de la Vénération et du Dédain, parce que nulles affections, que je sache, ne tirent de là leur nom.

VI

L'*Amour* est une Joie qu'accompagne l'idée d'une cause extérieure.

Explication

Cette Définition explique assez clairement l'essence de l'Amour; pour celle des Auteurs qui définissent l'*Amour* comme *la volonté qu'a l'amant de se joindre à la chose aimée*, elle n'exprime pas l'essence de l'Amour mais sa propriété, et, n'ayant pas assez bien vu l'essence de l'Amour, ces Auteurs n'ont pu avoir non plus aucun concept clair de sa propriété; ainsi est-il arrivé que leur définition a été jugée extrêmement obscure par tous. Il faut observer, toutefois, qu'en disant que cette propriété consiste dans la volonté qu'a l'amant de se joindre à la chose aimée, je n'entends point par volonté un consentement, ou une délibération, c'est-à-dire un libre décret (nous avons démontré Proposition 48, Partie II, que c'était là une chose fictive), non pas même un Désir de se joindre à la chose aimée quand elle est absente, ou de persévérer dans sa présence quand elle est là; l'amour peut se concevoir en effet sans l'un ou sans l'autre de ces Désirs; mais par volonté j'entends le Contentement qui est dans l'amant à cause de la présence de la chose aimée, contentement par où la Joie de l'amant est fortifiée ou au moins alimentée.

VII

La *Haine* est une Tristesse qu'accompagne l'idée d'une cause extérieure.

Explication

On perçoit facilement ce qu'il faut observer ici, par ce qui a été dit dans l'Explication précédente (*voir, en outre, le Scolie de la Prop.* 13).

VIII

L'*Inclination* est une Joie qu'accompagne l'idée d'une chose qui est cause de Joie par accident.

IX

L'*Aversion* est une Tristesse qu'accompagne l'idée d'une chose qui est cause de Tristesse par accident (*voir au sujet de ces affections le Scolie de la Prop.* 15).

X

La *Ferveur* est l'Amour à l'égard de celui qui nous étonne.

Explication

Nous avons montré, Proposition 52, que l'Étonnement naît de la nouveauté d'une chose. Si donc il arrive que nous imaginions souvent ce qui nous étonne, nous cesserons de nous étonner; nous voyons donc que l'affection de la Ferveur peut aisément dégénérer en Amour simple.

XI

La *Dérision* est une Joie née de ce que nous imaginons qu'il se trouve quelque chose à mépriser dans une chose que nous haïssons*.

Explication

En tant que nous méprisons la chose que nous haïssons, nous nions d'elle l'existence (*voir Scolie de la Prop.* 52), et dans cette mesure nous sommes joyeux (*Prop.* 20). Mais, puisque nous supposons que l'homme a cependant en haine l'objet de sa dérision, il suit de là que cette Joie n'est pas solide (*voir Scolie de la Prop.* 47).

XII

L'*Espoir* est une Joie inconstante née de l'idée d'une chose future ou passée de l'issue de laquelle nous doutons en quelque mesure.

XIII

La *Crainte* est une Tristesse inconstante née de l'idée d'une chose future ou passée de l'issue de laquelle nous

* L'édition Land porte *quod contemnimus in re, quam odimus, ei inesse imaginamur*. Je supprime un mot et modifie la ponctuation de cette définition.

doutons en quelque mesure (*voir sur ces affections le Scolie* 2 *de la Prop.* 18).

Explication

Il suit de ces définitions qu'il n'y a pas d'Espoir sans Crainte ni de Crainte sans Espoir. Qui est en suspens dans l'Espoir, en effet, et dans le doute au sujet de l'issue d'une chose, est supposé imaginer quelque chose qui exclut l'existence d'un événement futur; en cela donc il est contristé (*Prop.* 19), et conséquemment, tandis qu'il est en suspens dans l'Espoir, il craint que l'événement ne soit pas. Qui, au contraire, est dans la Crainte, c'est-à-dire dans le doute au sujet de l'issue d'une chose qu'il hait, imagine aussi quelque chose qui exclut l'existence d'un événement; et ainsi (*Prop.* 20) il est joyeux et, en cela, a donc l'Espoir que l'événement ne soit pas.

XIV

La *Sécurité* est une Joie née de l'idée d'une chose future ou passée au sujet de laquelle il n'y a plus de cause de doute.

XV

Le *Désespoir* est une Tristesse née de l'idée d'une chose future ou passée au sujet de laquelle il n'y a plus de cause de doute.

Explication

La Sécurité donc naît de l'Espoir, et le Désespoir de la Crainte, quand il n'y a plus de cause de doute au sujet de l'issue d'une chose; cela vient de ce que l'homme imagine comme étant là la chose passée ou future et la considère comme présente, ou de ce qu'il en imagine d'autres excluant l'existence de celles qui avaient mis le doute en lui. Bien que, en effet, nous ne puissions jamais être certains de l'issue des choses singulières *(Coroll. de la Prop.* 31, *p. II)*, il arrive cependant que nous n'en doutions pas. Autre chose, en effet, nous l'avons montré *(Scolie de la Prop.* 49, *p. II)*, est ne pas douter d'une chose, autre chose en avoir la certitude; il peut arriver ainsi que par l'image d'une chose passée ou future nous soyons affectés de la même affection de Joie ou de Tristesse que par l'image d'une chose présente, comme nous l'avons démontré dans la Proposition 18, où nous renvoyons ainsi qu'à ses Scolies *.

XVI

L'*Épanouissement* est une Joie qu'accompagne l'idée d'une chose passée arrivée inespérément.

XVII

Le *Resserrement de conscience* est une Tristesse qu'accompagne l'idée d'une chose passée arrivée contrairement à notre espoir.

XVIII

La *Commisération* est une Tristesse qu'accompagne l'idée d'un mal arrivé à un autre que nous imaginons être semblable à nous (*voir Scolie de la Prop.* 22 *et Scolie de la Prop.* 27).

Explication

Entre la Commisération et la Miséricorde il ne paraît y avoir aucune différence, sinon peut-être que la Commisération a rapport à une affection singulière, la Miséricorde à une disposition habituelle à l'éprouver.

* Je traduis le pluriel *Scholiis* au lieu du singulier *Scholio* que donne l'édition van Vloten et Land.

XIX

La *Faveur* est un Amour envers quelqu'un qui a fait du bien à un autre.

XX

L'*Indignation* est une Haine envers quelqu'un qui a fait du mal à un autre.

Explication

Je sais que ces mots ont dans l'usage ordinaire un autre sens. Mais mon dessein est d'expliquer la nature des choses et non le sens des mots, et de désigner les choses par des vocables dont le sens usuel ne s'éloigne pas entièrement de celui où je les emploie, cela soit observé une fois pour toutes. Pour la cause de ces affections je renvoie, en outre, au Corollaire 1 de la Proposition 27 et au Scolie de la Proposition 22.

XXI

La *Surestime* consiste à faire de quelqu'un par Amour plus de cas qu'il n'est juste.

XXII

La *Mésestime* consiste à faire de quelqu'un par Haine moins de cas qu'il n'est juste.

Explication

La Surestime est donc un effet ou une propriété de l'Amour; la Mésestime, de la Haine; la Surestime peut donc être définie comme étant l'*Amour* en tant *qu'il affecte l'homme de telle sorte qu'il fasse de la chose aimée plus de cas qu'il n'est juste*, et au contraire la *Mésestime* comme étant *la Haine en tant qu'elle affecte l'homme de telle sorte qu'il fasse de celui qu'il a en haine moins de cas qu'il n'est juste* (voir sur ces affections le Scolie de la Prop. 26).

XXIII

L'*Envie* est la Haine en tant qu'elle affecte l'homme de telle sorte qu'il soit contristé par la félicité d'autrui et au contraire s'épanouisse du mal d'autrui.

Explication

A l'Envie s'oppose communément la Miséricorde, qui peut donc, en dépit du sens du mot, se définir ainsi :

XXIV

La *Miséricorde* est l'Amour en tant qu'il affecte l'homme de telle sorte qu'il s'épanouisse du bien d'autrui et soit contristé par le mal d'autrui.

Explication

Voir, en outre, sur l'Envie le Scolie de la Proposition 24 et le Scolie de la Proposition 32. Telles sont les affections de Joie et de Tristesse qu'accompagne l'idée d'une chose extérieure comme cause ou par elle-même ou par accident. Je passe aux affections qu'accompagne comme cause l'idée d'une chose intérieure.

XXV

Le *Contentement de soi* est une Joie née de ce que l'homme se considère lui-même et sa puissance d'agir.

XXVI

L'*Humilité* est une Tristesse née de ce que l'homme considère son impuissance ou sa faiblesse.

Explication

Le Contentement de soi s'oppose à l'Humilité en tant que nous entendons par lui une Joie née de ce que nous considérons notre puissance d'agir mais, en tant que nous entendons par Contentement de soi une Joie qu'accompagne l'idée d'une chose que nous croyons avoir faite par un libre décret de l'Ame, il s'oppose au Repentir que nous définissons ainsi.

XXVII

Le *Repentir* est une Tristesse qu'accompagne l'idée d'une chose que nous croyons avoir faite par un libre décret de l'Ame.

Explication

Nous avons montré les causes de ces affections dans le Scolie de la Proposition 51, dans les Propositions 53, 54 et 55 et le Scolie de cette dernière. Sur le libre décret de l'Ame, voir Scolie de la Proposition 35, partie II. Il faut, en outre, noter ici qu'il n'est pas étonnant qu'en général tous les actes coutumièrement appelés *mauvais* soient suivis de Tristesse, et ceux qu'on dit *droits* de Joie. Cela dépend au plus haut point de l'éducation, comme on le connaît facilement par ce qui précède. Les parents, en effet, désapprouvant les premiers et faisant à leurs enfants de fréquents reproches à leur sujet, les exhortant aux seconds au contraire et les louant, ont fait que des émois de Tristesse fussent joints aux uns et des mouvements de Joie aux autres.

Cela est confirmé par l'expérience. Car la coutume et la Religion n'est point partout la même, mais au contraire ce qui est sacré pour les uns est pour les autres profane, et ce qui est honnête chez les uns, vilain chez les autres. Suivant donc que chacun a été élevé, il se repent de telle chose faite par lui ou s'en glorifie.

XXVIII

L'*Orgueil* consiste à faire de soi-même par Amour plus de cas qu'il n'est juste.

Explication

L'orgueil diffère donc de la Surestime en ce que celle-ci se rapporte à un objet extérieur, l'Orgueil à l'homme même qui fait de lui plus de cas qu'il n'est juste. En outre, de même que la Surestime est un effet ou une propriété de l'Amour, l'Orgueil découle de l'Amour propre et peut donc se définir : l'*Amour de soi ou le Contentement de soi-même en tant qu'il affecte l'homme de telle sorte qu'il fasse de lui-même plus de cas qu'il n'est juste* (*voir Scolie de la Prop.* 26). Il n'y a pas d'affection opposée à celle-là. Car personne, par haine de soi, ne fait de soi trop peu de cas; et même personne ne fait de soi moins de cas qu'il n'est juste en tant qu'il imagine ne pouvoir ceci ou cela. Tout ce que l'homme imagine qu'il ne peut pas, en effet il l'imagine nécessairement, et est disposé par cette imagination de telle sorte qu'il ne puisse réellement pas faire ce qu'il imagine ne pas pouvoir. Car, aussi longtemps qu'il imagine ne pas pouvoir ceci ou cela, il n'est pas déterminé à le faire, et conséquemment il lui est impossible de le faire. Si, en revanche, nous avons égard à ce qui dépend de la seule opinion, nous pourrons concevoir qu'il arrive à un homme de faire de lui-même trop peu de cas; il peut arriver en effet que quelqu'un, considérant tristement sa faiblesse, imagine que tous le méprisent, et cela alors que les autres ne pensent à rien moins qu'à le mépriser. Un homme peut encore faire de lui-même trop peu de cas, si dans le temps présent il nie de lui-même quelque chose relativement au temps futur, duquel il est incertain; comme lorsqu'on nie que l'on puisse rien concevoir de certain ou que l'on puisse désirer ou faire autre chose que du mauvais et du vilain. Nous pouvons dire ensuite que quelqu'un fait de lui-même trop peu de cas quand nous le voyons, par crainte excessive de la honte, ne pas oser ce qu'osent ses pareils. Nous pouvons donc opposer à l'Orgueil cette affection que j'appellerai Mésestime de soi; comme du Contentement de soi naît l'Orgueil en effet, la Mésestime de soi naît de l'Humilité et peut donc se définir ainsi :

XXIX

La *Mésestime de soi* consiste à faire de soi par Tristesse moins de cas qu'il n'est juste.

Explication

Nous avons accoutumé, il est vrai, d'opposer à l'Orgueil l'Humilité, mais c'est qu'alors nous avons égard plutôt à leurs effets qu'à leur nature. Nous appelons orgueilleux en effet celui qui se glorifie trop (*Scolie de la Prop.* 30), ne raconte de lui que ses vertus et que les vices des autres, veut être préféré à tous et se présente avec la même gravité et dans le même appareil que font habituellement les personnes placées fort au-dessus de lui. Nous appelons humble, au contraire, celui qui rougit facilement, avoue ses vices et raconte les vertus d'autrui, s'efface devant tous et va enfin la tête basse, négligeant de se parer. Ces affections, l'Humilité et la Mésestime de soi, veux-je dire, sont d'ailleurs très rares. Car la nature humaine, considérée en elle-même, leur oppose résistance le plus qu'elle peut (*Prop.* 13 *et* 54), et ainsi ceux que l'on croit être le plus pleins de mésestime d'eux-mêmes et d'humilité, sont généralement le plus pleins d'ambition et d'envie.

XXX

La *Gloire* est une Joie qu'accompagne l'idée d'une action nôtre, que nous imaginons qui est louée par d'autres.

XXXI

La *Honte* est une Tristesse qu'accompagne l'idée d'une action, que nous imaginons qui est blâmée par d'autres.

Explication

Voir sur ces affections le Scolie de la Proposition 30. Mais il faut noter ici la différence qui est entre la Honte et la Pudeur. La Honte est une Tristesse qui suit une chose faite dont on rougit. La Pudeur est la Crainte ou la Peur de la Honte, par où l'homme est empêché de faire quelque chose de vilain. A la Pudeur on oppose d'ordinaire l'Impudence qui, en réalité, n'est pas une affection, je le montrerai en son lieu; les noms des affections (j'en ai déjà fait l'observation) se rapportent à leur usage plus qu'à leur nature. J'ai ainsi fini d'expliquer les affections de Tristesse et de Joie que je m'étais proposé d'examiner. Je passe donc à celles que je ramène au Désir.

XXXII

Le *Souhait frustré* est un Désir ou un Appétit de posséder une chose, qui est alimenté par le souvenir de cette chose et en même temps réduit par le souvenir d'autres choses qui excluent l'existence de celle où se porterait l'appétit.

Explication

Quand il nous souvient d'une chose, nous sommes par cela même disposés à la considérer dans le même sentiment dont nous serions affectés si elle était là présente; mais cette disposition ou cet effort est le plus souvent, pendant la veille, inhibé par les images des choses excluant l'existence de celle dont il nous souvient. Quand donc nous nous rappelons une chose qui nous affecte d'un certain genre de Joie, nous nous efforçons par cela même avec la même affection de Joie à la considérer comme présente, et cet effort est aussitôt inhibé par le souvenir des choses qui excluent l'existence de la première. Le souhait frustré est donc en réalité une Tristesse qui s'oppose à la Joie provenant de l'absence d'une chose que nous haïssons; voir sur cette dernière le Scolie de la Proposition 47. Comme toutefois le mot de *Souhait frustré* semble être relatif à un désir, je ramène cette affection aux affections de Désir.

XXXIII

L'*Émulation* est le Désir d'une chose qui est engendré en nous parce que nous imaginons que d'autres ont ce désir.

Explication

Qui fuit, qui a peur parce qu'il voit les autres fuir ou avoir peur, qui même, à la vue d'un autre homme se brûlant la main, retire la main et déplace son corps comme s'il s'était lui-même brûlé la main, nous disons qu'il imite l'affection d'autrui et non qu'il a de l'émulation; ce n'est pas que nous sachions une cause de l'imitation différente de celle de l'émulation, mais l'usage a fait que nous appelions émule celui-là seul qui imite ce que nous jugeons honnête, utile ou agréable. Voir, du reste, sur la cause de l'Émulation la Proposition 27 avec son Scolie. Pour ce que maintenant à cette affection se joint le plus souvent de l'Envie, *voir Proposition* 32 *avec son Scolie*.

XXXIV

La *Reconnaissance* ou *Gratitude* est un Désir ou un empressement d'Amour par lequel nous nous efforçons de faire du bien à qui nous en a fait affecté pareillement d'amour à notre égard. *Voir Prop.* 39 *avec le Scolie de la Prop.* 41.

XXXV

La *Bienveillance* est un Désir de faire du bien à celui pour qui nous avons de la commisération. Voir *Scolie de la Prop.* 27.

XXXVI

La *Colère* est un Désir qui nous excite à faire du mal par Haine à celui que nous haïssons. *Voir Prop.* 39.

XXXVII

La *Vengeance* est un Désir qui nous excite à faire du mal par une Haine réciproque à qui, affecté du même sentiment à notre égard, nous a porté dommage. *Voir Coroll. de la Prop.* 40 *avec son Scolie.*

XXXVIII

La *Cruauté* ou *Férocité* est un Désir qui excite * quelqu'un à faire du mal à celui que nous aimons ou qui nous inspire commisération.

Explication

A la Cruauté s'oppose la Clémence qui n'est pas une passion, mais une puissance de l'âme qui modère la Colère et la Vengeance.

XXXIX

La *Peur* est un Désir d'éviter un mal plus grand, que nous craignons, par un moindre. *Voir Scolie de la Prop.* 39.

* Baensch, au lieu de *aliquis concitatur* que je traduis, voudrait qu'on lût *concitamur;* voir note explicative.

XL

L'*Audace* est un Désir qui excite quelqu'un à faire quelque action en courant un danger que ses pareils craignent d'affronter.

XLI

La *Pusillanimité* se dit de celui dont le Désir est réduit par la peur d'un danger que ses pareils osent affronter.

Explication

La Pusillanimité n'est donc rien d'autre que la Crainte d'un mal que la plupart n'ont pas accoutumé de craindre; c'est pourquoi je ne la ramène pas aux affections de Désir. J'ai cependant voulu en donner ici l'explication parce qu'elle s'oppose réellement à l'affection de l'Audace, eu égard au Désir qu'elle réduit.

XLII

La *Consternation* se dit de celui dont le Désir d'éviter un mal est réduit par l'étonnement du mal dont il a peur.

Explication

La Consternation est donc une espèce de Pusillanimité. Mais, comme elle naît d'une Peur double, elle peut être définie plus commodément comme étant *la Crainte qui contient de telle sorte un homme frappé de stupeur ou flottant, qu'il ne puisse écarter le mal.* Je dis *frappé de stupeur*, en tant que nous concevons son Désir d'écarter le mal comme réduit par l'étonnement. Je dis *flottant*, en tant que nous concevons ce Désir comme réduit par la Peur d'un autre mal qui le tourmente également; d'où vient qu'il ne sait lequel des deux détourner. Voir à ce sujet *Scolie de la Proposition* 39 et *Scolie de la Proposition* 52. En outre, sur la Pusillanimité et l'Audace, voir *Scolie de la Proposition* 51.

XLIII

L'*Humanité* ou la *Modestie* est un Désir de faire ce qui plaît aux hommes et de ne pas faire ce qui leur déplaît.

XLIV

L'*Ambition* est un Désir immodéré de gloire.

Explication

L'Ambition est un Désir par lequel toutes les affections sont alimentées et fortifiées (*Prop.* 27 *et* 31); par suite, cette affection peut difficilement être vaincue. Aussi longtemps en effet qu'un homme est possédé par un Désir, il est en même temps possédé par celui-là. Les *meilleurs*, dit Cicéron, *sont les plus sensibles à l'attrait de la gloire. Même les Philosophes qui écrivent des livres sur le mépris de la gloire y mettent leur nom*, etc.

XLV

La *Gourmandise* est un Désir immodéré, ou même un Amour, de la chère.

XLVI

L'*Ivrognerie* est un Désir immodéré et un Amour de la boisson.

XLVII

L'*Avarice* est un Désir immodéré et un Amour des richesses.

XLVIII

La *Lubricité* est aussi un Désir et un Amour de l'union des corps.

Explication

Que ce Désir du coït soit modéré ou ne le soit pas, on a coutume de l'appeler Lubricité. De plus, les cinq dernières affections (*comme je l'ai fait observer dans le Scolie de la Prop.* 56) n'ont pas de contraires. Car la Modestie est une espèce d'Ambition, comme on le voit dans le *Scolie de la Proposition* 29. J'ai déjà fait observer que la Tempérance, la Sobriété et la Chasteté ne sont pas des passions, mais des puissances de l'Ame. Et bien qu'il puisse arriver qu'un homme avare, ambitieux ou peureux, s'abstienne des excès de table, de boisson ou de coït, l'Avarice cependant, l'Ambition et la Peur ne sont pas opposées à la gourmandise, à l'ivrognerie ou à la lubricité. Car l'avare souhaite la plupart du temps se * gorger de nourriture et de boisson aux dépens d'autrui. L'ambitieux, pourvu qu'il ait l'espoir de n'être pas découvert, ne se modérera en rien et, s'il vit parmi des ivrognes et des lubriques, il sera, par son ambition même, plus enclin aux mêmes vices. Le peureux enfin fait ce qu'il ne veut pas. Encore bien qu'il jette à la mer ses richesses pour éviter la mort, il demeure avare; et si le lubrique est triste de ne pouvoir se satisfaire, il ne cesse pas pour cela d'être lubrique. Et d'une manière générale ces affections ne concernent pas tant les actes mêmes de manger, boire, etc, que le Désir et l'Amour de ces actes. On ne peut donc rien opposer à ces affections, sinon la Générosité et la Fermeté d'âme dont nous parlerons plus tard.

Je passe sous silence les définitions de la Jalousie et des

* L'addition de *se* paraît nécessaire pour la correction.

autres fluctuations de l'Ame, tant parce qu'elles naissent d'une combinaison des affections déjà définies que parce que la plupart n'ont pas de noms; ce qui montre qu'il suffit pour l'usage de la vie de les connaître en général. Il est d'ailleurs clair, par les Définitions des affections expliquées, que toutes naissent du Désir, de la Joie ou de la Tristesse, ou plutôt ne sont rien que ces trois qui toutes ont coutume d'être appelées de divers noms à cause des relations suivant lesquelles on les considère et de leurs dénominations extrinsèques. Si maintenant nous avons égard à ces affections primitives et à ce qui a été dit auparavant de la nature de l'Ame, nous pourrons définir comme il suit les Affections en tant qu'elles se rapportent à l'Ame seule.

DÉFINITION GÉNÉRALE DES AFFECTIONS

Une Affection, dite Passion de l'Ame, est une idée confuse par laquelle l'Ame affirme une force d'exister de son Corps, ou d'une partie d'icelui, plus grande ou moindre qu'auparavant, et par la présence de laquelle l'Ame elle-même est déterminée à penser à telle chose plutôt qu'à telle autre.

Explication

Je dis en premier lieu qu'une Affection ou passion de l'âme est une *idée confuse*. Nous avons montré en effet que l'Ame est passive (*Prop.* 3) en tant seulement qu'elle a des idées inadéquates ou confuses. Je dis ensuite *par laquelle l'Ame affirme une force d'exister de son Corps ou d'une partie d'icelui plus grande ou moindre qu'auparavant*. Toutes les idées de corps que nous avons, indiquent plutôt en effet l'état actuel de notre Corps *(Coroll.* 2 *de la Prop.* 16, *p. II)* que la nature du Corps extérieur; et celle qui constitue la force d'une affection doit indiquer ou exprimer l'état qu'a le Corps ou une de ses parties, par suite de ce que sa puissance d'agir ou sa force d'exister est accrue ou diminuée, secondée, ou réduite. On doit noter toutefois que, si je dis *force d'exister plus grande ou moindre qu'auparavant*, je n'entends point par là que l'Ame compare l'état présent du

Corps avec le passé, mais que l'idée constituant la forme de l'affection affirme du Corps quelque chose qui enveloppe effectivement plus ou moins de réalité qu'auparavant. Et comme l'essence de l'Ame consiste *(Prop.* 11 *et* 13, *p. II)* en ce qu'elle affirme l'existence actuelle de son Corps, et que par perfection nous entendons l'essence même d'une chose, il suit donc que l'Ame passe à une perfection plus grande ou moindre, quand il lui arrive d'affirmer de son Corps ou d'une partie d'icelui quelque chose qui enveloppe plus ou moins de réalité qu'auparavant. Quand donc j'ai dit plus haut que la puissance de penser de l'Ame était accrue ou diminuée, je n'ai rien voulu entendre, sinon que l'Ame avait formé de son Corps, ou d'une partie d'icelui, une idée exprimant plus ou moins de réalité qu'elle n'en avait précédemment affirmé de son Corps. Car on estime la valeur des idées et la puissance actuelle de penser suivant la valeur de l'objet. J'ai ajouté enfin que *par la présence de cette idée l'Ame est déterminée à penser à telle chose plutôt qu'à telle autre*, afin d'exprimer, outre la nature de la Tristesse ou de la Joie, celle aussi du Désir.

QUATRIÈME PARTIE

DE LA SERVITUDE DE L'HOMME
OU DES FORCES DES AFFECTIONS

PRÉFACE

J'appelle Servitude l'impuissance de l'homme à gouverner et réduire ses affections; soumis aux affections, en effet, l'homme ne relève pas de lui-même, mais de la fortune, dont le pouvoir est tel sur lui que souvent il est contraint, voyant le meilleur, de faire le pire. Je me suis proposé, dans cette Partie, d'expliquer cet état par sa cause et de montrer, en outre, ce qu'il y a de bon et de mauvais dans les affections. Avant de commencer, toutefois, il convient de présenter quelques observations préliminaires sur la perfection et l'imperfection et sur le bien et le mal.

Qui a résolu de faire une chose et l'a parfaite, son œuvre est parfaite, non seulement à l'en croire, mais au jugement de quiconque sait droitement ou croit savoir la pensée de l'Auteur et son but. Si, par exemple, on voit une œuvre (que je suppose n'être pas achevée) et si l'on sait que le but de l'Auteur est d'édifier une maison, on dira que la maison est imparfaite, et parfaite au contraire sitôt qu'on la verra portée au point d'achèvement que son Auteur avait résolu de lui faire atteindre. Mais, si l'on voit une œuvre sans avoir jamais vu rien de semblable et qu'on ignore la pensée de l'artisan, certes on ne pourra savoir si elle est parfaite ou imparfaite. Telle paraît être la première signification de ces vocables. Quand, toutefois, les hommes eurent commencé de former des idées générales et de se représenter par la pensée des modèles de maisons, d'édifices, de tours, etc., comme aussi de préférer certains modèles à d'autres, il est advenu que chacun appela parfait ce qu'il voyait s'accorder avec l'idée générale formée par lui des choses de même sorte, et imparfait au contraire ce qu'il voyait qui était moins conforme au modèle conçu par lui, encore que l'artisan eût entièrement exécuté son propre dessein. Il ne paraît pas qu'il y ait d'autre raison pourquoi l'on nomme parfaites ou imparfaites les choses de la nature, c'est-à-dire non faites par la main de l'homme; les hommes, en effet, ont accoutumé de former tant des choses naturelles que des produits de leur art propre, des idées générales, qu'ils tiennent pour des modèles; ils croient que la Nature y a égard (suivant leur opinion elle n'agit jamais que pour une fin) et se les propose comme modèles. Lors donc qu'ils voient se faire, dans la Nature, quelque chose de peu conforme au modèle par eux conçu pour une chose de même sorte, ils croient que la Nature elle-même s'est trouvée en défaut ou a péché, et qu'elle a laissé imparfaite son œuvre. Ainsi voyons-nous les hommes appeler coutumièrement parfaites ou imparfaites les choses naturelles, plus en vertu d'un préjugé que par une vraie connaissance de ces choses. Nous l'avons montré en effet dans l'Appendice de la Première Partie, la Nature n'agit pas pour une fin; cet Être éternel et infini que nous appelons Dieu ou la Nature, agit avec la même nécessité qu'il existe. Car la même nécessité de nature par laquelle il existe, est celle aussi, nous l'avons fait voir (Prop. 16, p. I), *par laquelle il agit. Donc la raison, ou la cause, pourquoi Dieu, ou la Nature, agit et pourquoi il existe est une et toujours la même. N'existant pour aucune fin, il n'agit donc aussi pour aucune; et comme son existence, son action aussi n'a ni principe, ni fin. Ce qu'on appelle cause finale n'est d'ailleurs rien que l'appétit humain en tant qu'il est considéré comme le principe ou la cause primitive d'une chose. Quand, par exemple, nous disons que l'habitation a été la cause finale de telle ou telle maison, certes nous n'entendons rien d'autre sinon qu'un homme, ayant imaginé les avantages de la vie de maison, a eu l'appétit de construire une maison. L'habitation donc, en tant qu'elle est considérée comme une cause finale, n'est rien de plus qu'un appétit singulier, et cet appétit est en réalité une cause efficiente, considérée comme première parce que les hommes ignorent communément les causes de leurs appétits. Ils sont en effet, je l'ai dit souvent, conscients de leurs actions et appétits, mais ignorants des causes par où ils sont déterminés à appéter quelque chose. Pour ce qu'on dit vulgairement, que la Nature est en défaut ou pèche parfois et produit des choses imparfaites, je le range au nombre des propos que j'ai examinés dans l'Appendice de la Première Partie. La perfection donc et l'imperfection ne sont, en réalité, que des modes de penser, je veux dire des notions que nous avons accoutumé de forger parce que nous comparons entre eux les individus de même espèce ou de même genre; à cause de quoi, j'ai dit plus haut* (Défin. 6, p. II) *que par perfection et réalité j'entendais la même chose. Nous avons coutume en effet de ramener tous les individus de la Nature à un genre unique appelé généralissime, autrement dit, à la notion de l'Être qui appartient à tous les individus de la Nature absolument. En tant donc que nous ramenons les individus de la Nature à ce genre et les comparons entre eux, et dans la mesure où nous trouvons que les uns ont plus d'entité ou de réalité que les autres, nous disons qu'ils sont plus parfaits les uns que les autres, et en tant que nous leur attribuons quelque chose qui, telle une limite, une fin, une impuissance, enveloppe une négation, nous les appelons imparfaits, parce qu'ils n'affectent pas notre Ame pareillement à ceux que nous appelons parfaits, et non parce qu'il leur manque quelque chose qui leur appartienne ou que la Nature ait péché. Rien en effet n'appartient à la nature d'une chose, sinon ce qui suit de la nécessité de la nature d'une cause efficiente, et tout ce qui suit de la nécessité de la nature d'une cause efficiente arrive nécessairement.*

Quant au bon et au mauvais, ils n'indiquent également rien de positif dans les choses, considérées du moins en elles-mêmes, et ne sont autre chose que des modes de penser ou des notions que nous formons parce que nous comparons les choses entre elles. Une seule et même chose peut être dans le même temps bonne et mauvaise et aussi indifférente. Par exemple la Musique est bonne pour le Mélancolique, mauvaise pour l'Affligé; pour le Sourd, elle n'est ni bonne ni mauvaise. Bien qu'il en soit ainsi, cependant il nous faut conserver ces vocables. Désirant en effet former une idée de l'homme qui soit comme un modèle de la nature humaine placé devant nos yeux, il nous sera utile de conserver ces vocables dans le sens que j'ai dit. J'entendrai donc par bon dans ce qui va suivre, ce que nous savons avec certitude qui est un moyen de nous rapprocher de plus en plus du modèle de la nature humaine que nous nous proposons. Par mauvais, au contraire, ce que nous savons avec certitude qui nous empêche de reproduire ce modèle. Nous dirons, en outre, les hommes plus ou moins parfaits, suivant qu'ils se rapprocheront plus ou moins de ce même modèle. Il faut l'observer avant tout en effet, si je dis que quelqu'un passe d'une moindre à une plus grande perfection, ou inversement, je n'entends point par là que d'une essence ou forme il se mue en une autre. Un cheval, par exemple, est détruit aussi bien s'il se mue en homme que s'il se mue en insecte; c'est sa puissance d'agir, en tant qu'elle est ce qu'on entend par sa nature,* *que nous concevons comme accrue ou diminuée. Par perfection en général enfin j'entendrai, comme je l'ai dit, la réalité, c'est-à-dire l'essence d'une chose quelconque en tant qu'elle existe et produit quelque effet en une certaine manière, n'ayant nul égard à sa durée. Nulle chose singulière en effet ne peut être dite plus parfaite, pour la raison qu'elle a persévéré plus longtemps dans l'existence; car la durée des choses ne peut être déterminée par leur essence, puisque l'essence des choses n'enveloppe aucun temps certain et déterminé d'existence, mais une chose quelconque, qu'elle soit plus ou moins parfaite, pourra persévérer toujours dans l'existence avec la même force par quoi elle a commencé d'exister, de sorte que toutes sont égales en cela.*

DÉFINITIONS

I. J'entendrai par bon ce que nous savons avec certitude nous être utile.

II. J'entendrai par mauvais, au contraire, ce que nous savons avec certitude empêcher que nous ne possédions un bien.

(Sur les définitions précédentes voir la préface vers la fin.)

III. J'appelle les choses singulières contingentes, en tant qu'ayant égard à leur seule essence, nous ne trouvons rien qui pose nécessairement leur existence ou l'exclue nécessairement.

IV. J'appelle les mêmes choses singulières possibles, en tant qu'ayant égard aux causes par où elles doivent être produites, nous ne savons si ces causes sont déterminées de façon à les produire.

(Dans le Scolie 1 de la Prop. 33, p. I, je n'ai fait aucune différence entre le possible et le contingent, parce qu'il n'était pas nécessaire en cet endroit de les distinguer avec soin.)

V. J'entendrai dans ce qui suit par affections contraires celles qui traînent l'homme dans des directions différentes, même si elles sont du même genre, comme la gourmandise et l'avarice qui sont des espèces d'amour; elles sont contraires non par nature, mais par accident.

VI. J'ai expliqué dans les Scolies 1 et 2 de la Proposition 18, Partie III, ce que j'entends par affection à l'égard d'une chose future, présente et passée; j'y renvoie.

(Il faut cependant noter ici, en outre, que, pas plus qu'une distance de lieu, nous ne pouvons imaginer distinctement une distance de temps au delà d'une certaine limite; en d'autres termes, comme tous les objets distants de nous de plus de deux cents pieds, ou dont la distance du lieu où nous sommes dépasse celle que nous imaginons distinctement, nous sont habituellement représentés par l'imagination à égale distance de nous comme s'ils étaient dans le même plan, de même aussi les objets dont nous imaginons que le temps d'existence est séparé du présent par un intervalle plus grand que celui que nous avons accoutumé d'imaginer distinctement, nous nous les représentons tous par l'imagination à égale distance du présent et nous les rapportons en quelque sorte à un même instant du temps.)

VII. Par fin pour laquelle nous faisons quelque chose j'entends l'appétit.

VIII. Par vertu et puissance j'entends la même chose; c'est-à-dire *(Prop. 7, p. III)* la vertu, en tant qu'elle se rapporte à l'homme, est l'essence même ou la nature de l'homme en tant qu'il a le pouvoir de faire certaines choses se pouvant connaître par les seules lois de sa nature.

AXIOME

Il n'est donné dans la Nature aucune chose singulière qu'il n'en soit donné une autre plus puissante et plus forte. Mais, si une chose quelconque est donnée, une autre plus puissante, par laquelle la première peut être détruite, est donnée.

PROPOSITION I

Rien de ce qu'une idée fausse a de positif n'est ôté par la présence du vrai, en tant que vrai.

Démonstration

La fausseté consiste seulement dans la privation de connaissance qu'enveloppent les idées inadéquates *(Prop.* 35, *p. II)*, et elles n'ont rien de positif à cause de quoi elles sont dites fausses *(Prop.* 33, *p. II)*. Mais, au contraire, en tant qu'elles se rapportent à Dieu, elles sont vraies *(Prop.* 32, *p. II)*. Si donc ce qu'une idée fausse a de positif était ôté par la présence du vrai en tant qu'il est vrai, une idée vraie serait ôtée par elle-même, ce qui *(Prop.* 4, *p. III)* est absurde. Donc rien de ce qu'une idée fausse, etc.

C. Q. F. D.

SCOLIE

Cette Proposition se connaît plus clairement par le Corollaire 2 de la Proposition 16, Partie II. Car une imagination est une idée qui indique plutôt l'état du Corps humain que la nature du corps extérieur, non distinctement à la vérité, mais confusément; par où il arrive que l'Ame est dite errer. Quand par exemple nous regardons le soleil, nous imaginons qu'il est distant de nous d'environ deux cents pieds; en quoi nous nous trompons aussi longtemps que nous ignorons sa vraie distance; mais, quand elle est connue, l'erreur certes est ôtée, mais non l'imagination, laquelle explique la nature du soleil en tant qu'elle affecte le corps; et ainsi, bien que connaissant sa vraie distance, nous n'imaginerons pas moins qu'il est proche de nous. Comme nous l'avons dit en effet dans le Scolie de la Proposition 35, Partie II, nous n'imaginons pas le soleil proche parce que nous ignorons sa vraie distance, mais parce que l'Ame conçoit la grandeur du soleil d'une façon qui est en rapport avec l'affection venue au Corps de lui. De même, quand les rayons du soleil, tombant sur la surface de l'eau, parviennent à nos yeux après réflexion, nous l'imaginons comme s'il était dans l'eau, encore que sachant le lieu où il est vraiment; et les autres imaginations par où l'Ame est trompée, qu'elles indiquent l'état naturel du Corps, ou qu'elles indiquent soit un accroissement, soit une diminution de sa puissance d'agir, ne sont pas contraires au vrai et ne s'évanouissent pas par sa présence. Il arrive bien, quand nous avons à faux peur de quelque mal, que la peur s'évanouisse à l'ouïe d'une nouvelle vraie; mais il arrive aussi, en revanche, quand nous avons peur d'un mal dont la venue est certaine, que la peur s'évanouisse aussi à l'ouïe d'une nouvelle fausse, et ainsi les imaginations ne s'évanouissent pas par la présence du vrai, en tant que vrai, mais parce qu'il s'en offre de plus fortes qui excluent l'existence présente des choses que nous imaginons, comme nous l'avons montré Proposition 17, Partie II.

PROPOSITION II

Nous pâtissons en tant que nous sommes une partie de la Nature qui ne peut se concevoir par soi sans les autres parties.

Démonstration

Nous sommes dits passifs quand quelque chose se produit en nous de quoi nous ne sommes cause que partiellement *(Défin. 2, p. III)*, c'est-à-dire *(Défin. 1, p. III)* quelque chose qui ne peut être déduit des seules lois de notre nature. Nous pâtissons donc en tant que nous sommes une partie de la Nature qui ne peut se concevoir par soi sans les autres parties.

C. Q. F. D.

PROPOSITION III

La force avec laquelle l'homme persévère dans l'existence est limitée et surpassée infiniment par la puissance des causes extérieures.

Démonstration

Cela est évident, par l'Axiome de cette Partie. Car, si un homme est donné, quelque autre chose plus puissante, disons A, est donnée, et si A est donné, quelque autre chose encore, disons B, plus puissante que A, et cela à l'infini; par suite, la puissance de l'homme est limitée par celle d'une autre chose et infiniment surpassée par celle des causes extérieures.

C. Q. F. D.

PROPOSITION IV

Il est impossible que l'homme ne soit pas une partie de la Nature et ne puisse éprouver d'autres changements que ceux qui se peuvent connaître par sa seule nature et dont il est cause adéquate.

Démonstration

La puissance par laquelle les choses singulières et conséquemment l'homme conservent leur être est la puissance même de Dieu ou de la Nature *(Coroll. de la Prop.* 24, *p. I)*, non en tant qu'elle est infinie, mais en tant qu'elle peut s'expliquer par une essence humaine actuelle *(Prop.* 7, *p. III)*. Donc la puissance de l'homme, en tant qu'elle s'explique par son essence actuelle est une partie de la puissance infinie, c'est-à-dire de l'essence *(Prop.* 34, *p. I)*, de Dieu ou de la Nature : ce qui était le premier point. Si maintenant il était possible que l'homme pût n'éprouver d'autres changements que ceux qui se peuvent connaître par la seule nature de l'homme lui-même, il s'ensuivrait *(Prop.* 4 *et* 6, *p. III)* qu'il ne pourrait périr mais existerait toujours nécessairement; et cela devrait suivre d'une cause dont la puissance fût finie ou infinie; je veux dire ou bien de la seule puissance de l'homme, qui pourrait donc écarter de lui-même les autres changements pouvant venir de causes extérieures; ou bien par la puissance infinie de la Nature dirigeant toutes les choses singulières de façon que l'homme pût éprouver ces changements seulement qui servent à sa conservation. Mais la première hypothèse est absurde *(par la Proposition précédente dont la démonstration est universelle et peut être appliquée à toutes les choses singulières)*. Si donc il se pouvait que l'homme n'éprouvât d'autres changements que ceux qui se peuvent connaître par sa seule nature et conséquemment *(comme nous venons de le montrer)* existât toujours, cela devrait suivre de la puissance infinie de Dieu; et en conséquence *(Prop. 16, p. I)*, de la nécessité de la nature divine, en tant qu'elle est considérée comme affectée de l'idée d'un homme, devrait se déduire tout l'ordre de la Nature conçue sous les attributs de l'Étendue et de la Pensée. Il suivrait de là *(Prop. 21, p. I)* que l'homme serait infini, ce qui *(par la première partie de cette démonstration)* est absurde. Il est donc impossible que l'homme n'éprouve d'autres changements que ceux dont il est cause adéquate.

C. Q. F. D.

COROLLAIRE

Il suit de là que l'homme est nécessairement toujours soumis aux passions, suit l'ordre commun de la Nature et lui obéit, et s'y adapte autant que la nature des choses l'exige.

PROPOSITION V

La force et la croissance d'une passion quelconque, et sa persévérance à exister, ne se définissent point par la puissance avec laquelle nous persévérons dans l'existence, mais par la puissance de la cause extérieure comparée à la nôtre.

Démonstration

L'essence d'une passion ne peut s'expliquer par notre seule essence *(Défin. 1 et 2, p. III)*, c'est-à-dire *(Prop. 7, p. III)* la puissance d'une passion ne peut se définir par la puissance avec laquelle nous persévérons dans notre être, mais *(comme nous l'avons montré Prop. 16, p. II)* doit se définir nécessairement par la puissance de la cause extérieure comparée à la nôtre.

C. Q. F. D.

PROPOSITION VI

La force d'une passion ou d'une affection peut surpasser les autres actions de l'homme, ou sa puissance, de telle sorte que cette affection demeure attachée à l'homme.

Démonstration

La force et la croissance d'une passion quelconque, et sa persévérance à exister, se définissent par la puissance de la cause extérieure comparée à la nôtre *(Prop. préc.);* elle peut donc (*Prop.* 3) surpasser la puissance de l'homme, etc.

C. Q. F. D.

PROPOSITION VII

*Une affection ne * peut être réduite ni ôtée sinon par une affection contraire, et plus forte que l'affection à réduire.*

Démonstration

Une affection, en tant qu'elle se rapporte à l'Ame, est une idée par laquelle l'Ame affirme une force d'exister de son Corps plus grande ou moindre qu'auparavant *(Définition générale des Affections à la fin de la troisième partie)*. Quand donc l'Ame est dominée par quelque affection, le Corps est affecté en même temps d'une affection qui accroît ou diminue sa puissance d'agir. En outre, cette affection du Corps (*Prop.* 5) reçoit de sa cause la force de persévérer dans son être; elle ne peut donc être réduite ni ôtée, sinon par une cause corporelle *(Prop. 6, p. II)* qui affecte le Corps d'une affection contraire à elle *(Prop. 5, p. III)* et plus forte *(Axiome)*,

* Le mot *nec* manque dans l'édition van Vloten et Land.

et alors *(Prop.* 12, *p. II)* l'Ame sera affectée * de l'idée d'une affection plus forte, et contraire à la première, c'est-à-dire *(Défin. gén. des Affections)* que l'Ame éprouvera une affection plus forte, et contraire à la première, qui exclura ou ôtera l'existence de la première, et par suite une affection ne peut être ni ôtée ni réduite sinon par une affection contraire et plus forte.

C. Q. F. D.

COROLLAIRE

Une affection, en tant qu'elle se rapporte à l'âme, ne peut être réduite ni ôtée sinon par l'idée d'une affection du corps contraire à celle que nous éprouvons et plus forte qu'elle. Car une affection par laquelle nous pâtissons ne peut être réduite ni ôtée sinon par une affection plus forte qu'elle et contraire à elle *(Prop. préc)*, c'est-à-dire *(Déf. gén. des Aff.)* par l'idée d'une affection du corps plus forte que celle dont nous pâtissons et contraire à elle.

PROPOSITION VIII

La connaissance du bon et du mauvais n'est rien d'autre que l'affection de la Joie ou de la Tristesse, en tant que nous en avons conscience.

Démonstration

Nous appelons bon ou mauvais ce qui est utile ou nuisible à la conservation de notre être *(Déf.* 1 *et* 2), c'est-à-dire *(Prop.* 7, *p. III)* ce qui accroît ou diminue, seconde ou réduit notre puissance d'agir. En tant donc *(Déf. de la Joie et de la Tristesse, Scolie de la Prop.* 11, *p. III)* que nous percevons qu'une chose nous affecte de Joie ou de Tristesse, nous l'appelons bonne ou mauvaise; et ainsi la connaissance du bon et du mauvais n'est rien

* Je traduis *afficietur* au lieu du présent *afficitur*.

d'autre que l'idée de la Joie ou de la Tristesse, qui suit nécessairement *(Prop. 22, p. II)* de l'affection même de la Joie ou de la Tristesse. Mais cette idée est unie à l'affection de la même manière que l'Ame est unie au Corps *(Prop. 21, p. II)*; c'est-à-dire *(comme nous l'avons montré dans le Scolie de la même Prop.)* cette idée ne se distingue, en réalité, de l'affection elle-même, ou *(Déf. gén. des Affections)* de l'idée d'une affection du Corps, que par la conception que nous en avons; donc cette connaissance du bon et du mauvais n'est rien d'autre que l'affection même, en tant que nous en avons conscience.

C. Q. F. D.

PROPOSITION IX

Une affection dont nous imaginons que la cause est actuellement présente, est plus forte que si nous n'imaginions pas la présence de cette cause.

Démonstration

Une imagination est une idée par laquelle nous considérons une chose comme présente *(Scolie de la Prop. 17, p. II)*, mais qui indique plutôt l'état du corps humain que la nature de la chose extérieure *(Coroll. 2 de la Prop. 16, p. II)*. Une affection est donc une imagination *(Déf. Gén. des Aff.)*, en tant qu'elle indique l'état du corps. Mais une imagination est plus intense *(Prop. 17, p. II)* aussi longtemps que nous n'imaginons rien qui exclue l'existence présente de la chose extérieure; donc une affection aussi, dont nous imaginons que la cause est actuellement présente, est plus intense ou plus forte que si nous n'imaginions pas la présence de cette cause.

C. Q. F. D.

SCOLIE

Quand j'ai dit, Proposition 18, partie III, que nous sommes affectés de la même affection par l'image d'une chose future ou passée, que si la chose imaginée était présente, j'ai expressément fait observer que cela est vrai en tant que nous avons égard à la seule image de la chose elle-même; elle est de même nature en effet, que nous ayons imaginé les choses comme présentes * ou non; je n'ai pas nié cependant que cette image est rendue plus faible quand nous considérons la présence d'autres choses excluant l'existence présente de la chose future; je ne l'ai pas fait observer à ce moment parce que j'avais résolu de traiter dans cette Partie-ci des forces des affections.

COROLLAIRE

L'image d'une chose future ou passée, c'est-à-dire d'une chose que nous nous représentons avec une relation au temps futur ou passé, le présent exclu, est plus faible, toutes choses égales d'ailleurs, que l'image d'une chose présente; et conséquemment une affection se rapportant à une chose future ou passée sera, toutes choses égales d'ailleurs, plus relâchée qu'une affection se rapportant à une chose présente.

PROPOSITION X

A l'égard d'une chose future que nous imaginons devoir être prochainement, nous sommes affectés de façon plus intense que si nous imaginions que son temps d'existence est beaucoup plus éloigné du présent; et le souvenir d'une chose que nous imaginons n'être pas passée depuis longtemps, nous affecte aussi de façon plus intense que si nous l'imaginions passée depuis longtemps.

Démonstration

En tant, en effet, que nous imaginons qu'une chose sera prochainement, ou n'est pas passée depuis longtemps,

* Les mots *ut praesentes* que je traduis ne sont pas dans l'édition Land.

nous imaginons par cela même quelque chose qui exclut moins sa présence, que si nous imaginions que son temps d'exister est plus éloigné du présent ou qu'elle est passée depuis longtemps *(comme il est connu de soi)*; par suite *(Prop. préc.)*, nous serons dans la même mesure affectés de façon plus intense à son égard.

C. Q. F. D.

SCOLIE

Il suit de l'observation jointe à la Définition 6, qu'à l'égard des objets séparés du temps présent par un intervalle plus grand que celui que nous pouvons déterminer dans l'imagination, nous sommes affectés d'une façon également modérée, bien que nous connaissions qu'ils sont séparés entre eux par un long intervalle de temps.

PROPOSITION XI

Une affection se rapportant à une chose que nous imaginons comme nécessaire est plus intense, toutes choses égales d'ailleurs, que si elle se rapportait à une chose possible ou contingente, c'est-à-dire non nécessaire.

Démonstration

En tant que nous imaginons qu'une chose est nécessaire, nous affirmons son existence, et au contraire nous nions l'existence d'une chose en tant que nous imaginons qu'elle n'est pas nécessaire *(Scolie* 1 *de la Prop.* 33, *p. I)*; et, par suite (*Prop.* 9), une affection se rapportant à une chose nécessaire sera plus intense, toutes choses égales d'ailleurs, que si elle se rapportait à une chose non nécessaire.

C. Q. F. D.

PROPOSITION XII

Une affection se rapportant à une chose que nous savons ne pas exister présentement et que nous imaginons comme possible est, toutes choses égales d'ailleurs, plus intense que si elle se rapportait à une chose contingente.

Démonstration

En tant que nous imaginons une chose comme contingente, nous ne sommes affectés par aucune image autre que celle de cette chose et qui puisse en poser l'existence (*Déf.* 3); en revanche *(suivant l'hypothèse)*, nous imaginons certaines choses qui en excluent l'existence présente. En tant, au contraire, que nous imaginons qu'une chose est possible dans le futur nous imaginons certaines choses qui en posent l'existence (*Déf.* 4); c'est-à-dire *(Prop.* 18, *p. III)* qui alimentent l'Espoir ou la Crainte; et par suite l'affection se rapportant à une chose possible est plus vive.

C. Q. F. D.

COROLLAIRE

Une affection se rapportant à une chose que nous savons ne pas exister dans le présent et que nous imaginons comme contingente, est beaucoup plus relâchée que si nous imaginions que la chose est actuellement présente.

Démonstration

Une affection se rapportant à une chose que nous imaginons qui existe présentement, est plus intense que si nous en imaginions l'objet comme futur (*Coroll. de la Prop.* 9), et elle est beaucoup plus vive que * si nous

* Le mot *quam* que je traduis ne se trouve pas dans l'édition van Vloten et Land.

imaginions que ce temps futur est très éloigné du présent (*Prop.* 10). Une affection se rapportant à une chose dont nous imaginons que le temps d'existence est très éloigné du présent, est donc beaucoup plus relâchée que si nous en imaginions l'objet comme présent; et néanmoins elle est plus intense *(Prop. préc.)* que si nous l'imaginions comme contingent; et ainsi une affection se rapportant à une chose contingente sera beaucoup plus relâchée que si nous imaginions que la chose est actuellement présente.

C. Q. F. D.

PROPOSITION XIII

Une affection se rapportant à une chose contingente que nous savons ne pas exister présentement est, toutes choses égales d'ailleurs, plus relâchée qu'une affection se rapportant à une chose passée.

Démonstration

En tant que nous imaginons une chose comme contingente, nous ne sommes affectés de l'image d'aucune autre qui pose l'existence de la première (*Déf.* 3), mais au contraire *(suivant l'hypothèse)* nous imaginons certaines choses qui en excluent l'existence présente. Quand cependant nous l'imaginons avec une relation au temps passé, nous sommes supposés imaginer quelque chose qui la ramène à la mémoire, ou en éveille l'image *(Prop. 18 p. II, avec son Coroll.)*, et fait par suite que nous la considérions comme si elle était présente *(Coroll de la Prop. 17, p. II)*. Et ainsi (*Prop.* 9) une affection se rapportant à une chose contingente que nous savons ne pas exister présentement, sera plus relâchée, toutes choses égales d'ailleurs, qu'une affection se rapportant à une chose passée.

C. Q. F. D.

PROPOSITION XIV

La connaissance vraie du bon et du mauvais ne peut, en tant que vraie, réduire aucune affection, mais seulement en tant qu'elle est considérée comme une affection.

Démonstration

Une affection est une idée par laquelle l'Ame affirme une force d'exister de son Corps plus grande ou moindre qu'auparavant *(Déf. Gén. des Aff.);* et ainsi (*Prop.* 1) elle n'a rien de positif qui puisse être ôté par la présence du vrai; conséquemment, la connaissance vraie du bon et du mauvais ne peut, en tant que vraie, réduire aucune affection. Mais en tant qu'elle est une affection (voir *Prop.* 8), si elle est plus forte que l'affection à réduire, elle pourra dans cette mesure seulement la réduire.

C. Q. F. D.

PROPOSITION XV

Un Désir qui naît de la connaissance vraie du bon et du mauvais, peut être éteint ou réduit par beaucoup d'autres Désirs naissant des affections par lesquelles nous sommes dominés.

Démonstration

De la connaissance vraie du bon et du mauvais, en tant qu'elle est une affection (*Prop.* 8), naît nécessairement un Désir *(Déf.* 1 *des Affections)*, et il est d'autant plus grand que l'affection d'où il naît est plus grande *(Prop.* 37, *p. III)*. Puisque cependant ce Désir *(par hypothèse)* naît de ce que nous connaissons quelque chose vraiment, il se forme donc en nous en tant que nous agissons *(Prop.* 1, *p. III)* et doit ainsi être connu par notre essence seule *(Déf.* 2, *p. III);* conséquemment (*Prop.* 7), sa force et sa croissance doivent être définies par la seule puissance de l'homme. Maintenant les Désirs qui naissent des affections par lesquelles nous sommes dominés, sont aussi d'autant plus grands que ces affections seront plus violentes; par suite leur force et leur croissance doivent être définies par la puissance des causes extérieures (*Prop.* 5) qui, comparée à la nôtre, la surpasse indéfiniment (*Prop.* 3). Par suite, les Désirs qui naissent d'affections de cette sorte pourront être plus violents que celui qui naît de la connaissance vraie du bon et du mauvais; et par là (*Prop.* 7) pourront réduire ou éteindre ce dernier.

C. Q. F. D.

PROPOSITION XVI

Le Désir qui naît de la connaissance du bon et du mauvais, en tant qu'elle est relative à l'avenir, peut plus aisément être réduit ou éteint par le Désir des choses qui sont présentement agréables.

Démonstration

Une affection se rapportant à une chose que nous imaginons devoir être, est plus relâchée qu'une affection se rapportant à une présente (*Coroll. de la Prop.* 9). Or un Désir qui naît de la connaissance vraie du bon et du mauvais, encore qu'elle ait trait à des choses qui sont bonnes présentement, peut être éteint ou réduit par quelque Désir téméraire *(par la Prop. préc. dont la Démonstration est universelle);* donc un Désir qui naît de cette connaissance en tant qu'elle est relative au futur, pourra être plus facilement réduit ou éteint, etc.

C. Q. F. D.

PROPOSITION XVII

Un Désir qui naît de la connaissance vraie du bon et du mauvais, en tant qu'elle a trait à des choses contingentes, peut encore bien plus facilement être réduit par le Désir des choses qui sont présentes.

Démonstration

Cette proposition se démontre de la même manière que la précédente en se fondant sur le Corollaire de la Proposition 12.

SCOLIE

Je crois avoir montré par ce qui précède la cause pourquoi les hommes sont plus émus par l'opinion que par la Raison vraie, et pourquoi la connaissance vraie du bon et du mauvais excite des émotions dans l'âme et le cède souvent à tout genre d'appétit sensuel d'où ce mot du Poète : *Je vois le meilleur et je l'approuve, je fais le pire.* L'Ecclésiaste paraît avoir eu la même pensée en disant : *Qui accroît sa science accroît sa douleur.* Et si je dis cela, ce n'est pas en vue d'en conclure que l'ignorance vaut mieux que la science ou qu'entre un sot et un homme d'entendement il n'y ait aucune différence en ce qui touche le gouvernement des affections ; c'est parce qu'il est nécessaire de connaître tant l'impuissance que la puissance * de notre nature, afin que nous puissions déterminer ce que peut la Raison et ce qu'elle ne peut pas pour le gouvernement des affections ; et j'ai dit que dans cette Partie je traiterai seulement de l'impuissance de l'homme. Car j'ai résolu de traiter séparément de la puissance de la Raison sur les affections.

PROPOSITION XVIII

Un Désir qui naît de la Joie est plus fort, toutes choses égales d'ailleurs, qu'un Désir qui naît de la Tristesse.

Démonstration

Le Désir est l'essence même de l'homme (*Déf.* 1 *des Aff.)*, c'est-à-dire *(Prop.* 7, *p. II)* un effort par lequel

* Je traduis *tam impotentiam quam potentiam* au lieu de *tam potentiam quam impotentiam*, leçon de Land.

l'homme s'efforce de persévérer dans son être. Un Désir qui naît de la Joie, est donc secondé ou accru par cette affection même de Joie *(Déf. de la Joie dans le Scolie de la Prop. 11, p. III)*; au contraire, celui qui naît de la Tristesse est diminué ou réduit par cette affection même de Tristesse *(même Scolie)*; et ainsi la force du Désir qui naît de la Joie, doit être définie à la fois par la puissance de l'homme et celle de la cause extérieure; celle, au contraire, du Désir qui naît de la Tristesse par la seule puissance de l'homme; le premier Désir ainsi est plus fort que le deuxième.

C. Q. F. D.

SCOLIE

J'ai expliqué dans ce petit nombre de propositions les causes de l'impuissance et de l'inconstance de l'homme et pourquoi les hommes n'observent pas les préceptes de la Raison. Il me reste à montrer ce que la Raison nous prescrit et quelles affections s'accordent avec les règles de la Raison humaine, quelles leur sont contraires. Avant, toutefois, de commencer à le démontrer suivant l'ordre prolixe des Géomètres que j'ai adopté, il convient ici de faire d'abord connaître brièvement ces commandements de la Raison, afin qu'il soit plus aisé à chacun de percevoir mon sentiment. Comme la Raison ne demande rien qui soit contre la Nature, elle demande donc que chacun s'aime lui-même, cherche l'utile propre, ce qui est réellement utile pour lui, appète tout ce qui conduit réellement l'homme à une perfection plus grande et, absolument parlant, que chacun s'efforce de conserver son être, autant qu'il est en lui. Et cela est vrai aussi nécessairement qu'il est vrai que le tout est plus grand que la partie *(voir Prop. 4, p. III)*. Ensuite, puisque la vertu (*Déf.* 8) ne consiste en rien d'autre qu'à agir suivant les lois de sa nature propre, et que personne ne peut conserver son être *(Prop. 7, p. III)* sinon suivant les lois de sa nature propre, il suit de là : 1° Que le principe de la vertu est l'effort même pour conserver l'être propre, et que la félicité consiste en ce que l'homme peut conserver son être; 2° Que la vertu doit être appétée pour elle-même, et qu'il n'existe aucune chose valant mieux qu'elle ou nous étant plus utile, à cause de quoi elle devrait être appétée; 3° Enfin que ceux qui se donnent la mort, ont l'âme frappée d'impuissance et sont entièrement vaincus par les causes extérieures en opposition avec leur nature. Il suit, en outre, du Postulat 4, Partie II, qu'il nous est toujours impossible de faire que nous n'ayons besoin d'aucune chose extérieure à nous pour conserver notre être, et vivions sans commerce avec les choses extérieures; si d'ailleurs nous avons égard à notre Ame, certes notre entendement serait plus imparfait si l'Ame était seule et qu'elle ne connût rien en dehors d'elle-même. Il y a donc hors de nous beaucoup de choses qui nous sont utiles et que, pour cette raison, il nous faut appéter. Parmi elles la pensée n'en peut inventer de meilleures que celles qui s'accordent entièrement avec notre nature. Car si, par exemple, deux individus entièrement de même nature se joignent l'un à l'autre, ils composent un individu deux fois plus puissant que chacun séparément. Rien donc de plus utile à l'homme que l'homme; les hommes, dis-je, ne peuvent rien souhaiter qui vaille mieux pour la conservation de leur être, que de s'accorder tous en toutes choses de façon que les Ames et les Corps de tous composent en quelque sorte une seule Ame et un seul Corps, de s'efforcer tous ensemble à conserver leur être et de chercher tous ensemble l'utilité commune à tous; d'où suit que les hommes qui sont gouvernés par la Raison, c'est-à-dire ceux qui cherchent ce qui leur est utile sous la conduite de la Raison, n'appètent rien pour eux-mêmes qu'ils ne désirent aussi pour les autres hommes, et sont ainsi justes, de bonne foi et honnêtes.

Tels sont les commandements de la Raison que je m'étais proposé de faire connaître ici en peu de mots avant de commencer à les démontrer dans l'ordre avec plus de prolixité, et mon motif pour le faire a été d'attirer, s'il est possible, l'attention de ceux qui croient que ce principe : chacun est tenu de chercher ce qui lui est utile, est l'origine de l'immoralité, non de la vertu et de la moralité. Après avoir montré brièvement que c'est tout le contraire, je continue à le démontrer par la même voie que nous avons suivie jusqu'ici dans notre marche.

PROPOSITION XIX

Chacun appète ou a en aversion nécessairement par les lois de sa nature ce qu'il juge être bon ou mauvais.

Démonstration

La connaissance du bon et du mauvais est (*Prop.* 8) l'affection même de la Joie ou de la Tristesse, en tant que nous en avons conscience; et par suite *(Prop,* 28, *p. III)* chacun appète nécessairement ce qu'il juge être bon et a au contraire en aversion ce qu'il juge être mauvais. Mais cet appétit n'est rien d'autre que l'essence même ou la nature de l'homme *(Déf. de l'Appétit dans le Scolie de la Prop.* 9, *p. III, et Déf.* 1 *des Affections).* Chacun donc, par les seules lois de sa nature, appète ou a en aversion nécessairement, etc.

C. Q. F. D.

PROPOSITION XX

Plus on s'efforce à chercher ce qui est utile, c'est-à-dire à conserver son être, et plus on en a le pouvoir, plus on est doué de vertu; et au contraire, dans la mesure où l'on omet de conserver ce qui est utile, c'est-à-dire son être, on est impuissant.

Démonstration

La vertu est la puissance même de l'homme, qui se définit par la seule essence de l'homme (*Déf.* 8), c'est-à-dire *(Prop.* 7, *p. III)* qui se définit par le seul effort par où l'homme s'efforce de persévérer dans son être. Plus donc l'on s'efforce de conserver son être et plus on en a le pouvoir, plus on est doué de vertu, et conséquemment *(Prop.* 4 *et* 6, *p. III)* dans la mesure où quelqu'un omet de conserver son être, il est impuissant.

C. Q. F. D.

SCOLIE

Personne donc n'omet d'appéter ce qui lui est utile ou de conserver son être, sinon vaincu par des causes extérieures et contraires à sa nature. Ce n'est jamais, dis-je, par une nécessité de sa nature, c'est toujours contraint par des causes extérieures qu'on a la nourriture en aversion ou qu'on se donne la mort, ce qui peut arriver de beaucoup de manières ; l'un se tue, en effet, contraint par un autre qui lui retourne la main, munie par chance d'un glaive, et le contraint à diriger ce glaive vers son propre cœur ; ou encore on est, comme Sénèque, contraint par l'ordre d'un tyran de s'ouvrir les veines, c'est-à-dire qu'on désire éviter un mal plus grand par un moindre, ou, enfin, c'est par des causes extérieures ignorées disposant l'imagination et affectant le Corps de telle sorte qu'à sa nature se substitue une nature nouvelle contraire et dont l'idée ne peut être dans l'Ame *(Prop. 10, p. III)*. Mais que l'homme s'efforce par la nécessité de sa nature à ne pas exister, ou à changer de forme, cela est aussi impossible qu'il est impossible que quelque chose soit fait de rien, comme un peu de réflexion permet à chacun de le voir.

PROPOSITION XXI

Nul ne peut avoir le désir de posséder la béatitude, de bien agir et de bien vivre, sans avoir en même temps le désir d'être, d'agir et de vivre, c'est-à-dire d'exister en acte.

Démonstration

La démonstration de cette Proposition, ou plutôt la chose elle-même, est évidente de soi et aussi par la définition du Désir. Car le Désir *(Déf. 1 des Aff.)* de vivre dans la béatitude, ou bien, d'agir, etc., est l'essence même de l'homme, c'est-à-dire *(Prop. 7, p. III)* l'effort par lequel chacun s'efforce de conserver son être. Donc personne ne peut avoir le désir, etc.

C. Q. F. D.

PROPOSITION XXII

On ne peut concevoir aucune vertu antérieure à celle-là (c'est-à-dire à l'effort pour se conserver).

Démonstration

L'effort pour se conserver est l'essence même d'une chose *(Prop. 7, p. III)*. Si donc l'on pouvait concevoir une vertu antérieure à celle-là, c'est-à-dire à cet effort, l'essence d'une chose (*Défin.* 8) se concevrait antérieurement à elle-même ce qui *(comme il est connu de soi)* est absurde. Donc on ne peut concevoir aucune vertu, etc.

C. Q. F. D.

COROLLAIRE

L'effort pour se conserver est la première et unique origine de la vertu. Car on ne peut concevoir *(Prop. préc.)* aucun autre principe antérieur à celui-là, et sans lui (*Prop.* 21) nulle vertu ne peut être conçue.

PROPOSITION XXIII

L'homme, en tant qu'il est déterminé à faire quelque chose parce qu'il a des idées inadéquates, ne peut être dit absolument agir par vertu; mais seulement en tant qu'il est déterminé parce qu'il a une connaissance.

Démonstration

En tant que l'homme est déterminé à faire quelque chose parce qu'il a des idées inadéquates, il est passif *(Prop.* 1, *p. III);* c'est-à-dire qu'il fait quelque chose *(Déf.* 1 *et* 2, *p. III)* qui ne peut se percevoir par sa seule essence, ou qui, en d'autres termes (*Déf.* 8), ne suit pas de sa vertu. Mais en tant qu'il est déterminé à faire quelque chose parce qu'il a une connaissance, il est actif *(Prop.* 1, *p. III)*, c'est-à-dire *(Déf.* 2, *p. III)* fait quelque chose qui se perçoit par sa seule essence ou (*Déf.* 8) qui suit adéquatement de sa vertu.

C. Q. F. D.

PROPOSITION XXIV

Agir par vertu absolument n'est rien d'autre en nous qu'agir, vivre et conserver son être (ces trois choses n'en font qu'une) sous la conduite de la Raison, d'après le principe de la recherche de l'utile propre.

Démonstration

Agir par vertu absolument n'est rien d'autre (*Déf.* 8) qu'agir par les lois de sa nature propre. Mais nous sommes actifs seulement en tant que nous connaissons *(Prop.* 3, *p. III)*; donc agir par vertu n'est rien d'autre en nous sinon agir, vivre et conserver son être sous la conduite de la Raison, et cela (*Coroll. de la Prop.* 22) d'après le principe de la recherche de l'utile propre.

C. Q. F. D.

PROPOSITION XXV

Personne ne s'efforce de conserver son être à cause d'une autre chose.

Démonstration

L'effort par lequel chaque chose s'efforce de persévérer dans son être est défini *(Prop.* 7, *p. III)* par la seule essence de la chose elle-même; et de cette seule essence supposée donnée, non de celle d'une chose différente, il suit nécessairement *(Prop.* 6, *p. III)* que chacun s'efforce de conserver son être. Cette Proposition est évidente, en outre, par le Corollaire de la Proposition 22. Car, si l'homme s'efforçait de conserver son être à cause d'une autre chose, cette chose serait ainsi la première origine de la vertu *(comme il est connu de soi)*, ce qui *(Coroll. visé)* est absurde. Donc personne ne s'efforce, etc.

C. Q. F. D.

PROPOSITION XXVI

Tout effort dont la Raison est en nous le principe n'a d'autre objet que la connaissance; et l'Ame, en tant qu'elle use de la Raison, ne juge pas qu'aucune chose lui soit utile, sinon ce qui conduit à la connaissance.

Démonstration

L'effort pour se conserver n'est rien sinon l'essence de la chose même *(Prop. 7, p. III)* qui, en tant qu'elle existe telle qu'elle est, est conçue comme ayant une force pour persévérer dans l'existence *(Prop. 6, p. III)* et faire les actions qui suivent nécessairement de sa nature telle qu'elle est donnée *(Déf. de l'Appétit dans le Scolie de la Prop. 9, p. III)*. Mais l'essence de la Raison n'est rien d'autre que notre Ame en tant qu'elle connaît clairement et distinctement *(Scolie 2 de la Prop. 40, p. II)*. Donc *(Prop. 40, p. II)* tout effort dont la Raison est le principe n'a d'autre objet que la connaissance. De plus, comme cet effort par lequel l'Ame, en tant que raisonnable, s'efforce de conserver son être n'est rien que connaissance *(par la première partie de cette démonstration)*, cet effort pour connaître est donc (*Coroll. de la Prop.* 22) la première et unique origine de la vertu, et nous ne nous efforçons pas de connaître les choses en vue d'une fin quelconque (*Prop.* 25); mais, au contraire, l'Ame, en tant que raisonnable, ne pourra concevoir aucune chose qui soit bonne pour elle, sinon ce qui conduit à la connaissance (*Déf.* 1).

C. Q. F. D.

PROPOSITION XXVII

Il n'est aucune chose que nous sachions avec certitude être bonne ou mauvaise, sinon ce qui conduit réellement à la connaissance ou peut empêcher que nous ne la possédions.

Démonstration

L'Ame, en tant que raisonnable, n'appète rien d'autre que la connaissance, et ne juge pas qu'aucune chose lui soit utile, sinon ce qui conduit à la connaissance *(Prop. préc.)*. Mais l'Ame *(Prop.* 41 *et* 43, *p. II, dont on verra aussi le Scolie)* n'a de certitude au sujet des choses qu'en tant qu'elle a des idées adéquates, ou *(ce qui, par le Scolie* 2 * *de la Prop.* 40, *p. II, revient au même)* en tant qu'elle est raisonnable. Donc il n'est aucune chose que nous sachions avec certitude être bonne pour nous, sinon ce qui conduit réellement à la connaissance; et aucune chose que nous sachions au contraire mauvaise, sinon ce qui empêche que nous ne possédions la connaissance.

C. Q. F. D.

PROPOSITION XXVIII

Le bien suprême de l'Ame est la connaissance de Dieu et la suprême vertu de l'Ame de connaître Dieu.

Démonstration

L'objet suprême que l'Ame peut connaître est Dieu, c'est-à-dire *(Déf.* 6, *p. I)* un Être absolument infini et sans lequel *(Prop.* 15, p. *I)* rien ne peut ni être ni être conçu; par suite (*Prop.* 26 *et* 27) la chose suprêmement utile à l'Ame ou son bien suprême (*Déf.* 1) est la connaissance de Dieu. De plus, l'Ame est active seulement dans la mesure où elle connaît *(Prop.* 1 *et* 3, *p. III)*, et dans la même mesure seulement (*Prop.* 23) l'on peut dire absolument qu'elle fait quelque chose par vertu. La vertu absolue de l'Ame est donc de connaître. Mais l'objet suprême que l'Ame peut connaître est Dieu *(comme nous l'avons déjà démontré)*; donc la suprême vertu de l'Ame est de concevoir clairement ou de connaître Dieu.

C. Q. F. D.

* L'édition Land renvoie simplement au Scolie de la Proposition 40, partie II.

PROPOSITION XXIX

Une chose singulière quelconque, dont la nature est entièrement différente de la nôtre, ne peut ni seconder ni réduire notre puissance d'agir, et, absolument parlant, aucune chose ne peut être bonne ou mauvaise pour nous, si elle n'a quelque chose de commun avec nous.

Démonstration

La puissance par laquelle une chose singulière quelconque, et conséquemment *(Coroll. de la Prop.* 10, *p. II)* l'homme, existe et produit quelque effet, n'est jamais déterminée que par une autre chose singulière *(Prop.* 28, *p. I)*, dont la nature doit être connue par le moyen du même attribut qui permet de concevoir la nature humaine. Notre puissance d'agir, donc, de quelque manière qu'on la conçoive, peut être déterminée, et conséquemment secondée ou réduite, par la puissance d'une autre chose singulière ayant avec nous quelque chose de commun, et non par la puissance d'une chose dont la nature est entièrement différente de la nôtre; et puisque nous appelons bon ou mauvais ce qui est cause de Joie ou de Tristesse (*Prop.* 8), c'est-à-dire *(Scolie de la Prop.* 11, *p. III)* ce qui accroît ou diminue, seconde ou réduit notre puissance d'agir, une chose dont la nature est entièrement différente de la nôtre, ne peut être pour nous ni bonne ni mauvaise.

C. Q. F. D.

PROPOSITION XXX

Nulle chose ne peut être mauvaise par ce qu'elle a de commun avec notre nature, mais dans la mesure où elle est mauvaise pour nous, elle nous est contraire.

Démonstration

Nous appelons mauvais ce qui est cause de Tristesse (*Prop.* 8), c'est-à-dire *(par la Déf. de la Tristesse, Scolie de la Prop.* 11, *p. III)* ce qui diminue ou réduit notre puissance d'agir. Si donc une chose, par ce qu'elle a de commun avec nous, était mauvaise pour nous, cette chose pourrait diminuer ou réduire ce qu'elle a de commun avec nous, ce qui *(Prop.* 4, *p. III)* est absurde. Nulle chose donc ne peut être mauvaise pour nous par ce qu'elle a de commun avec nous, mais, au contraire, dans la mesure où elle est mauvaise, c'est-à-dire *(comme nous l'avons déjà montré)* peut diminuer ou réduire notre puissance d'agir, elle nous est contraire *(Prop.* 5, *p. III)*.

C. Q. F. D.

PROPOSITION XXXI

Dans la mesure où une chose s'accorde avec notre nature, elle est nécessairement bonne.

Démonstration

En tant qu'une chose s'accorde avec notre nature, elle ne peut être mauvaise *(Prop. préc.)*. Elle sera donc nécessairement ou bonne ou indifférente. Soit posé ce dernier cas, c'est-à-dire qu'elle n'est ni bonne ni mauvaise, rien donc (*Déf.* 1) ne suivra de sa nature qui serve à la conservation de notre nature, c'est-à-dire *(par hypothèse)* à la conservation de la nature de la chose elle-même; mais cela est absurde *(Prop.* 6, *p. III)*; en tant qu'elle s'accorde avec notre nature elle sera donc bonne nécessairement.

C. Q. F. D.

COROLLAIRE

Il suit de là que plus une chose s'accorde avec notre nature, plus elle nous est utile ou meilleure elle est; et inversement, une chose nous est plus utile dans la mesure où elle s'accorde mieux avec notre nature. Car, en tant qu'elle ne s'accorde pas avec notre nature, elle en sera nécessairement différente ou lui sera contraire. Si elle est différente, alors elle ne pourra (*Prop.* 29) être ni bonne ni mauvaise; si contraire, elle sera donc contraire à la nature qui s'accorde avec la nôtre, c'est-à-dire (*Prop. préc.*) contraire au bon, ou mauvaise. Rien donc ne peut être bon, sinon en tant qu'il s'accorde avec notre nature, et, par suite, plus une chose s'accorde avec notre nature, plus elle est utile, et inversement.

C. Q. F. D.

PROPOSITION XXXII

Dans la mesure où les hommes sont soumis aux passions, on ne peut dire qu'ils s'accordent en nature.

Démonstration

Quand on dit que des choses s'accordent en nature, on entend qu'elles s'accordent en puissance (*Prop.* 7, *p. III*), mais non en impuissance ou en négation, et conséquemment (*Scolie de la Prop.* 3, *p. III*) non plus en passion; en tant que les hommes sont soumis aux passions, on ne peut donc dire qu'ils s'accordent en nature.

C. Q. F. D.

SCOLIE

La chose est aussi évidente par elle-même; qui dit en effet que le blanc et le noir s'accordent seulement en ce que ni l'un ni l'autre n'est rouge, affirme absolument que le blanc et le noir ne s'accordent en rien. De même aussi, dire que la pierre et l'homme s'accordent seulement en ce que tous deux sont finis, impuissants, ou n'existent pas par la nécessité de leur nature, ou enfin sont indéfiniment surpassés par la puissance des causes extérieures, c'est affirmer d'une manière générale que la pierre et l'homme ne s'accordent en aucune chose; les choses qui s'accordent en une négation seulement, c'est-à-dire en ce qu'elles n'ont pas, ne s'accordent en réalité en rien.

PROPOSITION XXXIII

Les hommes peuvent différer en nature en tant qu'ils sont dominés par des affections qui sont des passions; et dans la même mesure le même homme est changeant et inconstant.

Démonstration

La nature ou essence des affections ne peut s'expliquer par notre seule essence ou nature *(Défin. I et 2, p. III)*; mais elle doit être définie par la puissance, c'est-à-dire *(Prop. 7, p. III)* la nature des causes extérieures, comparée à la nôtre; d'où vient qu'il y a autant d'espèces de chaque affection qu'il y a d'espèces d'objets par où nous sommes affectés *(Prop. 56, p. III)* et que les hommes sont affectés de diverses manières par un seul et même objet *(Prop. 51, p. III)* et, dans la mesure où cela a lieu, diffèrent en nature; par là enfin *(même Prop. 51, p. III)* un seul et même homme est affecté de diverses manières à l'égard du même objet et dans cette mesure est changeant, etc.

C. Q. F. D.

PROPOSITION XXXIV

En tant que les hommes sont dominés par des affections qui sont des passions, ils peuvent être contraires les uns aux autres.

Démonstration

Un homme, par exemple Pierre, peut être cause que Paul soit contristé, parce qu'il a quelque chose de semblable à une chose que Paul a en haine *(Prop.* 16, *p. III)* ou parce que Pierre est seul en possession d'une chose que Paul aime aussi *(Prop.* 32, *p. III, avec son Scolie);* ou pour d'autres causes *(voir les principales dans le Scolie de la Prop.* 55, *p. III);* par là il arrivera *(Déf.* 7 *des Aff.)* que Paul ait Pierre en haine; et, en conséquence, il arrivera facilement *(Prop.* 40, *p. III, avec le Scolie)* que Pierre en retour ait Paul en haine, et ainsi *(Prop.* 39, *p. III)* qu'ils s'efforcent de se faire du mal l'un à l'autre, c'est-à-dire (*Prop.* 30) soient contraires l'un à l'autre. Mais une affection de Tristesse est toujours une passion *(Prop.* 59, *p. III);* donc les hommes en tant qu'ils sont dominés par des affections qui sont des passions, peuvent être contraires les uns aux autres.

C. Q. F. D.

SCOLIE

J'ai dit que Paul peut avoir Pierre en haine, parce qu'il imagine que Pierre possède ce qu'il aime aussi, lui Paul; il semble suivre de là d'abord que ces deux hommes se portent dommage l'un à l'autre parce qu'ils aiment le même objet et conséquemment s'accordent en nature; et, si cela est vrai, les Proportions 30 et 31 seraient donc fausses. Si cependant nous voulons peser l'argument dans une balance juste, nous verrons que tout cela s'accorde entièrement. Ces deux hommes ne sont pas sujets de peine l'un pour l'autre en tant qu'ils s'accordent en nature, c'est-à-dire aiment tous deux le même objet, mais en tant qu'ils diffèrent l'un de l'autre. En tant en effet que tous deux aiment le même objet, l'amour de l'un et de l'autre est par là alimenté *(Prop.* 31, *p. III)*, c'est-à-dire *(Déf.* 6 *des Aff.)* que la Joie de l'un et de l'autre est par là alimentée. Il s'en faut donc de beaucoup qu'ils soient sujets de peine l'un pour l'autre en tant qu'ils aiment le même objet et s'accordent en nature. Ce qui les rend sujets de peine l'un pour l'autre, ce n'est aucune autre cause, comme je l'ai dit, que la différence de nature supposée entre eux. Nous supposons en effet que Pierre a l'idée d'une chose aimée, actuellement possédée par lui, et Paul, au contraire, celle d'une chose aimée actuellement perdue. Par là il arrive que l'un est affecté de Tristesse, l'autre de Joie, et que dans cette mesure ils sont contraires l'un à l'autre. Et, nous pouvons facilement le montrer de cette manière, les autres causes de haine dépendent de cela seul que les hommes diffèrent en nature et non de ce en quoi ils s'accordent.

PROPOSITION XXXV

Dans la mesure seulement où les hommes vivent sous la conduite de la Raison, ils s'accordent toujours nécessairement en nature.

Démonstration

En tant que les hommes sont dominés par des affections qui sont des passions, ils peuvent être différents en nature (*Prop.* 33) et contraires les uns aux autres *(Prop. préc.)*. Mais les hommes sont dits actifs dans la mesure seulement où ils vivent sous la conduite de la Raison *(Prop.* 3, *p. III)*, et ainsi tout ce qui suit de la nature humaine, en tant qu'elle est définie par la Raison, doit se connaître *(Déf.* 2, *p. III)* par la seule nature humaine, comme par sa cause prochaine. Mais, puisque chacun par les lois de sa nature appète ce qu'il juge être bon et s'efforce d'écarter ce qu'il juge être mauvais (*Prop.* 19); puisque, en outre, ce que nous jugeons être bon ou mauvais par le commandement de la Raison, est bon ou mauvais nécessairement *(Prop.* 41, *p. II)*, les hommes, dans la mesure seulement où ils vivent sous la conduite de la Raison, font nécessairement ce qui est nécessairement bon pour la nature humaine, et par suite pour tout homme, c'est-à-dire (*Coroll. de la Prop.* 31) ce qui s'accorde avec la nature de tout homme; donc les hommes aussi s'accordent nécessairement toujours entre eux, en tant qu'ils vivent sous la conduite de la Raison.

C. Q. F. D.

COROLLAIRE I

Il n'est donné dans la nature aucune chose singulière qui soit plus utile à l'homme qu'un homme vivant sous la conduite de la Raison. Car ce qui est à l'homme le plus utile est ce qui s'accorde le plus avec sa nature (*Coroll. de la Prop.* 31), c'est-à-dire *(comme il est connu de soi)* que c'est l'homme. Mais l'homme agit absolument par les lois de sa nature, quand il vit sous la conduite de la Raison *(Déf.* 2, *p. III)* et, dans cette mesure seulement, s'accorde toujours nécessairement avec la nature d'un autre homme *(Prop. préc.)*; il n'y a donc rien parmi les choses singulières de plus utile à l'homme qu'un homme, etc.

C. Q. F. D.

COROLLAIRE II

Quand chaque homme cherche le plus ce qui lui est utile à lui-même, alors les hommes sont le plus utiles les uns aux autres. Car, plus chacun cherche ce qui lui est utile et s'efforce de se conserver, plus il est doué de vertu (*Prop.* 20), ou, ce qui revient au même (*Déf.* 8) plus grande est la puissance dont il est doué pour agir suivant les lois de sa nature, c'est-à-dire *(Prop.* 3, *p. III)* pour vivre sous la conduite de la Raison. Mais, quand les hommes vivent sous la conduite de la Raison *(Prop. préc.)*, c'est alors qu'ils s'accordent le plus en nature, donc *(Coroll. préc.)* quand chacun cherche le plus ce qui lui est utile à lui-même, c'est alors que les hommes sont le plus utiles les uns aux autres.

C. Q. F. D.

SCOLIE

Ce que nous venons de montrer, l'expérience même l'atteste chaque jour par des témoignages si clairs que presque tous répètent : l'homme est un Dieu pour l'homme. Il est rare cependant que les hommes vivent sous la conduite de la Raison; telle est leur disposition que la plupart sont envieux et cause de peine les uns pour les autres. Ils ne peuvent cependant guère passer la vie dans la solitude et à la plupart agrée fort cette définition que l'homme est un animal sociable; et en effet les choses sont arrangées de telle sorte que de la société commune des hommes naissent beaucoup plus d'avantages que de dommages. Que les Satiriques donc tournent en dérision les choses humaines, que les Théologiens les détestent, que les Mélancoliques louent, tant qu'ils peuvent, une vie inculte et agreste, qu'ils méprisent les hommes et admirent les bêtes; les hommes n'en éprouveront pas moins qu'ils peuvent beaucoup plus aisément se procurer par un mutuel secours ce dont ils ont besoin, et qu'ils ne peuvent éviter les périls les menaçant de partout que par leurs forces jointes; et je passe ici sous silence qu'il vaut beaucoup mieux considérer les actions des hommes que celles des bêtes, et que ce qui est humain est plus digne de notre connaissance. Mais de cela nous traiterons plus longuement ailleurs.

PROPOSITION XXXVI

Le bien suprême de ceux qui sont des suivants de la vertu est commun à tous, et tous peuvent en tirer pareillement de la joie.

Démonstration

Agir par vertu, c'est agir sous la conduite de la Raison (*Prop.* 24), et tout ce que nous nous efforçons de faire par Raison, c'est connaître (*Prop.* 26); ainsi (*Prop.* 28) le bien suprême de ceux qui sont des suivants de la vertu est de connaître Dieu, c'est-à-dire (*Prop.* 47, *p. II*, *avec son Scolie*) un bien qui est commun à tous les hommes, et peut être possédé pareillement par tous les hommes, en tant qu'ils sont de même nature.

C. Q. F. D.

SCOLIE

Quelqu'un demande-t-il : mais si le bien suprême de ceux qui sont des suivants de la vertu n'était pas commun à tous, ne s'ensuivrait-il pas, comme ci-dessus (*Prop.* 34), que les hommes qui vivent sous la conduite de la Raison, c'est-à-dire les hommes en tant qu'ils s'accordent en nature (Prop. 35) seraient contraires les uns aux autres ? Qu'il tienne pour répondu que, non par accident, mais par une conséquence de la nature même de la Raison, il advient que le bien suprême de l'homme est commun à tous, cela se déduisant de l'essence même de l'homme en tant qu'elle est définie par la Raison; l'homme ne pouvant ni être ni être conçu s'il n'avait le pouvoir de tirer de la joie de ce bien suprême. Il appartient, en effet, à l'essence de l'Ame humaine *(Prop. 47, p. II)* d'avoir une connaissance adéquate de l'essence éternelle et infinie de Dieu.

PROPOSITION XXXVII

Le bien qu'appète pour lui-même quiconque est un suivant de la vertu, il le désirera aussi pour les autres hommes, et cela d'autant plus qu'il aura acquis une connaissance plus grande de Dieu.

Démonstration

Les hommes, en tant qu'ils vivent sous la conduite de la Raison, sont ce qu'il y a de plus utile à l'homme (*Coroll.* 1 *de la Prop.* 35); et ainsi (*Prop.* 19) nous nous efforcerons, sous la conduite de la Raison, de faire que les hommes vivent sous la conduite de la Raison. Mais le bien qu'appète pour lui-même quiconque vit sous le commandement de la Raison, c'est-à-dire (*Prop.* 24) est un suivant de la vertu, c'est connaître (*Prop.* 26); donc le bien que quiconque est un suivant de la vertu appète pour lui-même, il le désirera aussi pour les autres hommes. De plus, ce Désir, en tant qu'il se rapporte à l'Ame, est l'essence même de l'Ame *(Déf.* 1 *des Aff.);* or, l'essence de l'Ame consiste dans une connaissance *(Prop.* 11, *p. II)* qui enveloppe celle de Dieu *(Prop.* 47, *p. II)* et ne peut sans elle *(Prop.* 15, *p. I)* ni être ni être conçue. Par suite, plus grande est la connaissance de Dieu qu'enveloppe l'essence de l'Ame, plus grande aussi sera le Désir dont le suivant de la vertu désire pour autrui le bien qu'il appète pour lui-même.

C. Q. F. D.

Autre démonstration

Le bien que l'homme appète pour lui-même et aime, il l'aimera de façon plus constante s'il voit que d'autres l'aiment *(Prop.* 31, *p. III)*; il fera donc effort *(Coroll. de la même Prop.)* pour que les autres l'aiment; et, puisque ce bien *(Prop. préc.)* est commun à tous et que tous peuvent s'en épanouir pareillement, il fera donc effort *(pour la même raison)* pour que tous en tirent de la joie et d'autant plus *(Prop.* 37, *p. III)* qu'il jouira davantage de ce bien.

C. Q. F. D.

SCOLIE I

Qui fait effort seulement à cause de la passion qui l'affecte, pour que les autres aiment ce qu'il aime lui-même et vivent suivant sa propre complexion, agit par impulsion seulement, et pour cette raison est odieux, surtout à ceux qui ont d'autres goûts et de leur côté font effort, aussi par impulsion, pour que tout autre qu'eux-mêmes vive suivant leur complexion. De plus, comme l'objet suprême que les hommes appètent en vertu d'une affection, est de telle nature souvent qu'un seul puisse le posséder, il arrive ainsi que ceux qui aiment ne restent pas d'accord avec eux-mêmes intérieurement, et au temps même où ils s'épanouissent à chanter les louanges de la chose aimée, ont peur d'être crus. Qui, au contraire, s'efforce de conduire les autres suivant la Raison, agit non par impulsion, mais avec humanité et douceur et reste pleinement en accord intérieur avec lui-même. Pour continuer, je ramène à la *Religion* tous les désirs et toutes les actions dont nous sommes cause en tant que nous avons l'idée de Dieu ou en tant que nous connaissons Dieu. J'appelle *Moralité* le Désir de faire du bien qui tire son origine de ce que nous vivons sous la conduite de la Raison. Quant au Désir qui tient un homme vivant sous la conduite de la Raison, de s'attacher les autres par le lien de l'amitié, je l'appelle *Honnêteté; honnête*, ce que louent les hommes vivant sous la conduite de la Raison, *vilain* au contraire, ce qui s'oppose à l'établissement de l'amitié. Par là j'ai aussi montré quels sont les fondements de la cité *. La différence entre la vertu véritable et l'impuissance se perçoit aisément dès lors, la vertu véritable ne consistant en rien d'autre qu'à vivre sous la conduite de la Raison, l'impuissance consistant seulement en ce que l'homme se laisse passivement conduire par les choses extérieures à lui et déterminer par elles à faire ce que demande la constitution du monde extérieur, et non ce que demande sa propre nature considérée en elle seule. Voilà ce que, dans le Scolie de la Proposition 18, j'ai promis de démontrer. On peut voir par là que cette loi qui interdit d'immoler les bêtes est fondée plutôt sur une vaine superstition et une miséricorde de femme que sur la saine Raison. La règle de la recherche de l'utile nous enseigne bien la nécessité de nous unir aux hommes, mais non aux bêtes ou aux choses dont la nature est différente de l'humaine; nous avons à leur endroit le même droit qu'elles ont sur nous. Ou plutôt le droit de chacun étant défini par sa vertu ou sa puissance, les hommes ont droit sur les bêtes beaucoup plus que les bêtes sur les hommes. Je ne nie cependant pas que les bêtes sentent; mais je nie qu'il soit défendu pour cette raison d'aviser à notre intérêt, d'user d'elles et de les traiter suivant qu'ils nous convient le mieux; puisqu'elles ne s'accordent pas avec nous en nature et que leurs affections diffèrent en nature des affections humaines *(Scolie de la Prop. 57, p. III)*. Il me reste à expliquer ce qu'est le juste, l'injuste, le péché et enfin le mérite. Mais voir pour cela le Scolie suivant.

* Je rétablis ici la phrase qu'avec Meijer j'avais rejetée à la fin du scolie. Voir note explicative.

SCOLIE II

Dans l'*Appendice* de la Première Partie, j'ai promis d'expliquer ce qu'est la louange et le blâme, le mérite et le péché, le juste et l'injuste. Sur la louange et le blâme je me suis expliqué dans le Scolie de la Proposition 29, partie III; sur les autres points il y aura lieu de dire ici quelque chose. Mais auparavant il me faut dire quelques mots sur *l'état naturel et l'état civil de l'homme.*

Chacun existe par le droit suprême de la Nature, et conséquemment chacun fait par le droit suprême de la Nature ce qui suit de la nécessité de sa propre nature; et ainsi chacun juge par le droit suprême de la Nature quelle chose est bonne, quelle mauvaise, ou avise à son intérêt suivant sa complexion (*Prop.* 19 *et* 20), se venge *(Coroll.* 2 *de la Prop.* 40, *p. III)* et s'efforce de conserver ce qu'il aime, de détruire ce qu'il a en haine *(Prop.* 28, *p. III).* Que si les hommes vivaient sous la conduite de la Raison chacun posséderait le droit qui lui appartient (*Coroll.* 1 *de la Prop.* 35), sans aucun dommage pour autrui. Mais comme les hommes sont soumis à des affections (*Coroll. de la Prop.* 4) qui surpassent de beaucoup leur puissance ou l'humaine vertu (*Prop.* 6), ils sont traînés en divers sens (*Prop.* 33) et sont contraires les uns aux autres (*Prop.* 34), alors qu'ils ont besoin d'un secours mutuel (*Scolie de la Prop.* 35). Afin donc que les hommes puissent vivre dans la concorde et être en aide les uns aux autres, il est nécessaire qu'ils renoncent à leur droit naturel et s'assurent les uns aux autres qu'ils ne feront rien qui puisse donner lieu à un dommage pour autrui. En quelle condition cela est possible, à savoir que les hommes, nécessairement soumis aux affections (*Coroll. de la Prop.* 4), inconstants et changeants (*Prop.* 33), puissent se donner cette assurance mutuelle et avoir foi les uns dans les autres, cela se voit par la Proposition 7 de cette Partie et la Proposition 39 de la troisième. J'y dis, en effet, que nulle affection ne peut être réduite, sinon par une affection plus forte et contraire à celle qu'on veut réduire, et que chacun s'abstient de porter dommage par la peur d'un dommage plus grand. Par cette loi donc une Société pourra s'établir * si elle revendique pour elle-

* Au lieu de *firmari* que je traduis, Tônnies (*Vierteljahrschrift für wissenschaftliche Philosophie,* Bd. 7, p. 346) propose de lire *formari* qui se trouve dans un passage analogue du Traité *Théologico-politique* (*chap.* XVI).

même le droit qu'a chacun de se venger et de juger du bon et du mauvais, et qu'elle ait ainsi le pouvoir de prescrire une règle commune de vie, d'instituer des lois et de les maintenir, non par la Raison qui ne peut réduire les affections (*Scolie de la Prop.* 17), mais par des menaces. Cette Société maintenue par des lois et le pouvoir qu'elle a de se conserver, est appelée *Cité*, et ceux qui sont sous la protection de son droit, *Citoyens;* par où nous connaissons facilement que, dans l'état naturel, il n'y a rien qui soit bon ou mauvais du consentement de tous, puisque chacun, dans cet état naturel, avise seulement à sa propre utilité et, suivant sa complexion, décrète quelle chose est bonne, quelle mauvaise, n'ayant de règle que son intérêt, qu'enfin il n'est tenu par aucune loi d'obéir à personne, sinon à lui-même. Et ainsi dans l'état naturel le péché ne peut se concevoir, mais bien dans l'état civil, quand il a été décrété du consentement de tous quelle chose est bonne et quelle mauvaise, et que chacun est tenu d'obéir à la Cité. Le *péché* n'est donc rien d'autre que la désobéissance, laquelle est, pour cette raison, punie en vertu du seul droit de la Cité, et au contraire l'obéissance est comptée au Citoyen comme *mérite*, parce qu'il est par cela même jugé digne de jouir des avantages de la Cité. De plus, dans l'état naturel, nul n'est, du consentement commun, seigneur d'aucune chose, et il n'y a rien dans la Nature qui puisse être dit la chose de l'un ou de l'autre; mais tout appartient à tous; par suite, dans l'état naturel, on ne peut concevoir de volonté d'attribuer à chacun le sien, d'enlever à quelqu'un ce qui est à lui; c'est-à-dire dans l'état naturel il n'y a rien qui puisse être dit *juste* ou *injuste;* mais bien dans l'état civil, où du consentement commun il est décrété quelle chose est à l'un, quelle à l'autre. Il apparaît par là que le juste et l'injuste, le péché et le mérite sont des notions extrinsèques, non des attributs qui expliquent la nature de l'Ame. Mais assez sur ce point.

PROPOSITION XXXVIII

Ce qui dispose le Corps humain de façon qu'il puisse être affecté d'un plus grand nombre de manières ou le rend apte à affecter les corps extérieurs d'un plus grand nombre de manières, est utile à l'homme; et d'autant plus utile que le

Corps est par là rendu plus apte à être affecté et à affecter d'autres corps de plusieurs manières; est nuisible au contraire ce qui diminue cette aptitude du Corps.

Démonstration

Plus le Corps a d'aptitude de cette sorte, plus l'Ame devient apte à percevoir *(Prop.* 14, *p. II)*; ainsi ce qui dispose le Corps en une condition telle et augmente cette aptitude, est nécessairement bon ou utile (*Prop.* 26 *et* 27), et d'autant plus qu'il augmente davantage cette aptitude; une chose est nuisible au contraire (*par la même Prop.* 14, *p. II, renversée, et les Prop.* 26 *et* 27), si elle diminue cette aptitude du Corps.

C. Q. F. D.

PROPOSITION XXXIX

Ce qui fait que le rapport de mouvement et de repos que soutiennent les parties du Corps humain les unes avec les autres se conserve, est bon; est mauvais au contraire ce qui fait que les parties du Corps humain ont les unes vis-à-vis des autres un autre rapport de repos et de mouvement.

Démonstration

Le Corps humain a besoin, pour se conserver, d'un très grand nombre d'autres corps *(Post.* 4, *p. II)*. Mais ce qui constitue la forme du Corps humain consiste en ce que ses parties se communiquent leurs mouvements les unes aux autres suivant un certain rapport *(Déf. qui précède le Lemme* 4 *à la suite de la Prop.* 13, *p. II)*. Ce donc qui fait que le rapport de mouvement et de repos existant entre les parties du Corps humain se conserve, conserve aussi la forme du Corps humain et fait en conséquence *(Post.* 3 *et* 6, *p. II)* que le Corps humain puisse être affecté de beaucoup de manières et affecter les corps extérieurs de beaucoup de manières; cela est donc bon *(Prop. préc.)*. En outre, ce qui fait qu'entre les parties du Corps humain s'établisse un autre rapport de mouvement et de repos, fait aussi *(même Déf., p. II)* qu'une forme nouvelle se substitue à celle du Corps, c'est-à-dire *(comme il est connu de soi et comme nous l'avons fait observer à la fin de la préface de cette partie)* fait que le Corps humain soit détruit et en conséquence perde toute aptitude à être affecté de plusieurs manières; cela, par suite *(Prop. préc.)*, est mauvais.

C. Q. F. D.

SCOLIE

Combien cela peut nuire à l'Ame ou lui être utile cela sera expliqué dans la Cinquième Partie. Il faut, toutefois, noter ici que la mort du Corps, telle que je l'entends, se produit, quand ses parties sont disposées de telle sorte qu'un autre rapport de mouvement et de repos s'établisse entre elles. Je n'ose nier en effet que le Corps humain, bien que le sang continue de circuler et qu'il y ait en lui d'autres marques de vie, puisse néanmoins changer sa nature contre une autre entièrement différente. Nulle raison ne m'oblige à admettre qu'un Corps ne meurt que s'il est changé en cadavre; l'expérience même semble persuader le contraire. Parfois en effet un homme subit de tels changements qu'il serait difficile de dire qu'il est le même; j'ai entendu parler, en particulier, d'un certain poète espagnol atteint d'une maladie et qui, bien que guéri, demeura dans un tel oubli de sa vie passée qu'il ne croyait pas siennes les comédies et les tragédies par lui composées; on eût pu le tenir pour un enfant adulte s'il avait oublié aussi sa langue maternelle. Et si cela paraît incroyable, que dire des enfants ? Un homme d'âge plus avancé croit leur nature si différente de la sienne qu'il ne pourrait se persuader qu'il a jamais été enfant, s'il ne faisait, d'après les autres, une conjecture sur lui-même. Mais, pour ne pas donner aux superstitieux matière à de nouvelles questions, j'aime mieux laisser là ce sujet.

PROPOSITION XL

Ce qui conduit les hommes vers la Société commune c'est-à-dire fait qu'ils vivent dans la concorde, est utile; mauvais au contraire ce qui introduit la discorde dans la Cité.

Démonstration

Ce qui fait que les hommes vivent dans la concorde, fait en même temps qu'ils vivent sous la conduite de la Raison (*Prop.* 35), et ainsi (*Prop.* 26 *et* 27) est bon; est mauvais au contraire *(pour la même raison)* ce qui excite la discorde.

C. Q. F. D.

PROPOSITION XLI

La Joie n'est jamais mauvaise directement mais bonne; la Tristesse, au contraire, est directement mauvaise.

Démonstration

La Joie *(Prop.* 11, *p. III, avec son Scolie)* est une affection par où la puissance d'agir du Corps est accrue ou secondée; la Tristesse, au contraire, une affection par où la puissance d'agir du Corps est diminuée ou réduite; et, par suite (*Prop.* 38), la Joie est bonne directement, etc.

C. Q. F. D.

PROPOSITION XLII

La Gaieté ne peut avoir d'excès mais est toujours bonne; au contraire, la Mélancolie est toujours mauvaise.

Démonstration

La Gaieté *(voir sa Déf. dans le Scolie de la Prop.* 11, *p. III)* est une Joie qui, relativement au Corps, consiste en ce que toutes ses parties sont pareillement affectées; c'est-à-dire *(Prop.* 11, *p. III)* que la puissance d'agir du Corps est accrue ou secondée de telle sorte que toutes ses parties conservent entre elles le même rapport de mouvement et de repos; ainsi (*Prop.* 39) la Gaieté est toujours bonne et ne peut avoir d'excès. La Mélancolie *(voir aussi sa Déf. dans le même Scolie de la Prop.* 11, *p. III)* est une Tristesse qui, relativement au Corps, consiste en ce que la puissance d'agir du Corps est absolument diminuée ou réduite; et, par suite (*Prop.* 38), elle est toujours mauvaise.

C. Q. F. D.

PROPOSITION XLIII

Le Chatouillement peut avoir de l'excès et être mauvais; la Douleur peut être bonne dans la mesure où le Chatouillement, qui est une Joie, est mauvais.

Démonstration

Le Chatouillement est une Joie qui, relativement au Corps, consiste en ce qu'une de ses parties ou quelques-unes sont affectées plus que les autres *(voir sa Déf. dans le Scolie de la Prop.* 11, *p. III);* et la puissance de cette affection peut être telle qu'elle surpasse les autres actions du Corps (*Prop.* 6), reste obstinément attachée à lui et empêche ainsi que le Corps ne soit apte à être affecté d'un très grand nombre d'autres manières; cette affection peut donc (*Prop.* 38) être mauvaise. Pour la Douleur qui est au contraire une Tristesse, considérée en elle-même, elle ne peut pas être bonne (*Prop.* 41). Mais, sa force et sa croissance étant définies par la puissance d'une cause extérieure comparée à la nôtre (*Prop.* 5), nous pouvons concevoir que les forces de cette affection varient en une infinité de degrés et s'exercent en une infinité de manières (*Prop.* 3); nous pouvons donc concevoir une douleur telle que, réduisant le Chatouillement, elle l'empêche d'être excessif et fasse dans cette mesure *(par la première partie de la Prop.)* qu'il ne diminue pas l'aptitude du Corps; et en cela par suite la douleur peut être bonne.

C. Q. F. D.

PROPOSITION XLIV

L'Amour et le Désir peuvent avoir de l'excès.

Démonstration

Ce qu'on appelle Amour est une Joie *(Déf. 6 des Affections)* qu'accompagne l'idée d'une cause extérieure; donc* le Chatouillement *(Scolie de la Prop.* 11, *p. III)* qu'accompagne l'idée d'une cause extérieure est un Amour; ainsi l'Amour peut avoir de l'excès *(Prop. préc.)*. En outre, un Désir est d'autant plus grand que l'affection d'où il naît, est plus grande *(Prop.* 37, *p. III)*. De même donc qu'une affection peut surpasser les autres actions de l'homme (*Prop.* 6), de même aussi un Désir né de cette affection peut surpasser les autres Désirs, et il pourra, en conséquence, avoir le même excès que, dans la Proposition précédente, nous avons montré qu'avait le Chatouillement.

C. Q. F. D.

SCOLIE

La Gaieté, que j'ai dit être bonne, se conçoit plus facilement qu'on ne l'observe. Car les affections qui nous dominent chaque jour se rapportent la plupart du temps à quelque partie du Corps qui est affectée plus que les autres; les affections ont ainsi pour la plupart de l'excès et retiennent l'Ame de telle sorte dans la considération d'un seul objet qu'elle ne puisse penser à d'autres. Bien que les hommes soient soumis à plusieurs affections enfin et qu'on en trouve rarement qui soient dominés par une seule, toujours la même, ils sont nombreux, ceux à qui une seule et même affection demeure obstinément attachée. Nous voyons en effet les hommes affectés parfois par un objet de telle sorte qu'en dépit de sa non-présence ils croient l'avoir devant eux, et quand cela arrive à un homme qui n'est pas

* W. Meijer propose de remplacer *igitur* que je traduis par *autem;* voir note explicative.

endormi, nous disons qu'il délire ou est insensé. On ne croit pas moins insensés, parce qu'ils excitent d'ordinaire le rire, ceux qui brûlent d'Amour et nuit et jour ne font que rêver de la femme aimée ou d'une courtisane. L'avare, au contraire, qui ne pense à rien d'autre qu'au gain et à l'argent, l'ambitieux uniquement occupé de gloire, etc., on ne croit pas qu'ils délirent, parce qu'ils sont d'ordinaire un sujet de peine pour autrui et sont tenus pour mériter la Haine. En réalité, cependant, l'Avarice, l'Ambition, la Lubricité sont des espèces de délire, bien qu'on ne les range pas au nombre des maladies.

PROPOSITION XLV

La Haine ne peut jamais être bonne.

Démonstration

Nous nous efforçons de détruire l'homme que nous haïssons *(Prop.* 39, *p. III)*, c'est-à-dire que nous nous efforçons à quelque chose qui est mauvais (*Prop.* 37). Donc, etc.

C. Q. F. D.

SCOLIE

On observera que, dans cette proposition et les suivantes, j'entends par Haine seulement la Haine envers les hommes.

COROLLAIRE I

L'Envie, la Raillerie, le Mépris, la Colère, la Vengeance et les autres affections qui se ramènent à la Haine ou en naissent sont choses mauvaises; ce qui est évident aussi par la Proposition 39, partie III, et la Proposition 37.

COROLLAIRE II

Tout ce que nous appétons par suite de ce que nous sommes affectés de Haine, est vilain, et injuste dans la Cité. Cela se voit aussi par la Proposition 39, partie III, ou par les définitions du vilain et de l'injuste dans le Scolie de la Proposition 37.

SCOLIE

Entre la Raillerie (que j'ai dit être mauvaise dans le Coroll. 1) et le rire, je fais une grande différence. Car le rire, comme aussi la plaisanterie, est une pure joie et, par suite, pourvu qu'il soit sans excès, il est bon par lui-même (*Prop.* 41). Seule assurément une farouche et triste superstition interdit de prendre des plaisirs. En quoi, en effet, convient-il mieux d'apaiser la faim et la soif que de chasser la mélancolie ? Telle est ma règle, telle ma conviction. Aucune divinité, nul autre qu'un envieux, ne prend plaisir à mon impuissance et à ma peine, nul autre ne tient pour vertu nos larmes, nos sanglots, notre crainte et autres marques d'impuissance intérieure; au contraire, plus grande est la Joie dont nous sommes affectés, plus grande la perfection à laquelle nous passons, plus il est nécessaire que nous participions de la nature divine. Il est donc d'un homme sage d'user des choses et d'y prendre plaisir autant qu'on le peut (sans aller jusqu'au dégoût, ce qui n'est plus prendre plaisir). Il est d'un homme sage, dis-je, de faire servir à sa réfection et à la réparation de ses forces des aliments et des boissons agréables pris en quantité modérée, comme aussi les parfums, l'agrément des plantes verdoyantes, la parure, la musique, les jeux exerçant le Corps, les spectacles et d'autres choses de même sorte dont chacun peut user sans aucun dommage pour autrui. Le Corps humain en effet est composé d'un très grand nombre de parties de nature différente qui ont continuellement besoin d'une alimentation nouvelle et variée, pour que le Corps entier soit également apte à tout ce qui peut suivre de sa nature et que l'Ame soit également apte à comprendre à la fois plusieurs choses. Cette façon d'ordonner la vie s'accorde ainsi très bien et avec nos principes et avec la pratique en usage; nulle règle de vie donc n'est meilleure et plus recommandable à tous égards, et il n'est pas nécessaire ici de traiter ce point plus clairement ni plus amplement.

PROPOSITION XLVI

Qui vit sous la conduite de la Raison, s'efforce, autant qu'il peut, de compenser par l'Amour ou la Générosité, la Haine, la Colère, le Mépris qu'un autre a pour lui.

Démonstration

Toutes les affections de Haine sont mauvaises *(Coroll.* I *de la Prop. préc.);* qui donc vit sous la conduite de la Raison, s'efforcera autant que possible de ne pas être dominé par des affections de Haine (*Prop.* 19); et conséquemment (*Prop.* 37) fera effort pour qu'un autre homme aussi ne soit pas affecté de ces passions. Mais la Haine est accrue par une Haine réciproque et peut, au contraire, être éteinte par l'Amour *(Prop.* 43, *p. III)* de façon à se changer en Amour *(Prop.* 44, *p. III).* Qui donc vit sous la conduite, de la Raison, s'efforcera de compenser la Haine, etc., par l'Amour, c'est-à-dire par la Générosité *(voir la Déf. dans le Scolie de la Prop.* 59, *p. III).*

C. Q. F. D.

SCOLIE

Qui veut venger ses offenses par une Haine réciproque, vit assurément misérable. Qui, au contraire, cherche à combattre victorieusement la Haine par l'Amour, combat certes dans la joie et la sécurité, résiste aussi facilement à plusieurs qu'à un seul * et a besoin moins que personne du secours de la fortune. Pour ceux qu'il vainc la défaite est joyeuse, car ils ne sont point vaincus par manque de force,

* Je traduis *aeque facile pluribus ac uni homini resistit* au lieu de *uni homini ac pluribus* leçon de Land.

mais par une croissance de leurs forces; tout cela suit si clairement des seules définitions de l'Amour et de l'Entendement qu'il n'est pas besoin d'en faire l'objet de démonstrations particulières.

PROPOSITION XLVII

Les affections de l'Espoir et de la Crainte ne peuvent être bonnes par elles-mêmes.

Démonstration

Il n'y a point d'affection d'Espoir et de Crainte sans Tristesse. Car la crainte est une Tristesse *(Déf.* 13 *des Aff.)* et il n'y a pas d'Espoir sans Crainte *(Explication des Déf.* 12 *et* 13 *des Aff.);* par suite (*Prop.* 41), ces affections ne peuvent pas être bonnes par elles-mêmes, mais en tant seulement qu'elles peuvent réduire un excès de Joie (*Prop.* 43).

C. Q. F. D.

SCOLIE

A cela s'ajoute que ces affections indiquent un manque de connaissance et une impuissance de l'Ame; pour cette cause aussi la Sécurité, le Désespoir, l'Épanouissement et le Resserrement de conscience sont des signes d'impuissance intérieure. Bien que, en effet, la Sécurité et l'Épanouissement soient des affections de Joie, ils supposent cependant une Tristesse antécédente, à savoir l'Espoir et la Crainte. Plus donc nous nous efforçons de vivre sous la conduite de la Raison, plus nous faisons effort pour nous rendre moins dépendants de l'Espoir, nous affranchir de la Crainte, commander à la fortune autant que possible, et diriger nos actions suivant le conseil certain de la Raison.

PROPOSITION XLVIII

Les affections de la Surestime et de la Mésestime sont toujours mauvaises.

Démonstration

Ces affections en effet *(Déf.* 21 et 22 *des Aff.)* sont opposées à la Raison, elles sont donc mauvaises (*Prop.* 26 *et* 27).

C. Q. F. D.

PROPOSITION XLIX

La Surestime rend facilement orgueilleux l'homme qui est surestimé.

Démonstration

Si nous voyons quelqu'un faire par amour de nous plus de cas qu'il n'est juste, nous en serons facilement glorieux *(Scolie de la Prop.* 41, *p. III)*, c'est-à-dire que nous serons affectés d'une Joie *(Déf.* 30 *des Aff.);* et nous croirons facilement le bien que nous apprenons qui est dit de nous *(Prop.* 25, *p. III);* par suite, nous ferons de nous-mêmes par amour plus de cas qu'il n'est juste, c'est-à-dire *(Déf.* 28 *des Aff.)* que nous aurons facilement de l'orgueil.

C. Q. F. D.

PROPOSITION L

La Commisération est en elle-même mauvaise et inutile, dans un homme qui vit sous la conduite de la Raison.

Démonstration

La Commisération en effet *(Déf.* 18 *des Aff.)* est une Tristesse; par suite, elle est mauvaise par elle-même. Pour le bien qui en suit, à savoir que nous nous efforçons de délivrer de sa misère celui pour qui nous avons de la commisération *(Coroll.* 3 *de la Prop.* 27, *p. III)*, nous désirons le faire par le seul commandement de la Raison (*Prop.* 37); et nous ne pouvons faire que par le seul commandement de la Raison quelque chose que nous sachions avec certitude être bon (*Prop.* 27); la Commisération est donc mauvaise en elle-même, et inutile, dans un homme qui vit sous la conduite de la Raison.

C. Q. F. D.

COROLLAIRE

Il suit de là qu'un homme qui vit sous le commandement de la Raison, s'efforce autant qu'il peut de ne pas être touché de commisération.

SCOLIE

Qui sait droitement que tout suit de la nécessité de la nature divine et arrive suivant les lois et règles éternelles de la Nature, ne trouvera certes rien qui soit digne de Haine, de Raillerie ou de Mépris, et il n'aura de commisération pour personne; mais autant que le permet l'humaine vertu, il s'efforcera de *bien faire*, comme on dit, *et de se tenir en joie.* A cela s'ajoute que celui qui est facilement affecté de Commisération et ému par la misère ou les larmes d'autrui, fait souvent quelque chose de quoi plus tard il se repent; d'une part, en effet, nous ne faisons rien sous le coup d'une affection que nous sachions avec certitude être bon, de l'autre nous sommes facilement trompés par de fausses larmes. Et je parle ici expressément de l'homme qui vit sous la conduite de la Raison. Pour celui qui n'est mû ni par la Raison ni par la Commisération à être secourable aux autres, on l'appelle justement inhumain, car *(Prop.* 27, *p. III)* il ne paraît pas ressembler à un homme.

PROPOSITION LI

La Faveur n'est pas opposée à la Raison, mais peut s'accorder avec elle et en naître.

Démonstration

La Faveur en effet est un Amour pour celui qui a fait du bien à autrui *(Déf.* 19 *des Aff.);* elle peut donc être rapportée à l'Ame en tant que celle-ci est dite agir *(Prop.* 59 *p. III),* c'est-à-dire *(Prop.* 3, *p. III)* en tant qu'elle connaît, par suite elle s'accorde avec la Raison, etc.

C. Q. F. D.

Autre démonstration

Qui vit sous la conduite de la Raison, désire pour autrui aussi ce qu'il appète pour lui-même (*Prop.* 37); par suite donc de ce qu'il voit quelqu'un faire du bien à autrui, son propre effort pour faire du bien est secondé, c'est-à-dire *(Scolie de la Prop.* 11, *p. III)* qu'il sera joyeux, et cela *(par hypothèse)* avec l'accompagnement de l'idée de celui qui a fait du bien à autrui; par suite, il lui est favorable *(Déf.* 19 *des Aff.).*

C. Q. F. D.

SCOLIE

L'indignation, telle qu'elle est définie par nous *(Déf.* 20 *des Aff.)* est nécessairement mauvaise (*Prop.* 45). Il faut observer, toutefois, que si l'autorité supérieure, en vue de maintenir la paix dans la Cité, punit un Citoyen qui a commis une injustice à l'égard d'un autre, je ne dis pas qu'elle est indignée contre lui, car elle n'est point poussée par la Haine à le perdre, mais a pour le punir un mobile qui est la moralité.

PROPOSITION LII

Le Contentement de soi peut tirer son origine de la Raison, et seul ce contentement qui tire son origine de la Raison, est le plus grand possible.

Démonstration

Le Contentement de soi est une Joie née de ce que l'homme considère sa propre puissance d'agir (*Déf. des Aff.* 25). Mais la vraie puissance d'agir de l'homme ou sa vertu est la Raison elle-même *(Prop.* 3, *p. III)* que l'homme considère clairement et distinctement *(Prop.* 40 *et* 43, *p. III)*. Le Contentement de soi tire donc son origine de la Raison. De plus, tandis que l'homme se considère lui-même clairement et distinctement, c'est-à-dire adéquatement, il ne perçoit rien sinon ce qui suit de sa propre puissance d'agir *(Déf.* 2, *p. III)*, c'est-à-dire de sa puissance de connaître *(Prop.* 3, *p. III)*; de cette seule considération donc naît le Contentement le plus grand qu'il puisse y avoir.

C. Q. D. F.

SCOLIE

Le Contentement de soi est en réalité l'objet suprême de notre espérance. Personne, en effet (*Prop.* 25), ne fait effort pour conserver son être en vue d'une fin quelconque; et puisque ce Contentement est de plus en plus alimenté et fortifié par les louanges *(Coroll. de la Prop.* 53, *p. III)* et, au contraire *(Coroll de la Prop.* 55, *p. III)*, de plus en plus troublé par le blâme, nous sommes donc surtout conduits par la gloire et nous pouvons à peine supporter une vie d'opprobre.

PROPOSITION LIII

L'Humilité n'est pas une vertu, c'est-à-dire qu'elle ne tire pas de la Raison son origine.

Démonstration

L'Humilité est une Tristesse née de ce que l'homme considère sa propre impuissance *(Déf, 26 des Aff.);* or dans la mesure où l'homme se connaît par la vraie Raison, il est supposé avoir une idée claire de son essence, c'est-à-dire de sa puissance *(Prop. 7, p. III).* Si donc l'homme, tandis qu'il se considère, perçoit quelque impuissance qui est en lui, cela ne vient pas de ce qu'il se connaît, mais *(Prop. 55, p. III)* de ce que sa puissance d'agir est réduite. Que si nous supposons un homme concevant son impuissance parce qu'il connaît quelque chose de plus puissant que lui-même, et par cette connaissance délimite sa propre puissance d'agir, nous ne concevons alors rien d'autre, sinon que cet homme se connaît lui-même distinctement, c'est-à-dire (*Prop.* 26)* que sa puissance d'agir est secondée. C'est pourquoi l'Humilité ou la Tristesse née de ce qu'un homme considère son impuissance, ne tire pas son origine d'une considération vraie, c'est-à-dire de la Raison, et n'est pas une vertu mais une passion.

C. Q. F. D.

PROPOSITION LIV

Le Repentir n'est pas une vertu, c'est-à-dire qu'il ne tire pas son origine de la Raison; mais celui qui se repent de ce qu'il a fait, est deux fois misérable ou impuissant.

Démonstration

La première partie de cette Proposition se démontre comme la Proposition précédente. La deuxième partie est évidente par la seule Définition du Repentir *(Déf.* 27

* ... *tum nihil aliud concipimus, quam quod homo se ipsum distincte intelligit, sive (per Prop. 26 hujus) quod...* La leçon de Land est *intelligit (per Prop. 26 hujus), quod...;* je corrige, d'après Léopold. W. Meijer remplace *quod* par *quo.* Voir note explicative.

des Aff.). Car on se laisse vaincre premièrement par un Désir mauvais, puis par la Tristesse.

SCOLIE

Les hommes ne vivant guère sous le commandement de la Raison, ces deux affections, je veux dire l'Humilité et le Repentir, et en outre l'Espoir et la Crainte, sont plus utiles que dommageables; si donc il faut pécher, que ce soit plutôt dans ce sens. Si en effet les hommes impuissants intérieurement étaient tous pareillement orgueilleux, s'ils n'avaient honte de rien et ne craignaient rien, comment * pourraient-ils être maintenus unis et disciplinés ? La foule est terrible quand elle est sans crainte; il n'y a donc pas à s'étonner que les Prophètes, pourvoyant à l'utilité commune, non à celle de quelques-uns, aient tant recommandé l'Humilité, le Repentir et le Respect. Et en effet ceux qui sont soumis à ces affections peuvent, beaucoup plus facilement que d'autres, être conduits à vivre enfin sous la conduite de la Raison, c'est-à-dire à être libres et à jouir de la vie des bienheureux.

PROPOSITION LV

Le plus haut degré d'Orgueil ou de Mésestime de soi est la plus entière ignorance de soi.

Démonstration

Cela est évident par la Définition 28 des Affections.

PROPOSITION LVI

Le plus haut degré d'Orgueil ou de Mésestime de soi indique la plus grande impuissance intérieure.

* Je traduis *qui* au lieu de *quo*, leçon de Land.

Démonstration

Le premier principe de la vertu est de conserver son être (*Coroll. de la Prop.* 22), et cela sous la conduite de la Raison (*Prop.* 24). Qui donc s'ignore lui-même, ignore le principe de toutes les vertus et conséquemment toutes les vertus. De plus, agir par vertu n'est rien d'autre qu'agir sous la conduite de la Raison (*Prop.* 24), et qui agit sous la conduite de la Raison, doit savoir nécessairement qu'il agit sous la conduite de la Raison *(Prop.* 43, *p. II)*. Qui donc s'ignore le plus lui-même et conséquemment *(nous venons de le montrer)* ignore le plus toutes les vertus, agit le moins par vertu, c'est-à-dire (*comme il est évident par la Déf.* 8) est le plus impuissant intérieurement. Ainsi *(Prop. préc.)* le plus haut degré d'Orgueil ou de Mésestime de soi indique la plus grande impuissance intérieure.

C. Q. F. D.

COROLLAIRE

Il suit de là très clairement que les orgueilleux et ceux qui se mésestiment sont très soumis aux affections.

SCOLIE

La Mésestime de soi cependant peut se corriger plus facilement que l'Orgueil; ce dernier en effet est une affection de Joie, la première une affection de Tristesse; ce dernier est donc plus fort (*Prop.* 18) que la première.

PROPOSITION LVII

L'Orgueilleux aime la présence des parasites ou des flatteurs, il hait celle des généreux.

Démonstration

L'Orgueil est une Joie née de ce que l'homme fait trop de cas de lui-même *(Déf. 28 et 6 des Aff.)*, et l'orgueilleux s'efforcera autant qu'il peut d'alimenter cette opinion *(Scolie de la Prop. 13, p. III)*; il aimera donc la présence des parasites ou des flatteurs *(j'ai omis de les définir parce qu'ils sont trop connus)* et fuira au contraire celle des généreux, qui font de lui le cas qu'il mérite *.

C. Q. F. D.

SCOLIE

Il serait trop long d'énumérer ici tous les maux de l'Orgueil, puisque les orgueilleux sont soumis à toutes les affections, mais à nulles plus qu'à celles de l'Amour et de la Miséricorde. Il ne faut pas passer sous silence, toutefois, que l'on appelle orgueilleux celui qui fait des autres moins de cas qu'il n'est juste, et à cet égard on définira l'Orgueil comme étant la Joie née de l'opinion fausse par laquelle un homme se croit supérieur aux autres. Et la Mésestime de soi, contraire à cet Orgueil, se définira la Tristesse née de l'opinion fausse par laquelle un homme se croit inférieur aux autres. Cela posé, nous concevons facilement que l'orgueilleux est nécessairement envieux *(Scolie de la Prop. 55, p. III)*, et qu'il a surtout en haine ceux qu'on loue le plus pour leurs vertus; que sa Haine à leur égard n'est pas facilement vaincue par l'Amour ou le Bienfait *(Scolie de la Prop. 41, p. III)*; et qu'il ne prend plaisir qu'à la présence de ceux qui lui montrent le plus de complaisance, et de sot le rendent insensé.

Bien que la Mésestime de soi soit contraire à l'Orgueil, celui qui se mésestime est cependant très proche de l'orgueilleux. Puisque, en effet, sa Tristesse vient de ce qu'il juge de son impuissance par la puissance ou vertu des autres, cette Tristesse sera allégée, c'est-à-dire

* ... *adeoque parasitorum vel adulatorum (horum Definitiones omisi, quia nimis noti sunt) praesentiam amabit, et generosorum, qui de ipso ut par est, sentiunt, fugiet.* Je substitue le singulier *amabit* au pluriel *amabunt* et remplace de même *ipsis* et *fugient* par *ipso* et *fugiet*.

il sera joyeux, si son imagination s'occupe à considérer les vices des autres, d'où ce proverbe : *c'est une consolation pour les malheureux d'avoir des compagnons de leurs maux.* Au contraire, il sera d'autant plus contristé qu'il se croira davantage inférieur aux autres; d'où vient qu'il n'est pas d'hommes plus enclins à l'Envie que ceux qui se mésestiment; ils s'efforcent plus que personne d'observer ce que font les hommes, plutôt pour censurer leurs fautes que pour les corriger; ils n'ont de louange que pour la Mésestime de soi et se glorifient de leur humilité, mais de façon à paraître se mésestimer. Ces conséquences découlent de cette affection aussi nécessairement qu'il suit de la nature du triangle que ses trois angles égalent deux droits; et j'ai déjà dit que j'appelle mauvaises ces affections et celles qui leur ressemblent, en tant que j'ai égard à la seule utilité de l'homme. Les lois de la Nature toutefois concernent l'ordre commun de la Nature, dont l'homme est une partie, j'ai tenu à le faire observer en passant, pour que personne ne crût que j'ai voulu exposer ici les vices des hommes et les absurdités faites par eux et non démontrer la nature et les propriétés des choses. Comme je l'ai dit en effet dans la Préface de la troisième Partie, je considère les affections des hommes et leurs propriétés de même façon que les autres choses naturelles. Et certes les affections des hommes ne montrent pas moins la puissance de la Nature, sinon de l'homme, et son art, que beaucoup d'autres choses qui nous étonnent et que nous nous plaisons à considérer. Mais je continue à observer, en traitant des affections, ce qui est utile aux hommes et ce qui leur porte dommage.

PROPOSITION LVIII

La Gloire n'est pas opposée à la Raison, mais peut tirer d'elle son origine.

Démonstration

Cela est évident par la Définition 30 des Affections, et par la Définition de l'Honnête dans le Scolie 1 de la Proposition 37.

SCOLIE

Ce qu'on appelle la vaine Gloire est un contentement de soi alimenté par la seule opinion de la foule; cette opinion n'étant plus, le contentement lui-même disparaît, c'est-à-dire (*Scolie de la Prop.* 52) ce bien suprême aimé de tous; de là vient que celui qui ne tire de gloire que de l'opinion de la foule, tourmenté d'une crainte quotidienne, s'efforce, s'agite et se donne du mal pour conserver son renom. La foule, en effet, est changeante et inconstante; par suite, si le renom n'est pas entretenu, bientôt il s'évanouit; bien plus, comme tous désirent capter les applaudissements de la foule, chacun rabaisse volontiers le renom d'autrui. Par suite, comme il s'agit d'une lutte pour ce qui est estimé le bien suprême, un furieux appétit prend naissance de s'humilier les uns les autres, et qui, enfin, obtient la victoire, est plus glorieux d'avoir nui à autrui que de s'être bien servi lui-même. Cette Gloire ou ce contentement est vraiment une vanité, car elle n'est rien.

Ce qu'il faut observer sur la Honte ressort facilement de ce que nous avons dit sur la Miséricorde et le Repentir. J'ajoute seulement que, comme la Commisération, la Honte, qui n'est pas une vertu, est bonne cependant en tant qu'elle dénote dans l'homme rougissant de honte un désir de vivre honnêtement; de même la douleur, qu'on dit bonne en tant qu'elle montre que la partie blessée n'est pas encore pourrie. Bien qu'il soit triste donc, en réalité, l'homme qui a honte de ce qu'il a fait, est cependant plus parfait que l'impudent qui n'a aucun désir de vivre honnêtement.

Telles sont les observations que j'avais résolu de faire sur les affections de Joie et de Tristesse. Pour les Désirs, ils sont bons ou mauvais, suivant qu'ils naissent d'affections bonnes ou mauvaises. Mais tous, en tant qu'ils naissent en nous d'affections qui sont des passions, sont aveugles (*comme il ressort aisément de ce qui a été dit dans le Scolie de la Prop.* 44), et ne seraient d'aucun usage si les hommes pouvaient être facilement amenés à vivre suivant le seul commandement de la Raison, comme je vais le montrer brièvement.

PROPOSITION LIX

A toutes les actions auxquelles nous sommes déterminés par une affections qui est une passion, nous pouvons être déterminés sans elle par la Raison.

Démonstration

Agir par Raison n'est rien d'autre *(Prop. 3 et Déf. 2, p. III)* que faire ces actions qui suivent de la nécessité de notre nature considérée en elle seule. Mais la Tristesse est mauvaise en tant qu'elle diminue ou réduit cette puissance d'agir; nous ne pouvons donc être déterminés par cette affection à aucune action que nous ne pourrions accomplir si nous étions conduits par la Raison. De plus, la Joie est mauvaise * en tant qu'elle empêche que l'homme ne soit apte à agir (*Prop.* 43 *et* 44 **), nous ne pouvons donc être déterminés par elle à aucune action que nous ne pourrions accomplir si nous étions conduits par la Raison. Enfin, en tant que la Joie est bonne, elle s'accorde avec la Raison (car elle consiste en ce que la puissance d'agir de l'homme est accrue ou secondée); et elle n'est pas une passion si ce n'est en tant que la puissance d'agir de l'homme n'est pas accrue à ce point qu'il se conçoive lui-même et conçoive ses propres actions adéquatement *(Prop. 3, p. III avec le Scolie)*. Si donc un homme affecté de Joie était conduit à une perfection telle qu'il se conçût lui-même et conçût ses propres actions adéquatement, il serait apte aux mêmes actions auxquelles le déterminent, dans son état présent, les affections qui sont des passions; il y serait même plus apte. Mais toutes les affections se ramènent à la Joie, à la Tristesse ou au Désir *(voir Explication de la quatrième Défin. des Aff.)* et le Désir (*Déf. des Aff.* 1) n'est rien d'autre que l'effort même pour agir; à toutes les actions donc auxquelles nous sommes déterminés par une affection qui est une passion, nous

* *Praeterea Laetitia eatenus mala est...* Je supprime le mot *tantum* qui suit *eatenus* dans l'édition Land; correction indiquée par W. Meijer.

** L'édition Land renvoie aux Propositions 41 et 43.

pouvons, sans elle, être conduits par la seule Raison.

C. Q. F. D.

Autre démonstration

Une action quelconque est dite mauvaise en tant qu'elle tire son origine de ce que nous sommes affectés de Haine ou de quelque affection mauvaise (*Coroll.* 1 *de la Prop.* 45). Mais nulle action, considérée en elle-même, n'est bonne ni mauvaise *(comme nous l'avons montré dans la Préface de cette Partie)* et une seule et même action est tantôt bonne, tantôt mauvaise; nous pouvons donc être conduits par la Raison (*Prop.* 19) à cette même action qui est présentement mauvaise, c'est-à-dire tire son origine d'une affection mauvaise.

C. Q. F. D.

SCOLIE

J'expliquerai plus clairement ma pensée par un exemple. L'action de frapper, en tant qu'on la considère physiquement, ayant égard seulement à ce qu'un homme lève le bras, serre le poing et meut avec force le bras entier de haut en bas, est une vertu qui se conçoit par la structure du Corps humain. Si donc un homme, dans un mouvement de Haine ou de Colère, est déterminé à serrer le poing ou à mouvoir le bras, cela a lieu parce qu'une seule et même action, comme nous l'avons montré dans la deuxième Partie, peut être jointe à des images quelconques de choses; nous pouvons donc être déterminés à une seule et même action aussi bien par les images des choses que nous concevons confusément que par celles des choses que nous concevons clairement et distinctement. Il apparaît par là que tout Désir tirant son origine d'une affection qui est une passion, serait de nul usage si les hommes pouvaient être conduits par la Raison. Voyons maintenant pourquoi un Désir né d'une affection qui est une passion, est appelé aveugle par nous.

PROPOSITION LX

Un Désir, tirant son origine d'une Joie ou d'une Tristesse qui se rapporte à une seule des parties du Corps, ou à quelques-unes, mais non à toutes, n'a point égard à l'utilité de l'homme entier.

Démonstration

Supposons, par exemple, qu'une partie A du Corps soit, par la force d'une cause extérieure, rendue plus forte à ce point qu'elle l'emporte sur les autres (*Prop.* 6). Cette partie ne s'efforcera point pour cela de perdre ses forces pour que les autres parties du Corps s'acquittent de leur office; elle devrait en effet avoir la force ou la puissance de perdre ses forces, ce qui est absurde (*Prop.* 6, *p. III*). Cette partie s'efforcera donc, et conséquemment l'Ame aussi *(Prop.* 7 *et* 12, *p. III)* s'efforcera, de conserver cet état; et par suite le Désir qui naît d'une telle affection de Joie, n'a pas égard au tout. Que si, au contraire, on suppose une partie A réduite de façon que les autres l'emportent sur elle, on démontre de la même manière que le Désir né de la Tristesse n'a pas non plus égard au tout.

C. Q. F. D.

SCOLIE

Puis donc que le plus souvent (*Scolie de la Prop.* 44) la Joie se rapporte à une seule partie du Corps, nous désirons le plus souvent conserver notre être sans avoir le moindre égard à la santé du Corps entier; à quoi s'ajoute que les Désirs qui nous tiennent le plus (*Coroll. de la Prop.* 9) ont égard au temps présent seulement, non au futur.

PROPOSITION LXI

Un Désir tirant son origine de la Raison ne peut avoir d'excès.

Démonstration

Le Désir considéré absolument *(Déf. 1 des Aff.)* est l'essence même de l'homme en tant qu'on le conçoit comme déterminé à quelque action; un Désir donc tirant son origine de la Raison, c'est-à-dire *(Prop. 3, p. III)* se produisant en nous en tant que nous agissons, est l'essence même ou la nature de l'homme en tant qu'elle est conçue comme déterminée à faire ce qui se conçoit adéquatement par la seule essence de l'homme *(Déf. 2, p. III)*. Si donc ce Désir pouvait être excessif, la nature humaine, considérée en elle seule, pourrait s'excéder elle-même, autrement dit pourrait plus qu'elle ne peut, ce qui est une contradiction manifeste; en conséquence, un tel Désir ne peut avoir d'excès.

C. Q. F. D.

PROPOSITION LXII

En tant que l'Ame conçoit les choses suivant le commandement de la Raison, elle est également affectée, que l'idée soit celle d'une chose future ou passée, ou celle d'une chose présente.

Démonstration

Tout ce que l'Ame conçoit conduite par la Raison, elle le conçoit comme possédant une même sorte d'éternité ou de nécessité *(Coroll. 2 de la Prop. 44, p. II)*, et elle est, en le concevant, affectée de la même certitude *(Prop. 43, p. II avec son Scolie)*. Que l'idée donc soit celle d'une chose future ou passée, ou celle d'une chose présente, l'Ame conçoit la chose avec la même nécessité et est affectée de la même certitude; et que l'idée ait pour objet une chose future ou passée, ou une chose présente, elle n'en sera pas moins également vraie *(Prop. 41, p. II)*; c'est-à-dire qu'elle n'en aura pas moins toujours les mêmes propriétés de l'idée adéquate; et ainsi, en tant que l'Ame conçoit les choses sous le commandement de la Raison, elle est affectée de la même manière, que l'idée soit celle d'une chose future ou passée, ou celle d'une chose présente.

C. Q. F. D.

SCOLIE

Si nous pouvions avoir une connaissance adéquate de la durée des choses, et déterminer par la Raison leurs temps d'existence, nous considérerions les choses futures et les présentes affectés du même sentiment et le bien que l'Ame concevrait comme futur, elle l'appéterait comme un bien présent; par suite, elle négligerait nécessairement un bien présent moindre pour un bien futur plus grand, et elle appéterait fort peu une chose qui serait bonne dans le présent, mais cause d'un mal futur, comme nous le démontrerons bientôt. Mais nous ne pouvons avoir de la durée des choses *(Prop.* 31, *p. II)* qu'une connaissance extrêmement inadéquate, et nous déterminons *(Scolie de la Prop.* 44, *p. II)* le temps d'existence des choses par l'imagination seule, qui n'est pas également affectée par l'image d'une chose présente et d'une future. De là vient que la connaissance vraie du bien et du mal que nous avons, n'est rien qu'abstraite ou générale et que le jugement porté par nous sur l'ordre des choses et la liaison des causes, pour nous permettre de déterminer ce qui dans le présent est bon ou mauvais pour nous, est fondé plutôt sur l'imagination que sur la réalité. Il n'y a donc pas à s'étonner que le Désir né de cette connaissance du bien et du mal relative au futur puisse être réduit assez facilement par le Désir des choses présentement agréables (*voir à ce sujet la Prop.* 16).

PROPOSITION LXIII

Qui est dirigé par la Crainte et fait ce qui est bon pour éviter un mal, n'est pas conduit par la Raison.

Démonstration

Toutes les affections se rapportant à l'Ame, en tant qu'elle est active, c'est-à-dire à la Raison *(Prop.* 3, *p. III)*, ne sont autres que des affections de Joie et de Désir *(Prop.* 59, *p. III)*; celui donc qui est dirigé par la Crainte *(Déf.* 13 *des Aff.)* et fait ce qui est bon par peur d'un mal, n'est pas conduit par la Raison.

C. Q. F. D.

SCOLIE

Les superstitieux qui savent flétrir les vices plutôt qu'enseigner les vertus, et qui, cherchant non à conduire les hommes par la Raison mais à les contenir par la Crainte, leur font fuir le mal sans aimer les vertus, ne tendent à rien d'autre qu'à rendre les autres aussi misérables qu'eux-mêmes; il n'est donc pas étonnant qu'ils soient le plus souvent insupportables et odieux aux hommes.

COROLLAIRE

Par un Désir tirant son origine de la Raison nous poursuivons le bien directement et fuyons le mal indirectement.

Démonstration

Un Désir tirant son origine de la Raison peut naître seulement d'une affection de Joie qui n'est pas une passion *(Prop.* 59, *p. III)*, c'est-à-dire d'une Joie qui ne peut avoir d'excès (*Prop.* 61) et non d'une Tristesse; ce Désir par suite (*Prop.* 8) naît de la connaissance du bien, non de celle du mal; nous appétons donc sous la conduite de la Raison le bien directement et, en cette mesure seulement, fuyons le mal.

C. Q. F. D.

SCOLIE

Ce Corollaire s'explique par l'exemple du malade et du valide. Le malade absorbe ce qu'il a en aversion par peur de la mort; le valide tire satisfaction de la nourriture et jouit ainsi de la vie mieux que s'il avait peur de la mort et désirât l'écarter directement. De même un juge qui, non par Haine ou Colère, etc., mais par seul Amour du salut public, condamne un coupable à mort est conduit par la seule Raison.

PROPOSITION LXIV

La connaissance d'un mal est une connaissance inadéquate.

Démonstration

La connaissance d'un mal (*Prop.* 8) est la Tristesse même en tant que nous en avons conscience. Mais la Tristesse est un passage à une perfection moindre *(Défin.* 3 *des Aff.)* qui pour cette raison ne peut se connaître par l'essence même de l'homme *(Prop.* 6 *et* 7, *p. III);* par suite *(Déf.* 2, *p. III)*, elle est une passion qui *(Prop.* 3, *p. III)* dépend d'idées inadéquates; conséquemment *(Prop.* 29, *p. II)* la connaissance en est inadéquate, c'est-à-dire que la connaissance d'un mal est inadéquate.

C. Q. F. D.

COROLLAIRE

Il suit de là que, si l'Ame humaine n'avait que des idées adéquates, elle ne formerait aucune notion de chose mauvaise.

PROPOSITION LXV

De deux biens nous rechercherons sous la conduite de la Raison le plus grand, et de deux maux le moindre.

Démonstration

Un bien qui empêche que nous ne jouissions d'un bien plus grand, est en réalité un mal; car mauvais et bon *(comme nous l'avons montré dans la Préface de cette Partie)* se disent des choses en tant que nous les comparons entre elles; et un mal moindre est en réalité un bien (pour la même raison); c'est pourquoi (*Coroll. de la Prop.* 63) sous la conduite de la Raison nous appéterons ou rechercherons seulement un bien plus grand et un mal moindre.

C. Q. F. D.

COROLLAIRE

Nous rechercherons sous la conduite de la Raison un mal moindre pour un plus grand bien et renoncerons à un bien moindre qui est cause d'un mal plus grand, car le mal appelé ici moindre, est en réalité un bien, et le bien inversement un mal; nous appéterons donc le mal (*Coroll. de la Prop.* 63) et renoncerons au bien.

C. Q. F. D.

PROPOSITION LXVI

Nous préférerons sous la conduite de la Raison un bien plus grand futur à un moindre présent, et un mal moindre présent à un plus grand futur *.

* Voir note explicative.

Démonstration

Si l'Ame pouvait avoir d'une chose future une connaissance adéquate, elle serait affectée de même à l'égard d'une chose future et d'une présente (*Prop.* 62); en tant, par suite, que nous avons égard à la Raison même, comme nous le supposons dans cette Proposition, la situation est la même, qu'il s'agisse d'un bien plus grand (ou d'un mal plus grand) futur ou d'un présent; par suite (*Prop.* 65), nous préférerons un bien plus grand futur à un moindre présent, etc.

C. Q. F. D.

COROLLAIRE

Nous appéterons sous la conduite de la Raison un mal moindre présent qui est cause d'un bien plus grand futur, et nous renoncerons à un bien moindre présent qui est cause d'un mal plus grand futur. Ce Corollaire est avec la Proposition précédente dans le même rapport que le Corollaire de la Proposition 65 avec la Proposition 65.

SCOLIE

Rapprochant ce qui précède de ce que nous avons dit dans cette Partie jusqu'à la Proposition 18 au sujet des forces des affections, nous verrons facilement en quoi un homme conduit par l'affection seule ou l'opinion, diffère d'un homme conduit par la Raison. Le premier, qu'il le veuille ou non, ne sait en aucune façon ce qu'il fait; le second n'a à plaire qu'à lui-même et fait seulement ce qu'il sait qui tient la première place dans la vie et qu'il désire le plus pour cette raison; j'appelle en conséquence le premier serf, le second libre, et je veux faire ici quelques observations encore sur la complexion de ce dernier et sa règle de vie.

PROPOSITION LXVII

Un homme libre ne pense à aucune chose moins qu'à la mort, et sa sagesse est une méditation non de la mort mais de la vie.

Démonstration

Un homme libre, c'est-à-dire qui vit suivant le seul commandement de la Raison, n'est pas dirigé par la crainte de la mort (*Prop.* 63), mais désire ce qui est bon directement *(Coroll. de la même Prop.)*, c'est-à-dire (*Prop.* 24) désire agir, vivre, conserver son être suivant le principe de la recherche de l'utile propre; par suite, il ne pense à aucune chose moins qu'à la mort, et sa sagesse est une méditation de la vie.

C. Q. F. D.

PROPOSITION LXVIII

Si les hommes naissaient libres, ils ne formeraient aucun concept de chose bonne ou mauvaise aussi longtemps qu'ils seraient libres.

Démonstration

J'ai dit que celui-là est libre qui est conduit par la seule Raison; qui donc naît libre et le demeure, n'a que des idées adéquates; par suite, il n'a aucun concept de chose mauvaise (*Coroll. de la Prop.* 64) et conséquemment aussi (bien et mal étant corrélatifs) de chose bonne.

C. Q. F. D.

SCOLIE

Que l'hypothèse de cette Proposition est fausse et ne peut se concevoir qu'autant qu'on considère la nature humaine seule, ou plutôt Dieu non en tant qu'il est infini mais en tant seulement qu'il est la cause pour quoi l'homme existe, cela est évident par la Proposition 4. C'est là, avec d'autres vérités par nous déjà démontrées, ce que Moïse paraît avoir voulu signifier dans cette histoire du premier homme. Il n'y conçoit en effet d'autre puissance de Dieu que celle qui lui sert à créer l'homme, c'est-à-dire une puissance pourvoyant uniquement à l'utilité de l'homme; et, suivant cette conception, il raconte que Dieu a interdit à l'homme libre de manger [le fruit] de l'arbre de la connaissance du bien et du mal et que, sitôt qu'il en mangerait, il devait craindre la mort plutôt que désirer vivre; puis qu'ayant trouvé la femme, qui s'accordait pleinement avec sa nature, l'homme connut n'y avoir rien dans la Nature qui pût lui être plus utile; mais qu'ayant cru les bêtes semblables à lui, il a commencé tout aussitôt d'imiter leurs affections *(voir Prop.* 27, *p. III)* et de perdre sa liberté; liberté recouvrée plus tard par les Patriarches sous la conduite de l'Esprit du Christ, c'est-à-dire de l'idée de Dieu, de laquelle seule dépend que l'homme soit libre et qu'il désire pour les autres hommes le bien qu'il désire pour lui-même, comme nous l'avons démontré plus haut (*Prop.* 37).

PROPOSITION LXIX

La vertu d'un homme libre se montre aussi grande quand il évite les dangers que quand il en triomphe.

Démonstration

Une affection ne peut être réduite ni ôtée que par une affection contraire et plus forte que l'affection à réduire (*Prop.* 7). Or, l'Audace aveugle et la Crainte sont des affections que l'on peut concevoir également grandes (*Prop.* 5 *et* 3). Une vertu, ou force d'âme *(voir la Déf. dans le Scolie de la Prop.* 59, *p. III)*, aussi grande est donc requise pour réduire l'Audace que pour réduire la Crainte; c'est-à-dire *(Déf.* 40 *et* 41 *des Aff.)* qu'un homme libre évite les périls par la même vertu qui fait qu'il tente d'en triompher.

C. Q. F. D.

COROLLAIRE

Dans un homme libre donc la fuite opportune et le combat témoignent d'une égale Fermeté d'âme; autrement dit, l'homme libre choisit la fuite avec la même Fermeté d'âme, ou présence d'esprit, que le combat.

SCOLIE

J'ai expliqué ce qu'est la Fermeté d'âme, ou ce que j'entends par là, dans le Scolie de la Proposition 59, partie III. Quant au péril, j'entends par là tout ce qui peut être cause de quelque mal, tel que Tristesse, Haine, Discorde, etc.

PROPOSITION LXX

L'homme libre qui vit parmi les ignorants, s'applique autant qu'il peut à éviter leurs bienfaits.

Démonstration

Chacun juge selon sa complexion, quelle chose est bonne *(Scolie de la Prop.* 39, *p. III);* l'ignorant donc qui a fait quelque bien à quelqu'un l'estimera selon sa complexion, et s'il voit ce bienfait tenu en moindre estime par celui qui le reçoit, il sera contristé *(Prop.* 42, *p. III).* L'homme libre, d'autre part, s'applique à établir entre les autres hommes et lui un lien d'amitié (*Prop.* 37) et non à leur rendre des bienfaits qui, dans leur propre opinion, soient jugés égaux, mais à se conduire et à conduire les autres suivant le libre jugement de la Raison, et à faire seulement ce qu'il sait tenir la première place. L'homme libre donc, pour ne pas être en haine aux ignorants et ne pas déférer à leur appétit, mais à la Raison seule, s'efforcera, autant que possible, d'éviter leurs bienfaits.

C. Q. F. D.

SCOLIE

Je dis *autant que possible*. Bien qu'ignorants, en effet, ce sont des hommes pouvant en cas de besoin apporter un secours d'homme, et il n'en est pas de plus précieux; ainsi arrive-t-il souvent qu'il est nécessaire de recevoir d'eux un bienfait et de s'en montrer reconnaissant suivant leur propre complexion; à quoi s'ajoute que, même en évitant leurs bienfaits, nous devons être prudents de façon que nous ne paraissions pas les mépriser ou craindre par Avarice d'avoir à leur rendre l'équivalent, sans quoi, pour éviter d'être pris en haine par eux, nous les offenserions. Il faut donc, en évitant les bienfaits, avoir égard à l'utile et à l'honnête.

PROPOSITION LXXI

Seuls les hommes libres sont très reconnaissants les uns à l'égard des autres.

Démonstration

Seuls les hommes libres sont pleinement utiles les uns aux autres et liés entre eux par une amitié tout à fait étroite (*Prop.* 35 *avec le Coroll.* 1); seuls ils s'efforcent de se faire du bien mutuellement avec un même zèle amical (*Prop.* 37); et, par suite *(Déf.* 34 *des Aff.)*, seuls les hommes libres sont très reconnaissants les uns à l'égard des autres.

C. Q. F. D.

SCOLIE

La reconnaissance qu'ont entre eux les hommes dirigés par le Désir aveugle, est la plupart du temps plutôt un trafic ou une piperie que de la reconnaissance. Pour l'ingratitude, elle n'est pas une affection. Elle est cependant vilaine, parce qu'elle indique le plus souvent qu'un homme est affecté d'une haine excessive, de Colère, d'Orgueil ou d'Avarice, etc. Celui en effet qui, par sottise, ne sait pas rendre l'équivalent des dons qu'il a reçus n'est pas un ingrat; encore bien moins celui de qui les dons d'une courtisane ne font pas l'instrument docile de sa lubricité, ceux d'un voleur un recéleur de ses larcins, ou sur qui les dons d'une autre personne semblable [n'ont pas l'effet qu'elle en attend]. Au contraire, on fait preuve de constance d'âme en ne se laissant pas séduire par des dons corrupteurs à sa propre perte ou à la perte commune.

PROPOSITION LXXII

L'homme libre n'agit jamais en trompeur, mais toujours de bonne foi.

Démonstration

Si un homme libre agissait, en tant que libre, en trompeur, il le ferait par le commandement de la Raison (nous ne l'appelons libre qu'à cette condition); tromper serait donc une vertu (*Prop.* 24) et conséquemment *(même Prop.)* il serait bien avisé à chacun de tromper pour conserver son être; c'est-à-dire *(comme il est connu de soi)*, il serait bien avisé aux hommes de s'accorder seulement en paroles et d'être en réalité contraires les uns aux autres, ce qui (*Coroll. de la Prop.* 31) est absurde. Donc un homme libre, etc.

C. Q. F. D.

SCOLIE

Demande-t-on si, en cas qu'un homme pût se délivrer par la mauvaise foi d'un péril de mort imminent, la règle de la conservation de l'être propre ne commanderait pas nettement la mauvaise foi? Je réponds de même : si la Raison commande cela, elle le commande donc à tous les hommes, et ainsi la Raison commande d'une manière générale à tous les hommes de ne conclure entre eux pour l'union de leurs forces et l'établissement des droits communs que des accords trompeurs, c'est-à-dire commande de n'avoir pas en réalité de droits communs, mais cela est absurde.

PROPOSITION LXXIII

L'homme qui est dirigé par la Raison, est plus libre dans la Cité où il vit selon le décret commun, que dans la solitude où il n'obéit qu'à lui-même.

Démonstration

L'homme qui est dirigé par la Raison, n'est pas conduit par la Crainte à obéir (*Prop.* 63); mais, en tant qu'il s'efforce de conserver son être suivant le commandement de la Raison, c'est-à-dire (*Scolie de la Prop.* 66) en tant qu'il s'efforce de vivre librement, il désire observer la règle de la vie et de l'utilité communes (*Prop.* 37) et, en conséquence (*nous l'avons montré dans le Scolie 2 de la Prop.* 37), vivre suivant le décret commun de la cité. L'homme qui est dirigé par la Raison, désire donc, pour vivre plus librement, observer le droit commun de la Cité.

C. Q. F. D.

SCOLIE

Cette Proposition et les autres principes établis au sujet de la vraie liberté de l'homme se rapportent à la Fermeté d'âme, c'est-à-dire *(Scolie de la Prop.* 59, *p. III)* à la Force d'âme et à la Générosité. Je ne juge pas qu'il vaille la peine de démontrer ici séparément toutes les propriétés de la Force d'âme et, encore bien moins, qu'un homme à l'âme forte n'a personne en haine, n'a de colère, d'envie, d'indignation à l'égard de personne, ne mésestime personne et n'a aucun orgueil. Cela en effet et tout ce qui concerne la vie vraie et la Religion s'établit aisément par les Propositions 37 et 46, je veux dire que la Haine doit être vaincue par l'Amour, et que quiconque est conduit par la Raison, désire pour les autres ce qu'il appète pour lui-même. A quoi s'ajoute ce que nous avons observé dans le Scolie de la Proposition 50 et en d'autres endroits : qu'un homme d'âme forte considère avant tout que tout suit de la nécessité de la nature divine; que, par suite, tout ce qu'il pense être insupportable et mauvais et tout ce qui, en outre, lui paraît immoral, digne d'horreur, injuste et vilain, cela provient de ce qu'il conçoit les choses d'une façon troublée, mutilée et confuse; pour cette raison, il s'efforce avant tout de concevoir les choses, comme elles sont en elles-mêmes, et d'écarter les empêchements à la connaissance vraie tels que la Haine, la Colère, l'Envie, la Raillerie, l'Orgueil et autres semblables notés dans ce qui précède; par suite, autant qu'il peut, il s'efforce, comme nous l'avons dit, de bien faire et de se tenir en joie. Jusqu'à quel point maintenant l'humaine vertu y parvient et quel est son pouvoir, c'est ce que je démontrerai dans la Partie suivante.

APPENDICE

Ce que j'ai exposé dans cette Partie sur la conduite droite de la vie, n'a pas été disposé de façon qu'on le pût voir d'ensemble, mais a été démontré par moi dans l'ordre dispersé où la déduction successive de chaque vérité se faisait le plus facilement. Je me suis donc résolu à le rassembler ici et à le résumer en chapitres principaux.

CHAPITRE I

Tous nos efforts ou Désirs suivent de la nécessité de notre nature de façon qu'ils se puissent connaître ou par elle seule comme par leur cause prochaine, ou en tant que nous sommes une partie de la Nature qui ne peut être conçue adéquatement par elle-même sans les autres individus.

CHAPITRE II

Les Désirs qui suivent de notre nature de façon qu'ils se puissent connaître par elle seule, sont ceux qui se rapportent à l'Ame en tant qu'on la conçoit comme composée d'idées adéquates; pour les autres Désirs, ils ne se rapportent à l'âme qu'en tant qu'elle conçoit les choses inadéquatement; leur force et leur croissance doivent être définies par la puissance non de l'homme, mais des choses extérieures; par suite, les premiers Désirs sont appelés actions droites, les seconds passions; les uns en effet sont des marques de notre puissance, les autres, au contraire, de notre impuissance et d'une connaissance mutilée.

CHAPITRE III

Nos actions, c'est-à-dire ces Désirs qui sont définis par la puissance de l'homme ou la Raison, sont toujours bonnes; les autres désirs peuvent être aussi bien bons que mauvais.

CHAPITRE IV

Il est donc utile avant tout dans la vie de perfectionner l'Entendement ou la Raison autant que nous pouvons; et en cela seul consiste la félicité suprême ou béatitude de l'homme; car la béatitude de l'homme n'est rien d'autre que le contentement intérieur lui-même, lequel naît de la connaissance intuitive de Dieu; et perfectionner l'Entendement n'est rien d'autre aussi que connaître Dieu et les attributs de Dieu et les actions qui suivent de la nécessité de sa nature. C'est pourquoi la fin ultime d'un homme qui est dirigé par la Raison, c'est-à-dire le Désir suprême par lequel il s'applique à gouverner tous les autres, est celui qui le porte à se concevoir adéquatement et à concevoir adéquatement toutes les choses pouvant être pour lui objets de connaissance claire.

CHAPITRE V

Il n'y a donc point de vie conforme à la Raison * sans la connaissance claire; et les choses sont bonnes dans la mesure seulement où elles aident l'homme à jouir de la vie de l'Ame, qui se définit par la connaissance claire. Celles qui, au contraire, empêchent que l'homme ne perfectionne la Raison et ne jouisse d'une vie conforme à elle, celles-là seules, nous disons qu'elles sont mauvaises.

CHAPITRE VI

Puis donc que tout ce dont l'homme est cause efficiente, est nécessairement bon, rien de mauvais ne peut arriver à l'homme si ce n'est de causes extérieures; je veux dire en tant qu'il est une partie de la Nature entière, aux lois de qui la nature humaine doit obéir et à qui elle est contrainte de s'adapter d'une infinité presque de manières.

CHAPITRE VII

Il est impossible que l'homme ne soit pas une partie de la Nature et n'en suive pas l'ordre commun. Si, cependant, il vit parmi des individus tels que leur nature s'accorde avec la sienne, par cela même sa puissance d'agir sera secondée et alimentée. Si, au contraire, il se trouve parmi les individus tels qu'ils ne s'accordent nullement avec sa nature, il ne peut guère s'adapter à eux sans un grand changement de lui-même.

CHAPITRE VIII

Tout ce qu'il y a dans la Nature que nous jugeons qui est mauvais, autrement dit, que nous jugeons capable

* D'après la traduction de Glazemaker, il y aurait lieu de substituer le mot *vera* à *rationalis* que je traduis; voir note explicative.

d'empêcher que nous ne puissions exister et jouir d'une vie conforme à la Raison, il nous est permis de l'écarter par la voie paraissant la plus sûre; tout ce qu'il y a, au contraire, que nous jugeons qui est bon ou utile à la conservation de notre être et à la jouissance de la vie conforme à la Raison, il nous est permis de le prendre pour notre usage et de nous en servir de toute façon; et absolument parlant il est permis à chacun, suivant le droit suprême de la Nature, de faire ce qu'il juge devoir lui être utile.

CHAPITRE IX

Rien ne peut mieux s'accorder avec la nature d'une chose que les autres individus de même espèce; il n'y a donc rien de plus utile pour la conservation de l'être propre et la jouissance de la vie conforme à la Raison qu'un homme dirigé par la Raison. En outre, puisque, parmi les choses singulières, nous ne savons rien qui ait plus de prix qu'un homme dirigé par la Raison, personne ne peut mieux montrer ce qu'il vaut par son habileté et ses aptitudes, qu'en élevant des hommes de façon qu'ils vivent enfin sous la propre souveraineté de la Raison.

CHAPITRE X

Dans la mesure où les hommes sont animés les uns contre les autres d'Envie ou de quelque affection de Haine, ils sont contraires les uns aux autres et, par suite, d'autant plus à craindre que leur pouvoir est plus grand que celui des autres individus de la Nature.

CHAPITRE XI

Les cœurs ne sont cependant pas vaincus par les armes, mais par l'Amour et la Générosité.

CHAPITRE XII

Il est utile aux hommes, avant tout, d'avoir des relations sociales entre eux, de s'astreindre et lier de façon qu'ils puissent former un tout bien uni et, absolument, de faire ce qui peut rendre les amitiés plus solides.

CHAPITRE XIII

De l'art et de la vigilance, toutefois, sont pour cela requis. Les hommes en effet sont divers (rares ceux qui vivent suivant les préceptes de la Raison) et cependant envieux pour la plupart, plus enclins à la Vengeance qu'à la Miséricorde. Pour les accepter tous avec leur complexion propre et se retenir d'imiter leurs affections, il est besoin d'une singulière puissance sur soi-même. Ceux qui, d'ailleurs, s'entendent à censurer les hommes et à flétrir leurs vices plus qu'à enseigner les vertus, à briser les âmes au lieu de les fortifier, sont insupportables à eux-mêmes et aux autres; beaucoup, par suite, trop peu capables de patience et égarés par un zèle prétendu religieux, ont mieux aimé vivre parmi les bêtes que parmi les hommes; ainsi des enfants et des adolescents, ne pouvant supporter d'une âme égale les reproches de leurs parents, se réfugient dans le service militaire; ils préfèrent les peines de la guerre et le pouvoir sans contrôle d'un chef aux douceurs de la vie de famille avec les remontrances paternelles, et acceptent docilement quelque fardeau que ce soit, pourvu qu'ils se vengent de leurs parents.

CHAPITRE XIV

Encore que les hommes se gouvernent en tout, le plus souvent, suivant leur appétit sensuel, la vie sociale a cependant beaucoup plus de conséquences avantageuses que de dommageables. Il vaut donc mieux supporter leurs offenses d'une âme égale et travailler avec zèle à établir la concorde et l'amitié.

CHAPITRE XV

Ce qui engendre la concorde se ramène à la justice, à l'équité et à l'honnêteté. Les hommes en effet supportent mal, outre l'injuste et l'inique, ce qui passe pour vilain et ne souffrent pas que l'on fasse fi des coutumes reçues dans la Cité. Pour gagner l'Amour est, avant tout, nécessaire, ce qui se rapporte à la Religion et à la Moralité; voir à ce sujet Scolies 1 et 2 de la Proposition 37, Scolie de la Proposition 46 et Scolie de la Proposition 73.

CHAPITRE XVI

La concorde est encore engendrée par la Crainte mais sans bonne foi. De plus, la Crainte tire son origine de l'impuissance de l'âme et n'appartient donc pas à l'usage de la Raison; il en est de même de la Commisération, bien qu'elle ait l'apparence extérieure de la Moralité.

CHAPITRE XVII

Les hommes sont encore conquis par les largesses, ceux-là surtout qui n'ont pas de quoi se procurer les choses nécessaires à leur subsistance. Porter secours, toutefois, à chaque indigent, cela dépasse de beaucoup les forces et l'intérêt d'un particulier. Ses richesses ne sauraient à beaucoup près y suffire, et la limitation de ses facultés* ne lui permet pas de se rendre l'ami de tous; le soin des pauvres s'impose donc à la société entière et concerne seulement l'intérêt commun.

CHAPITRE XVIII

Dans l'acceptation des bienfaits et les témoignages de reconnaissance à donner, de tout autres soins sont

* *Unius praeterea viri facultas limitatior est...* Land ajoute *ingenii* après *facultas,* conformément au *texte* de l'édition de 1677; mais les premiers éditeurs ont admis eux-mêmes dans leurs *corrigenda* qu'il y avait lieu de supprimer *ingenii.*

nécessaires; voir sur ce sujet Scolie de la Proposition 70 et Scolie de la Proposition 71.

CHAPITRE XIX

L'amour sensuel, c'est-à-dire l'appétit d'engendrer qui naît de la beauté, et en général tout Amour ayant une autre cause que la liberté de l'âme, se change facilement en Haine; à moins, chose pire, qu'il ne soit une espèce de délire, auquel cas la discorde, plus que la concorde, est alimentée. Voir Scolie de la Proposition 31, partie III *.

CHAPITRE XX

Pour le mariage, il est certain qu'il s'accorde avec la Raison si le Désir de l'union des corps n'est pas engendré seulement par la beauté, mais par l'Amour de procréer des enfants et de les élever sagement; si, en outre, l'Amour de l'un et de l'autre, c'est-à-dire de l'homme et de la femme, a pour cause principale non la seule beauté, mais la liberté intérieure.

CHAPITRE XXI

La flatterie encore engendre la concorde; mais avec la souillure de la servitude ou la mauvaise foi : nul n'est plus conquis par la flatterie que l'orgueilleux, qui veut être le premier et ne l'est pas.

CHAPITRE XXII

La Mésestime de soi a une fausse apparence de moralité et de religion; et, bien que la Mésestime de soi s'oppose à l'Orgueil, celui qui se mésestime est cependant très proche de l'orgueilleux. Voir Scolie de la Proposition 57.

* Land renvoie au Coroll. de la Prop. 31, p. III.

CHAPITRE XXIII

La Honte en outre ne contribue à la concorde qu'en ce qui ne peut rester caché. Puisque, d'autre part, la Honte est une espèce de Tristesse, elle ne concerne pas l'usage de la Raison.

CHAPITRE XXIV

Les autres affections de Tristesse dirigées contre des hommes sont directement opposées à la justice, à l'équité, à l'honnêteté, à la moralité et à la religion; et, bien que l'Indignation ait l'apparence extérieure de l'équité, il n'y a pas de lois réglant la vie, où il est permis à chacun de porter un jugement sur les actes d'autrui et de venger son droit ou celui d'autrui.

CHAPITRE XXV

La Modestie, c'est-à-dire le Désir de plaire aux hommes, quand la Raison le détermine, se ramène à la Moralité (*comme nous l'avons dit dans le Scolie* 1 *de la Prop.* 37). Mais, si elle tire son origine d'une affection, la Modestie est l'Ambition, c'est-à-dire un Désir pour lequel les hommes le plus souvent excitent des discordes et des séditions sous une fausse couleur de moralité. Qui, en effet, désire assister les autres de ses conseils ou en action, pour parvenir en commun à la jouissance du souverain bien, il travaillera avant tout à gagner leur Amour; non pas à se faire admirer d'eux pour qu'une discipline porte son nom, non plus qu'à donner aucun motif d'Envie. Dans les conversations, il se gardera de rapporter les vices des hommes et aura soin de ne parler qu'avec ménagement de leur impuissance, amplement au contraire de la vertu ou puissance de l'homme et de la voie à suivre pour la porter à sa perfection; de façon que les hommes, non par crainte ou aversion, mais affectés seulement d'une émotion de Joie, s'efforcent à vivre, autant qu'il est en eux, suivant les préceptes de la Raison.

CHAPITRE XXVI

Outre les hommes, nous ne savons dans la Nature aucune chose singulière dont l'Ame nous puisse donner de la joie, et à laquelle nous puissions nous joindre par l'amitié ou aucun genre de relation sociale; ce qu'il y a donc dans la Nature en dehors des hommes, la règle de l'utile ne demande pas que nous le conservions, mais nous pouvons, suivant cette règle, le conserver pour divers usages, le détruire ou l'adapter à notre usage par tous les moyens.

CHAPITRE XXVII

L'utilité qui se tire des choses extérieures, outre l'expérience et la connaissance acquises par leur observation et les transformations que nous leur faisons subir, est surtout la conservation du Corps; pour cette raison les choses utiles sont, avant tout, celles qui peuvent alimenter le Corps et le nourrir de façon que toutes ses parties puissent s'acquitter convenablement de leur office. Plus le Corps est apte en effet à être affecté de plusieurs manières et à affecter les corps extérieurs d'un très grand nombre de manières, plus l'Ame est apte à penser (*Prop.* 38 *et* 39). Mais les choses de cette sorte semblent être très peu nombreuses dans la Nature et, par suite, pour nourrir les Corps, comme il est requis, il est nécessaire d'user d'aliments nombreux de nature diverse. Le Corps humain, en effet, est composé d'un très grand nombre de parties de nature différente qui ont constamment besoin d'aliments variés, afin que tout le Corps soit également apte à tout ce qui peut suivre de sa nature et que l'Ame en conséquence soit aussi également apte à concevoir plusieurs choses.

CHAPITRE XXVIII

Pour se procurer ce nécessaire, les forces de chacun ne suffiraient guère si les hommes ne se rendaient de mutuels services. L'argent est devenu l'instrument par lequel on se procure vraiment toutes choses et le résumé des richesses, si bien que son image occupe d'ordinaire plus qu'aucune chose l'Ame du vulgaire; on ne peut guère en effet imaginer aucune sorte de Joie, sinon avec l'accompagnement comme cause de l'idée de la monnaie.

CHAPITRE XXIX

Cela, toutefois, n'est un vice que chez ceux qui sont en quête d'argent, non par besoin ni pour pourvoir aux nécessités de la vie, mais parce qu'ils ont appris l'art varié de s'enrichir et se font honneur de le posséder. Ils donnent bien au Corps sa pâture selon la coutume, mais en cherchant à épargner, parce qu'ils croient perdue toute partie de leur avoir dépensée pour la conservation du Corps. Pour ceux qui savent le vrai usage de la monnaie et règlent leur richesse sur le besoin seulement, ils vivent contents de peu.

CHAPITRE XXX

Ces choses donc étant bonnes qui aident les parties du Corps à s'acquitter de leur office, et la Joie consistant en ce que la puissance de l'homme, en tant qu'il est composé d'une Ame et d'un Corps, est secondée ou accrue, tout ce qui donne de la Joie, est bon. L'action des choses toutefois n'a point pour fin qu'elles nous affectent de joie, et leur puissance d'agir n'est point réglée sur notre utilité; enfin la Joie se rapporte le plus souvent de façon toute spéciale à une partie unique du Corps; pour ces raisons (à moins que la Raison et la vigilance n'interviennent) la plupart des affections de Joie et conséquemment aussi les Désirs qui en naissent ont de l'excès; à quoi s'ajoute que, sous l'empire d'une affection, nous donnons la première place à ce qui est présentement agréable, et ne pouvons dans l'appréciation des choses futures apporter pareil sentiment. Voir Scolie de la Proposition 44 et Scolie de la Proposition 60.

CHAPITRE XXXI

La superstition, au contraire, semble admettre que le bien, c'est ce qui apporte de la Tristesse; le mal, ce qui donne de la Joie. Mais, comme nous l'avons dit déjà (*Scolie de la Prop.* 45), seul un envieux peut prendre plaisir à mon impuissance et à ma peine. Plus grande est la Joie dont nous sommes affectés, en effet, plus grande la perfection à laquelle nous passons et plus, en conséquence, nous participons de la nature divine; et jamais ne peut être mauvaise une Joie réglée par l'entente vraie de notre utilité. Qui, au contraire, est dirigé par la Crainte et fait le bien pour éviter le mal, n'est pas conduit par la Raison.

CHAPITRE XXXII

Mais la puissance de l'homme est extrêmement limitée et infiniment surpassée par celle des causes extérieures; nous n'avons donc pas un pouvoir absolu d'adapter à notre usage les choses extérieures. Nous supporterons, toutefois, d'une âme égale les événements contraires à ce qu'exige la considération de notre intérêt, si nous avons conscience de nous être acquittés de notre office, savons que notre puissance n'allait pas jusqu'à nous permettre de les éviter, et avons présente cette idée que nous sommes une partie de la Nature entière, dont nous suivons l'ordre. Si nous connaissons cela clairement et distinctement, cette partie de nous qui se définit par la connaissance claire, c'est-à-dire la partie la meilleure de nous, trouvera là un plein contentement et s'efforcera de persévérer dans ce contentement. En tant en effet que nous sommes connaissants, nous ne pouvons rien appéter que ce qui est nécessaire ni, absolument, trouver de contentement que dans le vrai; dans la mesure donc où nous connaissons cela droitement, l'effort de la meilleure partie de nous-même s'accorde avec l'ordre de la Nature entière.

CHAPITRE XXXI

CHAPITRE XXXII

CINQUIÈME PARTIE

DE LA PUISSANCE DE L'ENTENDEMENT

OU DE LA LIBERTÉ DE L'HOMME

PRÉFACE

Je passe enfin à cette autre partie de l'Éthique où il s'agit de la manière de parvenir à la liberté ou de la voie y conduisant. J'y traiterai donc de la puissance de la Raison, montrant ce que peut la Raison elle-même contre les affections et ensuite ce qu'est la liberté de l'Ame ou Béatitude; par où nous verrons combien le sage l'emporte en pouvoir sur l'ignorant. Quant à la manière de porter l'Entendement à sa perfection et à la voie y conduisant, ce sont choses qui n'appartiennent pas au présent ouvrage, non plus que l'art de traiter le Corps de façon qu'il puisse remplir convenablement sa fonction; cette dernière question est du ressort de la Médecine, l'autre de la Logique. Ici, comme je l'ai dit, je traiterai donc de la seule puissance de l'Ame, c'est-à-dire de la Raison, et avant tout je montrerai combien d'empire et quelle sorte d'empire elle a sur les affections pour les réduire et les gouverner. Nous n'avons pas en effet sur elles un empire absolu, comme nous l'avons déjà démontré. Les Stoïciens, à la vérité, ont cru qu'elles dépendaient absolument de notre volonté et que nous pouvions leur commander absolument. Les protestations de l'expérience, non certes leurs propres principes, les ont cependant contraints de reconnaître la nécessité pour réduire et gouverner les affections d'un exercice assidu et d'une longue étude. L'un d'eux s'est efforcé de le montrer par l'exemple de deux chiens (si j'ai bon souvenir), l'un domestique et l'autre de chasse : l'exercice, disait-il, peut faire que le chien domestique s'accoutume à chasser; le chien de chasse au contraire à s'abstenir de la poursuite des lièvres. Cette opinion trouverait grande faveur auprès de Descartes, car il admet que l'Ame ou la Pensée est unie principalement à une certaine partie du cerveau, à savoir la petite glande dite pinéale; par son moyen l'Ame a la sensation de tous les mouvements excités dans le Corps et des objets extérieurs, et elle peut la mouvoir en divers sens par cela seul qu'elle le veut. Cette petite glande est suspendue d'après lui au milieu du cerveau de telle façon qu'elle puisse être mue par le moindre mouvement des esprits animaux. De plus, cette glande, suspendue au milieu du cerveau, occupe autant de positions différentes qu'il y a de manières pour elle de recevoir le choc des esprits animaux, et en outre autant de traces différentes s'impriment en elle qu'il y a d'objets extérieurs différents poussant vers elle les esprits animaux; de la sorte, si la glande plus tard se trouve, par la volonté de l'Ame qui la meut diversement, occuper telle ou telle position qu'elle a précédemment occupée sous l'action des esprits animaux diversement agités, elle les poussera et les dirigera de la même façon qu'ils ont été repoussés quand la glande occupait cette même position. En outre, chaque volonté de l'Ame est unie par la Nature à un certain mouvement de la glande. Par exemple, si l'on a la volonté de regarder un objet éloigné, cette volonté fera que la pupille se dilate; mais, si l'on a seulement la pensée que la pupille devrait se dilater, il ne servira de rien d'en avoir la volonté, parce que la Nature n'a pas joint le mouvement de la glande servant à pousser les esprits animaux vers le nerf optique de la façon qui convient pour dilater ou contracter la pupille, à la volonté de la dilater ou de la contracter, mais seulement à la volonté de regarder des objets éloignés ou rapprochés. Enfin, bien que chaque mouvement de la glande pinéale paraisse lié par la Nature au commencement de la vie à telle pensée singulière parmi celles que nous formons, il peut cependant, en vertu de l'habitude, être joint à d'autres; comme il s'efforce de le prouver article 50, partie I, des Passions de l'Ame. Il conclut de là que nulle Ame, pour faible qu'elle soit, n'est incapable, avec une bonne direction, d'acquérir un pouvoir absolu sur ses Passions. Elles sont en effet, suivant sa définition, des perceptions, ou des sentiments, ou des émotions de l'Ame, qui se rapportent exclusivement à elle et qui *(nota bene)* sont produites, entretenues et fortifiées par quelque mouvement des esprits *(voir art. 27, partie I, des Passions de l'Ame). Mais, puisque nous pouvons joindre à une volonté quelconque un mouvement quelconque de la glande et conséquemment des esprits, et que la détermination de la volonté dépend de notre seul pouvoir, si nous déterminons notre volonté par des jugements fermes et assurés suivant lesquels nous voulons diriger les actions de notre vie, et joignons à ces jugements les mouvements des passions que nous voulons avoir, nous acquerrons un empire absolu sur nos Passions. Telle est la manière de voir de cet Homme très célèbre (autant que je peux le conjecturer d'après ses paroles) et j'eusse eu peine à croire qu'elle provînt d'un tel homme si elle était moins subtile. En vérité je ne puis assez m'étonner qu'un Philosophe, après s'être fermement résolu à ne rien déduire que de principes connus d'eux-mêmes, et à ne rien affirmer qu'il ne le perçût clairement et distinctement, après avoir si souvent reproché aux Scolastiques de vouloir expliquer les choses obscures par des qualités occultes, admette une hypothèse plus occulte que toute qualité occulte. Qu'entend-il, je le demande, par l'union de l'Ame et du Corps? Quelle conception claire et distincte a-t-il d'une pensée très étroitement liée à une certaine petite portion de l'étendue? Je voudrais bien qu'il eût expliqué cette union par sa cause prochaine. Mais il avait conçu l'Ame distincte du Corps, de telle sorte qu'il n'a pu assigner aucune cause singulière ni de cette union ni de l'Ame elle-même, et qu'il lui a été nécessaire de recourir à la cause de tout l'Univers, c'est-à-dire à Dieu. Je voudrais, de plus, savoir combien de degrés de mouvement l'Ame peut imprimer à cette glande pinéale et avec quelle force la tenir suspendue. Je ne sais en effet si cette glande est mue par l'Ame de-ci de-là plus lentement ou plus vite que par les esprits animaux, et si les mouvements de Passions que nous avons joints étroitement à des jugements fermes ne peuvent pas en être disjoints par des causes corporelles; d'où suivrait qu'après s'être fermement proposé d'aller à la rencontre des dangers et avoir joint à ce décret des mouvements d'audace, à la vue du péril la glande se trouvât occuper une position telle que l'Ame ne pût penser qu'à la fuite; et certes, n'y ayant nulle commune mesure entre la volonté et le mouvement, il n'y a aucune comparaison entre la puissance — ou les forces — de l'Ame et celle du Corps; conséquemment les forces de ce dernier ne peuvent être dirigées par celles de la première. Ajoutez qu'on cherche en vain une glande située au milieu du cerveau de telle façon qu'elle puisse être mue de-ci de-là avec tant d'aisance et de tant de manières, et que tous les nerfs ne se prolongent pas jusqu'aux cavités du cerveau. Je laisse de côté enfin tout ce qu'affirme Descartes sur la volonté et sa liberté, puisque j'en ai assez et surabondamment montré la fausseté. Puis donc que la puissance de l'Ame se définit, je l'ai fait voir plus haut, par la science seule qui est en elle, nous déterminerons les remèdes aux affections, remèdes dont tous ont, je crois, quelque expérience, mais qu'ils n'observent pas avec soin et ne voient pas distinctement, par la seule connaissance de l'Ame et nous en déduirons tout ce qui concerne sa béatitude.*

AXIOMES

I. Si dans le même sujet deux actions contraires sont excitées, un changement devra nécessairement avoir lieu dans l'une et l'autre, ou dans l'une seulement des deux, jusqu'à ce qu'elles cessent d'être contraires.

II. La puissance d'un effet se définit par la puissance de sa cause dans la mesure où son essence s'explique ou se définit par l'essence de sa cause.

Cet Axiome est évident par la Prop. 7, p. III.

PROPOSITION I

Suivant que les pensées et les idées des choses sont ordonnées et enchaînées dans l'âme, les affections du Corps, c'est-à-dire les images des choses, sont corrélativement ordonnées et enchaînées dans le Corps.

Démonstration

L'ordre et la connexion des idées sont les mêmes que l'ordre et la connexion des choses *(Prop. 7, p. II)*, et inversement l'ordre et la connexion des choses sont les mêmes que l'ordre et la connexion des idées *(Coroll. des Prop. 6 et 7, p. II)*. De même donc que l'ordre et la connexion des idées dans l'Ame se règlent sur l'ordre et l'enchaînement des affections du Corps *(Prop. 18, p. II)*, de même inversement *(Prop. 2, p. III)* l'ordre et la connexion des affections du Corps se règlent sur l'ordre et l'enchaînement des pensés et des idées des choses dans l'Ame.

C. Q. F. D.

PROPOSITION II

Si nous séparons une émotion ou une affection de l'Ame de la pensée d'une cause extérieure et la joignons à d'autres pensées, l'Amour et la Haine à l'égard de la cause extérieure sont détruits, de même que les fluctuations de l'Ame naissant de ces affections.

Démonstration

Ce qui en effet constitue la forme de l'Amour ou de la Haine, c'est une Joie ou une Tristesse qu'accompagne l'idée d'une cause extérieure *(Déf.* 6 *et* 7 *des Aff.)*. Cette idée ôtée donc, la forme de l'Amour et de la Haine est ôtée du même coup; et ainsi ces affections et celles qui en naissent sont détruites.

C. Q. G. D.

PROPOSITION III

Une affection qui est une passion, cesse d'être une passion, sitôt que nous en formons une idée claire et distincte.

Démonstration

Une affection qui est une passion est une idée confuse *(Défin. gén. des Affections)*. Si donc nous formons de cette affection une idée claire et distincte, il n'y aura entre cette idée et l'affection elle-même, en tant qu'elle se rapporte à l'Ame seule, qu'une distinction de raison *(Prop.* 21, *p. II, avec son Scolie);* et ainsi *(Prop.* 3, *p. III)* l'affection cessera d'être une passion.

C. Q. F. D.

COROLLAIRE

Une affection est d'autant plus en notre pouvoir et l'Ame en pâtit d'autant moins que cette affection nous est plus connue.

PROPOSITION IV

Il n'est point d'affection du Corps dont nous ne puissions former quelque concept clair et distinct.

Démonstration

Ce qui est commun à toutes choses ne peut se concevoir qu'adéquatement *(Prop.* 38, *p. II)*; par suite *(Prop.* 12 *et Lemme* 2, *après le Scolie de la Prop.* 13, *p. II)*, il n'est point d'affection du corps dont nous ne puissions former quelque concept clair et distinct.

C. Q. F. D.

COROLLAIRE

Il suit de là qu'il n'est point d'affection de l'Ame dont nous ne puissions former quelque concept clair et distinct. Une affection de l'Ame est en effet l'idée d'une affection du Corps *(Déf. gén. des Aff.)* et, en conséquence *(Prop. préc.)*, doit envelopper quelque concept clair et distinct.

SCOLIE

Puisqu'il n'y a rien d'où ne suive quelque effet *(Prop.* 36, *p. I)* et que nous connaissons clairement et distinctement *(Prop.* 40, *p. II)* tout ce qui suit d'une idée qui est adéquate en nous, il suit de là que chacun a le pouvoir de se connaître lui-même et de connaître ses affections, sinon absolument, du moins en partie, clairement et distinctement et de faire en conséquence qu'il ait moins à en pâtir. A cela nous devons travailler surtout, à connaître, veux-je dire, autant que possible chaque affection clairement et distinctement, de façon que l'âme soit déterminée par chaque affection à penser ce qu'elle perçoit clairement et distinctement, et où elle trouve un plein contentement; et pour qu'ainsi l'affection elle-même soit séparée de la pensée d'une cause extérieure et jointe à des pensées vraies; par où il arrivera que non seulement l'Amour, la Haine, etc., seront détruits (*Prop.* 2), mais que l'appétit aussi et les Désirs naissant habituellement de cette affection ne pourront avoir d'excès *(Prop.* 61, *p. IV).* Car il faut noter avant tout que c'est un seul et même appétit par lequel l'homme est dit également bien actif et passif. Par exemple, nous avons montré qu'en vertu d'une disposition de la nature humaine chacun appète que les autres vivent selon sa propre complexion *(Scolie de la Prop.* 31, *p. III);* dans un homme qui n'est pas dirigé par la Raison, cet appétit est une passion appelée Ambition et qui ne diffère guère de l'Orgueil; au contraire, dans un homme qui vit suivant le commandement de la Raison, c'est une action, c'est-à-dire une vertu appelée Moralité *(voir Scol.* 1 *de la Prop.* 37, *p. IV, et démonstration* 2 *de cette même Prop.).* Et de cette manière tous les appétits, ou Désirs, sont des passions en tant seulement qu'ils naissent d'idées inadéquates; et ces mêmes Désirs sont tenus pour vertus quand ils sont excités ou engendrés par des idées adéquates. Tous les Désirs en effet, par où nous sommes déterminés à faire quelque chose, peuvent naître aussi bien d'idées adéquates que d'inadéquates *(Prop.* 59, *p. IV).* Et, pour revenir au point d'où je me suis écarté dans cette digression, outre ce remède aux affections qui consiste dans leur connaissance vraie, on n'en peut concevoir aucun autre plus excellent qui soit en notre pouvoir, puisqu'il n'y a d'autre puissance de l'Ame que celle de penser et de former des idées adéquates, ainsi que *(Prop.* 3, *p. III)* nous l'avons montré précédemment.

PROPOSITION V

Une affection à l'égard d'une chose que nous imaginons simplement et non comme nécessaire ni comme possible ou comme contingente est, toutes choses égales, la plus grande qui soit.

Démonstration

Une affection à l'égard d'une chose que nous imaginions qui est libre, est plus grande qu'à l'égard d'une chose nécessaire *(Prop.* 49, *p. III)* et en conséquence encore plus grande qu'à l'égard de celle que nous imaginions comme possible ou contingente *(Prop.* 11, *p. IV).* Mais imaginer une chose comme libre ne peut rien être d'autre qu'imaginer une chose simplement, tandis que nous ignorons les causes par où elle a été déterminée à produire quelque effet *(en vertu de ce que nous avons montré dans le Scolie de la Prop.* 35, *p. II);* donc une affection à l'égard d'une chose que nous imaginons simplement, est plus grande, toutes choses égales, qu'à l'égard d'une chose nécessaire, possible ou contingente, et conséquemment elle est la plus grande qui soit.

C. Q. F. D.

PROPOSITION VI

Dans la mesure où l'Ame connaît toutes choses comme nécessaires, elle a sur les affections une puissance plus grande, c'est-à-dire qu'elle en pâtit moins.

Démonstration

L'Ame connaît que toutes choses sont nécessaires *(Prop.* 29, *p. I)* et sont déterminées à exister et à produire quelque effet par une liaison infinie de causes *(Prop.* 28, *p. I);* cela fait *(Prop. préc.)* qu'à proportion de la connaissance qu'elle a des choses, elle pâtit moins des affections en provenant et *(Prop.* 48, *p. III)* est moins affectée à l'égard des choses elles-mêmes.

C. Q. F. D.

SCOLIE

Plus cette connaissance, que les choses sont nécessaires, a trait à des choses singulières et plus ces dernières sont imaginées distinctement et vivement, plus grande est la puissance de l'Ame sur les affections; l'expérience elle-même l'atteste. Nous voyons en effet la Tristesse causée par la perte d'un bien adoucie sitôt que le perdant considère que ce bien ne pouvait être conservé par aucun moyen. De même, nous voyons que personne ne prend un enfant en commisération parce qu'il ne sait pas parler, marcher, raisonner et vit tant d'années presque sans conscience de lui-même. Si, au contraire, la plupart naissaient adultes, et que tel ou tel naquît enfant, alors chacun prendrait les enfants en commisération parce qu'alors on considérerait l'enfance non comme une chose naturelle et nécessaire, mais comme un vice ou un péché de la Nature, et nous pourrions faire plusieurs observations de cette sorte.

PROPOSITION VII

Les affections tirant leur origine de la Raison ou excitées par elle, sont, si l'on tient compte du temps, plus puissantes que celles qui se rapportent à des choses singulières considérées comme absentes.

Démonstration

Nous ne considérons pas une chose comme absente par suite de l'affection qui nous fait l'imaginer, mais parce que le Corps éprouve une autre affection excluant l'existence de cette chose *(Prop.* 17, *p. II)*. C'est pourquoi l'affection se rapportant à la chose considérée comme absente n'est pas d'une nature telle qu'elle l'emporte sur les autres actions et la puissance de l'homme *(voir à leur sujet Prop.* 6, *p. IV)*, mais, au contraire, d'une nature telle qu'elle puisse être réduite en quelque manière par les affections excluant l'existence de sa cause extérieure *(Prop.* 9, *p. IV)*. Or une affection tirant son origine de la Raison se rapporte nécessairement aux propriétés communes des choses *(voir la défin. de la Raison dans le Scolie* 2 *de la Prop.* 40, *p. II)*, que nous considérons toujours comme présentes (il ne peut rien y avoir en effet qui en exclue l'existence présente), et que nous imaginons toujours de la même manière *(Prop.* 38, *p. II)*. C'est pourquoi une telle affection demeure toujours la même, et en conséquence les affections qui lui sont contraires et qui ne sont point alimentées par leurs causes extérieures, devront (*Axiome* 1) de plus en plus s'accommoder à elle jusqu'à ce qu'elles ne lui soient plus contraires; et en cela une affection tirant son origine de la Raison est plus puissante.

C. Q. F. D.

PROPOSITION VIII

Plus il y a de causes concourant à la fois à exciter une affection, plus grande elle est.

Démonstration

Plusieurs causes ensemble peuvent plus qu'un nombre moindre *(Prop.* 7, *p. III)*; par suite *(Prop.* 5, *p. IV)*, plus il y a de causes excitant à la fois une affection, plus forte elle est.

C. Q. F. D.

SCOLIE

Cette Proposition est évidente aussi par l'Axiome 2.

PROPOSITION IX

Une affection se rapportant à plusieurs causes différentes, que l'Ame considère en même temps qu'elle est affectée, est moins nuisible, nous en pâtissons moins et nous sommes moins affectés à l'égard de chaque cause en particulier, que s'il s'agissait d'une autre affection également grande se rapportant à une seule cause ou à un nombre moindre de causes.

Démonstration

Une affection n'est mauvaise ou nuisible qu'en tant qu'elle empêche l'Ame de penser *(Prop. 26 et 27, p. IV)*; par suite, cette affection par laquelle l'Ame est déterminée à considérer plusieurs objets à la fois, est moins nuisible qu'une autre également grande retenant l'Ame dans la seule considération d'un objet unique ou d'un nombre moindre d'objets, de façon qu'elle ne puisse penser à d'autres; ce qui était le premier point. De plus, puisque l'essence de l'Ame, c'est-à-dire sa puissance *(Prop. 7, p. III)*, consiste dans la seule pensée *(Prop. 11, p. II)*, l'Ame pâtit moins d'une affection qui lui fait considérer plusieurs objets que d'une affection également grande tenant l'Ame occupée à la seule considération d'un objet unique ou d'un nombre moindre d'objets; ce qui était le second point. Enfin, cette affection *(Prop. 48, p. III)*, d'autant qu'elle se rapporte à plusieurs causes extérieures, est moindre à l'égard de chacune.

C. Q. F. D.

PROPOSITION X

Aussi longtemps que nous ne sommes pas dominés par des affections qui sont contraires à notre nature, nous avons le pouvoir d'ordonner et d'enchaîner les affections du Corps suivant un ordre valable pour l'entendement.

Démonstration

Les affections qui sont contraires à notre nature, c'est-à-dire *(Prop. 30, p. IV)* mauvaises, sont mauvaises dans la mesure où elles empêchent l'Ame de connaître *(Prop. 27, p. IV)*. Aussi longtemps donc que nous ne sommes pas dominés par des affections qui sont contraires à notre nature, la puissance de l'Ame, par où elle s'efforce à connaître *(Prop.* 26, *p. IV)*, n'est pas empêchée, et elle a donc aussi longtemps le pouvoir de former des idées claires et distinctes, et de les déduire les unes des autres *(voir Scolie 2 de la Prop.* 40 *et Scolie de la Prop.* 47, *p. II)*; et, conséquemment (*Prop.* 1), aussi longtemps nous avons le pouvoir d'ordonner et d'enchaîner les affections du Corps suivant un ordre valable pour l'entendement.

C. Q. F. D.

SCOLIE

Par ce pouvoir d'ordonner et d'enchaîner correctement les affections du Corps nous pouvons faire en sorte de n'être pas aisément affectés d'affections mauvaises. Car (*Prop.* 7) une plus grande force est requise pour réduire des affections ordonnées et enchaînées suivant un ordre valable pour l'entendement que si elles sont incertaines et vagues. Le mieux donc que nous puissions faire, tant que nous n'avons pas une connaissance parfaite de nos affections, est de concevoir une conduite droite de la vie, autrement dit des principes assurés de conduite, de les imprimer en notre mémoire et de les appliquer sans cesse aux choses particulières qui se rencontrent fréquemment dans la vie, de façon que notre imagination en soit largement affectée et qu'ils nous soient toujours présents. Nous avons, par exemple, posé parmi les règles de la vie *(Prop.* 46, *p. IV, avec le Scolie)* que la Haine doit être vaincue par l'Amour et la Générosité, et non compensée par une Haine réciproque. Pour avoir ce précepte de la Raison toujours présent quand il sera utile, il faut penser souvent aux offenses que se font communément les hommes et méditer sur elles, ainsi que sur la manière et le moyen de les repousser le mieux possible par la Générosité, de la sorte en effet nous joindrons l'image de l'offense à l'imagination de cette règle, et elle ne manquera jamais de s'offrir à nous *(Prop.* 18, *p. II)* quand une offense nous sera faite. Si nous avions aussi présente la considération de notre intérêt véritable et du bien que produit une amitié mutuelle et une société commune, si de plus nous ne perdions pas de vue qu'un contentement intérieur souverain naît de la conduite droite de la vie *(Prop. 52, p. IV)* et que les hommes comme les autres êtres agissent par une nécessité de nature, alors l'offense, c'est-à-dire la Haine qui en naît habituellement, occupera une très petite partie de l'imagination et sera facilement surmontée; ou si la Colère, qui naît habituellement des offenses les plus graves, n'est pas surmontée aussi aisément, elle le sera cependant, bien que non sans fluctuation de l'âme, en un espace de temps beaucoup moindre que si nous n'avions pas eu d'avance l'âme occupée par ces méditations, comme on le voit par les propositions 6, 7 et 8. De même, il faut penser à l'emploi, pour écarter la Crainte, de la Fermeté d'âme; on doit passer en revue et imaginer souvent les périls communs de la vie et comment on peut le mieux les écarter et les surmonter par la présence d'esprit et la force d'âme. Mais on doit noter qu'en ordonnant nos pensées et nos images il nous faut toujours avoir égard *(Coroll. de la Prop. 63, p. IV, et Prop. 59, p.III)* à ce qu'il y a de bon en chaque chose, afin d'être ainsi toujours déterminés à agir par une affection de Joie. Si, par exemple, quelqu'un voit qu'il est trop épris de la Gloire, qu'il pense au bon usage qu'on peut en faire et à la fin en vue de laquelle il la faut chercher, ainsi qu'aux moyens de l'acquérir, mais non au mauvais usage de la Gloire et à sa vanité ainsi qu'à l'inconstance des hommes, ou à d'autres choses de cette sorte, auxquelles nul ne pense sans chagrin; par de telles pensées en effet les plus ambitieux se laissent le plus affliger quand ils désespèrent de parvenir à l'honneur dont ils ont l'ambition, et ils veulent paraître sages alors qu'ils écument de colère. Il est donc certain que ceux-là sont le plus désireux de gloire qui parlent le plus haut de son mauvais usage et de la vanité du monde. Cela, d'ailleurs, n'est pas le propre des ambitieux, mais est commun à tous ceux à qui la fortune est contraire et qui sont intérieurement impuissants. Quand il est pauvre, l'avare aussi ne cesse de parler du mauvais usage de l'argent et des vices des riches. Ce qui n'a d'autre effet que de l'affliger et de montrer aux autres qu'il prend mal non seulement sa propre pauvreté, mais la richesse d'autrui. De même encore, ceux qui sont mal accueillis par leur maîtresse ne pensent à rien qu'à l'inconstance des femmes et à leur fausseté de cœur, ainsi qu'aux autres vices féminins dont parle la chanson; et tout cela est oublié sitôt que leur maîtresse les accueille de nouveau. Qui donc travaille à gouverner ses affections et ses appétits par le seul amour de la Liberté, il s'efforcera autant qu'il peut de connaître les vertus et leurs causes et de se donner la plénitude d'épanouissement qui naît de leur connaissance vraie; non du tout de considérer les vices des hommes, de rabaisser l'humanité et de s'épanouir d'une fausse apparence de liberté. Et qui observera cette règle diligemment (cela n'est pas difficile) et s'exercera à la suivre, certes il pourra en un court espace de temps diriger ses actions suivant le commandement de la Raison.

PROPOSITION XI

Plus il y a de choses auxquelles se rapporte une image, plus elle est fréquente, c'est-à-dire plus souvent elle devient vive et plus elle occupe l'esprit.

Démonstration

Plus il y a de choses en effet auxquelles se rapporte une image ou une affection, plus il y a de causes par où elle peut être excitée et alimentée, causes que l'Ame *(par hypothèse)* considère toutes à la fois en vertu même de l'affection; et ainsi l'affection est d'autant plus fréquente, c'est-à-dire d'autant plus souvent vive, et (*Prop.* 8) occupe l'Ame d'autant plus.

C. Q. F. D.

PROPOSITION XII

Les images des choses se joignent plus facilement aux images se rapportant aux choses connues clairement et distinctement qu'aux autres.

Démonstration

Les choses connues clairement et distinctement sont ou bien des propriétés communes des choses ou ce qui s'en déduit *(voir Déf. de la Raison dans le Scolie 2 de la Prop. 40, p. II)*, et en conséquence sont *(Prop. préc.)* plus souvent imaginées par nous; il nous sera donc plus facile quand nous imaginerons d'autres objets de considérer en même temps ces choses connues que d'en considérer d'autres, et en conséquence plus facile *(Prop. 18, p. II)* de joindre à d'autres objets ces choses connues que d'autres.

C. Q. F. D.

PROPOSITION XIII

Plus il y a de choses auxquelles est jointe une image, plus souvent elle devient vive.

Démonstration

Plus il y a de choses en effet auxquelles une image est jointe, plus *(Prop. 18, p. II)* il y a de causes pouvant l'exciter.

C. Q. F. D.

PROPOSITION XIV

L'Ame peut faire en sorte que toutes les affections du Corps, c'est-à-dire toutes les images des choses se rapportent à l'idée de Dieu.

Démonstration

Il n'est point d'affections du Corps dont l'Ame ne puisse former un concept clair et distinct (*Prop.* 4); elle peut donc *(Prop. 15, p. I)* faire en sorte que toutes se rapportent à l'idée de Dieu.

C. Q. F. D.

PROPOSITION XV

Qui se connaît lui-même, et connaît ses affections clairement et distinctement, aime Dieu et d'autant plus qu'il se connaît plus et qu'il connaît plus ses affections.

Démonstration

Qui se connaît lui-même et connaît ses affections clairement et distinctement, est joyeux *(Prop.* 53, *p. III)*, et cela avec l'accompagnement de l'idée de Dieu *(Prop. préc.)*; et, par suite *(Déf.* 6 *des Aff.)*, il aime Dieu et *(pour la même raison)* l'aime d'autant plus qu'il se connaît plus et connaît plus ses affections.

C. Q. F. D.

PROPOSITION XVI

Cet amour envers Dieu doit tenir dans l'âme la plus grande place.

Démonstration

Cet amour en effet est joint à toutes les affections du corps (*Prop.* 14) et alimenté par toutes (*Prop.* 15); par suite (*Prop.* 11), il doit tenir dans l'âme la plus grande place.

C. Q. F. D.

PROPOSITION XVII

Dieu n'a point de passions et n'éprouve aucune affection de joie ou de tristesse.

Démonstration

Toutes les idées en tant qu'elles se rapportent à Dieu, sont vraies *(Prop.* 32, *p. II)*, c'est-à-dire *(Défin.* 4, *p. II)* adéquates; et ainsi *(Défin. gén. des Aff.)* Dieu est sans passions. De plus, Dieu ne peut passer ni à une plus grande perfection ni à une moindre *(Coroll.* 2 *de la Prop.* 20, *p. I)*; par suite *(Déf.* 2 *et* 3 *des Aff.)*, il n'éprouve aucune affection de joie ni de tristesse.

C. Q. F. D.

COROLLAIRE

Dieu, à parler proprement, n'a d'amour ni de haine pour personne. Car Dieu *(Prop. préc.)* n'éprouve aucune affection de Joie ni de Tristesse, et conséquemment *(Déf.* 6 *et* 7 *des Aff.)* n'a d'amour ni de haine pour personne.

PROPOSITION XVIII

Nul ne peut avoir Dieu en haine.

Démonstration

L'idée de Dieu qui est en nous, est adéquate et parfaite *(Prop.* 46 *et* 47, *p. II)*, par suite dans la mesure où nous considérons Dieu, nous sommes actifs *(Prop.* 3, *p. III)* et, en conséquence *(Prop.* 59, *p. III)*, il ne peut y avoir de Tristesse qu'accompagne l'idée de Dieu, c'est-à-dire *(Déf.* 7 *des Aff.)* nul ne peut avoir Dieu en haine.

C. Q. F. D.

COROLLAIRE

L'Amour envers Dieu ne peut se tourner en haine.

SCOLIE

Quand nous concevons Dieu comme la cause de toutes choses, peut-on objecter, nous considérons par cela même Dieu comme la cause de la Tristesse. Je réponds que dans la mesure où nous connaissons les causes de la Tristesse, elle cesse (*Prop.* 3) d'être une passion, c'est-à-dire *(Prop.* 59, *p. III)* cesse d'être une Tristesse; et ainsi, dans la mesure où nous connaissons que Dieu est cause de la Tristesse, nous sommes joyeux.

PROPOSITION XIX

Qui aime Dieu, ne peut faire effort pour que Dieu l'aime à son tour.

Démonstration

Si un homme faisait un tel effort, il désirerait donc (*Coroll. de la Prop.* 17) que Dieu, qu'il aime, ne fût pas Dieu, et en conséquence *(Prop.* 19, *p. III)* désirerait être contristé, ce qui *(Prop.* 28, *p. III)* est absurde. Donc qui aime Dieu, etc.

C. Q. F. D.

PROPOSITION XX

Cet Amour envers Dieu ne peut être gâté ni par une affection d'Envie ni par une affection de Jalousie; mais il est d'autant plus alimenté que nous imaginons plus d'hommes joints à Dieu par le même lien d'Amour.

Démonstration

Cet Amour envers Dieu est le bien suprême que nous pouvons appéter suivant le commandement de la Raison

(Prop. 28, *p. IV)*, il est commun à tous *(Prop.* 36, *p. IV)*, et nous désirons que tous s'en épanouissent *(Prop.* 37, *p. IV)*; et ainsi *(Déf.* 23 *des Aff.)* il nc peut être sali par une affection d'Envie non plus *(Prof.* 18 *et Déf. de la Jalousie dans le Scolie de la Prop.* 35, *p. III)* que de Jalousie; mais, au contraire *(Prop.* 31, *p. III)*, il doit être alimenté d'autant plus que nous imaginons que plus d'hommes s'en épanouissent.

SCOLIE

Nous pouvons montrer de la même manière qu'il n'y a aucune affection directement contraire à cet Amour, par laquelle cet Amour puisse être détruit et nous pouvons en conclure que cet Amour envers Dieu est la plus constante des affections et qu'en tant qu'il se rapporte au Corps, il ne peut être détruit qu'avec ce Corps lui-même. Plus tard nous verrons de quelle nature il est, en tant qu'il se rapporte à l'Ame seule.

J'ai réuni dans les Propositions précédentes tous les remèdes aux affections, c'est-à-dire tout ce que l'Ame, considérée en elle seule, peut contre elles; il apparaît par là que la puissance de l'Ame sur les affections consiste : 1° dans la connaissance même des affections (*voir Scolie de la Prop.* 4); 2° en ce qu'elle sépare les affections de la pensée d'une cause extérieure que nous imaginons confusément (*voir Prop.* 2 *avec le même Scolie de la Prop.* 4); 3° dans le temps, grâce auquel les affections se rapportant à des choses que nous connaissons, surmontent celles qui se rapportent à des choses dont nous avons une idée confuse ou mutilée (*voir Prop.* 7); 4° dans le grand nombre des causes par lesquelles les affections se rapportant aux propriétés communes des choses ou à Dieu, sont alimentées (*voir Prop.* 9 *et* 11); 5° dans l'ordre enfin où l'Ame peut ordonner et enchaîner entre elles ses affections (*voir Scolie de la Prop.* 10 *et, en outre, les Prop.* 12, 13 *et* 14). Mais, pour mieux connaître cette puissance de l'Ame sur les affections, il faut noter avant tout que nous appelons grandes les affections quand nous comparons l'affection d'un homme avec celle d'un autre, et que nous voyons l'un dominé plus que l'autre par la même affection; ou quand nous comparons entre elles les affections d'un seul et même homme et que nous le trouvons affecté ou ému par l'une plus que par l'autre. Car *(Prop. 5, p. IV)* la force d'une affection quelconque se définit par la puissance de la cause extérieure comparée à la notre. Or la puissance de l'Ame se définit par la connaissance seule, son impuissance ou sa passion par la seule privation de connaissance, c'est-à-dire s'estime par ce qui fait que les idées sont dites inadéquates. D'où suit que cette Ame est passive au plus haut point, dont les idées inadéquates constituent la plus grande partie, de façon que sa marque distinctive soit plutôt la passivité que l'activité qui est en elle; et au contraire cette Ame est active au plus haut point, dont des idées adéquates constituent la plus grande partie, de façon que, tout en n'ayant pas moins d'idées inadéquates que la première, elle ait sa marque distinctive plutôt dans des idées adéquates manifestant la vertu de l'homme, que dans des idées inadéquates attestant son impuissance. Il faut noter, de plus, que les chagrins et les infortunes tirent leur principale origine d'un Amour excessif pour une chose soumise à de nombreux changements et que nous ne pouvons posséder entièrement. Nul en effet n'a de tourment ou d'anxiété qu'au sujet de ce qu'il aime; et les offenses, les soupçons ou les inimitiés ne naissent que de l'Amour pour les choses dont personne ne peut réellement avoir la possession complète. Nous concevons facilement par là ce que peut sur les affections la connaissance claire et distincte, et principalement ce troisième genre de connaissance *(voir à son sujet le Scolie de la Prop. 47, p. II)* dont le principe est la connaissance même de Dieu; si en effet les affections, en tant qu'elles sont des passions, ne sont point par là absolument ôtées (voir *Prop.* 3 *avec le Scolie de la Prop.* 4), il arrive du moins qu'elles constituent la moindre partie de l'Ame (*Prop.* 14). De plus, cette connaissance engendre un Amour envers une chose immuable et éternelle (*Prop.* 15) et dont la possession nous est réellement assurée *(voir Prop. 45, p. II)*; et conséquemment cet Amour ne peut être gâté par aucun des vices qui sont inhérents à l'Amour ordinaire, mais il peut devenir de plus en plus grand (*Prop.* 15) et occuper la plus grande partie de l'Ame (*Prop.* 16) et l'affecter amplement. J'ai ainsi terminé ce qui concerne la vie présente. Chacun pourra voir facilement, en effet, ce que j'ai dit au commencement de ce Scolie, à savoir que dans ce petit nombre de propositions j'ai fait entrer tous les remèdes aux affections, pourvu qu'il ait égard à ce qui est dit dans ce Scolie, en même temps qu'aux définitions des affections et enfin aux Propositions 1 et 3 de la Partie III. Il est donc temps maintenant de passer à ce qui touche à la durée de l'Ame sans relation avec l'existence du Corps *.

PROPOSITION XXI

L'Ame ne peut rien imaginer, et il ne lui souvient des choses passées que pendant la durée du corps.

Démonstration

L'Ame n'exprime l'existence actuelle de son Corps et ne conçoit aussi comme actuelles les affections du Corps que pendant la durée du Corps *(Coroll. de la Prop.* 8, *p. II);* en conséquence *(Prop.* 26, *p. II)*, elle ne conçoit aucun corps comme existant en acte que pendant la durée de son corps, par suite elle ne peut rien imaginer *(voir la définition de l'Imagination dans le Scolie de la Prop.* 17, *p. II)*, et il ne lui peut souvenir des choses passées que pendant la durée du Corps *(voir la défin. de la Mémoire dans le Scolie de la Prop.* 18, *p. II)*.

C. Q. F. D.

PROPOSITION XXII

Une idée est toutefois nécessairement donnée en Dieu, qui exprime l'essence de tel ou tel Corps humain avec une sorte d'éternité.

* *... sine relatione ad Corporis existentiam pertinent.* La substitution de *Corporis existentiam* à *Corpus* rend l'expression plus exacte et s'accorde, comme le fait observer W. Meijer, avec le texte du Scolie de la Proposition 40.

Démonstration

Dieu n'est pas seulement la cause de l'existence de tel ou tel corps humain, mais aussi de son essence *(Prop.* 25, *p. I)*, laquelle doit être conçue nécessairement par le moyen de l'essence même de Dieu *(Axiome* 4, *p. I)*; et cela avec une nécessité éternelle *(Prop.* 16, *p. I)* : ce concept doit donc être nécessairement donné en Dieu *(Prop.* 3, *p. II)*.

C. Q. F. D.

PROPOSITION XXIII

L'Ame humaine ne peut être entièrement détruite avec le Corps, mais il reste d'elle quelque chose qui est éternel.

Démonstration

Un concept, ou une idée, est nécessairement donné en Dieu, qui exprime l'essence du Corps humain *(Prop. préc.)*, et ce concept est, par suite, quelque chose qui appartient nécessairement à l'essence de l'Ame humaine *(Prop.* 13, *p. II)*. Mais nous n'attribuons à l'Ame humaine aucune durée pouvant se définir par le temps, sinon en tant qu'elle exprime l'existence actuelle du Corps, laquelle s'explique par la durée et peut se définir par le temps; autrement dit *(Coroll. Prop.* 8, *p. II)*, nous n'attribuons la durée à l'Ame elle-même que pendant la durée du corps. Comme cependant ce qui est conçu avec une éternelle nécessité en vertu de l'essence même de Dieu est *(Prop. préc.)* néanmoins quelque chose, ce sera nécessairement quelque chose d'éternel qui appartient à l'essence de l'Ame.

C. Q. F. D.

SCOLIE

Comme nous l'avons dit, cette idée, qui exprime l'essence du Corps avec une sorte d'éternité, est un certain mode du penser qui appartient à l'essence de l'Ame et qui est éternel. Il est impossible cependant qu'il nous souvienne d'avoir existé avant le Corps, puisqu'il ne peut * y avoir dans le Corps aucun vestige de cette existence et que l'éternité ne peut se définir par le temps ni avoir aucune relation au temps. Nous sentons néanmoins et nous savons par expérience que nous sommes éternels. Car l'Ame ne sent pas moins ces choses qu'elle conçoit par un acte de l'entendement que celles qu'elle a dans la mémoire. Les yeux de l'Ame par lesquels elle voit et observe les choses, sont les démonstrations elles-mêmes. Bien que donc il ne nous souvienne pas d'avoir existé avant le Corps, nous sentons cependant que notre Ame, en tant qu'elle enveloppe l'essence du Corps avec une sorte d'éternité, est éternelle, et que cette existence de l'Ame ne peut se définir par le temps ou s'expliquer par la durée. L'Ame donc ne peut être dite durer, et son existence ne peut se définir par un temps déterminé qu'en tant qu'elle enveloppe l'existence actuelle du Corps et, dans cette mesure seulement, elle a la puissance de déterminer temporellement l'existence des choses et de les concevoir dans la durée.

PROPOSITION XXIV

Plus nous connaissons les choses singulières, plus nous connaissons Dieu.

Démonstration

Cela est évident par le Corollaire de la Proposition 25 partie I.

PROPOSITION XXV

Le suprême effort de l'Ame et sa suprême vertu est de connaître les choses par le troisième genre de connaissance.

* *... quandoquidem nec in Corpore ulla ejus vestigia dari possunt...* L'addition de *possunt*, proposée par W. Meijer, me semble nécessaire.

Démonstration

Le troisième genre de connaissance va de l'idée adéquate de certains attributs de Dieu à la connaissance adéquate de l'essence des choses *(voir la définition de ce genre de connaissance dans le Scolie 2 de la Prop. 40, p. II)*; et plus nous connaissons les choses de cette manière, plus *(Prop. précéd.)* nous connaissons Dieu; par suite *(Prop. 28, p. IV)*, la suprême vertu de l'Ame, c'est-à-dire *(Défin. 8, p. IV)*, la puissance ou la nature de l'Ame, ou, ce qui revient au même *(Prop. 7, p. III)*, son suprême effort est de connaître les choses par le troisième genre de connaissance.

C. Q. F. D.

PROPOSITION XXVI

Plus l'Ame est apte à connaître les choses par le troisième genre de connaissance, plus elle désire connaître les choses par ce genre de connaissance.

Démonstration

Cela est évident. Dans la mesure en effet où nous concevons que l'Ame est apte à connaître les choses par ce genre de connaissance, nous la concevons comme déterminée à les connaître par ce genre de connaissance, et, en conséquence *(Défin. 1 des Affect.)*, plus l'Ame y est apte, plus elle le désire.

C. Q. F. D.

PROPOSITION XXVII

De ce troisième genre de connaissance naît le contentement de l'Ame le plus élevé qu'il puisse y avoir.

Démonstration

La suprême vertu de l'Ame est de connaître Dieu *(Prop.* 28, *p. IV)*, c'est-à-dire de connaître les choses par le troisième genre de connaissance (*Prop.* 25); et cette vertu est d'autant plus grande que l'Ame connaît plus les choses par ce genre de connaissance (*Prop.* 24); qui donc connaît les choses par ce genre de connaissance, il passe à la plus haute perfection humaine et en conséquence est affectée de la Joie la plus haute *(Déf.* 2 *des Aff.)*, et cela *(Prop.* 43, *p. II)* avec l'accompagnement de l'idée de lui-même et de sa propre vertu; et par suite *(Déf.* 25 *des Affect.)* de ce genre de connaissance naît le contentement le plus élevé qu'il puisse y avoir.

C. Q. F. D.

PROPOSITION XXVIII

L'effort ou le Désir de connaître les choses par le troisième genre de connaissance ne peut naître du premier genre de connaissance, mais bien du deuxième.

Démonstration

Cette Proposition est évidente par elle-même. Tout ce en effet que nous connaissons clairement et distinctement, nous le connaissons ou par soi ou par quelque autre chose * qui est conçue par soi; autrement dit, les idées qui sont en nous claires et distinctes, celles qui se rapportent au troisième genre de connaissance *(Scolie* 2 *de la Prop.* 40, *p. II)*, ne peuvent provenir d'idées mutilées et confuses se rapportant au premier genre de connaissance, mais proviennent d'idées adéquates; c'est-à-dire *(même Scolie)* du second et du troisième genres de connaissance, et par suite *(Défin.* 1 *des Affect.)*, le Désir de connaître

* Je traduis *aliud* au lieu de *illud*, leçon de van Vloten et Land, qui modifient assez arbitrairement le texte des *Opera posthuma*.

les choses par le troisième genre de connaissance, ne peut naître du premier, mais bien du second.

C. Q. F. D.

PROPOSITION XXIX

Tout ce que l'Ame connaît comme ayant une sorte d'éternité, elle le connaît non parce qu'elle conçoit l'existence actuelle présente du Corps, mais parce qu'elle conçoit l'essence du Corps avec une sorte d'éternité.

Démonstration

En tant seulement que l'Ame conçoit l'existence présente de son Corps, elle conçoit la durée qui peut se déterminer par le temps, et a le pouvoir de concevoir les choses avec une relation au temps *(Prop.* 21 *ci-dessus et Prop.* 26, *p. II).* Or l'éternité ne peut s'expliquer par la durée *(Déf.* 8, *p. I, et son explication).* Donc l'Ame n'a pas, en tant qu'elle conçoit l'existence présente de son corps, le pouvoir de concevoir les choses comme ayant une sorte d'éternité; mais, puisqu'il est de la nature de la Raison de concevoir les choses avec une sorte d'éternité *(Coroll.* 2 *de la Prop.* 44, *p. II)* et qu'il appartient à la nature de l'Ame de concevoir l'essence du Corps avec une sorte d'éternité (*Prop.* 23), n'y ayant en dehors de ces deux [manières de concevoir les corps] rien qui appartienne à l'essence de l'Ame *(Prop.* 13, *p. II),* cette puissance de concevoir les choses avec une sorte d'éternité n'appartient donc à l'Ame qu'en tant qu'elle conçoit l'essence du Corps avec une sorte d'éternité.

C. Q. F. D.

Les choses sont conçues par nous comme actuelles en deux manières : ou bien en tant que nous en concevons l'existence avec une relation à un temps et à un lieu déterminés, ou bien en tant que nous les concevons comme contenues en Dieu et comme suivant de la nécessité de la nature divine. Celles qui sont conçues comme vraies ou réelles de cette seconde manière, nous les concevons avec une sorte d'éternité, et leurs idées enveloppent l'essence éternelle et infinie de Dieu, comme nous l'avons montré Proposition 45, partie II, dont on verra le Scolie.

PROPOSITION XXX

Notre Ame, dans la mesure où elle se connaît elle-même et connaît le Corps comme des choses ayant une sorte d'éternité, a nécessairement la connaissance de Dieu et sait qu'elle est en Dieu et se conçoit par Dieu.

Démonstration

L'éternité est l'essence même de Dieu en tant qu'elle enveloppe l'existence nécessaire *(Défin. 8, p. I)*. Concevoir les choses avec une sorte d'éternité, c'est donc concevoir les choses en tant qu'elles se conçoivent comme êtres réels par l'essence de Dieu, c'est-à-dire en tant qu'en vertu de l'essence de Dieu elles enveloppent l'existence; et ainsi notre Ame, en tant qu'elle se conçoit elle-même et conçoit les choses avec une sorte d'éternité, a nécessairement la connaissance de Dieu et sait, etc.

C. Q. F. D.

PROPOSITION XXXI

Le troisième genre de connaissance dépend de l'Ame comme de sa cause formelle, en tant que l'Ame est elle-même éternelle.

Démonstration

L'Ame ne conçoit rien comme ayant une sorte d'éternité, si ce n'est en tant qu'elle conçoit l'essence de son corps avec une sorte d'éternité (*Prop.* 29), c'est-à-dire (*Prop.* 21 *et* 23) en tant qu'elle est éternelle; et ainsi *(Prop. préc.)*, en tant qu'elle est éternelle, elle a la connaissance de Dieu; et cette connaissance est nécessairement adéquate *(Prop.* 46, *p. II)*; par suite, l'Ame, en tant qu'elle est éternelle, est apte à connaître tout ce qui peut suivre de cette connaissance de Dieu supposée donnée *(Prop.* 40, *p. II)*, c'est-à-dire à connaître les choses par ce troisième genre de connaissance *(voir sa définition dans le scolie 2 de la Prop.* 40, *p. II)*, dont l'Ame est ainsi *(Déf.* 1, *p. III)*, en tant qu'elle est éternelle, la cause adéquate, c'est-à-dire formelle.

C. Q. F. D.

SCOLIE

Plus haut chacun s'élève dans ce genre de connaissance, mieux il est conscient de lui-même et de Dieu, c'est-à-dire plus il est parfait et possède la béatitude, ce qui se verra encore plus clairement par les propositions suivantes. Mais il faut noter ici que, tout en étant dès à présent certains que l'Ame est éternelle en tant qu'elle conçoit les choses avec une sorte d'éternité, afin d'expliquer plus facilement et de faire mieux connaître ce que nous voulons montrer, nous la considérerons toujours, ainsi que nous l'avons fait jusqu'ici, comme si elle commençait seulement d'être et de concevoir les choses avec une sorte d'éternité, ce qu'il nous est permis de faire sans aucun danger d'erreur, pourvu que nous ayons la précaution de ne rien conclure que de prémisses clairement perçues.

PROPOSITION XXXII

A tout ce que nous connaissons par le troisième genre de connaissance nous prenons plaisir, et cela avec l'accompagnement comme cause de l'idée de Dieu.

Démonstration

De ce genre de connaissance naît le contentement de l'Ame le plus élevé qu'il puisse y avoir, c'est-à-dire la

Joie la plus haute *(Déf. 25 des Aff.)*, et cela avec l'accompagnement comme cause de l'idée de soi-même (*Prop.* 27) et conséquemment aussi de l'idée de Dieu (*Prop.* 30).

C. Q. F. D.

COROLLAIRE

Du troisième genre de connaissance naît nécessairement un Amour intellectuel de Dieu. Car de ce troisième genre de connaissance *(Prop. préc.)* naît une Joie qu'accompagne comme cause l'idée de Dieu, c'est-à-dire *(Déf.* 6 *des Aff.)* l'Amour de Dieu, non en tant que nous l'imaginons comme présent (*Prop.* 29), mais en tant que nous concevons que Dieu est éternel, et c'est là ce que j'appelle Amour intellectuel de Dieu.

PROPOSITION XXXIII

L'Amour intellectuel de Dieu, qui naît du troisième genre de connaissance, est éternel.

Démonstration

Le troisième genre de connaissance *(Prop.*31 *et Axiome* 3, *p. I)* est éternel; par suite *(même Axiome, p. I)*, l'Amour qui en naît, est lui-même aussi éternel.

C. Q. F. D.

SCOLIE

Bien que cet Amour de Dieu n'ai pas eu de commencement *(Prop. préc.)*, il a cependant toutes les perfections de l'Amour, comme s'il avait pris naissance, ainsi que nous le supposions fictivement dans le Corollaire de la Prop. préc. Et cela ne fait aucune différence, sinon que l'Ame possède éternellement ces perfections que nous supposions qui s'ajoutaient à elle, et cela avec l'accompagnement de l'idée de Dieu comme cause éternelle. Que si la Joie consiste dans un passage à une perfection plus grande, la Béatitude certes doit consister en ce que l'âme est douée de la perfection elle-même.

PROPOSITION XXXIV

L'Ame n'est soumise que pendant la durée du Corps aux affections qui sont des passions.

Démonstration

Une imagination est une idée par laquelle l'Ame considère une chose comme présente *(voir sa définition dans le Scolie de la Prop.* 17, *p. II)*, et elle indique cependant plutôt l'état présent du Corps humain que la nature de la chose extérieure *(Coroll.* 2 *de la Prop.* 16, *p. II)*. Une affection est donc une imagination *(Déf. gén. des Aff.)*, en tant qu'elle indique l'état présent du Corps; et ainsi (*Prop.* 21) l'Ame n'est soumise que pendant la durée du Corps aux affections qui se ramènent à des passions.

C. Q. F. D.

COROLLAIRE

Il suit de là que nul amour, sauf l'Amour intellectuel, n'est éternel.

SCOLIE

Si nous avons égard à l'opinion commune des hommes, nous verrons qu'ils ont conscience, à la vérité, de l'éternité de leur âme, mais qu'ils la confondent avec la durée et l'attribuent à l'imagination ou à la mémoire qu'ils croient subsister après la mort.

PROPOSITION XXXV

Dieu s'aime lui-même d'un Amour intellectuel infini.

Démonstration

Dieu est absolument infini *(Déf.* 6, *p. I)*, c'est-à-dire *(Déf.* 6, *p. II)* la nature de Dieu s'épanouit en une perfection infinie, et cela *(Prop.* 3, *p. II)* avec l'accompagnement de l'idée de lui-même, c'est-à-dire *(Prop.* 11 *et Déf.* 1, *p. I)* de l'idée de sa propre cause, et c'est là ce que nous avons dit, dans le Corollaire de la Proposition 32, être l'Amour intellectuel.

PROPOSITION XXXVI

L'Amour intellectuel de l'Ame envers Dieu est l'amour même duquel Dieu s'aime lui-même, non en tant qu'il est infini, mais en tant qu'il peut s'expliquer par l'essence de l'Ame humaine considérée comme ayant une sorte d'éternité; c'est-à-dire l'Amour intellectuel de l'Ame envers Dieu est une partie de l'Amour infini duquel Dieu s'aime lui-même.

Démonstration

Cet Amour de l'Ame doit se rapporter à des actions de l'Ame *(Coroll. de la Prop.* 32 *et Prop.* 3, *p. III);* il est donc une action par laquelle l'Ame se considère elle-même avec l'accompagnement comme cause de l'idée de Dieu *(Prop.* 32 *et son Coroll.)*, c'est-à-dire *(Coroll. de la Prop.* 25, *p. I, et Coroll. de la Prop.* 11, *p. II)* une action par laquelle Dieu, en tant qu'il peut s'expliquer par l'Ame humaine, se considère lui-même avec l'accompagnement de l'idée de lui-même; et ainsi *(Prop. préc.)* cet Amour de l'Ame est une partie de l'Amour infini dont Dieu s'aime lui-même.

C. Q. F. D.

COROLLAIRE

Il suit de là que Dieu, en tant qu'il s'aime lui-même, aime les hommes, et conséquemment que l'Amour de Dieu envers les hommes et l'Amour intellectuel de l'Ame envers Dieu sont une seule et même chose.

SCOLIE

Nous connaissons clairement par là en quoi notre salut, c'est-à-dire notre Béatitude ou notre Liberté, consiste; je veux dire dans un Amour constant et éternel envers Dieu, ou dans l'Amour de Dieu envers les hommes. Cet Amour, ou cette Béatitude, est appelé dans les livres sacrés Gloire, non sans raison. Que cet Amour en effet soit rapporté à Dieu ou à l'Ame, il peut justement être appelé Contentement intérieur, et ce Contentement ne se distingue pas de la Gloire *(Déf.* 25 *et* 30 *des Aff.).* En tant en effet qu'il se rapporte à Dieu, il est (*Prop.* 35) une Joie, s'il est permis d'employer encore ce mot, qu'accompagne l'idée de soi-même, et aussi en tant qu'il se rapporte à l'Ame (*Prop.* 27). De plus, puisque l'essence de notre Ame consiste dans la connaissance seule, dont Dieu est le principe et le fondement *(Prop.* 15, *p. I, et Scolie de la Prop.* 47, *p. II),* nous percevons clairement par là comment et en quelle condition notre Ame suit de la nature divine quant à l'essence et quant à l'existence, et dépend continûment de Dieu. J'ai cru qu'il valait la peine de le noter ici pour montrer par cet exemple combien vaut la connaissance des choses singulières que j'ai appelée intuitive ou connaissance du troisième genre *(Scolie de la Prop.* 40, *p. II),* et combien elle l'emporte sur la connaissance par les notions communes que j'ai dit être celle du deuxième genre. Bien que j'aie montré en général dans la première Partie que toutes choses (et en conséquence l'Ame humaine) dépendent de Dieu quant à l'essence et quant à l'existence, par cette démonstration, bien qu'elle soit légitime et soustraite au risque du doute, notre Ame cependant n'est pas affectée de la même manière que si nous tirons cette conclusion de l'essence même d'une chose quelconque singulière, que nous disons dépendre de Dieu.

PROPOSITION XXXVII

Il n'est rien donné dans la Nature qui soit contraire à cet Amour intellectuel, c'est-à-dire le puisse ôter.

Démonstration

Cet Amour intellectuel suit nécessairement de la nature de l'Ame en tant qu'on la considère elle-même, par la nature de Dieu, comme une vérité éternelle (*Prop.* 33 *et* 29). Si donc quelque chose était donné qui fût contraire à cet Amour, ce quelque chose serait contraire au vrai; et, en conséquence, ce qui pourrait ôter cet Amour ferait que ce qui est vrai se trouvât faux; or cela *(comme il est connu de soi)* est absurde. Donc il n'est rien donné dans la Nature, etc.

C. Q. F. D.

SCOLIE

L'Axiome de la quatrième partie concerne les choses singulières considérées avec une relation à un temps et à un lieu déterminés; je pense que personne n'a de doute à ce sujet.

PROPOSITION XXXVIII

Plus l'Ame connaît de choses par le deuxième et le troisième genres de connaissance, moins elle pâtit des affections qui sont mauvaises et moins elle craint la mort.

Démonstration

L'essence de l'Ame consiste dans la connaissance *(Prop.* 11, *p. II);* à mesure donc que l'Ame connaît plus de choses par le deuxième et le troisième genres de connaissance, une plus grande partie d'elle-même demeure (*Prop.* 29 *et* 23), et en conséquence *(Prop. préc.)* une plus grande partie d'elle-même n'est pas atteinte par les affections qui sont contraires à notre nature, *(Prop.* 30, *p. IV)*, c'est-à-dire mauvaises. Plus donc l'Ame connaît de choses par le deuxième et troisième genres de connaissance, plus grande est la partie d'elle-même qui demeure indemne, et conséquemment moins elle pâtit des affections, etc.

C. Q. F. D.

SCOLIE

Nous connaissons par là le point que j'ai touché dans le Scolie de la Proposition 39, partie IV, et que j'ai promis d'expliquer dans cette cinquième partie; je veux dire que la Mort est d'autant moins nuisible qu'il y a dans l'Ame plus de connaissance claire et distincte et conséquemment d'amour de Dieu. De plus, puisque (*Prop.* 27) du troisième genre de connaissance naît le contentement le plus élevé qu'il puisse y avoir, l'Ame humaine peut être, suit-il de là, d'une nature telle que la partie d'elle-même périssant, comme nous l'avons montré (*Prop.* 21), avec le Corps, soit insignifiante relativement à celle qui demeure. Mais nous reviendrons bientôt plus amplement là-dessus.

PROPOSITION XXXIX

Qui a un corps possédant un très grand nombre d'aptitudes, la plus grande partie de son Ame est éternelle.

Démonstration

Qui a un Corps apte à faite un très grand nombre de choses, il est très peu dominé par les affections qui sont mauvaises *(Prop.* 38, *p. IV)*, c'est-à-dire par les affections *(Prop.* 30, *p. IV)* qui sont contraires à notre nature; et ainsi (*Prop.* 10) il a le pouvoir d'ordonner et d'enchaîner les affections du Corps suivant un ordre valable pour l'entendement, et conséquemment de faire (*Prop.* 14) que toutes les affections du Corps se rapportent à l'idée de Dieu; par où il arrivera (*Prop.* 15) qu'il soit affecté envers Dieu de l'Amour qui (*Prop.* 16) doit occuper ou constituer la plus grande partie de l'Ame, et par suite il a une Ame (*Prop.* 33) dont la plus grande partie est éternelle.

C. Q. F. D.

SCOLIE

Les Corps humains ayant un très grand nombre d'aptitudes, ils peuvent, cela n'est pas douteux, être d'une nature telle qu'ils se rapportent à des Ames ayant d'elles-mêmes et de Dieu une grande connaissance et dont la plus grande ou la principale partie est éternelle, et telles qu'elles ne craignent guère la mort. Mais, pour connaître cela plus clairement, il faut considérer ici que nous vivons dans un changement continuel et qu'on nous dit heureux ou malheureux, suivant que nous changeons en mieux ou en pire. Qui d'enfant ou de jeune garçon passe à l'état de cadavre, est dit malheureux, et, au contraire, on tient pour bonheur d'avoir pu parcourir l'espace entier de la vie avec une Ame saine dans un Corps sain. Et réellement qui, comme un enfant ou un jeune garçon, a un corps possédant un très petit nombre d'aptitudes et dépendant au plus haut point des causes extérieures, a une Ame qui, considérée en elle seule, n'a presque aucune conscience d'elle-même ni de Dieu ni des choses; et, au contraire, qui a un Corps aux très nombreuses aptitudes, a une Ame qui, considérée en elle seule, a grandement conscience d'elle-même et de Dieu et des choses. Dans cette vie donc nous faisons effort avant tout pour que le Corps de l'enfance se change, autant que sa nature le souffre et qu'il lui convient, en un autre ayant un très grand nombre d'aptitudes et se rapportant à une Ame consciente au plus haut point d'elle-même et de Dieu et des choses, et telle que tout ce qui se rapporte à sa mémoire où à son imagination soit presque insignifiant relativement à l'entendement, comme je l'ai dit dans le Scolie de la Proposition précédente.

PROPOSITION XL

Plus chaque chose a de perfection, plus elle est active et moins elle est passive; et inversement plus elle est active, plus parfaite elle est.

Démonstration

Plus chaque chose est parfaite, plus elle a de réalité *(Déf. 6, p. II)* et en conséquence *(Prop. 3, p. III avec son Scolie)* plus elle est active et moins elle est passive; la démonstration se fait de la même manière dans l'ordre inverse, d'où suit que, inversement, une chose est d'autant plus parfaite qu'elle est plus active.

C. Q. F. D.

COROLLAIRE

Il suit de là que la partie de l'Ame qui demeure, quelque petite ou grande qu'elle soit, est plus parfaite que l'autre. Car la partie éternelle de l'Ame (*Prop.* 23 *et* 29) est l'entendement, seule partie par laquelle nous soyons dits actifs *(Prop. 3, p. III)*; cette partie, au contraire, que nous avons montré qui périt, est l'imagination elle-même (*Prop.* 21), seule partie par laquelle nous soyons dits passifs *(Prop. 3, p. III, et Déf. gén. des Aff.)*; et ainsi la première, petite ou grande, est plus parfaite que la deuxième.

C. Q. F. D.

SCOLIE

Voilà ce que je m'étais proposé de montrer au sujet de l'Ame en tant qu'elle est considérée en dehors de sa relation à l'existence du Corps; par là et en même temps par la Proposition 21, partie I, et d'autres encore, il apparaît que notre Ame, en tant qu'elle connaît, est un mode éternel du penser, qui est terminé par un autre mode éternel du penser, ce dernier à son tour par un autre mode et ainsi à l'infini, de façon que toutes ensemble constituent l'entendement éternel et infini de Dieu.

PROPOSITION XLI

Quand même nous ne saurions pas que notre Ame est éternelle, la Moralité et la Religion et, absolument parlant, tout ce que nous avons montré dans la quatrième partie qui se rapporte à la Fermeté d'Ame et à la Générosité, ne laisserait pas d'être pour nous la première des choses.

Démonstration

Le premier et le seul principe de la vertu ou de la conduite droite de la vie est *(Coroll. de la Prop.* 22 *et Prop.* 24, *p. IV)* la recherche de ce qui nous est utile. Or, pour déterminer ce que la Raison commande comme utile, nous n'avons eu nul égard à l'éternité de l'Ame, connue seulement dans cette cinquième Partie. Bien que nous ayons à ce moment ignoré que l'Ame est éternelle, ce que nous avons montré qui se rapporte à la Fermeté d'Ame et à la Générosité n'a pas laissé d'être pour nous la première des choses; par suite, quand bien même nous l'ignorerions encore, nous tiendrions ces prescriptions de la Raison pour la première des choses.

C. Q. F. D.

SCOLIE

La persuasion commune du vulgaire semble être différente. La plupart en effet semblent croire qu'ils sont libres dans la mesure où il leur est permis d'obéir à l'appétit sensuel et qu'ils renoncent à leurs droits dans la mesure où ils sont astreints à vivre suivant les prescriptions de la loi divine. La Moralité donc et la Religion, et absolument parlant tout ce qui se rapporte à la Force d'Ame, ils croient que ce sont des fardeaux dont ils espèrent être déchargés après la mort pour recevoir le prix de la servitude, c'est-à-dire de la Moralité et de la Religion, et ce n'est pas seulement cet Espoir, c'est aussi et principalement la Crainte d'être punis d'affreux supplices après la mort qui les induit à vivre suivant les prescriptions de la loi divine autant que leur petitesse et leur impuissance intérieure le permettent. Et, si les hommes n'avaient pas cet Espoir et cette Crainte, s'ils croyaient au contraire que les Ames périssent avec le Corps et que les malheureux, épuisés par le fardeau de la Moralité, n'ont devant eux aucune vie à venir, ils reviendraient à leur complexion et voudraient tout gouverner suivant leur appétit sensuel et obéir à la fortune plutôt qu'à eux-mêmes. Ce qui ne me paraît pas moins absurde que si quelqu'un, parce qu'il ne croit pas pouvoir nourrir son Corps de bons aliments dans l'éternité, aimait mieux se saturer de poisons et de substances mortifères; ou parce qu'on croit que l'Ame n'est pas éternelle ou immortelle, on aimait mieux être dément et vivre sans Raison; absurdités telles qu'elles méritent à peine d'être relevées.

PROPOSITION XLII

La Béatitude n'est pas le prix de la vertu, mais la vertu elle-même; et cet épanouissement n'est pas obtenu par la réduction de nos appétits sensuels, mais c'est au contraire cet épanouissement qui rend possible la réduction de nos appétits sensuels.

Démonstration

La Béatitude consiste dans l'amour envers Dieu *(Prop. 36 avec son Scolie)*, et cet Amour naît lui-même du troisième genre de connaissance (*Coroll. de la Prop.* 32); ainsi cet Amour doit être rapporté à l'Ame en tant qu'elle est active, et par suite *(Déf. 8, p. IV)* il est la vertu même. En outre, plus l'Ame s'épanouit en cet Amour divin ou cette Béatitude, plus elle est connaissante (*Prop.* 32), c'est-à-dire plus grand est son pouvoir sur les affections et moins elle pâtit des affections qui sont mauvaises;

par suite donc de ce que l'Ame s'épanouit en Amour divin ou Béatitude, elle a le pouvoir de réduire les appétits sensuels. Et, puisque la puissance de l'homme pour réduire les affections consiste dans l'entendement seul, nul n'obtient cet épanouissement de la Béatitude par la réduction de ses appétits sensuels, mais au contraire le pouvoir de les réduire naît de la Béatitude elle-même.

SCOLIE

J'ai achevé ici ce que je voulais établir concernant la puissance de l'Ame sur ses affections et la liberté de l'Ame. Il apparaît par là combien vaut le Sage et combien il l'emporte en pouvoir sur l'ignorant conduit par le seul appétit sensuel. L'ignorant, outre qu'il est de beaucoup de manières ballotté par les causes extérieures et ne possède jamais le vrai contentement intérieur, est dans une inconscience presque complète de lui-même, de Dieu et des choses et, sitôt qu'il cesse de pâtir, il cesse aussi d'être. Le Sage au contraire, considéré en cette qualité, ne connaît guère le trouble intérieur, mais ayant, par une certaine nécessité éternelle conscience de lui-même, de Dieu et des choses, ne cesse jamais d'être et possède le vrai contentement. Si la voie que j'ai montré qui y conduit, paraît être extrêmement ardue, encore y peut-on entrer. Et cela certes doit être ardu qui est trouvé si rarement. Comment serait-il possible, si le salut était sous la main et si l'on y pouvait parvenir sans grand-peine, qu'il fût négligé par presque tous ? Mais tout ce qui est beau est difficile autant que rare.

NOTES

PREMIÈRE PARTIE

Définitions. — Sur les définitions en général, voir *Réforme de l'Entendement*, §§ 50 à 55 (vol. I, p. 211 et sq.), *Lettre* 9.

Définition II. — *En son genre* s'oppose à *absolument*, comme le montre un peu plus bas l'explication de la Définition 6; cf. Prop. 16, Démonstration, et Scolie de la Prop. 28. Tout genre est relatif à l'entendement, mais les distinctions qu'il établit se trouvent en accord avec la véritable nature de l'objet, quand elles sont clairement conçues (Axiome 6).

Définitions III et IV. — Ces deux définitions, qui sont celles de la substance et de l'attribut, étaient jointes dans la première rédaction de l'*Ethique*, comme le montre un passage de la *Lettre* 9. Le texte primitif était le suivant : *J'entends par substance ce qui est en soi et est conçu par soi, c'est-à-dire ce dont le concept n'enveloppe pas le concept d'une autre chose. Par attribut j'entends la même chose, à cela près qu'attribut se dit par rapport à l'entendement attribuant à la substance telle nature distincte* (« respectu intellectus, substantiae certam talem naturam tribuentis »). La substance et l'attribut sont une seule et même chose qui porte deux noms, suivant qu'on la considère en elle-même (dans son absolue infinité) ou telle que la perçoit l'entendement qui la perçoit de plus d'une manière bien que toujours très incomplètement (cf. *Lettre* 56). L'attribut *perçu distinctement* n'en est pas moins réel et constitue pour une part l'essence de la substance telle qu'elle est (cf. partie II, le commencement du Scolie qui suit le Corollaire de la Prop. 7). Sur le débat auquel a donné lieu cette question, voir en particulier Kuno Fischer, *Geschichte der neueren Philosophie*, et Delbos, *le Problème moral dans la Philosophie de Spinoza*, p. 31 et sq.

Définition VI. — Sur la nécessité pour Dieu de posséder une infinité d'attributs, voir *Court Traité*, I, chap. II, et les notes explicatives correspondantes.

Définition VII. — Je traduis *operari* par *produire quelque effet* et non par *agir*, Spinoza paraissant distinguer entre l'*action* à laquelle se détermine d'elle-même une chose libre et l'*opération* à laquelle est déterminée du dehors une chose contrainte; toute opération soutient un certain rapport *(ratio)* avec une autre ou est *conditionnée;* voir Prop. 28.

Définition VIII. — L'éternité est l'existence conçue *absolument;* elle s'oppose à la durée, qui est *une continuation indéfinie de l'existence* (*Ethique,* II, *Déf.* 5) et ne peut être attribuée qu'aux choses qui n'existent pas par elles-mêmes; l'éternité n'a donc rien de commun avec le temps, qui n'est lui-même qu'un mode de penser ou plutôt d'imaginer la durée (de se la représenter comme formée de parties distinctes auxquelles on peut assigner un nombre *ad libitum*); au sujet de l'éternité, voir *Pensées Métaphys.*, partie I, chap. IV, et partie II, chap. I. Au sujet du mot *expliquée,* voir même ouvrage, partie I, chap. I, 4, de la note explicative correspondante (note *c,* vol. I, p. 434). Dans la terminologie propre à Spinoza, l'*explication* d'une chose une et infinie en elle-même est son *déploiement* pour la pensée en une multiplicité d'attributs ou de manières d'être entre lesquelles des relations peuvent être établies. On peut dire en ce sens, très différent du sens habituel du mot, que l'essence de Dieu *s'explique* par les attributs de Dieu (cf. démonstration de la Proposition 20, partie I, et scolie de la Proposition 7, partie II). On peut dire aussi que Dieu *s'explique* par ses modes ou manières d'être et par exemple par l'âme humaine (cf. le Corollaire de la Proposition II, partie II).

Axiome IV. — Pour bien entendre cet axiome, le rapprocher de ce qui est dit dans lc *Traité de la Réforme de l'Entendement :* la vraie science procède de la cause aux effets (§ 13); les choses appelées communément réelles, et que l'on croit données expérimentalement, ne sont point *connues,* et l'existence en est seulement conçue comme possible, aussi longtemps qu'elles n'ont pas été déduites de leur causes (§ 34); voir les notes explicatives correspondantes.

Axiome VI. — Pour l'intelligence de cet axiome, voir *Réforme de l'Entendement,* § 41, avec la note explicative. Une idée vraie est une idée que l'esprit forme absolument (*ibidem,* § 64) ou déduit dûment d'une autre; elle a nécessairement un objet et s'accorde pleinement avec lui, sans quoi nulle connaissance n'est possible; le vrai a le réel pour objet *parce* qu'il est le vrai.

Propositions I à XV. — Cette première section de l'*Ethique,* où est établie l'existence d'un Dieu unique et infini embrassant la totalité des êtres réels, devra être rapprochée des deux premiers chapitres du *Court Traité* et de l'Appendice de cet ouvrage; on observera, en particulier, que plusieurs des propositions démontrées par Spinoza dans l'*Ethique* sont énoncées sous forme d'axiomes dans l'Appendice.

Proposition I. — Je traduis, dans cette proposition et les suivantes, *substantia* par *une substance;* Spinoza établit en effet les propriétés de la substance, de l'être conçu non abstraitement, mais en lui-même, avant de démontrer qu'il n'existe qu'une substance (à la fin seulement du Scolie de la Proposition 10 apparaît pour la première fois la notion de l'unité de substance, objet du Coroll. I de la Prop. 14); cf. *Pensées Métaphysiques,* partie II, chap. V, et la note explicative *b* (vol. I, p. 437); par l'emploi de l'article indéfini, j'essaye de mieux marquer la différence que fait Spinoza entre la substance et l'être en général.

Proposition VIII, Scolie II. — Ce Scolie se rapporte visiblement à la Proposition 7; cf. ce que dit Freudenthal à ce sujet dans ses *Spinoza Studien* (*Zeitschrift für Philosophie,* Bd. 108, p. 251). Gebhardt fait observer toutefois que déjà dans la première rédaction de l'*Ethique* (celle qui a servi de base à la traduction hollandaise de Glazemaker), ce Scolie occupait la place qui lui est assignée dans les *Opera posthuma* et que Spinoza, qui le cite dans le Scolie de la Propos. 15, dit bien Scolie 2 de la Prop. 8. Les huit premières propositions forment d'ailleurs un tout : c'est une exposition des conséquences qu'entraîne immédiatement la définition donnée de la substance. Puis il y a dans la suite des propositions une sorte de coupure. Spinoza donne, en se mettant à la portée du vulgaire non initié, des explications qui, placées à la suite de la Prop. 7, nuiraient à l'enchaînement rigoureux des idées. Voir le commentaire donné par Spinoza lui-même dans la *Lettre* 34.

Proposition XI et scolie. — *a*) Spinoza donne, en réalité, quatre démonstrations de l'existence de Dieu :

1° Une première preuve (*Démonstration* 1) fondée sur la considération de l'*essence* de Dieu, d'où se déduit l'impossibilité de sa non-existence.

2° Une deuxième preuve (*Démonstration* 2) fondée sur ce principe que, si une chose n'existe pas, c'est qu'il y a une cause intérieure ou extérieure qui en rend l'existence impossible; pour l'entendement, en effet, qui ne *forge* rien, il n'y a pas de milieu entre le nécessaire et l'impossible; voir *Réf. de l'Entendement*, § 34.

3° Une troisième preuve *a posteriori* (*Démonstration* 3), fondée sur l'impossibilité pour une chose quelconque *finie* d'exister, si l'être infini n'existe pas; si quelque chose existe, un être existe qui est nécessaire par lui-même; si cet être n'existait pas, rien ne *pourrait* exister. Il n'y aurait donc pas même de possibles; l'expérience sensible, l'imagination elles-mêmes ne seraient pas.

4° Une quatrième preuve *(Scolie)*, qui n'est que la première mise sous forme affirmative et contient la substance de toutes les autres; l'essence de Dieu enveloppe l'existence nécessaire.

Voir l'étude de Lagneau sur *les Preuves Spinozistes* de l'existence de Dieu dans la *Revue de Métaphysique et de Morale* (1895, p. 402); voir aussi dans le même recueil, même année, l'article de M. Andler écrit à propos des ouvrages de MM. Brunschvicg et Delbos.

b) Page 31, ligne 21, j'ai traduit le membre de phrase *ad quas plura pertinere concipiunt* par *qu'ils conçoivent comme plus riches en possessions.* Saisset traduit plus librement *choses dont la nature est plus complexe;* les *possessions* d'une chose, au sens où j'ai pris le mot, comprennent tout ce qui peut en être affirmé.

Proposition XV, Scolie. — *a*) Ce Scolie se rapporte, quant au sens général, à la Proposition 14. Cf. Freudenthal, *loc. cit.* Comme le fait observer Gebhardt avec raison, il n'y a cependant pas de motif qui en justifie le déplacement et il s'y trouve, vers la fin, une allusion directe à l'énoncé de la Proposition 15.

b) Spinoza développe sa pensée sur l'infini, la quantité, la durée, le nombre (la mesure), le temps dans la *Lettre* 12, qui est le texte capital sur tous ces points.

c) Page 37, ligne 28, je fais dire à Spinoza au sujet de la non-existence du vide : *Nous nous sommes expliqués ailleurs là-dessus.* J'ai mis le verbe au passé, bien que le texte latin *de quo alias* ne contienne aucune indication de temps, parce que l'auteur me semble viser les PRINCIPES DE LA PHILOSOPHIE DE DESCARTES, partie II, Prop. 3 (vol. I, p. 286-287).

d) Entre les parties de l'étendue il y a une différence modale seulement et non réelle (p. 55, lignes 7-8). Sur ce point capital, voir *Court Traité*, I, chap. II, § 19, et la note explicative correspondante (vol. I, p. 398).

Propositions XVI à XVIII. — Rapprocher de cette section de l'*Ethique* où il est traité de la causalité divine, le second Dialogue du *Court Traité* et les chapitres III et IV de ce même ouvrage, partie I.

Proposition XVI, Corollaire II. — Un être est cause *par soi* de ce qu'il produit en vertu de sa nature ou essence; cause *par accident* de ce qu'il produit par suite de rencontres particulières. Cf. *Court Traité*, chap. III, avec la note explicative (vol. I, p. 401-402), Heereboord, *Meletemata philosophica*, p. 273.

Corollaire III. — Dieu est cause première *absolument*, c'est-à-dire qu'il ne l'est pas *en son genre* (voir la note relative à la Déf. 2).

Proposition XVII, Corollaires I et II, Scolie. — *a*) La liberté absolue de Dieu est une *productivité* absolue; elle est *in*détermination parce qu'elle est puissance infinie de se déterminer. On trouvera dans une dissertation de Friedrichs, *Der Substanzbegriff Spinozas* (Greifswald, 1896), d'intéressants développements sur ce point. Voir aussi Wenzel, *Die Weltanschauung Spinozas* (Leipzig, 1907).

b) Page 40, lignes 23, 24: *Ni l'entendement ni la volonté n'appartiennent à la nature de Dieu;* ni l'entendement ni la volonté au sens que l'on donne à ces mots quand on parle des hommes. Un homme conçoit deux ou plusieurs manières d'agir et choisit ou croit choisir entre elles; les modes, quel que soit soit l'attribut sous lequel on les considère, sont des déterminations toutes également et intérieurement nécessaires de l'être divin. Dieu ne produit pas les choses parce qu'il les a conçues et ne les conçoit pas parce qu'il les a produites; conception et production c'est tout un en lui.

c) Page 41, ligne 8 : un *Dieu indifférent*. Dans le Scolie 2 de la Proposition 33, Spinoza reviendra sur cette notion (cartésienne) d'un Dieu indifférent et fera observer qu'elle diffère moins de la sienne que celle d'un Dieu agissant en vue du bien, *sub ratione boni*. Au jugement de Spinoza, les finalistes détruisent entièrement la liberté de Dieu; Descartes est seulement inconséquent dans sa façon de la concevoir. Dieu ne choisit pas, tout choix supposant quelque imperfection dans les choses parmi lesquelles on choisit. On peut concevoir qu'aux heures d'inspiration, tout au moins, un artiste vraiment créateur ne poursuive aucune fin et ne choisisse plus, mais produise librement, c'est-à-dire en vertu d'une nécessité intérieure de produire.

d) Page 41, lignes 41 et 42 : L'entendement divin et l'humain se ressemblent *comme le chien, signe céleste, et le chien, animal aboyant*. Cf. *Pensées Métaphysiques*, II, chap. XI.

Proposition XII. — Les mots *in aequales partes* qui se trouvent à l'avant-dernière ligne de la Démonstration surprennent à première vue. Pourquoi cette division en parties *égales?* M. Lantzenberg propose dans sa traduction la suppression du mot *aequales*. D'après Gebhardt, le raisonnement de Spinoza serait le suivant : si la substance pouvait être divisée, elle devrait pouvoir l'être en parties égales. Or cette division en parties égales ne se conçoit pas; donc nulle division n'est possible.

Proposition XVIII. — Sur le concept de cause immanente, cf. Heereboord, *Meletemata*, p. 266.

Propositions XIX à XXIX. — Dans cette section de l'*Ethique* est posé d'abord le principe de l'éternité de Dieu considéré sous chacun de ses attributs; ensuite sont exposées les conséquences qu'entraîne ce principe relativement aux modes.

Propositions XXI, XXII, XXIII. — *a*) L'éternité de Dieu ou des attributs de Dieu a pour première conséquence la continuation indéfinie de l'existence de certains modes, à savoir : de ceux qui, tel l'entendement infini ou encore le mouvement et le repos, suivent immédiatement de la nature de Dieu considérée sous l'un de ses attributs. Bien que Spinoza, dans l'énoncé de cette Proposition et aussi vers la fin de la démonstration, se serve du mot *éternel*, il vaut mieux dire, ce me semble, que les modes infinis existent toujours que non pas qu'ils sont éternels; l'éternité de l'existence n'appartient proprement qu'à la substance et aux attributs, dont l'essence et l'existence se confondent; l'essence des modes infinis n'enveloppe pas l'existence (Prop. 21), et cette existence n'est en conséquence pas éternelle au même titre que celle de la substance; elle est sans commencement ni fin. On observera que, dans l'énoncé des Propositions 22 et 23, le mot *éternel* ne figure plus. Cf. *Pensées Métaphysiques*, II, chap. I.

b) Sur les modes infinis (appelés souvent éternels, bien qu'avec une impropriété légère, si ce qui précède est vrai), voir *Court Traité*, I, chap. IV; *Lettres* 64, 66 et 74. Dans la première, Spinoza donne comme exemples des modes infinis immédiatement produits par Dieu, dans la pensée, l'entendement infini (la totalité des idées qui sont en Dieu et qui en lui sont toutes vraies, c'est-à-dire claires et distinctes; *Ethique*, II, prop. 32), dans l'étendue, le mouvement et le repos; comme exemple de modes infinis produits médiatement, la face de l'univers total, qui demeure toujours la même, bien qu'elle varie d'une infinité de manières; il renvoie ensuite au Scolie du *Lemme* 7 qui vient avant la Proposition 14 de la partie II. On peut, avec Victor Delbos (*Le Spinozisme*, Paris, 1916, p. 60 et 61), admettre que le mode infini médiat qui correspond, dans l'ordre de la pensée, à cette face de l'univers total, est l'ensemble des âmes conçues suivant le Scolie de la Proposition 40 de la partie V comme des modes éternels. Dans la *Lettre* 74, parlant de la sagesse divine (l'entendement infini), Spinoza use, comme dans le *Court Traité*, du terme de fils éternel de Dieu, sans tomber cependant dans la confusion qu'il reproche aux chrétiens d'avoir commise entre Dieu et l'homme. Ce fils éternel de Dieu n'est pas Jésus-Christ, en qui s'est seulement manifestée plus qu'en aucun autre homme la sagesse divine.

Proposition XXIV, Corollaire. — Ce corollaire correspond dans une certaine mesure au chapitre IV, partie I, du *Court Traité*, *de la Providence de Dieu;* quand Spinoza dit que la durée d'une chose ou la continuation de son existence a nécessairement Dieu pour cause, il ne veut pas dire que cette chose n'ait d'elle-même aucune force de durer; au contraire, son essence, comme on le voit dans la troisième partie, Proposition 7, est un effort pour persévérer dans son être; mais : 1° l'essence d'une chose, c'est Dieu lui-même en tant qu'il est affecté d'une certaine manière; 2° l'essence d'une chose finie n'enveloppe qu'une existence relative ou dépendante, toutes les choses finies étant liées entre elles, d'où cette conséquence qu'elle est au moins en un sens limitée dans la durée, a un commencement et une fin. Dans le Scolie du Corollaire de la Proposition 10, partie II, de l'*Ethique*, Spinoza distingue comme saint Thomas (*Summa theologiae*, I, 104, 1) entre la cause quant au devenir *(causa secundum fieri, causa fiendi)* et la cause quant à l'être *(causa secundum esse, causa essendi)*; Dieu est cause quant au devenir en tant que cause efficiente de l'existence, cause quant à l'être en tant que cause de l'essence de toutes choses.

Proposition XXV et Corollaire. — De cette Proposition (dont la note précédente explique la place à la suite de la Proposition 24) et de son corollaire on peut faire découler l'éternité des essences et leur liaison dans la pensée éternelle; Spinoza pose donc ici le principe sur lequel il fondera dans la cinquième partie sa théorie de l'éternité de l'âme et la connaissance du troisième genre : cf. *Ethique*, V, Prop. 22 à 39.

Propositions XXVI à XXIX. — *a*) Ces propositions servent de fondement à la science des choses particulières s'appuyant sur l'expérience (représentation sensible), qui fait concevoir, comme possible d'abord, l'existence de certains modes et incite l'entendement à former les idées de certaines essences (cf. *Lettre* 10). Ce qui, en effet, est nécessaire, a sa place marquée dans l'enchaînement des choses qui se déterminent à l'infini les unes les autres. Il ne s'ensuit pas que nous puissions tout connaître (cf. *Lettre* 32, où Spinoza renvoie lui-même à la *Lettre* 30) ou que tout ce que nous croyons être soit réellement. Il ne s'ensuit pas que nous devions considérer comme voulu par Dieu de toute éternité tout ce qui nous paraît arriver en nous et hors de nous, et dont nous n'avons qu'une idée confuse et mutilée; ce serait prêter à Dieu la même ignorance que nous cherchons à détruire en nous. Le rationalisme de Spinoza n'est pas celui de certains savants prêts à croire que toute réalité paraissant donnée est une vérité éternelle; il n'est nullement un fatalisme inclinant à la paresse et à la résignation, mais une doctrine d'active réforme morale. Il n'identifie pas le fait au droit, ne justifie pas les passions qui rendent la vie misérable et l'homme insupportable à l'homme, mais travaille à leur suppression en cherchant à les expliquer, ce qui est bien différent : mourez, si vous voulez, pour ce que vous croyez faussement être le bien, moi je veux *vivre* pour le vrai : tel est à peu près le langage que parle Spinoza à ses semblables (cf. *Lettre* 30).

b) Beaucoup d'interprètes me semblent avoir mal compris quelle relation existe, suivant le principe d'une philosophie de l'immanence, entre Dieu et les choses particulières finies; suivant les uns, Spinoza prétendrait déduire ces dernières de la nature infinie et éternelle de Dieu; tel n'est nullement l'objet du spinozisme : les choses finies se déduisent les unes des autres, comme le montre clairement la Proposition 28; c'est en ce sens et en ce sens seulement qu'elles sont produites par Dieu. D'autres, par exemple Martineau (*A study of Spinoza*, London, 1895, p. 209), demandent comment une chose finie en produisant une autre peut lui assurer (can *secure* it) une essence éternelle, qui se saurait provenir du fini; la question est mal posée à mon sens : 1° si une chose finie en produit une autre dans la durée (comme un père produit son enfant), la deuxième ne tient pas son essence de la première (cf. Scolie de la Prop. 17, p. 65); 2° conçue dans sa vérité, l'existence d'une chose finie (comme son essence) enveloppe l'infini, puisqu'elle est liée à toutes les autres (bien que nous ne sachions pas comment), et c'est en quoi cette chose est un mode ou une affection de Dieu *(Deus quatenus)*.

Proposition XXVIII, Scolie. — *a*) Au début de ce Scolie, le texte a été considéré comme altéré par plusieurs interprètes. Land, dans son édition, rejette comme tout à fait sans valeur la correction proposée par Bœhmer, qui veut lire : « *et* mediantibus his primis *quaedam*, quae... » au lieu de « mediantibus his primis, quae ». —

Leopold accepte *quaedam*, sinon *et*. — W. Meijer croit aussi à l'existence d'une lacune dans le texte et cherche à le corriger d'après la première traduction hollandaise. J'adopte la leçon de Gebhardt qui, avant le mot *mediantibus*, place les mots *et alia*. Cette correction rend la phrase plus claire, elle n'en modifie pas le sens : telle du moins que je l'ai toujours comprise, elle signifie qu'il y a deux sortes de choses produites par Dieu : les unes immédiatement (les modes infinis du premier genre), les autres médiatement (les modes particuliers dont l'ensemble ordonné constitue, en tant qu'ils sont conçus comme ayant une sorte d'éternité, les modes infinis du deuxième genre).

b) Page 50, lignes 32, 33 : les mots *mais non en son genre* se rapportent aux mots *cause prochaine*. Dieu est cause prochaine *absolument*, c'est-à-dire sans intermédiaire, sans condition aperçue par l'esprit, des choses qu'il produit immédiatement ou dont l'existence n'enveloppe que celle de la substance avec ses attributs. Il est cause prochaine *en son genre* (cf. la note relative à la *Défin.* 2) de celles qui nécessitent pour être conçues l'existence d'une chose que l'entendement distingue de la substance (comme elle en distingue par exemple un mode infini). Pour l'éclaircissement plus complet du sens attribué par les scolastiques aux mots qu'emploie ici Spinoza, voir Heereboord (*Meletemata*, p. 298 et sq.). Pour l'intelligence de tout ce passage, il faut observer que, Dieu étant cause de tout ce qui est, il ne peut être proprement cause éloignée, c'est-à-dire séparée de son effet par un ou plusieurs intermédiaires distincts d'elle, d'aucune chose même finie et particulière; mais les choses particulières se conditionnent ou déterminent les unes les autres, et en ce sens Dieu n'est pas leur cause prochaine. Elles sont causées par lui en tant que se déduisant toutes les unes des autres (voir ci-dessus la note *b* se rapportant aux Prop. 26 à 29).

Proposition XXIX et Scolie. — Rapprocher de la Proposition le *Court Traité* (I, chap. VI, § 3); du Scolie le *Court Traité* (I, chap. VIII et IX). Sur la distinction de la Nature naturante et de la naturée, voir, en particulier, Siebeck (*Archiv für Geschichte der Philosophie*, III, p. 370 et 19), qui la fait remonter aux néo-platoniciens et montre qu'elle a reçu au XIIIe siècle la forme sous laquelle Spinoza la reproduit.

Propositions XXX à XXXV. — Dans cette section sont établies les vérités relatives à l'entendement et à la volonté pris en eux-mêmes, c'est-à-dire à l'action de connaître ou de concevoir, de former des idées, et à l'action d'affirmer ou de poser. Spinoza, dans la deuxième partie, démontre que dans l'homme la volonté est identique à l'entendement (Coroll. de la Prop. 49). En Dieu cela résulte immédiatement de ce que l'essence est identique à l'existence. Toute idée se pose dans l'éternité et pose son objet nécessairement; rien n'est en puissance, ce qui n'exclut nullement que dans la durée il n'y ait du changement, un progrès sans fin (Spinoza use du terme *progressus Naturae* dans la *Lettre* 12). Un débat s'est élevé au sujet du sens du mot *voluntas* dans Spinoza. Dans certains passages il entendrait par volonté l'action d'affirmer (comme Descartes); dans d'autres, le désir, lequel peut être une passion. J'aurai l'occasion de revenir sur ce point; il suffit ici de faire observer qu'en Dieu ou dans la Nature prise dans sa totalité, la question ne se pose pas, car on ne peut concevoir aucune passion en Dieu, aucun désir qui ne se confonde avec son activité ou sa productivité infinie (voir ci-dessus la note relative à la Prop. 17, à ses Corollaires et au Scolie qui leur fait suite).

Proposition XXXII, Corollaires. — J'avais précédemment traduit les mots *ex libertate voluntatis* par : la liberté de *sa* volonté. Je remplace le possessif *sa* par l'article *la*, ce qui me paraît plus conforme au texte latin et correspondre mieux à la pensée de Spinoza, car ce n'est pas seulement de la volonté de Dieu qu'il s'agit, mais aussi de celle des êtres particuliers et, par exemple, de l'homme.

Proposition XXXIII et Scolies. — Rapprocher de cette Proposition le *Court Traité*, I, chapitre IV, du Scolie 1 le *Court Traité*, I, chapitre VI, § 3, et la Proposition 29 ci-dessus, du Scolie 2 le Scolie venant après le Corollaire 2 de la Proposition 17 et la note explicative *c* s'y rapportant, page 348.

Appendice. — Spinoza achève de justifier sa façon de concevoir Dieu en expliquant les erreurs commises par d'autres à ce sujet. Son Dieu est sans passion, étant sans imperfection; il est libre et ne poursuit aucune fin; il n'attend rien de l'homme, ne demande aucun sacrifice; il n'est pas un Seigneur qui nous commande d'obéir à sa loi. On le sert en *étant* soi-même le plus qu'on peut, en augmentant l'aptitude de son corps à affecter d'autres corps et à être affecté par eux, en connaissant par leurs causes le plus de choses possibles. Dans ce Dieu qui ne veut pas qu'on tremble devant lui, ni qu'on s'étonne de ses œuvres, j'ai peine à reconnaître un « Jéhovah », même *très amélioré*, comme le fait dans un article récemment publié (*Revue de Métaphysique et de Morale*, mars 1908) mon regretté maître Brochard.

Page 61, ligne 3, je rends par *complexion*, dans ce passage et par la suite, le latin *ingenium*, sauf quand ce mot latin signifie visiblement autre chose. Je prends le mot de complexion dans le sens où le prend La Bruyère quand il écrit : *Il y a une dureté de complexion* (c'est-à-dire naturelle, propre à l'individu), *il y en a une autre de condition ou d'état*.

Page 63, ligne 17, une fin de *besoin* est une fin que l'on poursuit pour satisfaire un besoin ou un désir. En ce sens, on peut dire que la Passion de Jésus a pour fin le rachat du pécheur; une fin d'*assimilation* est, par exemple, la ressemblance d'une copie avec l'original; ainsi Dieu, d'après les théologiens et les métaphysiciens dont parle Spinoza, aurait créé les choses non parce qu'il avait besoin d'elles, mais pour qu'elles devinssent en partie semblables à lui. Voir, en particulier, Heereboord, *Meletemata*, page 672.

Page 65, lignes 36, 37, par ces mots : *L'extravagance des hommes a été jusqu'à croire que Dieu aussi se plaît à l'harmonie*, Spinoza fait sans doute allusion à la théorie, d'origine pythagoricienne, de la musique des sphères. Voir sur ce sujet Th. Reinach (*Revue des études grecques*, III, p. 432 sq.). Il vaut la peine de noter qu'un savant finaliste comme von Baer fait encore bon accueil à cette conception dans un discours vieux à peine d'un demi-siècle (voir le volume publié par cet auteur sous le titre de *Reden und kleinere Aufsätze*, I, Pétersbourg, 1864).

DEUXIÈME PARTIE

Définition II. — Rapprocher de cette définition le *Court Traité* (II, Préface, § 5) et voir la note explicative correspondante (vol. I, p. 406).

Définitions III et IV. — Le meilleur commentaire de ces définitions essentielles est donné par Spinoza lui-même dans la *Réforme de l'Entendement;* voir, en particulier, le paragraphe 41, les propriétés de l'entendement, paragraphes 62 et suivants, et les notes explicatives correspondantes (vol. I, p. 420).

Définition V. — Sur la durée, en tant qu'elle s'oppose à l'éternité, voir la note relative à la Définition 8, partie I. Il suit évidemment de l'explication donnée par Spinoza de la présente Définition que la durée d'une chose, en tant qu'elle s'exprime par un certain *temps* (mesurable) n'est pas connaissable au sens qu'il donne à ce mot. Suivant la Définition donnée dans les *Principes de la Philosophie de Descartes* (partie II, Défin. 4), indéfini est ce dont les limites (s'il y en a) ne peuvent être explorées par l'entendement humain (cf. *Ethique*, II, Prop. 30 et 31).

Définition VI. — Rapprocher de cette Définition, dont l'importance est fondamentale dans la philosophie de Spinoza, la Préface de la quatrième partie, le *Court Traité* (I, chap. VII, § 8, et chap. X, § 2 et 3); voir aussi les notes explicatives correspondantes (vol. I, p. 404 et 405).

Axiome II. — La première traduction hollandaise complète l'énoncé de cet axiome par ces mots : *Autrement dit, nous savons que nous pensons;* rapprochant cet axiome du précédent, on voit bien ce que Spinoza conserve et ce qu'il rejette du *Cogito, ergo sum* de Descartes; il admet le *Cogito* à titre de vérité éternelle et rejette le *ergo sum;* la pensée enveloppe éternellement en chacun de nous l'affirmation de sa propre existence; mais l'existence d'aucun être pensant *particulier* ne se trouve posée par là; cf. ce que dit Louis Meyer vers la fin de sa Préface aux *Principes de la Philosophie, de Descartes* (vol. I, p. 235).

Axiome III. — On lira avec intérêt les observations faites par M. Brunschvicg au sujet de cet axiome de Spinoza dans un article sur *Quelques préjugés contre la philosophie,* dans la *Revue de Métaphysique et de Morale* (1898, p. 401).

Axiome V. — Il peut n'être pas inutile de faire observer que les choses singulières sont des choses finies (Déf. 7) appartenant à la Nature naturée.

Propositions I à IX. — Spinoza établit dans ces neuf premières Propositions toutes les vérités s'appliquant indistinctement aux choses singulières qui existent dans la Nature; elles sont des affections de la substance; or la pensée et l'étendue sont au nombre des attributs infinis de Dieu (*Prop.* 1 et 2), et, comme chacun de ces attributs est la substance elle-même perçue sous l'un des aspects qui lui appartiennent réellement, toute chose particulière existante est à la fois une *idée* (détermination de la pensée) et un *corps* (détermination de l'étendue); nous ne savons pas ce qu'elle est en outre, parce que les autres attributs de Dieu nous sont inconnus; mais nous savons qu'à envisager les choses dans leur essence, les relations des corps entre eux sont intelligibles et qu'à les envisager dans leur existence (dans la *durée* qui à la fois se conçoit et s'imagine, et se mesure en tant qu'on l'imagine), à toute détermination de l'étendue correspond une détermination *présente* ou actuelle de la pensée (*Prop.* 7 et 8), ce qui, dans le langage de la psychologie contemporaine, se nomme une sensation, un *fait* de conscience; cette détermination présente en enveloppe d'autres à l'infini; d'où cette conséquence que le fait est inintelligible et que les rapports de succession des faits (ce que Spinoza appelle l'ordre commun de la Nature) ne sont point directement objet de science; les faits ne peuvent se déduire les uns des autres; nous les subissons sans les comprendre, et l'expérience peut bien engendrer une prudence machinale, mais non conduire à la connaissance. Il y a cependant une certaine vérité du fait que la réflexion permet d'apercevoir, et il y a en conséquence une voie ouverte à l'homme désireux de s'affranchir :

1° La production du fait (de conscience) ne peut pas s'expliquer par la considération des modes de l'étendue, il est une *idée* très inadéquate à la vérité, c'est-à-dire très incomplète. Spinoza eût souscrit à ce que dit Leibniz dans la *Monadologie* (§ 17), que *la perception est inexplicable par des raisons mécaniques;* il n'eût jamais accepté la théorie moderne dite de la conscience-reflet ou épiphénomène. Les déterminations successives de la pensée sont liées entre elles et entre elles seulement (Prop. 5 et 6, Scolie de la Prop. 7); le fait est inintelligible à la manière d'un fragment qu'il nous est impossible de compléter; mais, à envisager la Nature pensante dans sa totalité, il y a en elle à la fois devenir et conservation totale de soi; en ce sens, il est juste de dire que la Nature produit à l'infini par un progrès spontané des pensées successives dont chacune enveloppe les précédentes et est ainsi fondée en droit (cf. Prop. 32 et 36). A un point de vue, auquel il est possible au sage de se placer, le fait apparaît donc comme l'expression très imparfaite d'une *vérité*, et la nécessité avec laquelle il s'impose à nous perd ainsi de son caractère contraignant (cf. les dernières lignes de la IVe partie).

2° Une autre voie encore s'offre à nous pour échapper à la servitude du fait; quand l'existence du corps, que, suivant l'axiome 4, nous sentons qui est affecté de diverses manières, aura été établie (Prop. 13), nous pourrons user de notre faculté de penser pour le concevoir et concevoir sa relation avec les autres modes de l'étendue, de façon à rendre en quelque mesure les faits intelligibles, et l'accord avec l'expérience des principes ainsi posés et postulés sera une marque de leur vérité; la science, une science qui, si elle ne s'appuie pas à proprement parler sur l'expérience, use d'elle à titre d'auxiliaire, est *possible*, ce qui est un point de grande conséquence, quelque incomplète et fragmentaire que doive rester cette science.

Sur l'expérience, voir, outre le *Traité de la Réforme de l'Entendement*, § 58 et 59, les *Principes de la Philosophie de Descartes* (partie II), Prop. 6, Scolie, la *Lettre* 10, enfin l'*Ethique* elle-même, partie II, Scolie venant après le Corollaire de la Proposition 17.

Proposition I, Scolie. — On peut rapprocher ce Scolie du *Court Traité* (II, chap. XIX, § 4).

Proposition IV. — Rapprocher l'*Appendice* II du *Court Traité*, § 4.

Propositions VII et VIII et Corollaire. — Il est certain, on s'en rend compte en comparant le texte de l'*Ethique* avec celui du *Court Traité* [II, Préface, chap. XX, § 4 (avec la note 3) et l'Appendice II], que la formule précise des rapports soutenus par les choses avec leurs idées a été longtemps cherchée par Spinoza. La Proposition 8 peut être considérée comme une des plus importantes de tout l'ouvrage, rien n'étant plus essentiel au succès de l'entreprise de l'auteur que la double existence attribuée aux idées : existence éternelle d'une part, existence momentanée et successivement présente de l'autre (voir, plus haut, la note relative à l'ensemble des Propositions 1 à 9).

Proposition IX. — Se fondant sur la traduction hollandaise de Glazemaker, Gebhardt insère entre crochets le mot *definito* entre *alio* et *cogitandi* à la cinquième ligne de la démonstration et les mots *definito cogitandi modo* entre *alio* et *affectus* à la sixième ligne. Ces additions donnent évidemment plus de précision au langage, mais elles ne me paraissent nullement indispensables, la pensée de Spinoza ne pouvant donner lieu à méprise en cet endroit.

Proposition X à XIII. — Ces Propositions contiennent l'explication de la nature de l'homme et fondent en droit l'existence du corps.

Proposition X. — On pourrait être tenté, pour traduire le génitif *hominis* dans l'énoncé de cette Proposition et dans sa démonstration, d'employer l'article indéfini : *d'un homme ;* on ferait ainsi mieux comprendre qu'il ne s'agit pas ici de l'homme en général conçu abstraitement (comme il l'est par l'imagination, voir Scolie de la Prop. 40), et cette traduction s'accorderait mieux avec le nominalisme que professe Spinoza. Toutefois, le Scolie de la Proposition le montre bien, Spinoza admet ici, comme il l'a fait dans le Scolie de la Proposition 8, partie I, et comme il le fera constamment par la suite, qu'il existe une nature commune à tous les hommes (la quatrième partie serait incompréhensible sans cette notion). Faut-il en conclure qu'il est inconséquent dans son nominalisme ? Cette question est assez embarrassante, et l'on doit avouer que Spinoza n'a pas fait suffisamment connaître ce qu'il entend par la nature ou l'essence non d'*un homme*, mais de *l'homme*. Je pense qu'il la concevait par analogie avec les essences mathématiques (cf. ce qu'il dit dans l'Appendice de la première partie, p. 62). Le géomètre a le droit de parler *du* cercle ou de *l'*ellipse; le concept clair qu'il forme de ces figures est très différent de l'idée générale confuse qu'en a le non-géomètre, qui se représente par l'imagination des cercles et des ellipses. De même, il peut y avoir une idée claire de l'homme : l'âme humaine se définit par la connaissance (*intelligentia*, voir fin de la partie IV) : il y a des notions communes à tous les hommes; l'idée de Dieu est présente dans toutes les âmes, si elle ne tient pas la même place dans toutes; l'âme humaine est donc *connaissance* (non pas seulement idée ou conscience). Cette connaissance quant à son existence présente est liée à l'existence d'un corps qui est nécessairement *individuel;* mais on conçoit que tous les corps d'hommes ou d'êtres doués de connaissance claire aient en commun des caractères susceptibles d'une détermination *quantitative :* le nombre des parties, la proportion de mouvement et de repos qui existe en elles devant être, par exemple, compris entre certaines limites. Il sera donc permis de parler de l'homme et de concevoir tous les individus humains comme satisfaisant à certaines conditions clairement assignables. Dans certains passages, on l'observera, et par exemple dans le Scolie de la Proposition 57, partie III, Spinoza semble admettre que l'espèce et plus généralement les groupes entre lesquels se répartissent les vivants ont une *nature* propre; or une théorie, comme celle que j'indique ci-dessus, posant l'existence de conditions limites, mathématiquement assignables, auxquelles satisfont les êtres de même dénomination, permet d'attribuer à une espèce une compréhension bien définie, et il ne me paraît pas qu'aucune autre le puisse.

Proposition XII. — Cette proposition établit la nécessité du fait de conscience; bien que la démonstration de la Proposition 13 ne contienne aucun renvoi à la Proposition 12, cette dernière n'en est pas moins indispensable à la pleine intelligence de la suivante.

Proposition XIII. — Si, comme le fait W. Meijer, on traduisait *corpus* par *un corps* dans l'énoncé, la pensée de l'auteur paraîtrait plus claire à première vue et, dans la démonstration, l'emploi de l'article indéfini devant *corps* rendrait aussi plus aisée la traduction des mots *idque actu existens* du texte latin. J'ai cependant préféré l'article défini, parce que Spinoza me semble avoir en vue *le* corps que dans l'Axiome 4 il affirme que nous sentons, affecté de diverses manières. La marche de la démonstration est à mes yeux la suivante :

1° Axiome 4 : nous éprouvons des sensations qui enveloppent l'idée d'un corps. L'existence d'un certain corps nôtre est sentie ou imaginée par nous.

2° Proposition 11 : l'âme humaine, en tant qu'elle a une existence présente, est la pensée d'une chose singulière ayant elle-même une existence présente.

3° Proposition 13 : la chose singulière actuellement existante dont notre âme est la pensée, est précisément le corps que nous sentons ou imaginons. L'existence du corps se déduit de celle d'une âme où se forme à titre de fait une représentation du corps.

La démonstration est valable pourvu que l'on puisse considérer toute représentation ou perception comme fondée en quelque manière; or c'est ce qui résulte des propositions 5 et 6; il n'y a pas d'idée même confuse qui n'exprime quelque vérité; la perception qui pour nous a au plus haut degré le caractère d'un fait inintelligible se complète en Dieu et devient une idée claire (Prop. 32). On observera, en outre, que la nécessité du fait de conscience a été établie dans la Proposition 12.

Axiomes, Lemmes, Définitions et Postulats venant à la suite de la Proposition XIII. — La physique et la physiologie de Spinoza sont contenues dans ce petit nombre de propositions, du moins cette partie de la physique et de la physiologie jugée par lui indispensable. On les comparera naturellement à celles de Descartes; voir, en particulier, l'exposition que Spinoza donne lui-même des principes de la mécanique cartésienne dans les *Principes de la Philosophie de Descartes;* les notes explicatives (vol. I, p. 429 et sq.) indiquent les titres de quelques ouvrages à consulter.

La notion capitale contenue dans cette partie de l'*Ethique* est celle d'*individu.* Le corps de l'homme, comme celui de tout être existant dans la Nature, a une existence individuelle, une forme propre ou essence, que Spinoza cherche à définir quantitativement. Ce corps *animé* (Scolie de la Prop. 13) n'est pas une machine; Spinoza est mécaniste, mais il l'est autrement que Descartes, et son mécanisme n'exclut pas une sorte d'animisme (voir la note relative à la Prop. 35). L'effort pour se conserver, qui est l'essence même de l'être singulier (*Ethique*, III, Prop. 7), est à la fois et indivisiblement générateur d'idées et générateur du corps lui-même (cf. le Scolie de la Prop. 39, partie V), non qu'il enveloppe aucune virtualité et qu'il y ait développement, au sens ordinaire du terme, de quelque chose qui était contenu en lui en puissance; mais, d'une part, quand une idée se pose, les conséquences en sont aussi posées, l'être pensant est de sa nature actif et spontanément producteur d'idées, à la manière de Dieu (voir la note relative à la Proposition 17, partie I); sa spontanéité, son *automatisme* (au sens que donne Spinoza au mot dans la *Réforme de l'Entendement*, § 46), est seulement contrariée par la dépendance dans laquelle il se trouve; n'étant que des fragments, par eux-mêmes inintelligibles, d'une vérité qui le dépasse infiniment, ses idées, sauf quand il s'est rendu capable de suivre la vraie méthode, se succèdent sans s'engendrer les unes les autres (*sine ordine ad intellectum*, comme il est dit dans le Scolie 2 de la Prop. 40); il est très imparfaitement cause de ce qu'il pense (sent, imagine), bien qu'il ne soit jamais purement passif. D'autre part, et parallèlement, son effort pour conserver le corps doit compter à chaque instant avec les actions qui du dehors s'exercent sur le corps et qui tantôt lui sont favorables, tantôt lui sont contraires; d'où une suite de changements ou de manières d'être du corps qui sont en partie seulement explicables par son essence. L'état du corps est à chaque instant le résultat d'une sorte de conflit entre la causalité propre du vivant (son effort pour subsister) et les causes extérieures. Il y a dans Spinoza comme un pressentiment de certaines théories modernes relatives à l'ontogenèse (voir, dans l'étude publiée par M. Léon Brunschvicg sur *Spinoza et ses contemporains*, 3e article, *Revue de Métaphysique et de Morale*, septembre 1906, d'intéressantes observations à ce sujet).

Propositions XIV à XIX. — Dans ces Propositions sont tirées les conséquences des principes posés précédemment : la nature du fait de conscience est expliquée; celle aussi de l'imagination ou, pour parler un langage plus conforme à l'usage actuel, de la représentation sensible (*imaginari* signifie se représenter; la perception extérieure est une *imaginatio* dite aussi *contemplatio*); enfin, celle de la mémoire ou, plus exactement, de l'association des idées. Il est établi enfin que nous ne pouvons percevoir le corps autrement qu'en le sentant ou l'imaginant, c'est-à-dire d'une façon confuse.

Proposition XVII, Scolie. — Les définitions de l'image et de l'imagination données page 93 établissent clairement la dépendance de l'âme, sa *servitude*. Nous ne pouvons pas nous empêcher d'éprouver des sensations ou de former des représentations qui expriment l'état actuel du corps, lequel est déterminé dans une très large mesure par des causes extérieures (l'ordre commun de la Nature); nous ne pouvons pas ne pas être passifs. Est-ce à dire cependant que l'on ne puisse concevoir une imagination active ? Dans les dernières lignes du Scolie, Spinoza dit clairement le contraire et, dans la cinquième partie, il montre que les affections du corps et, par suite, les représentations sensibles qui se forment dans l'âme, peuvent être dans une certaine mesure, par l'exercice, soumises à la raison. La *Lettre* 17 adressée à Pieter Balling contient une bien précieuse indication à ce sujet : un homme qui en aime un autre et qui a l'esprit occupé de lui s'assimile en quelque sorte l'essence de cet autre, et son corps en est modifié; une idée qui soutient avec l'idée de notre propre corps quelque rapport de filiation légitime (c'est pourquoi Spinoza prend comme exemple un père pensant à son fils) s'*incorpore* en nous, attestant la puissance de notre âme et son aptitude à produire pendant la durée du corps des représentations ayant leur origine en elle. Ainsi est rendue possible la création artistique, libre et rationnelle, ou tendant du moins à l'être, expression de la personnalité de l'artiste, laquelle est essentiellement *connaissance*. Spinoza n'a guère développé à la vérité cette théorie de l'imagination active et, dans la cinquième partie, s'en tient à des considérations d'ordre moral; de même, il ne développe pas la théorie de la mémoire considérée dans son rapport avec l'entendement; elles sont l'une et l'autre pressenties, indiquées en quelques mots, non exposées; c'est pourquoi je crois devoir appeler sur elles l'attention du lecteur. J'ai publié dans le tome IV du *Chronicon Spinozanum* une courte note sur la théorie de l'imagination dans Spinoza, que je me permets de signaler ici.

Proposition XVIII, Scolie. — Sur la mémoire, voir particulièrement le *Traité de la Réforme de l'Entendement* (§ 44) et la note explicative (vol. I, pp. 420-421).

Propositions XX à XLVII. — Toute cette section de l'*Ethique* traite de la connaissance ou de l'âme en tant que capable de connaissance. Nous nous élevons de la conscience simple à la conscience réfléchie, l'idée de l'idée; nous *savons* que nous sentons et imaginons, nous formons ainsi l'idée; de nous-mêmes (l'idée du *moi* nécessairement inadéquate); Spinoza montre ensuite que l'erreur consiste uniquement en une privation de connaissance, un manque de perception, et non seulement il explique la nature de l'erreur, mais prouve qu'elle est inévitable : un être qui ne se conçoit point par lui-même et dont les pensées successives ne s'engendrent pas les unes les autres, a nécessairement des idées inadéquates, et nos représentations, en tant qu'elles expriment l'état du corps, ne sont point modifiées au moins directement par la connaissance du vrai; de sorte que, même *sachant* à quelle distance est le soleil, nous continuons de le voir ou de l'imaginer proche de nous (Scolie de la Prop. 35). Pour parvenir à voir ou imaginer les choses conformément à leur nature vraie, il faudrait que nous eussions réussi à mettre dans le corps lui-même un ordre conforme à la raison et à nous donner ainsi une imagination active (voir la note relative à la Prop. 17, Scolie). Il y a, toutefois, des choses qui sont connaissables; il y a des notions communes (voir plus bas la note relative à la Prop. 38), il y a la connaissance du deuxième genre et celle du troisième; *l'âme humaine enfin a une connaissance adéquate de l'essence éternelle et infinie de Dieu*, c'est-à-dire : quiconque réfléchit ou prend connaissance du caractère fragmentaire des idées qu'il forme et de leur inintelligibilité, trouve en lui l'idée d'une vérité totale et absolue ou d'un être se concevant pleinement par lui-même.

Proposition XXI, Scolie. — Rapprocher de ce Scolie la *Réforme de l'Entendement* (§ 27).

Proposition XXVIII, Scolie. — Suivant W. Meijer, ce Scolie serait une glose marginale insérée dans le texte par erreur et n'ajouterait rien au contenu des Propositions 28 et 29. Gebhardt fait observer qu'il fallait que l'affirmative contenue dans ce Scolie, relative à l'idée de l'âme considérée seule et aux idées des idées des affections du corps, fût quelque part expressément.

Proposition XXXV, Scolie. — Page 109, ligne 19 : le mot *âme* traduit ici non pas *mens*, comme ailleurs, mais *anima*. Spinoza use du terme *anima* quand l'âme est considérée faussement comme participant de la nature du corps, cf. *Réforme de l'Entendement*, § 38, note 2 (vol. I, p. 199); *il arrive souvent qu'un homme rappelle à son souvenir ce mot d'âme*, etc. *(anima) ; Principes de la Philosophie de Descartes* (I, Déf. 6, Explication) (Spinoza reproduit en cet endroit le texte même de Descartes dans les *Réponses aux deuxièmes objections, Raisons*, etc...) : *Ce nom d'âme (anima) est équivoque, car il est souvent pris pour une chose corporelle; Ethique* (Préface de la cinquième partie) : l'hypothèse cartésienne assignant à l'âme *(anima)* un siège est critiquée comme elle l'est ici. Je ferai observer, toutefois, que Spinoza se sert, sans doute à dessein, du mot *anima* dans deux passages au moins, où transparaît ce que j'ai appelé, dans la note relative aux *Axiomes, Lemmes*, etc., *venant après la Proposition* 13, son animisme. Ces deux passages sont : l'un dans l'*Ethique* (III, Scolie de la Prop. 57) et l'autre dans la *Lettre* 17 déjà citée.

Proposition XXXVIII, Corollaire. — Les notions communes sont les principes fondamentaux de la connaissance rationnelle *(ratiocinium)* ou scientifique (au sens moderne du mot), c'est-à-dire essentiellement de la mathématique et de la mécanique.

Proposition XL, Scolie I. — *a*) Les notions premières, dans la terminologie scolastique, se rapportent aux choses, les notions secondes aux notions premières considérées en dehors de leur relation aux choses : ainsi l'idée de genre est une notion seconde, les genres étant au contraire des notions premières. Cf. Zabarella, *De Natura Logicae*, chap. III.

b) Page 113, ligne 23 : Le traité particulier auquel renvoie Spinoza ne peut guère être que le *Traité de la Réforme de l'Entendement*, resté inachevé, comme on sait.

c) Sur les termes transcendantaux, cf. *Pensées Métaphysiques*, I, chap. VI. L'énumération la plus complète des notions appelées transcendantes ou transcendantales par les scolastiques se trouve dans saint Thomas (*Quaestiones disputatae de veritate*, I, 1, où cependant le terme de transcendantal n'est pas employé). Ce sont les termes de tous les plus généraux.

d) On observera que la théorie spinoziste des universaux aboutit à expliquer l'usage d'un terme commun par l'attitude prise invariablement par le corps à l'égard d'une classe d'objets.

e) Page 115, ligne 1 : La définition *homo animal risibile* se trouve, d'après Léopold, pour la première fois dans Martinus Capella, livre IV, page 100. Aristote avait dit (*De partibus animalium*, III, 10, 673 à 8) :

μόνον γελᾷν τῶν ζῴων ἄνθρωπον

f) Page 115, lignes 1, 2 : On sait que la définition suivant laquelle l'homme est un animal à deux pieds sans plumes, est attribuée à Platon; cf. le recueil (apocryphe) des *Définitions platoniciennes*.

Proposition XL, Scolie II. — Sur la distinction, capitale dans la philosophie de Spinoza, des trois genres de connaissance, voir *Court Traité* (II, chap. I, § 2, et la note explicative) et le *Traité de la Réforme de l'Entendement* (§ 10-16). Trendelenburg, dans ses *Historische Beiträge zur Philosophie*, étudie en détail les différentes expressions données par Spinoza de sa théorie de la connaissance.

Proposition XLI. — D'après cette proposition la connaissance du deuxième genre qui procède par raisonnement serait infaillible. Dans le *Traité Théologico-Politique* (chap. II), Spinoza admet cependant que l'on puisse raisonner juste sur des principes faux, et qu'en conséquence la raison ou connaissance discursive puisse nous égarer (cf. *Réforme de l'Entendement*, § 15, vol. I, p. 187, note 2). Toutefois, comme le montre un passage de ce dernier ouvrage (§ 38), celui qui, en raisonnant, suit son idée jusqu'au bout, ne peut manquer d'apercevoir tôt ou tard l'erreur qu'il a commise au début.

Proposition XLIII, Scolie. — Rapprocher de ce texte le *Court Traité* (II, chap. XV) et *la Réforme de l'Entendement* (§ 27).

Proposition XLIV, Corollaire II. — Dans cet énoncé célèbre et dans la démonstration qui suit, je n'ai pas cru devoir reproduire pour les mots *sub quadam aeternitatis specie* la traduction ordinairement admise : « sous une certaine forme ou sous un certain aspect d'éternité ». Le mot *species* a deux sens dans Spinoza : tantôt il désigne l'apparence fausse, par exemple dans la quatrième partie (chap. XVI); tantôt il signifie *espèce* (par opposition à *genre*), comme dans la troisième partie (Prop. 30, Scolie, ou l'énoncé de la Prop. 56). C'est manifestement dans ce deuxième sens que Spinoza emploie le mot dans le Scolie de la Proposition 45 (p. 121), qu'il faut rapprocher du présent Corollaire pour le comprendre. *Sub specie aeternitatis* s'oppose à *sub duratione*, que Spinoza emploie dans la cinquième partie (Scolie de la Proposition 23). L'existence des choses peut être conçue abstraitement, c'est-à-dire en dehors de toute relation avec leur essence; en pareil cas, elles ont dans la durée une place déterminée par leurs rapports avec d'autres choses. Si on les considère en elles-mêmes, on trouve que leur essence enveloppe dans l'éternité non l'existence absolue (cela n'est vrai que de Dieu), mais une certaine force limitée d'exister, qui pose leur existence dans la durée quand les conditions requises sont remplies; en d'autres termes, l'essence de Dieu est d'exister absolument, c'est pourquoi il est éternel; l'essence d'une chose particulière est d'exister en même temps que d'autres ou après d'autres; il n'en est pas moins éternellement nécessaire que cette chose soit par cela seul qu'elle a une essence; elle a donc une *sorte* ou *espèce* d'éternité.

Proposition XLV, Scolie. — Considérer la durée comme une sorte particulière de quantité et la définir ou mesurer par le temps, ce n'est pas, qu'on l'observe, la seule ni même la plus vraie façon de la considérer; c'est l'imaginer, non la concevoir par l'entendement. Cf. *Lettre* 12.

Proposition XLVII, Scolie. — On voit clairement par ce Scolie que l'erreur provient toujours de ce que l'on croit penser alors qu'on ne pense pas; en elle-même la pensée est évidemment toujours productrice de vérité dans la philosophie de Spinoza. Cf. *Réforme de l'Entendement* (§ 27 et 47) et voir les notes explicatives correspondantes (vol. I, p. 418-419 et 420).

Propositions XLVIII et XLIX. — *a*) Dans ces propositions, les deux dernières de la deuxième partie, il est établi que dans l'homme la volonté est identique à l'entendement. Cf. les dernières Propositions de la première partie, en particulier la Proposition 33 avec ses Scolies. Sur la non-existence des *facultés* de l'âme, voir la fin de la Préface des *Principes de la Philosophie de Descartes* et le *Court Traité* (II, chap. XV); voir aussi les *Pensées Métaphysiques* (II, chap. XII).

b) Page 124, ligne 20 : Aux mots : *il convient de noter ici que j'entends par volonté*, etc., on devrait substituer, si l'on admettait la correction de W. Meijer : *il convient de noter que j'entends ici par volonté*, etc. Dans d'autres passages en effet les mots *voluntas* et *volitio* ne paraissent pas d'abord avoir le sens particulier que Spinoza leur attribue ici, par exemple dans le Scolie de la Proposition 9, partie III, où *voluntas* est l'effort ou la tendance à persévérer dans l'être quand elle se rapporte à l'âme seule, tendance qui devient l'appétit ou le désir, *cupiditas*, quand elle se rapporte à la fois à l'âme et au corps. Je ne crois pas pour ma part que Spinoza ait varié quant au sens du mot *voluntas;* la pensée est essentiellement *active*, l'idée se pose ou s'affirme en même temps et par cela seul qu'elle est conçue ou produite;

en ce sens, l'essence de l'âme est *volonté;* mais l'homme n'est pas seulement pensée, il est aussi étendue; il ne produit pas seulement des idées ou des jugements, il exécute aussi des mouvements en vertu de son essence; nulle part, à ma connaissance, Spinoza n'use du mot volonté quand il s'agit d'un désir relatif au corps et se manifestant par un mouvement. Pour le désir qui est une *action*, ne tendant qu'à connaître, il est volonté, le mot étant pris précisément au sens que lui donne Spinoza dans le présent passage. On s'explique donc fort bien qu'ailleurs il puisse (*Ethique*, III, explication venant après la Définition du désir, page 197) considérer la volition comme étant un désir; elle est un désir que l'âme forme parce qu'elle pense, et ce désir se confond avec l'affirmation contenue dans l'idée en tant qu'idée (voir ci-après la note relative aux Propositions 1 à 13, partie III).

TROISIÈME PARTIE

Titre. — Non sans hésitation, je me suis décidé à traduire *affectus* par *affection;* la traduction ordinaire, qui est *passion*, a de graves inconvénients : la distinction si importante de l'*affectus* qui est une action *(actio)* et de l'*affectus* qui est une passion *(passio)* cesse d'être apparente. D'autre part, je reconnais que l'emploi du mot *affection* est critiquable : outre qu'il n'est guère usité dans le sens général qu'il faut lui donner ici, je me suis naturellement trouvé dans l'obligation de l'employer aussi pour rendre *affectio*, et il est toujours fâcheux de n'avoir qu'un seul mot où l'auteur en a deux. Le mot *sentiment*, pris au sens où l'emploient MM. Ribot et Rauh, dans leurs ouvrages bien connus *(Psychologie des sentiments*, *De la méthode dans la psychologie des sentiments)*, eût eu l'avantage de donner d'abord au lecteur une idée plus précise du sujet traité par Spinoza dans la troisième partie de l'*Ethique*, mais je l'ai jugé trop moderne dans ce sens, et il y avait intérêt, en outre, à rendre aisément perceptible la relation établie par l'auteur entre *afficere*, *affectio*, *affectus*. Sauf en deux ou trois passages où l'emploi du mot affection eût pu créer une équivoque, j'ai donc écarté *sentiment*. Si le mot *affect* ou *affet* (en allemand *Affekt*), de formation analogue à e*ffet*, eût existé dans le vocabulaire, bien des hésitations m'eussent été épargnées, mais je ne pouvais prendre sur moi de le créer.

Propositions I à XIII. — Ces treize premières propositions font connaître la nature des trois affections ou passions fondamentales : le désir, la joie, la tristesse, et expliquent la transformation de la joie et de la tristesse en amour et en haine. Le point le plus important à bien saisir est le rapport du désir *(cupiditas)* avec la volonté *(voluntas);* le texte capital se trouve au commencement du Scolie de la Proposition 9. La volonté est l'effort par lequel l'Ame considérée en elle-même, comme une pensée singulière et active, tend à se conserver; en d'autres termes, c'est l'affirmation par l'âme de sa propre existence et, par conséquent, de toutes les idées qui sont en elle. On a vu dans la deuxième partie (Corollaire de la Proposition 49; voir la note) que cette affirmation était pour Spinoza tout à fait identique à la conception même des idées : *Voluntas idem est ad intellectus.* Le désir est l'essence de l'homme considéré comme formé d'une âme et d'un corps; la volonté est donc le désir envisagé uniquement comme générateur d'idées.

Proposition II, Scolie. — Tout ce Scolie est dirigé contre le dualisme cartésien. On remarquera la façon dont Spinoza réfute, page 139, l'argument tiré par les dualistes, partisans d'une action directe exercée par l'âme sur le corps, du témoignage de la conscience; vous prétendez, dit-il, savoir d'expérience que certains mouvements du corps sont déterminés par les pensées de l'âme; mais l'expérience n'enseigne-t-elle pas également que pendant le sommeil du corps l'âme est incapable de penser ?

Pour bien comprendre l'objection, il faut se rappeler que, suivant les Cartésiens, la pensée est l'essence de l'âme, et qu'en conséquence l'âme pense toujours; à votre point de vue, dit Spinoza aux Cartésiens, le témoignage de la conscience n'est pas recevable, puisqu'il se trouve en désaccord avec votre définition de l'âme et la conséquence qui s'en tire. Au point de vue moniste, qui est celui de Spinoza, ce témoignage est explicable et, en conséquence, recevable dans une certaine mesure : l'aptitude à penser du corps et celle du corps à remplir ses diverses fonctions sont corrélatives l'une de l'autre (cf. Prop 11).

Proposition VI. — Sur l'effort pour persévérer dans l'être, voir la note relative à la Proposition 24, partie I.

Proposition IX, Scolie. — *a*) Voir la note relative à l'ensemble des Propositions 1 à 13; voir aussi la Proposition 5 de la partie V et la note correspondante.

b) Sur le sens attribué ici au mot *bonum*, cf. *Court Traité*, I, chap. X, § 2 et 3, avec la note explicative, vol. I, p. 405; j'y ai rapproché les uns des autres plusieurs textes assez divergents en apparence, que j'ai cherché à accorder entre eux. Le présent passage est, on le sait, cité avec admiration par M. Ribot dans sa *Psychologie des sentiments;* c'est, on pourrait dire, la pensée dominante de ce livre destiné à combattre ce que son auteur appelle l'intellectualisme, et il est assez piquant qu'elle soit empruntée à Spinoza. Observons que, si tout jugement de valeur ou d'estimation est l'expression d'un désir ou d'une tendance, il ne s'ensuit nullement que l'affectivité, pour parler comme Hamelin (*Essai sur les éléments principaux de la représentation*, p. 433), soit *première*. Il y a des désirs qui sont des *passions* et en pareil cas le jugement par lequel nous déclarons bonne la chose où nous tendons, n'a pas dans notre pensée propre sa cause adéquate; il est, en partie au moins, l'effet d'une détermination s'imposant à nous du dehors, d'une *passion*. Il y a aussi, il peut y avoir des désirs qui sont des *actions;* d'elle-même l'âme ne tend à rien d'autre qu'à la connaissance, et lorsqu'elle commence à s'affranchir, elle ne juge bon que ce qui peut accroître sa connaissance (cf. partie IV, Prop. 26 et 27), mesure de sa véritable *existence*, bien distincte de sa durée.

Proposition XI. — *a*) Je traduis dans l'énoncé de cette Proposition et d'une façon constante par la suite le mot latin *coercere* par *réduire;* je demande aux lecteurs de prendre ce mot dans le sens de *comprimer*, *refouler;* Taine, dans sa théorie de la mémoire, emploie dans le même sens le mot de réducteur.

b) On observera que Spinoza ne se sert pas du mot plaisir *(voluptas);* dans la plupart des cas, ce que nous appelons plaisir est un *chatouillement (titillatio)*.

c) Le renvoi à la Prop. 18, partie II, vers la fin du Scolie, et non à la Prop. 17, me paraît justifié : c'est en vertu d'une association que se présente à l'esprit « cette autre idée qui exclut l'existence présente du corps ».

Proposition XIII. — Sur l'amour et la haine, cf. *Court Traité*, II, chap. v et vi, et les notes explicatives correspondantes.

Propositions XIV à XVIII. — Les affections de l'âme peuvent se rapporter à des causes accidentelles en vertu des lois de l'*association des idées* et du *transfert;* elles peuvent se rapporter aussi à des événements passés et futurs.

Proposition XVIII et Scolie. — Page 154, je traduis les mots *gaudium* et *morsus conscientiae* par *épanouissement* et *resserrement de conscience;* — il s'agit, dans un cas, d'une sorte de soulagement, de la joie qu'on éprouve après un moment d'anxiété, et au contraire, dans le second cas, d'une tristesse qui nous a surpris alors que nous étions dans l'attente de quelque événement heureux; cf. les Définitions 16 et 17. N'ayant pas le texte latin du *Court Traité*, il nous est impossible de savoir si dans cet ouvrage Spinoza s'était servi du terme *morsus conscientiae* pour désigner le remords (Knaging, v. *Court Traité*, II, chap. x, § 1); cela cependant paraît probable. Dans l'*Ethique* il donne au même mot, comme on voit, un sens entièrement différent; cf. Kuno Fischer, *Geschichte der neueren Philosophie*, II, 4° éd., p. 434.

Propositions XIX à LII. — Les objets extérieurs nous affectent de joie ou de tristesse et conséquemment d'amour et de haine et aussi de désir; ces affections portent divers noms, qui ne sont pas toujours bien choisis; Spinoza les analyse et les explique sans trop se soucier de la dénomination habituellement employée, ainsi qu'il le dit lui-même dans le Scolie de la Proposition 22 et plus loin dans le Scolie de la Proposition 32.

Proposition XXVI, Scolie. — Pour rendre le texte plus facile à comprendre, j'ai cru devoir traduire *existimatio* par *surestime* et *despectus* par *mésestime*, réservant *mépris* pour traduire *contemptus* qui s'oppose à *admiratio*. Au sujet de la mésestime (p. 160, ligne 20), il y aurait lieu, suivant W. Meijer, de faire subir une modification au texte. Au lieu que la mésestime soit une joie, elle serait une tristesse; la raison alléguée par Meijer pour justifier cette correction est que, d'après la Définition 22, la mésestime a pour cause la haine, laquelle est une tristesse. Mais précisément parce que la mésestime vient de la haine, elle doit être une joie, car ce qui détruit ou seulement diminue l'objet qu'on a en haine donne de la joie (cf. Prop 20). Autrement dit, c'est pour celui qui hait une satisfaction et une joie de mésestimer ce qu'il hait; on peut rapprocher encore ce que dit Spinoza de la dérision (Définition 11). Je ne pense pas, en conséquence, qu'on doive accepter la correction proposée par Meijer.

Proposition XXVII, Démonstration. — Les dernières lignes de la démonstration, à partir des mots : que si, au contraire... (p. 161, ligne 15), semblent être une addition faite après coup. La démonstration s'achève après la phrase qui précède.

Proposition XXIX, Scolie. — Le mot *humanitas* désigne une disposition bienveillante à l'égard des hommes qui fait que nous recherchons leur approbation; le français *humanité* ne correspond peut-être pas parfaitement; cependant je n'ai pas cru devoir le remplacer par *amabilité*, qui en dit un peu trop, ni par *civilité*, qui n'en dit pas assez; j'ai cru, en outre, qu'il était utile d'employer autant que possible, pourvu que le sens n'en souffrît pas, des mots français apparentés aux mots latins que je traduisais; ainsi le rapprochement fait plus loin entre la modestie et le sentiment appelé ici *humanitas* (Définition 43) prend plus d'intérêt quand on a égard à l'origine du mot *humanitas*.

Proposition XXX, Scolie. — *a*) La correction que je fais au texte de Land, et qui consiste à remplacer *externae* en deux endroits par *internae*, me paraît justifiée aussi bien quand il s'agit de la gloire qu'un peu plus bas, dans le passage où Spinoza parle du contentement de soi. Land cependant la rejette parce que, dans la première partie, Scolie 2 de la Proposition 8, Spinoza se sert du mot *cause extérieure* pour désigner toute cause qui n'est pas contenue dans la nature même et la définition de la chose considérée. Rien n'empêche, dit Land, qu'une cause extérieure n'ait son siège dans le même individu que la chose causée, c'est-à-dire ici la joie ou la tristesse à expliquer. Cette observation ne saurait prévaloir contre la nécessité de marquer dans le présent Scolie l'opposition d'une joie ou d'une tristesse se rapportant à un objet extérieur et d'une joie ou d'une tristesse se rapportant à celui-là même qui éprouve ces sentiments. Gebhardt admet la substitution de *internae* à *externae* seulement dans le passage relatif au contentement de soi. Une lecture attentive des première lignes du Scolie m'oblige à persister dans mon opinion première. A la vérité les états d'âme que Spinoza nomme *gloria* et *pudor* paraissent liés à un jugement favorable ou défavorable porté par d'autres hommes, mais à l'occasion d'un acte dont nous sommes les auteurs (voir Définitions 30 et 31) et que nous croyons, à tort ou à raison, être l'objet d'une louange ou d'un blâme. La cause dont l'idée accompagne la joie ou la tristesse est donc en nous et non hors de nous.

b) Le mot *alias*, que je rends par *dans d'autres cas* (p. 165, ligne 24), s'applique évidemment au cas où l'on est content ou, au contraire, mécontent de soi sans avoir égard au jugement porté par autrui.

Proposition XXXI, Corollaire. — Les deux vers cités en cet endroit sont d'Ovide (*Amours*, II, 19); il est à observer, en premier lieu, que Spinoza ne les reproduit pas dans l'ordre juste : celui qu'il cite en second vient avant l'autre, l'amant d'une femme mariée reproche au mari son indulgence excessive; seul un être grossier peut prendre plaisir à aimer sans péril, sans lutte à soutenir, un véritable amant veut à la fois espérer et craindre.

Plusieurs interprètes ont cru que Spinoza avait mal compris le poète latin et ont, comme W. Meijer, traduit les vers d'Ovide à contresens : *Quand on s'aime, on veut mettre en commun espérances et craintes; insensible celui qui aime ce que méprise l'autre.*

Je ne pense pas que l'on doive admettre cette interprétation. Le vers cité en second par Spinoza, et qui est le premier dans Ovide, peut fort bien, si on le traduit correctement, convenir ici. Un amant auquel nul ne dispute la femme aimée se détache d'elle parfois et se demande avec inquiétude si elle mérite vraiment d'être aimée; au contraire, si d'autres que lui la recherchent, le désir qu'il a d'elle augmente. Un enfant de même, par docilité à l'opinion d'autrui, se dégoûte d'un jouet que ses camarades n'admirent pas. Nous tenons aux choses bien souvent en raison du prix qu'elles semblent avoir pour d'autres, et parce que la possession nous en est disputée. Telle est, je pense, la vérité psychologique exprimée ici.

Proposition XXXIV, Corollaire, Scolie. — Je n'ai pas cru devoir conserver pour *desiderium* la traduction habituelle, qui est *regret*. Le sentiment que Spinoza a en vue est la tristesse provenant de l'absence de ce qu'on voudrait avoir; c'est la *non-satisfaction* d'un désir (cf. Définition 32); le mot de regret, s'il exprime en partie cette idée, a l'inconvénient d'éveiller en même temps d'autres idées. J'ajoute qu'il est utile d'user, pour traduire *desiderium*, d'un mot dont on puisse former un verbe traduisant *desiderare*. J'ai pris *souhait*, *souhaiter* en ajoutant l'épithète *frustré*.

Proposition XXXIX, Scolie. — *a*) Voir, au sujet du bien et du mal, la note relative au Scolie de la Proposition 9.

b) Je traduis (p. 174, ligne 26) *verecundia* par *pudeur*, plutôt que par *timidité*, parce que dans la Définition 31 (Explication) Spinoza oppose à *verecundia impudentia* qu'on ne peut guère traduire que par *impudence*.

Proposition XLIV, Démonstration. — Page 179, lignes 4, 5, j'avais autrefois mis dans ma traduction *enveloppé* au masculin (l'effort..., enveloppé), et dans le texte latin remplacé de même le féminin *quam* par le masculin *quem*, parce que, dans la Proposition 37, visée par Spinoza, il est dit non que la haine enveloppe une tristesse (elle en *est* une), mais qu'elle enveloppe un effort pour faire cesser la tristesse. Baensch fait la même correction. Je me range maintenant à l'opinion de Gebhardt et je rétablis le féminin dans le texte et dans la traduction.

Proposition L, Scolie. — Au sujet des présages, on lira avec intérêt la *Lettre* 17, que j'ai déjà eu l'occasion de citer.

Proposition LI et Scolie. — Cette Proposition et son Scolie préparent en quelque sorte à l'étude des affections qui ont leurs causes plutôt en nous-mêmes que hors de nous, étude qui commence avec la Proposition 53. La diversité de structure des hommes et leur complexité font que leurs affections ont un caractère à la fois individuel et momentané.

Proposition LII, Scolie. — *a*) J'ai préféré, pour traduire *admiratio*, étonnement à admiration, parce que l'état d'âme considéré par Spinoza est une sorte de mono-idéisme assez voisin de la stupeur et nuisible, comme tout ce qui empêche l'âme de penser.

b) Le *mépris (contemptus)* est, en somme, pour Spinoza, de l'inattention; ce sentiment ne se confond pas avec la mésestime *(despectus)*, qui rabaisse par haine son objet.

Propositions LIII à LV. — Ces trois Propositions sont relatives aux affections qui ont leurs causes en nous-mêmes.

Proposition LV, Scolie. — Je rends dans ce passage et constamment par la suite le latin *virtus* par vertu; la vertu, c'est proprement la puissance d'agir; la vertu de l'âme est de penser, la vertu du corps de se mouvoir (non d'être mû). Spinoza appelle parfois vertu une action particulière, celle, par exemple, qui consiste à frapper (cf. partie IV, Prop. 59, Scolie), quand il l'envisage comme manifestant la structure du corps et sa puissance d'agir. Il m'a paru utile de conserver le mot de vertu précisément à cause de la surprise qu'il excite en diverses rencontres; cela oblige le lecteur à réfléchir et le fait pénétrer plus avant dans l'intelligence de la doctrine. Ici même il est dit que les hommes, envieux de leur nature, voient avec joie la faiblesse d'autrui, avec tristesse sa vertu; et il est très vrai qu'on n'aime pas à trouver dans un de ses semblables plus de force qu'on n'en a soi-même, à moins, comme le fait observer Spinoza, qu'il ne s'agisse d'une sorte d'activité à laquelle on n'a aucune prétention. Seul celui qui conçoit les choses clairement et qui, par suite, possède lui-même la plus haute vertu est incapable d'envie. En lui seul l'amour de soi ou contentement intérieur produit les beaux fruits qu'il est dans sa nature de produire, contrairement à ce que prétendent ceux qui, comme Geulincx (dans son *Ethique*), l'opposent à l'amour de Dieu.

Propositions LVI et LVII. — La diversité des affections humaines et en particulier des désirs est expliquée dans ces Propositions.

Proposition LVI, Scolie. — Le sens donné par Spinoza au mot *luxuria* est clairement indiqué dans le texte (cf. Défin. 45). Le mot *libido* est parfois employé au sens général d'appétit sensuel.

Proposition LVII, Scolie. — On remarquera (p. 194, ligne 20) l'emploi du mot âme *(anima)*. Cf. la note relative à la Proposition 35, partie II.

Propositions LVIII et LIX. — Spinoza en vient enfin, dans ces deux dernières Propositions, aux affections qui sont des actions et conséquemment des vertus.

Proposition LIX, Scolie. — Considérée dans ses effets plutôt que comme une affection de l'âme, la générosité deviendra dans la partie suivante la *moralité* (*pietas*, voir au sujet du terme la note relative au Scolie de la Proposition 18, partie IV).

Définition III, Explication. — Page 103, ligne 5, le terme d'*acte* par lequel je traduis le latin *actus*, appliqué à la *passion* de la tristesse, signifie simplement que la tristesse est un état réel de l'âme; un état ou plutôt un *progrès* (au sens où M. Bergson emploie le mot).

Définition VI, Explication. — L'auteur que vise particulièrement Spinoza est Descartes; cf. *Traité des passions*, II, ad 79; voir aussi *Court Traité*, II, chap. v, et la note explicative (vol. I, p. 408-409).

Définition XXIV. — L'affection appelée miséricorde *(misericordia)* par Spinoza est à peu près ce que nous nommons sympathie au sens vulgaire du mot.

Aux mouvements qu'exécutent les membres ou qu'ils sont sur le point d'exécuter correspondent des images dites parfois motrices par les psychologues. En vertu de la correspondance qui existe entre les états de l'âme et les affections du corps, si un mouvement est physiquement impossible, on se le représentera comme impossible Le cas est différent si en raison d'une déconvenue dont on a le souvenir ou d'une moquerie dont on a été l'objet, on en vient à se croire incapable de faire ce qu'en réalité on pourrait faire. C'est cette opinion que Spinoza paraît avoir en vue dans son explication.

Définition XXXI, Explication. — A part une brève mention de l'impudent dans le Scolie de la Proposition 58, partie IV, Spinoza ne revient nulle part dans l'*Ethique* sur l'*impudence*, dont il assure qu'il parlera plus tard.

Définition XXXVIII. — La définition de la cruauté ne paraît pas entièrement conforme à celle qui est donnée dans le Scolie du

Corollaire de la Proposition 41. Pour cette raison, Baensch propose de remplacer *aliquis concitatur* par *concitamur*. On a ainsi : la cruauté est un désir qui *nous* excite à faire du mal à celui que nous aimons ou qui nous inspire commisération. Je fais observer que, dans le Scolie visé, Spinoza ne dit pas que le cruel aime celui à qui il fait du mal, mais qu'au contraire la haine a prévalu en lui; nous appelons cruel l'homme qui fait du mal sans motif à celui que nous aimons ou de qui nous avons pitié; — telle est, je crois, la pensée de Spinoza.

Définition générale des affections. — En lisant cette Définition et l'explication qui la suit, on observera que la part de vérité contenue dans la théorie dite *périphérique* de l'émotion est déjà impliquée dans la formule spinoziste. En ce qui concerne les troubles organiques considérés communément comme exprimant l'émotion, Spinoza déclare, il est vrai, dans le Scolie de la Proposition 59, qu'il n'en dit rien, parce qu'ils sont sans relation avec l'âme. Mais il ne faut pas entendre par là que ces troubles n'ont point de retentissement dans la conscience, — au contraire il y a nécessairement une idée de toute affection du corps; autrement dit, à un certain état que traverse l'organisme correspond nécessairement une modification subie par l'âme; mais la description d'un fait physiologique tel que le tremblement ne contribue en rien à nous éclairer sur la nature psychologique de l'émotion, car le tremblement n'est pas un mode de la pensée, il est un mode de l'étendue et, comme tel, ne peut servir à expliquer un état d'âme.

QUATRIÈME PARTIE

Préface. — Sur les notions de *parfait* et d'*imparfait*, de *bien* et de *mal*, voir le *Court Traité* (I, chap. x) et la note explicative correspondante (vol. I, p. 405).

Définitions III et IV. — La distinction admise par Spinoza entre le possible et le contingent correspond aux deux sortes de fictions ou d'idées forgées dont il parle dans le *Traité de la Réforme de l'Entendement* (§ 54 et 57) : fictions relatives à l'existence, fictions relatives à l'essence.

Axiomes. — Comme il le fait observer dans le Scolie de la Proposition 37, partie V, Spinoza considère ici les choses dans l'espace et dans la durée. L'utilité de cet axiome n'apparaît pas tout de suite : il pourrait suffire au développement de la pensée qu'une chose singulière telle que l'homme fût une partie de la Nature, que son existence fût liée à une infinité d'autres existences et ne pût avoir en conséquence qu'une durée limitée. Comme le dit Spinoza, dans la démonstration de la Proposition 3, la puissance des causes extérieures surpasse infiniment celle de l'homme. Il semble, dans l'axiome de la quatrième partie, s'inspirer du principe qu'énoncent les mathématiciens : il n'est pas de nombre tel qu'il n'en existe un plus grand. Comme je l'ai indiqué dans la note relative à la Proposition 10, partie II, Spinoza conçoit les choses singulières par analogie avec les essences mathématiques. Si la puissance de l'une d'elles peut se définir numériquement, il est évident qu'on en peut toujours concevoir clairement et distinctement une plus grande et, en vertu de l'axiome 6 de la première partie, à cette idée doit correspondre un objet *(ideatum)*, bien que d'après le Scolie 2 de la Proposition 8, partie I, cet objet puisse ne pas exister actuellement; mais en vertu de la Proposition 35 de la première partie, tout ce qu'il est au pouvoir de Dieu de produire existe nécessairement.

Propositions I à XVIII. — Les dix-huit premières Propositions de la quatrième partie exposent proprement la servitude de l'homme, c'est-à-dire sa dépendance à l'égard des causes extérieures et de l'ordre commun de la Nature, son *irrationalité* (voir, ci-dessus, la note relative aux Propositions 1 à 9, partie II), à laquelle la simple aperception du vrai par l'esprit n'apporte point de remède, si le corps et conséquemment l'âme, en tant que siège des affections, n'en sont pas modifiés (cf. Prop. 1 et 14, Scolie de la Prop. 17).

Proposition V. — Il est utile de rapprocher cette Proposition de la Proposition 9 de la troisième partie pour interpréter correctement cette dernière. En tant qu'elle a une idée inadéquate et conséquemment une passion, l'âme s'efforce de persévérer dans son être, mais cette idée ou cette passion ne manifeste cependant pas sa véritable nature ou puissance; pas plus que l'erreur, si fort qu'on y soit attaché, n'est imputable à la pensée.

D'un homme qui est dans l'erreur, on ne doit pas dire qu'il est certain (Scolie de la Prop. 49, partie II); d'un homme qui a un désir qui est une *passion*, qui est mû par la crainte (ou tout autre sentiment triste), on ne doit pas dire qu'il veut ou qu'il agit par vertu (cf. partie III, Prop. 58).

Proposition VII. — La Proposition 7 justifie en quelque mesure l'usage dans les rapports des hommes entre eux des menaces, des promesses et en général des moyens d'action que l'on peut appeler irrationnels : il faut combattre une affection par une autre affection; cf. les Propositions 14 et 15, et le Scolie de la Proposition 54.

Proposition XVII, Scolie. — Comme dans beaucoup d'autres passages de l'*Ethique* (voir à ce sujet Léopold, *Ad Spinozae opera posthuma*), on trouve dans ce Scolie des expressions empruntées à Térence :

Di immortales, homini homo quid praestat? Stulto intelligens
Quid praestat?

demande Gnathon dans l'*Eunuque* (v. 232).

Spinoza, qui connaissait bien Térence, qui avait assisté et probablement pris part à la représentation, par les soins de son maître van den Enden, de diverses comédies de cet auteur (en particulier de l'*Eunuque* : voir Meinsma, *Spinoza en zijn Kring*, p. 135), emprunte volontiers au comique latin non seulement des tournures de phrase, mais des exemples des passions humaines.

Proposition XVIII. — Si, en vertu de la Proposition 7 (voir la note plus haut), il est permis et même nécessaire d'user dans nos rapports avec les autres hommes de moyens d'action non proprement rationnels, il y a avantage, suivant la Proposition 17, à leur donner plutôt des sujets de joie que des sujets de tristesse; il faut se rendre aimable, si l'on veut être utile aux autres; inspirer la confiance en soi et dans la nature humaine en général, faire connaître au malheureux esclave la vertu libératrice qui est à lui. Spinoza observe partout cette règle dans ses ouvrages et dans sa vie. A l'égard seulement de la foule il est indispensable d'user de moyens d'intimidation, parce que la foule est une bête féroce (Scolie de la Prop. 54). Envers soi-même on emploiera la douceur (Scolie de la Prop. 10, partie V) et on cherchera en soi des motifs de joie.

Scolie de la Proposition XVIII. — *a*) Ce Scolie résume les dix-neuf Propositions qui suivent, c'est-à-dire les principes de la morale utilitaire dont la *connaissance* est possible, sinon la pratique, avant l'affranchissement de l'âme.

b) Page 239, ligne 35, les mots *immoralité* et *moralité* correspondent à *impietas* et *pietas*. Je n'ai pas voulu me servir d'*impiété* et de *piété*, à cause du sens religieux qu'attribue naturellement à ces mots un lecteur français. Ce que Spinoza appelle *pietas* (Scolie 1 de la Prop. 37) est le désir de faire du bien qui tire son origine de ce que nous vivons sous la conduite de la raison. C'est aux hommes que se rapporte la *pietas*, laquelle se distingue de la *religio* (même Scolie). On peut voir encore à ce sujet le Scolie de la Proposition 4, partie V, et le chapitre 25 de l'*Appendice*, partie IV; le désir de diriger ou de régler la conduite des autres hommes est de l'*ambition* chez celui qui n'est pas raisonnable et devient de la *pietas* chez celui qui est guidé par la raison. Si l'on tenait à garder en français le mot de *piété*, il faudrait, pour écarter les malentendus, ajouter *piété humaine*. Le sentiment moral étant essentiellement, dans la langue philosophique, le sentiment de ce qui est dû à l'homme en tant qu'homme, j'ai cru pouvoir rendre *pietas* par moralité. Baensch traduit *Pflichtgefühl*, sentiment du *devoir;* je crois qu'il est préférable de ne pas user de ce terme trop kantien. Dans le présent passage, ce qui est affirmé par Spinoza, c'est la possibilité de fonder la morale sur la recherche de l'utile propre ou l'intérêt bien entendu. Je ne veux pas discuter ici les conclusions de mon maître Brochard, dans l'article déjà cité de la *Revue de Métaphysique et de Morale* (mars 1908), mais je tiens à faire observer qu'il m'est impossible, je viens de dire pourquoi, d'accepter son interprétation du mot *pietas*.

Propositions XIX à XXXVII.— Sur le contenu de ces dix-neuf Propositions, voir la note *a* relative au Scolie qui précède.

Proposition XX, Scolie. — Pour des raisons que le lecteur apercevra sans peine, le suicide ne peut jamais être aux yeux de Spinoza un acte de *vertu* (je prends le mot dans le sens qu'il lui donne); on ne *veut* jamais se donner la mort (voir la note relative à la Proposition 5 ci-dessus). Il y a là une différence importante à noter entre le spinozisme et le stoïcisme; le spinozisme est une doctrine individualiste où l'affirmation par chacun de sa propre existence est la condition première d'une vie conforme à la raison; sans doute la durée de la vie (ou la vie dans la durée) n'est pas la mesure de notre perfection, puisque cette vie et cette durée dépendent non seulement de ce que vaut notre essence propre, mais aussi de conditions extérieures; consentir en vertu de notre essence à ce que la durée de notre vie soit diminuée, cela n'en est pas moins *métaphysiquement* impossible, comme il est impossible que le vrai devienne faux (cf. la note relative au Corollaire 2 de la Proposition 44, partie II). Dans le stoïcisme, au contraire, l'individu n'est rien par lui-même; il ne compte que par sa conformité à l'ordre universel; le suicide pourra être une action vertueuse et opportune, digne d'un homme libre. Au sujet du stoïcisme envisagé dans ses rapports avec le spinozisme, voir la note relative à l'*Appendice* de la quatrième partie (chap. xxxi) et la note *b* se rapportant au *Traité de la Réforme de l'Entendement*, § 5 (vol. I, p. 417).

Proposition XXV. — Chaque être singulier vaut par lui-même, puisqu'il a une essence propre (voir la note précédente); il ne peut donc vouloir se conserver pour autre chose; l'idée de fin n'ayant aucun fondement métaphysique, la vertu ne peut consister qu'à être soi-même (ce qui n'exclut nullement le progrès, si l'on consent à prendre ce mot comme signifiant non un pas fait vers un but, mais une libre production).

Propositions XXVI et XXVII. — Rapprocher de ces Propositions, outre la préface de la partie IV, la Proposition 9, partie III, et voir la note correspondante, dans laquelle je renvoie au *Court Traité* et aux notes de cet ouvrage.

Proposition XXVIII. — Il est manifeste que, dans une philosophie de l'immanence, connaître Dieu, c'est se connaître soi-même clairement; de même l'amour de soi, loin d'être opposé à l'amour de Dieu, l'enveloppe.

Proposition XXXV, Corollaires I et II, Scolie. — L'homme a besoin de l'homme pour être lui-même. L'individualisme, compris comme il doit l'être, donne donc à la société humaine, à la morale sociale, un fondement rationnel, et cela suffit pour rendre acceptables pour la raison les conditions de la vie commune, même quand elles sont en elles-mêmes peu satisfaisantes pour la raison.

A la fin du Scolie, Spinoza promet de traiter ailleurs de la supériorité de l'homme sur la bête et de l'intérêt plus grand qu'il y a à considérer les actions humaines. Nulle part, à ma connaissance, il ne revient expressément sur ce sujet.

Proposition XXXVII et Scolie I. — *a*) Le désir du bien d'autrui est la conséquence du besoin que nous avons d'autrui et aussi du penchant à accorder nos sentiments avec ceux d'autrui. Fondés en raison en eux-mêmes, ce désir et ce penchant peuvent avoir, avant l'affranchissement, un caractère purement affectif ou passionnel. On conçoit ainsi que, sinon la moralité véritable (voir, au sujet de ce terme, la note relative au Scolie de la Proposition 18), du moins une conduite conforme aux exigences de la vie sociale et méritant, par suite, l'approbation du philosophe, puisse être l'effet d'un désir non rationnel. La libération de l'âme par la science n'est pas nécessaire à l'accomplissement d'une fonction sociale; on peut être un honnête homme et un citoyen utile sans être un sage, et se conduire comme la raison l'ordonne, bien qu'on ne soit pas vraiment raisonnable. De même, l'obéissance à ce qu'on croit être la loi divine, quand elle est l'effet non de la crainte, mais d'un sentiment religieux qui n'est pas encore l'amour intellectuel de Dieu (voir la partie V), mais est déjà une joie (telle est la foi du croyant sincère), a, non sans doute le même prix que la connaissance claire, mais un *certain* prix; une âme incapable de s'élever jusqu'à la science trouve dans la certitude *morale* du salut fondée sur la révélation de l'Ecriture un repos qui, sans équivaloir à l'inaltérable contentement intérieur du philosophe, en est un substitut acceptable pour beaucoup d'hommes. La raison ne saurait nous faire admettre toutefois qu'on parvienne au véritable salut ou à la pleine béatitude par cette voie (cf. la note 31 de Spinoza relative au chapitre xv du *Traité Théologico-Politique*) et, conséquemment, *cela n'est pas*. La révélation, ou ce qu'on appelle ainsi, l'enseigne à la vérité (même note), mais la révélation comme telle n'est pas fondée scientifiquement; bien plus, elle est impossible : *nous estimons impossible que Dieu se soit fait connaître aux hommes par quelque signe extérieur que ce soit* (*Court Traité*, II, chap. xxiv, § 10). Il est possible, toutefois, de faire un usage utile et conforme à la raison des écrits contenant cette révélation; considérés comme documents historiques, rattachés aux circonstances particulières qui ont entouré leur composition, ces écrits ne contredisent pas à la raison et sont une manifestation de l'esprit de vérité dont fut animé entre tous les hommes Jésus de Nazareth. La philosophie dépasse, mais n'abroge pas l'Ecriture; au contraire, elle en justifie les prescriptions essentielles et peut s'appuyer sur elle pour obtenir un résultat pratique; de même, l'expérience sensible et l'imagination, *prises pour ce qu'elles sont*, n'ont rien de contraire au vrai et peuvent être d'utiles auxiliaires de l'entendement. Je me réserve d'examiner ces questions plus à fond dans le volume contenant la traduction du *Traité Théologico-Politique*.

b) *L'âme humaine a une connaissance adéquate de l'essence éternelle et infinie de Dieu* (Prop. 42, partie II); l'idée de Dieu n'étant absente d'aucune âme humaine, nous sommes tous capables de *religion* au sens où Spinoza prend ici le mot (voir la note précédente pour avoir quelque idée des degrés différents où s'élève le sentiment religieux; la philosophie en est évidemment la perfection, parce qu'elle fait apercevoir clairement la vérité vivifiante contenue dans toute religion).

c) Sur la moralité *(pietas)*, voir ci-dessus la note relative au Scolie de la Proposition 18.

d) J'avais autrefois, suivant l'exemple de W. Meijer, rejeté à la fin du Scolie la phrase relative au fondement de la cité. Il me paraît maintenant qu'elle est bien à sa place dans les *Opera posthuma* et toutes les éditions postérieures. Par les définitions de la moralité et de l'honnêteté, Spinoza en effet a bien posé les fondements de la vie sociale et il fait allusion un peu plus bas à la nécessité où se trouvent les hommes de s'unir les uns aux autres.

e) L'âme douce de Spinoza ne répugne pas au carnage des bêtes, non bien entendu qu'il leur refuse une âme comme faisaient les Cartésiens (il leur en accorde une expressément dans le Scolie de la Proposition 13, partie II, et cela découle naturellement de ses principes); mais leur âme est d'une essence qui n'a pas grand-chose de commun avec la nôtre, et la lutte des espèces doit être acceptée comme une nécessité, puisqu'il faut pourvoir aux besoins du corps.

Scolie II de la Proposition XXXVII. — De l'expression employée, page 257, lignes 25, 26 : *il faut que les hommes renoncent à leur droit naturel pour fonder la cité*, on aurait grand tort de conclure qu'en devenant citoyen l'homme abandonne une partie de sa *liberté;* ce droit naturel dont parle Spinoza n'a rien de commun avec la liberté — il lui ressemble tout juste autant que la chute d'un corps grave sur un plan incliné ressemble à une action volontaire (je rappelle qu'une action volontaire exprime la vertu de l'*âme*). En s'élevant à la vie civile, on se prépare à la vie spirituelle, qui est la véritable vie humaine, et on la rend possible; loin de restreindre une liberté qui n'existe pas encore, on commence donc à s'affranchir en supprimant certains motifs de crainte et on satisfait le besoin naturel que l'homme a de l'homme (voir la note relative à la Proposition 35). L'Etat sans doute est inséparable de la contrainte, il le faut bien, puisque les hommes ne sont pas ou ne sont que très imparfaitement raisonnables, il n'en a pas moins pour fin la liberté (cf. *Traité Théologico-Politique*, chap. XX; sur le droit naturel, voir le *Traité Politique*, chap. II).

b) Le péché n'est que la désobéissance, d'où l'on peut conclure immédiatement qu'il ne saurait y avoir de péché *originel* ni de péché envers Dieu — les lois divines ne peuvent être transgressées (cf. *Court Traité*, II, chap. XXIV; *Traité Théologico-Politique*, chap. IV, etc.). Sur le sens attribué par Spinoza au récit du soi-disant péché d'Adam, voir plus loin la note relative à la Proposition 68, Scolie.

Propositions XXXVIII à LVIII. — Dans cette section, Spinoza examine, comme il le fait dans le *Court Traité*, II, ce qu'il peut y avoir de mauvais ou, au contraire, de bon dans les principales affections de l'âme se ramenant à la Joie et à la Tristesse. Les trois premières Propositions posent les règles générales à observer à cet égard. Est bon ce qui entretient ou augmente notre puissance d'agir, sert au maintien ou au développement de la vie sociale. Les suivantes sont des applications de ces règles.

Proposition XXXIX, Scolie. — On peut concevoir que deux consciences (et par suite deux personnalités) étrangères l'une à l'autre se trouvent jointes successivement à un corps qui vu du dehors paraîtrait le même; la logique du système oblige à croire toutefois que la *forme* de ce corps a changé.

Proposition XLIV, Démonstration. — Nulle difficulté quant au sens; le chatouillement (le *plaisir*, voir la note relative au Scolie de la Proposition 11 de la partie III) peut être excessif (Proposition 43); or, quand l'idée d'une cause extérieure s'y joint, le chatouillement est un amour (car il est une joie d'après le Scolie de la Proposition 11, partie III, et toute joie qu'accompagne l'idée d'une cause extérieure est un amour); donc un amour peut être excessif; c'est un syllogisme en *datisi*. La forme du raisonnement n'est pas tout à fait régulière, et W. Meijer veut y remédier en remplaçant *igitur* par *autem*. Comme cependant Spinoza n'a encore jamais dit que l'amour peut être un chatouillement, je crois qu'il faut conserver *igitur*.

Proposition XLV, Corollaire II, Scolie. — Les mots : *telle est ma règle, telle ma conviction (mea haec est ratio, sic animum induxi meum)* sont empruntés à Térence (*Adelphes*, v. 68; voir plus haut la note relative au Scolie de la Prop. 17); il vaut la peine d'observer que le monologue de Micion, où ils se trouvent, exprime dans son ensemble un sentiment très analogue à celui que nous savons être celui de Spinoza (voir la Prop. 18 et la note correspondante); c'est par la douceur et la bonté, c'est en éveillant dans l'âme des sentiments joyeux, qu'on peut espérer d'améliorer les hommes. Spinoza s'accorde non seulement avec Térence, qui paraît lui avoir été particulièrement cher, mais avec Montaigne (de nombreux passages des *Essais* donneraient lieu à d'intéressants rapprochements avec l'*Ethique*), avec Molière, imitateur des *Adelphes* dans *l'Ecole des maris*, avec tous les génies très humains dont la sagesse fut à la fois aimable et sans fadeur, non pas indulgente par faiblesse ou ignorance, mais virilement respectueuse de la vie parce qu'elle la connaissait et l'acceptait tout entière. Dans le très beau passage où sont vantés les heureux effets du confort et qui contient l'éloge, non du faste certes, mais d'un certain raffinement, il est permis, je pense, d'admirer, outre la vérité de la doctrine, la délicatesse du sentiment. Très pauvre lui-même, presque sans besoins, Spinoza sait gré à la riche Hollande d'être non seulement une terre de liberté, au moins relative, hospitalière aux Juifs d'Espagne et à tous les persécutés, lieu d'asile pour le penseur, mais un pays où l'homme s'applique à diversifier et embellir sa vie : pays de grand commerce et d'industrie adroite, importateur d'épices et producteur de fines étoffes, pays de gras pâturages aussi et de laiteries bien tenues, d'utiles moulins à vent, de jardins fleuris, d'ombrages délectables, de logis sains et plaisants éclairés d'un rayon d'art. La phrase sur les parfums, les plantes vertes, la parure, etc., me semble à la fois d'un grand philosophe et d'un homme qui, s'il ne fut pas lui-même peintre (il dessinait seulement), vit s'épanouir une école de peinture amie du vrai entre toutes, et passa sa jeunesse à deux pas de la maison habitée par Rembrandt. Pour le fond de la pensée, il va de soi qu'une philosophie de l'immanence, comme celle de Spinoza, ne saurait professer le dédain du corps; la vie spirituelle vraie ne s'oppose en aucune façon à la vie charnelle comprise comme il faut; tout au contraire, ces deux vies sont nécessaires l'une à l'autre et, sans se confondre, s'unissent indissolublement dans la durée.

Proposition L, Corollaire et Scolie. — Il serait intéressant de rapprocher le jugement porté par Spinoza sur la miséricorde (ou la pitié) de celui de Nietzsche; d'une manière générale, et en dépit de l'extrême diversité de leurs génies, il me paraît que la haute raison de Spinoza et la téméraire volonté de puissance de Nietzsche aboutissent à des conclusions souvent voisines. L'héroïsme est le caractère esssentiel de l'une et de l'autre; nul besoin d'être consolé, nul idéal; le réel doit suffire; un être sain et fort n'attend ni n'espère rien, ne connaît aucun maître, aucun juge, transcendant, transcendantal; il est, il s'impose, il agit, non par crainte comme un esclave, ou pour une fin comme un salarié, non pas même par respect d'une règle qu'il porterait en lui, mais librement, par une simple nécessité de nature. Nietzsche et Spinoza ont tous deux *dépassé* la morale de l'obligation. La différence la plus profonde que j'aperçoive entre eux est que l'un, préoccupé surtout de justifier la vie, arrive à tout embrasser, ne mésestime pas les illusions d'autrui, leur assigne leur juste place dans son *Ethique* ou doctrine de l'être; tandis que l'autre oppose crûment sa force à la faiblesse du voisin, exprime son *immoralité* avec une sorte d'insolence joyeuse. Spinoza est un philosophe et un homme doux, Nietzsche un artiste et même un peu un acteur, le plus passionnément sincère des acteurs.

Proposition LIII, Démonstration. — Page 272, j'ai adopté, pour corriger le texte de Land, la leçon proposée par Léopold, de préférence à celle qu'indique W. Meijer, parce que, dans la

Proposition 26, Spinoza montre en effet que toute connaissance distincte acquise par nous produit une augmentation de notre puissance d'agir; avec la leçon de Meijer, ce renvoi se comprend moins bien.

Proposition LIV, Scolie. — Pour l'interprétation de ce passage, voir les notes précédentes, en particulier celles qui se rapportent aux Propositions 7 et 18, au Scolie de la Proposition 18, au Scolie 2 de la Proposition 37, à la Proposition 50. Spinoza justifie à l'égard de l'homme non affranchi l'emploi de mobiles irrationnels et à l'égard de la foule en particulier les moyens d'intimidation. Il est permis de croire que le spectacle auquel Spinoza avait assisté d'une foule s'emportant à d'affreux excès (voir la notice sur le *Traité de Réforme de l'Entendement*, vol. I, p. 174) était présent à son esprit quand il écrivait : *terret vulgus, nisi metuat;* pour l'expression elle est, on le sait, inspirée de Tacite (*Annales*, I, 29 : *nihil in vulgo modicum : terrere ni paveant;* cf. *Traité Politique*, chap. VII, § 27).

Proposition LVII et Scolie. — Peut-être vaut-il la peine de faire observer que le parasite, le flatteur sont des personnages classiques de la comédie latine, de même que la courtisane, l'avare etc. (voir la note relative au Scolie de la Prop. 27); les mots : *et de sot le rendent insensé (ex stulto insanum faciunt)* sont tirés de Térence (*Eunuque*, v. 254).

Proposition LVIII, Scolie. — Rapprocher de ce Scolie et du précédent les chapitres XIII et XXV de l'*Appendice.*

Propositions LIX à LXVI. — Dans ces huit Propositions sont exposées les règles relatives aux désirs. Le principe est qu'on peut faire par raison, *activement*, tout ce qu'on fait par passion. Bien qu'il puisse avoir pour le non affranchi quelque utilité pratique, nul désir tirant son origine d'une passion (nulle *crainte* par exemple) n'est indispensable à la vie. On peut vivre en prenant la raison pour guide, et l'on s'en trouvera bien; outre que l'on se montrera ainsi vraiment *vertueux*, on pourra bien mieux user de prévoyance : qui imagine seulement les choses en est affecté diversement suivant qu'il se les représente à tel ou tel moment du temps, il sacrifie l'avenir au présent (Prop. 17); la prévoyance raisonnée n'est possible qu'à celui qui les connaît dans leur vérité immuable.

Proposition LXIII, Corollaire et Scolie. — *a*) Rapprocher du Scolie de la Proposition 67 la Proposition 18 et voir la note correspondante.

b) Page 283 : Guidés par la raison, *nous appétons le bien directement*, c'est-à-dire nous désirons faire ce qui est utile, accroître notre puissance d'agir, notre connaissance (Prop. 27); ce n'est pas, bien entendu, qu'il y ait un bien réel à appéter hors de nous; l'idée du bien corrélative de celle du mal n'a d'existence dans l'âme qu'en raison de l'irrationalité de celle-ci; si nous étions libres, nous n'aurions aucune idée de chose bonne ou mauvaise (cf. Prop. 68).

Proposition LXVI. — L'énoncé de la Proposition est dans l'édition de 1677 : *Bonum majus futurum prae minore praesenti et malum praesens minus quod ausa est futuri alicujus mali, ex* *rationis ductu appetemus*. Une correction est évidemment nécessaire. La leçon adoptée par Land me paraît, de celles qui ont été proposées, s'accorder le mieux avec la démonstration, car le même raisonnement qui justifie la préférence donnée à un bien futur plus grand sur un moindre présent, justifie évidemment la préférence donnée à un mal moindre futur sur un plus grand présent. En adoptant la leçon fondée sur la traduction hollandaise de Glazemaker, on aurait : nous appéterons un mal présent moindre qui est cause d'un bien futur plus grand (Saisset supprime ces deux derniers mots) : outre que la symétrie fait ainsi défaut dans l'énoncé, le corollaire qui suit devient dans sa première partie une redite inutile.

Propositions LXVII à LXXIII. — Les sept dernières Propositions de la quatrième partie achèvent de faire connaître l'homme libre tel que Spinoza le conçoit, c'est-à-dire possédant la fermeté d'âme et la générosité; il a l'amour de la vie, de *sa* vie, et craint si peu la mort qu'il n'y pense même pas; il sait à la fois éviter les périls et les affronter courageusement; n'accepte qu'avec beaucoup de prudence les bienfaits des ignorants; ne ment jamais; est plus libre dans la cité, sous l'empire de la loi commune, reconnue nécessaire, qu'il ne serait dans la solitude.

Proposition LXVII. — Spinoza prend le contre-pied de la parole si souvent reproduite de Platon :

οἱ ὀρθῶς φιλοσοφοῦντες ἀποθνήσκειν μελετῶσι.

Sa sagesse est une méditation, une *justification* de la vie (voir plus haut la note relative à la Prop. 50); il ne s'agira point dans la cinquième partie de nous détacher du corps, ce qui ne peut avoir aucun sens, puisque l'âme est l'idée du corps, mais de concevoir clairement l'éternité de notre essence, laquelle pose dans la durée l'existence du corps propre. Certes la mort n'est pas à craindre; c'est une partie de notre être non moins essentielle que le vivre, comme dit Montaigne. Non seulement donc on doit, suivant le précepte cartésien, aimer la vie sans craindre la mort, mais le véritable amour de l'être enveloppe le consentement à la mort naturelle, bien différent du suicide.

Proposition LXVIII et Scolie. — Pour que l'homme naquît libre, il faudrait que, contrairement à tout ce qui a été exposé, il n'y eût en lui aucune perception incomplète ou mutilée, aucune irrationalité ou passivité; il ne serait plus dès lors, comme l'affirme la Proposition 4, une partie de la Nature, inintelligible quand on la considère isolément, et condamnée à périr. Si l'homme naissait libre, il ne tomberait jamais dans la servitude; la chute est inconcevable. On peut, toutefois, s'expliquer l'histoire du premier homme, contée par Moïse, en ayant égard à son intention, qui était de plier à l'obéissance un peuple sourd à la voix de la raison, et l'on arrive même à donner à cette fable un sens raisonnable. Dire que primitivement Dieu a créé toutes choses en vue de l'homme et que l'homme a corrompu la Nature par sa faute, cela signifie que l'explication de la mort, de la souffrance et de tout ce qu'on nomme le mal, doit être cherchée dans la dépendance de l'homme à l'égard d'une Nature encore inintelligible pour lui; cette dépendance se manifeste en particulier par l'*inhumanité*, la bestialité de ses affections et de sa conduite. Pour triompher du mal, il faut d'abord vivre en homme, non en bête, obéir à la loi, puis s'élever à la charité et enfin à la connaissance vraie.

L'obéissance aux lois qu'enseignent les patriarches, la foi et la charité chrétiennes, la science et la philosophie sont les grandes étapes de l'affranchissement, dans lequel il ne faut pas voir une restauration de l'humanité primitive, mais une instauration progressive de l'humanité considérée dans son essence éternelle. Spinoza, on le voit, se rapproche ici d'Auguste Comte.

Proposition LXX et Scolie. — La vie de Spinoza fournirait plus d'un trait propre à illustrer l'excellente règle de conduite posée dans la Proposition et adoucie comme il convient dans le Scolie.

Proposition LXXI, Scolie. — On pense naturellement à La Rochefoucauld en lisant le commencement de ce Scolie; le joli mot d'*aucupium* est un nouvel exemple d'emprunt aux comiques latins.

Proposition LXXII, Scolie. — On observera qu'en dépit de la diversité de leurs principes, Spinoza et Kant sont d'accord pour n'admettre aucune exception à la règle universelle qui interdit le mensonge.

APPENDICE

Chapitre V. — J'accepterais volontiers la substitution de *vera* à *rationalis* (p. 295) : la vie *vraie* consiste à concevoir les choses adéquatement, à les connaître d'une connaissance du troisième genre; une vie pourrait être conforme à la raison sans avoir ce caractère; elle ne serait pas pleinement libre en ce cas.

Chapitre VI. — Rapprocher ce chapitre du Scolie de la Proposition 68, et voir la note correspondante; sur la nature humaine, voir la note relative à la Proposition 10, partie II.

Chapitre VIII. — Il faut prendre les hommes comme ils sont, avoir égard à leur nature ou complexion, ne pas se laisser conduire par eux cependant, être ferme et non sévère : le danger de la sévérité est souvent signalé par Térence, par exemple dans les *Adelphes*, déjà cités ci-dessus, dans l'*Héautontimorumenos*, auquel est emprunté l'exemple de l'adolescent quittant la maison paternelle pour se faire soldat.

Chapitre XVII. — On observera que l'assistance est considérée par Spinoza comme une fonction de l'Etat; il serait intéressant de rapprocher ce qu'il dit ici des principes posés en matière d'assistance par les assemblées révolutionnaires françaises à la fin du XVIIIe siècle.

Chapitre XXV. — Sur le rapport de la modestie ou humanité avec l'ambition et la moralité, voir, outre le passage auquel renvoie Spinoza lui-même, les Définitions 43 et 44 dans la troisième partie et le Scolie de la Proposition 4 dans la cinquième (qui renvoie au Scolie de la Proposition 31, partie III). La conduite de Spinoza pendant sa vie, le peu de désir qu'il eut toujours de faire connaître son nom, trouvent leur justification dans ce qu'il dit ici. Les mots : *pour qu'une discipline porte son nom (ut disciplina ex ipso habeat vocabulum)* sont empruntés à Térence (*Eunuque*, v. 263); on peut signaler, en passant, que les amis de Spinoza qui publièrent les *Œuvres posthumes* (dont l'*Ethique*, voir la notice) allèguent ce passage pour expliquer la suppression du nom de l'auteur.

Chapitre XXVIII. — Entre la première phrase et la deuxième, il semble que quelques mots se soient perdus; on comprend, toutefois, sans peine que de l'idée de services échangés Spinoza passe à celle de monnaie. Contrairement à ce que j'avais fait autrefois, je considère maintenant le mot *verum* au commencement de la phrase comme un adjectif se rapportant à *compendium.*

Chapitre XXXII. — Au sujet des idées exprimées dans ce chapitre, qui sert de conclusion à la quatrième partie, et qui traite de la dépendance de l'homme à l'égard de la Nature et des moyens d'en pâtir le moins possible, voir, outre de nombreux passages signalés et commentés ci-dessus, la note relative aux Propositions 1 à 13 de la partie II. On observera que, si Spinoza se rapproche ici par son langage du stoïcisme, sa philosophie n'en demeure pas moins beaucoup plus moderne et agissante au dehors que celle du Portique. Le raidissement de la volonté qui doit nous rendre contents, quoi qu'il arrive, n'est pas possible en général; les Stoïciens se font du pouvoir de l'homme une idée fausse : entre les choses qu'ils disent ne pas dépendre de nous et celles qu'ils croient dépendre entièrement de nous, ils tracent une ligne de démarcation toute fictive. Nous ne serions libres, au sens où ils l'entendent, que si nous devenions par la pensée maîtres de la Nature entière; il faudrait qu'à l'ordre *commun* que nous subissons se substituât un ordre *conforme à nous*, c'est-à-dire à la raison (voir la préface de la cinquième partie).

CINQUIÈME PARTIE

Préface. — Spinoza va traiter de la puissance de l'âme ou de la raison (p. 305, ligne 13; on observera que la raison n'est pas identifiée à la *puissance* de l'âme, mais à l'*âme* elle-même : *mentis seu rationis*); il commence par écarter la doctrine du Portique et celle de Descartes. Suivant les Stoïciens (voir ci-dessus la dernière note de la quatrième partie), la volonté peut prendre un empire absolu sur les passions, parce qu'il y a des choses qui ne dépendent que de nous; doctrine inadmissible, tout étant lié dans la Nature, et qui, exaltant l'homme en apparence, l'accable en réalité sous le poids du destin. Suivant Descartes, l'âme, distincte du corps, peut arriver à diriger les mouvements du corps; mais évidemment, si l'âme peut se concevoir sans le corps et le corps sans l'âme, l'idée de l'union de l'âme et du corps ne peut se déduire ni de celle de l'âme ni de celle du corps et devient inintelligible dans son isolement. Descartes ne peut assigner aucune cause *singulière* (p. 307, lignes 16, 17) à l'union de l'âme et du corps, non plus qu'à l'âme elle-même; en faisant d'elle une chose ou substance distincte, loin de lui donner, comme il le voulait sans doute, une essence plus parfaite, il l'a rendue inconcevable et dépouillée de toute efficace véritable : la perfection, la vertu ou la puissance d'une âme ne consiste que dans la vérité ou la rationalité des idées qu'elle forme et dont elle est formée. Le cartésianisme, qui dote l'âme d'un libre arbitre imaginaire et l'enferme dans une sorte d'isolement métaphysique, conduit tout droit à l'occasionalisme. Le stoïcisme attribue à l'homme un pouvoir qu'il n'a pas et est en même temps un fatalisme. Seule la connaissance de notre véritable condition, de la nature et des causes de nos passions peut nous affranchir. Une affection de l'âme est une passion dans l'exacte mesure seulement où il nous est impossible de la concevoir clairement, où par suite elle n'est pas *nôtre*. La faire nôtre par la pensée, c'est lui enlever tout ce qu'elle peut avoir de contraire à notre liberté. On commettrait une erreur en croyant que dans l'homme devenu libre rien ne doit subsister des passions qui l'ont dominé; ce serait oublier qu'il y a dans toute passion quelque chose de rationnel, de volontaire et de légitime, comme il y a dans toute erreur un élément positif de vérité. La science la plus parfaite consisterait à s'expliquer, en les complétant, les perceptions que l'on a; la vertu consiste à justifier, en les rattachant les unes aux autres, les affections qui donnent à l'âme son individualité. S'affranchir n'est pas se renoncer, mais s'ordonner; la sagesse est achèvement, pleine possession de soi et non sacrifice.

Propositions I à XX. — Ces vingt premières Propositions font connaître les moyens d'accroître la puissance de l'âme, c'est-à-dire de devenir autant qu'il est possible un être libre et raisonnable. Les passions étant mauvaises en ce qu'elles nous empêchent de penser (cf. Prop. 26 et 27, partie IV), notre seule ressource est d'en faire des objets de pensée; cela est possible, parce que rien n'est dans la Nature absolument irrationnel : les affections du corps sont explicables scientifiquement, la physique mécaniste (celle de Descartes, dûment améliorée) trouvera ici son application; il est donc certain que les affections de l'âme peuvent être conçues clairement et par cela même *réduites*. Forts de cette assurance, nous pouvons, même quand notre savoir est encore très incomplet, nous appliquer à discipliner le corps de façon à n'être point surpris et accroître ainsi dans une large mesure l'activité de l'esprit.

Proposition I. — Rapprocher de cette Proposition fondamentale la note relative au Scolie de la Proposition 17, partie II, qui renvoie à la *Lettre* 17. Sans une imagination active, nulle éducation rationnelle du corps n'est possible; car il ne s'agit point de le dresser à l'accomplissement machinal de certaines besognes, mais de l'assouplir et discipliner, de telle façon qu'il prenne spontanément l'attitude convenable en présence d'un danger même imprévu (voir la définition du danger dans le Scolie de la Prop. 69, partie IV). La pédagogie de Spinoza (une phrase du *Traité de la Réforme de l'Entendement*, § 5, plusieurs passages de l'*Ethique*, en particulier le chap. IX de l'*Appendice* de la quatrième partie, le montrent préoccupé du problème de l'éducation) eût été animée, ce me semble, d'un esprit très moderne : elle n'eût pas, cela va de soi, professé le dédain du corps, elle n'eût pas non plus séparé la vie corporelle de la vie spirituelle; elle eût posé en principe que la culture de l'imagination, partie très essentielle de l'éducation de la volonté, est avant tout une culture du corps, culture musicale d'ailleurs plutôt qu'athlétique, tendant à le fortifier et encore davantage à le rendre fin et délié, ce qui importe n'étant pas la grosseur des muscles, mais la promptitude, l'eurythmie spontanée des mouvements.

Proposition IV. — Sur la moralité *(pietas)*, voir la note relative au Scolie de la Proposition 18, partie IV.

Proposition X, Scolie. — Rapprocher de ce Scolie la Proposition 18, partie IV, et voir la note correspondante; voir aussi les différents passages de la quatrième partie, où Spinoza montre les inconvénients de la sévérité et de la mésestime de soi, en particulier le Scolie de la Proposition 45, le Scolie de la Proposition 63, le chapitre XIII de l'*Appendice*, etc.

Proposition XX, Scolie. — *a)* On a fait observer que, dans son énumération des remèdes à opposer aux passions, Spinoza ne mentionnait pas expressément l'effet bienfaisant qu'a sur nous l'idée de l'universelle nécessité (Prop. 6). Peut-être cette omission doit-elle s'expliquer par ce fait que cette idée est constamment présente à son esprit et contenue dans toutes les autres.

b) La correction qui consiste à introduire le mot *existentiam* après *Corporis* à la fin du Scolie me paraît nécessaire car il n'est pas vrai que, dans les propositions qui suivent, l'âme soit considérée en dehors de toute relation avec le corps (cf. Prop. 22), mais autre chose est l'*existence* du corps, qui est nécessairement limitée dans la durée, autre chose son essence, qui se conçoit *sub specie aeterni*.

Propositions XXI à XL. — Dans cette section de l'*Ethique* Spinoza expose, en même temps que les propriétés de la connaissance du troisième genre et de l'amour intellectuel de Dieu, la théorie de l'éternité des âmes parvenues à la béatitude, c'est-à-dire à la possession et à la jouissance d'elles-mêmes.

Par un progrès sur la nature duquel nous avons eu plusieurs fois dans ces notes l'occasion de nous expliquer, non pas progrès vers une fin, mais progrès consistant en une libre production, Dieu prend dans l'âme humaine conscience de sa propre éternité; en même temps qu'il est, il devient ce qu'il est. Telle est, du moins, l'interprétation à laquelle je me rallie.

On rapprochera de la dernière moitié de la cinquième partie les chapitres XVII à XXVI, partie II, du *Court Traité* (le chapitre XXV sur les diables mis à part); comme j'ai tenté de l'indiquer dans les notes du premier volume, la doctrine du *Court Traité* est assez différente de celle de l'*Ethique* et a un caractère moins philosophique et plus religieux.

Proposition XXIV. — La connaissance des choses singulières, qui sont les modes ou affections de Dieu, est nécessaire à la connaissance vraie de Dieu et conséquemment à la béatitude (au salut si l'on veut). Cette proposition montre bien à quel point le spinozisme diffère de cette sorte de mysticisme qui méprise la science et vise à l'union ineffable, extatique, de l'âme avec l'être un et éternel.

Proposition XXXVIII. — Les mots : *et moins elle craint la mort (et mortem minus timet)* dans l'énoncé sont probablement une addition faite après coup; dans le Scolie seulement, il est démontré que la mort est moins à craindre.

Propositions XLI et XLII. — La première de ces deux Propositions exprime cette idée que, n'eût-on aucune connaissance de l'éternité de l'âme, la moralité et la religion et tout ce qui se rapporte à la fermeté d'âme et à la générosité n'en seraient pas moins la chose qui importe le plus ou mieux la seule qui importe; cela est évident par cela seul que la santé vaut mieux que la maladie et l'être que le non-être (cf. *Court Traité*, II, chap. XXVI, § 4). La deuxième, dans laquelle on peut voir un résumé de toute la doctrine, affirme que la béatitude, loin d'être une récompense à obtenir, une fin à poursuivre, est la condition, l'état, on peut dire naturel, d'une âme saine et libre : penser, c'est agir ou produire, penser est une joie. Bienheureux celui qui pense ! le monde réel est à lui. Les deux dernières Propositions de l'Ethique signifient l'une et l'autre que nulle sanction n'est admissible, parce que, pour nous élever à la plus haute moralité, nous n'avons rien à sacrifier de ce qui est vraiment nôtre, non plus qu'à nous soumettre à une loi contrariant le développement de notre nature. La liberté se conquiert, elle ne s'achète pas; pour posséder la vie éternelle, il nous faut *croire*, disait saint Paul, que Jésus est le fils de Dieu; il nous faut *savoir*, dit Spinoza, que nous sommes Dieu.

TABLE DES MATIÈRES

GF Flammarion

13/07/183504-VII-2013 – Impr. MAURY Imprimeur, 45330 Malesherbes.
N° d'édition L.01EHPNFG0057.C024 – 2e trimestre 1965 – Printed in France.